윈스턴 처칠, 나의 청춘

일러두기

- 이 책에서 주요 도량형을 야드-파운드법에서 미터법으로 수정하여 옮겼습니다. 킬로미터와 센티미터는 각각 킬로와 센티로 줄여 표기했습니다.
- 본문에 사용된 모든 사진 자료는 위키피디아에서 인용했습니다.

*MY EARLY LIFE*
Copyright 1930 Charles Scribener's Sons
Copyright renewed © 1958 by Winston Churchill
Introduction copyright © 1996 by William Manchester
All rights reserved.

Korean translation copyright © 2020 by HANG–BOOK
Korean translation rights arranged with Curtis Brown Group Limited
through EYA (Eric Yang Agency)

이 책의 한국어판 저작권은 EYA(Eric Yang Agency)를 통해 Curtis Brown Group Limited와 독점 계약한 도서출판 행북이 소유합니다.
저작권법에 의하여 한국 내에서 보호를 받는 저작물이므로 무단 전재 및 복제를 금합니다.

# 윈스턴 처칠, 나의 청춘

──────── 가장 위대한 영국인, 청년 처칠의 자서전

윈스턴 S. 처칠 지음
임종원 옮김

행;북

# 서문

나의 유년기 생활과 모험을 다룬 다양한 내용의 기사가 종종 언론에 소개된 적 있다. 또 30년 전에 참가한 몇몇 전쟁에 대해서도 이미 기사로 나오거나 어떤 이야기들은 책으로 출간되기도 했다. 이 책은 이 모든 것들을 하나로 묶어서 새로운 이야기를 만들어 낸 것이다. 이 때문에 내가 기억하고 있는 것들을 다시금 샅샅이 더듬어 보았을 뿐 아니라 소장한 기록들을 뒤져서 사실 관계를 주의 깊게 거듭 확인했다.

이 책의 각 장에서 다루고 있는 여러 부분들, 즉 어린 시절, 학창 시절, 생도, 하급생, 종군기자 그리고 청년 정치인 시절의 이야기들이 현재의 통념상 일반적으로 받아들여지는 여러 관점과 상충되는 경우도 있을 것이다. 오늘날 발표된 문서들처럼 본문에서는 근거를 제시하는 경우를 제외하고는 그 당시의 본인의 관점에서 서술되었다는 점에 유의해 주기 바란다.

이 책을 집필하면서 생애 전반을 뒤돌아볼 때 나는 이미 사라진 시대의 초상을 그리고 있다는 걸 알게 되었다. 사회의 성격, 정치의 토대, 전쟁의 방법, 젊은이의 인생관, 가치관의 기준 등 이 모든 것이 어떤 강력한 혁명 없이 이루어졌다고는 믿기 어려울 정도로 짧은 시간에 변화되었다. 다만 그것들이 모든 면에서 더 나은 방향으로 변화되었다고 생각하지는 않는다.

나는 빅토리아 시대의 사람으로서 우리 조국의 기틀이 아주 굳건해 보였다. 세계 속에서 무역과 해양에서의 위치는 누구도 따라올 수 없었으며, 우리는 대영제국의 위대함을 실현하고 이를 보존해야 할 의무가 있다는 생각으로 가득 차 있었다. 당시 영국의 지배층은 그러한 신념에 대한 확신이 강하게 자리 잡고 있었다. 또한 영국은 세계에서 가장 발달한 정치와 경제를 널리 전파시킬 수 있는 힘이 있다고 생각했다. 그리고 대양을 지배하고 있었기에 국내 안보에 대해서도 확신에 차 있었다. 다시 말해 당시의 영국은 힘과 안보라는 확신 아래 한가롭게 안주하고 있었으며, 오늘날의 불안하고 모호한 시대의 양상과는 매우 달랐다. 친애하는 독자 여러분들은 이러한 변화를 충분히 받아들일 수 있으리라 생각한다.

한 젊은이의 분투에 대한 이야기가 새로운 젊은 세대들에게 흥미롭게 들릴지도 모른다고 생각한다. 그래서 여기에 나의 운명에 대해 최대한 솔직하고 담백하게 펼쳐놓으려고 노력했다.

1930년 8월 차트웰 저택에서

윈스턴 스펜서 처칠

## 차례

서문      4

| | | |
|---|---|---|
| 1장 | 어린 시절의 기억 | 9 |
| 2장 | 해로우 스쿨의 낙제생 | 27 |
| 3장 | 시험의 세계에 들어서다 | 39 |
| 4장 | 샌드허스트 육군사관학교에 입학하다 | 61 |
| 5장 | 제4경기병연대 초임 장교 | 83 |
| 6장 | 쿠바에서의 첫 실전 경험 | 97 |
| 7장 | 화려한 상류 사회 | 113 |
| 8장 | 인도의 영국 수비대 | 127 |
| 9장 | 방갈로르에서 공부에 빠져들다 | 137 |
| 10장 | 말라칸드 야전군 | 153 |
| 11장 | 마문드협곡에서 파슈툰족과의 전투 | 167 |
| 12장 | 티라 원정군에 합류하다 | 183 |
| 13장 | 키치너 장군과의 불화 | 199 |
| 14장 | 옴두르만 전투 전야 | 211 |
| 15장 | 최후의 기병 돌격 | 223 |

| | | |
|---|---|---|
| 16장 | 군을 떠나 정계로 | 239 |
| 17장 | 올덤 선거에서 낙선하다 | 263 |
| 18장 | 불러 장군을 따라 남아프리카로 | 277 |
| 19장 | 장갑열차 안에서 | 289 |
| 20장 | 보어군의 포로가 되다 | 313 |
| 21장 | 포로수용소 탈출기 1 | 323 |
| 22장 | 포로수용소 탈출기 2 | 343 |
| 23장 | 다시 군대로 돌아가다 | 357 |
| 24장 | 스피온콥 전투에서의 패배 | 369 |
| 25장 | 레이디스미스 구출 작전 | 383 |
| 26장 | 오렌지 자유주에서 구사일생 | 395 |
| 27장 | 프리토리아 점령과 종전 | 415 |
| 28장 | 카키 선거전에서 승리하다 | 425 |
| 29장 | 하원에서의 첫 연설 | 437 |

# 1장

## 어린 시절의 기억

인간은 언제부터 기억을 시작하는 것일까? 갓 싹튼 의식의 흔들리는 빛과 그림자처럼 언제부터 아기의 마음에 새겨지는 것일까? 나의 첫 기억은 아일랜드다. 아일랜드 시절의 풍경이나 여러 일들을 꽤 기억하고 있으며, 심지어 사람들의 모습도 희미하게 떠오른다.

나는 1874년 11월 30일 태어났고 1879년 초에 아일랜드를 떠났다. 1876년 디즈레일리(Benjamin Disraeli) 총리가 할아버지인 말버러 공작\*을 아일랜드 총독으로 임명하면서 아버지는 할아버지의 비서가 되었고, 우리 가족도 아일랜드로 옮겨갔다.

우리는 총독 관저에서 돌을 던지면 닿을 거리에 살았는데, '리틀 로지 (Little Lodge)'이라고 불리는 집이었다. 여기서 거의 3년간 유년 시절을 보냈는데, 몇몇 사건들은 아직도 생생하게 기억하고 있다. 1878년 총독인 할아버지가 주관한 고프(Gough) 경의 동상 제막식을 기억한다. 새까맣게 모인 군중들과 주홍색 제복의 기병들이 서 있었고, 끈을 당기자 반짝이는 갈색 천이 미끄러지면서 할아버지가 군중들에게 위엄 있는 큰 목소리로 연설을 했다. 당시의 연설 내용도 기억난다.

"일제 사격으로 적군의 전열을 무너뜨렸습니다!"

---

\* 처칠 가문은 제1대 말버러 공작 존 처칠(John Churchill, 1st Duke of Marlborough)이 1685년 몬머스의 난을 진압한 후 9년 전쟁과 스페인 왕위 계승 전쟁에서 큰 활약을 해 윌리엄 3세로부터 말버러 작위를 수여 받은 귀족 가문이다. 특히 블렌하임 전투를 승리로 이끌어 앤 여왕으로부터 왕실이 아님에도 불구하고 '궁(Palace)' 호칭을 붙일 수 있는 영국 내 유일한 건물인 블렌하임 궁을 하사받았다. 존 처칠의 유일한 아들이 요절하자 딸이 작위를 이었으며, 이후 성이 스펜서-처칠(Spencer-Churchill)이 되었다. 윈스턴 처칠의 할아버지는 제7대 말버러 공작이다.

또 당시 할아버지가 종종 내게 전쟁과 전투에 대해서 들려준 것과 '일제 사격'이 아침마다 피닉스파크(Phoenix Park)에서 검은 옷을 입은 소총 부대 병사들이 요란하게 총을 쏘는 것이라는 사실도 알고 있었다. 이것이 나의 논리 정연한 첫 기억이다.

보다 뚜렷하게 기억하는 사건도 있다. 그날 우리는 팬터마임 공연을 보러 가기로 해서 한창 들떠 있었다. 마차를 타고 관저에서 출발해 다른 아이들을 데리러 어떤 성으로 갔다. 성안에는 바닥이 작은 직사각형의 돌로 포장된 커다란 광장이 있었고, 마침 비가 내리기 시작했다. 예나 지금이나 그곳은 자주 비가 내리는 곳이다. 갑자기 사람들이 웅성거리며 성문 밖으로 나오는 것이 보였다. 이윽고 매니저는 우리에게 지금 극장에 불이 나서 마임 공연을 볼 수 없다고 했다. 매니저가 가진 것은 주머니 속 극장 열쇠뿐이었다. 아쉬워하는 우리를 달래기 위해 마임 공연 대신 다음 날 불탄 건물의 잔해를 보여주겠다고 약속했다. 나는 열쇠를 보고 싶다고 했지만 들어주지 않았던 것으로 기억한다.

그 해 우리는 포탈링턴(Portarlington) 경의 저택인 이모파크(Emo Park)를 방문했는데, 그는 내게 자신이 삼촌뻘이라고 소개했다. 네 살이나 네 살 반 이후로는 이모 파크에 가본 적은 없지만, 지금도 그곳의 모습을 생생하게 묘사할 수 있다. 가장 또렷하게 기억하는 것은 마차로 한참 들어간 후 볼 수 있었던 크고 하얀 돌탑이었다. 당시 올리버 크롬웰(Oliver Cromwell)이 이곳을 폭파시켰다는 말을 들었다. 나는 영국의 온갖 것을 날려 버린 크롬웰이 아주 위대한 사람이라고 생각하게 되었다.

유모인 에버리스트* 부인은 영국의 아일랜드 통치를 종식시키려는 독립주의자들인 페니언(Fenian)들을 몹시 두려워했다. 나도 그 영향으로 페니언들은 사악한 사람들이라고 생각하게 되었고, 그들이 언제 어디서 무슨 일을 저지를지 모른다는 두려움이 생겼다. 심지어 당나귀를 타고 가던 어느 날 긴 검은 옷을 입은 무리들이 다가오는 것을 보고 페니언이라고 생각하기도 했다. 지금 생각해 보면 소총 부대가 행군 중이었던 것 같다. 하지만 그때 나와 당나귀 모두 매우 깜짝 놀랐는데, 특히 당나귀는 땅을 발로 차면서 날뛰기 시작했다. 결국 나는 당나귀에서 떨어져 가벼운 뇌진탕을 겪어야 했다. 이것이 아일랜드 정치 무대에서 나의 첫 데뷔다!

피닉스 파크의 울창한 숲 속에는 비서설장인지 차관보인지 확실치 않지만 누군가 살고 있었다. 어쨌든 이 집에서 '버크'라는 사람이 나에게 조그마한 드럼을 주었다. 그의 얼굴은 기억나지 않지만 드럼에 대한 기억은 분명하다. 2년 후 영국으로 돌아왔을 때 우리가 매일 걸어 다니던 피닉스 파크에서 버크가 페니언에게 살해당했다는 소식을 들었다. 주위 사람들은 모두 그 사건에 대해 무척 화가 난 것 같았다. 하지만 나는 당나귀에서 떨어졌을 때 그들에게 붙잡히지 않은 게 정말 다행이라고 안도했다.

내가 태어나서 처음으로 '교육의 위협'을 경험한 곳도 이 '리틀 로지'에서였다. 이제 곧 '가정교사'라는 사악한 존재가 온다는 것을 알게 되자 에버리스트 부인은 『울지 않고 읽기』라는 책을 건네주었다. 하지만 이 책도 아무런 소용이 없었다. 결국 가정교사가 오기 전에 눈물 없이 읽을 수 있어야 한다는 것을 깨달았다. 유모는 펜으로 알파벳을 가리키며 열심히 가르쳤지만 내게는 따분한 시간일 뿐이었다.

드디어 운명의 시간이 다가왔다. 가정교사가 도착했지만, 나는 아직

---

＊ 엘리자베스 에버리스트(Elizabeth Everest) 부인은 윈스턴 처칠의 유모로서 평생 결혼한 적이 없으며, '부인'은 의례적으로 붙인 칭호다. 윈스턴 처칠이 태어난 지 한 달 후인 1875년 초에 그녀에게 맡겨졌다. 당시 처칠은 바쁜 부모 대신 유모를 어머니처럼 따랐으며, 어린 시절 그에게 상당한 영향을 미쳤다.

준비되어 있지 않았다. 결국 나는 억압받는 소수의 사람들이 흔히 벌이는 짓을 저지르고야 말았다. 리틀 로지를 둘러싸고 있는 덤불 속―당시 나는 넓은 숲이라고 생각했다―에 숨어 버린 것이다. 몇 시간 뒤 사람들에게 발각되어 결국 가정교사 앞으로 끌려갔다.

나는 매일 글자뿐만 아니라 단어들과 훨씬 더 골치 아픈 숫자까지 공부해야 했다. 글자는 단지 외우기만 하면 되었고, 글자와 글자가 함께 뭉쳐서 어떻게 단어가 만들어지고 발음하는지 배웠다. 그러나 숫자는 달랐다. 서로 얽히고 꼬여 있어서 정확하게 예측하기 힘들었다. 서로 섞여 있다가 하나를 빌려주고 나중에 다시 갚아야 하는 골치 아픈 일이 반복되자 그것은 내 일상에 어두운 그림자로 다가왔다. 가정교사는 '비슷하게 맞히는 건 아무런 소용이 없다'며 언제나 정답을 요구했다. 교육은 놀이방이나 정원에서 하고 싶은 재미있는 놀이들을 모두 빼앗아 버렸다. 놀이 시간이 점점 줄기 시작하더니 이제는 하고 싶은 것을 할 수 있는 시간이 거의 사라져 버렸다. 나에 대한 염려와 걱정은 일상이 되었다. 게다가 '더하기'라고 불리는 음울한 습지로 내려갔을 때 이것은 보다 명확해졌다. 이곳은 끝이 없는 것 같았다. 하나의 식이 끝나면 늘 다른 식이 있었고, 고통스럽게 하나를 해결하면 훨씬 힘겨운 것이 기다리고 있었다.

제니 제롬

* 제니 제롬(Jennie Jerome, Lady Randolph Churchill)은 미국 금융업자의 둘째 딸로 1874년 당시 외교관이었던 랜돌프 처칠을 파리에서 만나 결혼하게 된다. 영국 최고의 명문 가문이었지만, 셋째 아들이기 때문에 작위나 영지를 받지 못하는 랜돌프 처칠에게 신분 상승을 꿈꾸는 미국인 상속녀와의 결혼은 당시로서는 꽤나 흔한 일이었다. 제니 제롬은 뛰어난 미모와 위트로 런던 사교계를 주름잡았으며, 랜돌프 처칠이 정치가로 성공하는 데 큰 도움을 주었다. 랜돌프 처칠 사후 스무 살 연하의 장교와 재혼해 화제를 뿌렸다.

어머니*는 내 교육에 전혀 관여하지 않았다. 게다가 자신은 항상 가정교사 편이며, 그런 교육 방법을 지지한다는 사실도 일깨워 주었다. 아일랜드 시절 내가 기억하는 어머니의 모습은 늘 몸에 착 달라붙는 — 때때로 흙탕물에 뒤범벅된 — 승마복 차림이었다. 어머니와 아버지는 종종 큰 말을 타고 사냥을 나가곤 했는데, 가끔은 돌아올 시간이 지나도 오질 않아서 사람들이 걱정하기도 했다.

나에게 어머니는 언제나 영원한 부와 권력을 가진 빛나는 동화 속 공주님처럼 여겨졌다. 다버넌(D'Abernon) 경은 아일랜드 시절의 어머니를 감사하게도 이렇게 묘사했다.

…더블린 총독 관저에서 부인을 처음 만났을 때의 기억이 선명하다. 그녀는 입구 왼쪽에 서 있었고, 총독은 방 반대편 끝에 있는 단상에서 유능한 각료들에게 둘러싸여 있었다. 하지만 그곳에 있던 모든 사람들의 시선은 총독이나 총독 부인이 아닌 약간 가무잡잡하고 부드러운 몸매의 그녀에게로 쏠렸다. 마치 주변 사람들과는 다른 이질적인 존재로 비춰졌다. 머리에는 자신이 가장 좋아하는 다이아몬드 별이 반짝였지만, 그녀의 빛나는 눈에 비할 바 아니었다. 그녀의 모습은 흡사 야생 표범 같았지만 정글에서는 찾아볼 수 없는 교양과 지성이 감돌고 있었다. 또 남편 못지않은 용기를 가지고 있으며, 위대한 공작의 후손을 낳은 어머니로서의 자격이 충분했다. 명랑함과 친절, 세련된 교양으로 모든 사람에게 인기가 많았다. 자신의 행복, 인생에 대한 기쁨, 그리고 모든 사람들에게 이 행복을 나눠줘야 한다는 믿음은 그녀를 일약 사교계의 스타로 만들었다.

어머니는 어린 시절의 내게도 이처럼 찬란한 인상으로 남아 있었다. 마치 나를 위해 빛나는 샛별인 것 같았다. 나는 그런 어머니를 정말 사랑했다. 하지만 그 사랑에는 거리가 있었다. 유모인 에버리스트 부인만이 나를 돌봐 주고 원하는 것을 들어주는 유일한 존재였으며, 학창 시절 내 고민을 털어놓을 수 있는 유일한 상대였다.

유모가 우리 집에 오기 전 컴벌랜드(Cumberland)의 한 성직자 집에서 '엘라'라는 어린 소녀를 12년 동안 키웠다고 했다. 이 '꼬마 엘라'를 한 번도 본 적은 없지만 어린 시절 내게 가장 중요한 모델이 되어 주었다. 나는 엘라가 어떤 음식을 좋아하고 어떻게 기도하며, 어떤 장난을 치고 무엇을 잘했는지 등 그 아이에 대한 모든 것을 알고 있었다. 심지어 가 본 적 없는 영국 북부에 위치한 엘라의 집도 선명하게 떠올릴 수 있었다.

또한 켄트(Kent) 주도 좋아하게 되었다. 에버리스트 부인은 이곳을 '영국의 정원'이라고 불렀다. 유모는 켄트 주 채텀에서 태어났는데, 이곳을 무척 자랑스러워했다. 어떤 나라도, 심지어 영국의 어떤 지역도 켄트 주에 비할 바가 아니었다. 예를 들어, 유모에게 아일랜드는 하찮은 곳이었고, 프랑스에서 나를 유모차에 태우고 거닐던 샹젤리제―그녀는 '샴엘리지'라고 불렀다― 거리도 대수롭지 않게 여겼다. 켄트 주의 주도는 메이드스톤(Maidstone)인데, 메이드스톤 주변에는 항상 딸기, 체리, 라즈베리와 자두가 풍족하게 널려 있다고 했다. 이 얼마나 사랑스러운 곳인가! 나는 항상 켄트에서 살고 싶어 했다.

1900년 가을, 더블린에서 영국과 트란스발 공화국이 벌인 보어 전쟁(Boer War)에 대한 강연을 하기 위해 리틀 로지를 다시 방문한 적 있었다. 내 기억에 그곳은 녹색 덧문과 베란다가 있는 길고 낮은 흰색 건물에다 주위에는 트라팔가 광장만큼 큰 잔디밭이 있고 숲으로 완전히 둘러싸여 있으며, 총독 관저에서 적어도 2킬로는 떨어진 곳이라고 생각했다. 다시 방문해 보니 잔디밭은 겨우 60미터밖에 되지 않았고, 숲이라기보다는 약간 넓은 덤불이었다. 내가 머물던 총독 관저에서 차로 1분 거리에 있다는 것을 알고는 사뭇 놀랐다.

다음으로 기억하는 장소는 벤트너(Ventnor)다. 내가 좋아하는 벤트너에는 에버리스트 부인의 여동생이 살고 있었다. 여동생의 남편은 거의 30년간 교도소 간수로 일했다. 그는 가끔씩 나를 데리고 언덕을 가로질러 해안 절벽을 산책하면서 교도소에서 있었던 폭동이나 죄수의 습격 때문에 다친 일화들을 들려주곤 했다.

처음 벤트너에 갔을 때 영국은 줄루족(Zulu)과의 전쟁이 한창이었다. 신문에는 줄루족의 그림이 실려 있었다. 그들은 검고 벌거벗었는데, '아세가이(assegai)'라는 창을 매우 잘 던진다고 했다. 신문 기사를 보면 줄루족이 우리 군인을 많이 죽인 것 같지만 그림만 보면 오히려 우리 군대가 더 많이 죽인 것 같았다. 기사를 보면서 줄루족에게 분노했고, 그들이 우리 군대에게 죽었다는 말을 들었을 때에는 매우 기뻤다. 늙은 간수인 내 친구도 마찬가지였다. 얼마 후 이 특이한 전쟁은 끝이 났고 줄루족 그림은 더 이상 신문에 실리지 않았다. 나는 줄루족이 모조리 죽었다고 생각

유리디스호의 침몰 | 1878년 대서양을 가로질러 포츠머스로 돌아오다가 와이트섬 근처에서 폭풍우에 휩싸여 침몰했으며, 319명의 승무원 중 2명만 생존했다.

했고, 더 이상 그들과의 전쟁에 대해 걱정하지 않게 되었다.

어느 날 벤트너 근처의 해안 절벽에 나가 보니 돛을 활짝 편 크고 멋진 배가 해안에서 2~3킬로 떨어진 바다를 지나고 있었다.

"저건 군 수송선이야. 전쟁터에서 돌아오는 병사들을 가득 싣고 있겠지."

어떤 사람이 그렇게 말했다. 어쩌면 인도에서 돌아오는 배일 수도 있지만 기억이 분명하지 않았다.* 그때 갑자기 먹구름이 몰려오고 바람이 몰아치더니 굵은 빗방울이 떨어졌다. 우리는 서둘러 집으로 돌아왔다. 폭풍우가 잦아들고 다시 절벽으로 갔을 때 멋진 배는 시커먼 세 개의 돛대만 수면 위로 드러낸 채 바다 속으로 가라앉고 있었다. 이 배가 유리디스 호(HMS Eurydice)였다. 유리디스 호는 폭풍우에 전복되어 300명의 병사들을 태운 채 침몰하고 말았다. 사고 이후 잠수부들이 시신을 인양하기 위해 바다 속으로 들어갔다. 야만인들과의 위험하고 힘겨운 전쟁 끝에 고국으로 돌아오다 익사한 가엾은 병사들의 시체를 꺼내 오던 잠수부 몇몇은 물고기들이 시체를 뜯어먹는 것을 보고 너무 무서워서 정신을 잃었다는 소문―이 이야기는 어린 마음에 지울 수 없는 공포로 남게 되었다―도 들었다. 어느 화창한 날에는 시체 몇 구가 보트에 실려서 천천히 뭍으로 오는 것을 본 적도 있는데, 절벽에서 바라보던 많은 사람들은 모두 모자를 벗고 조의를 표했다.

이 무렵 '테이 다리 참사(Tay Bridge Disaster)'도 일어났다. 거센 폭풍우 속을 달리던 열차가 다리가 무너지는 바람에 열차에 타고 있던 모든 승객들이 강물에 빠져 익사한 사건이었다. 나는 '승객들이 왜 긴급히 객실

---

\* 실제로 그 배는 훈련선이었다.

창문을 통해 대피하지 않았을까'라는 의문이 들었다. 하지만 당시 객차의 창문을 열기 위해서는 긴 가죽끈을 당겨야 하는데, 이는 상당히 어려운 일이었기 때문에 승객 모두 익사하는 것도 무리는 아니었을 것이다. 주변에서는 다리가 무너지도록 방치한 정부에 대해 성토했고, 철도 당국의 안일한 대처를 비난했다. 이런 충격적인 참사를 일으킨 정부의 나태와 무관심에 대해 사람들은 다음 선거에서는 반드시 야당에 투표하겠다고 입을 모았다.

1880년 글래드스턴(William Gladstone)*이 집권하게 되자 우리 집안은 모든 관직에서 물러나야 했다. 글래드스턴은 매우 위험하고 야심만만한 인물로 사람들을 선동하고 분노를 자극해 보수당 정부를 반대하도록 이끌었고, 결국 할아버지를 아일랜드 총독에서 몰아냈다. 그러나 할아버지는 비콘스필드(1st Earl of Beaconsfield; 디즈레일리) 경 이전 정부에서 역임했던 상원 의장직을 아일랜드 총독보다 더 마음에 들어 했다. 아일랜드 총독 시절에는 더블린 지역 아일랜드인의 복지를 위해 자신의 돈을 많이 써야 했기 때문이다. 할머니도 '기아 기금'을 만들어 많은 기부를 했다. 그러나 아일랜드 사람들은 할아버지가 베푼 인정에 대해 조금도 고마워하지 않는 듯했다. 그들은 '감사'라는 말을 제대로 하지 않았고, 기아 기금을 받아도 마찬가지였다.

윌리엄 글래드스턴

할아버지는 자신의 블렌하임 궁(Blenheim

---

* 윌리엄 글래드스턴은 리버풀 출신의 정치가로 원래는 보수당 내부에서 자유무역주의자들을 대표했다. 내분으로 인해 보수당에서 축출된 후 자유당에 입당하여 당수가 되었으며, 총리 재임 시절 자유주의의 입장에서 하층 계급의 불만을 무마하기 위해 많은 개혁을 단행했다.

18

Palace)에 머물며 정기적으로 내각 회의에 참석하는 것을 더 좋아했다. 게다가 할아버지는 비콘스필드 경의 말이라면 무엇이든 시키는 대로 따랐다. 비콘스필드 경은 글래드스턴의 유일한 맞수였으며, 사람들은 그를 '디지(Dizzy)'라는 별명으로 불렀다. 그러나 이번에는 디지가 글래드스턴에게 철저하게 패배했기 때문에 우리 집안도 야당으로 내몰리게 되었고, 국가는 빠르게 파멸의 길로 들어섰다. 사람들은 "영국이 퇴보하고 있다"고 말했다. 설상가상으로 이러한 상황에서 비콘스필드 경의 병세마저 위중해졌고, 고령인지라 결국 얼마 지나지 않아 다시는 자리에서 일어날 수 없었다.

어린 나는 병상에 누운 비콘스필드 경을 몹시 걱정하며 지켜보았다. 사람들은 만약 그가 죽는다면 국가의 막대한 손실이며, 이제는 어느 누구도 글래드스턴의 사악한 손아귀에서 벗어날 수 없다는 이야기를 들었기 때문이다. 결국 그가 죽게 되자 거리의 모든 사람들이 매우 침통한 얼굴로 다니는 것을 볼 수 있었다. 사람들은 영국을 사랑하고 러시아를 압도한 위대한 정치가가 한낱 급진주의자들의 배은망덕한 대접 가운데 비통하게 죽었다고 말했다.

나는 앞서 가정교사가 세상에서 가장 무서운 존재라고 말했지만, 세상에는 학교라고 불리는 더 무시무시한 존재가 기다리고 있었다. 소위 '문제아'로 분류되었던 나는 7살이 되자 몇 주 동안 집을 떠나 학교에 가야 한다는 사실을 알게 되었다. 집에 돌아오기 위해서는 크리스마스 방학까지 7주나 기다려야 했다.

학교에 대한 여러 가지 이야기를 듣고 안 좋은 인상을 가지고 있었는데―실제 경험해 보니 그 인상은 더욱 확고해졌다― 이런 갑작스러운 변화에 잠시 흔들렸다. 물론 공부는 고통스럽겠지만 다른 학생들과 재미있게 놀 수 있고 친구를 사귀면서 함께 멋진 모험도 할 수 있으리라고 생

1881년의 어린 처칠

각했다. 또 누군가에게 "학창 시절이 인생에서 가장 행복한 시절이다"라는 말도 들었기 때문이다.

몇몇 어른들로부터 거칠고 힘들었던 학창 시절의 경험담—따돌림을 당하거나 항상 배고팠으며, 아침에 일어나자마자 물통의 꽁꽁 언 얼음을 깨던 일 등—을 들었다. 다행히 나는 이런 일들을 한 번도 경험해 보지 못했다—그러나 지금은 생각이 바뀌었는데, 내게 학교생활은 특별하고 재미있는 경험이었다—. 나보다 나이가 많은 사촌들은 방학 때 집에 돌아오는 것이 싫다고 했다. 그 이유를 물었지만 사촌들은 아무 말도 하지 않고 그저 씽긋 웃기만 할 뿐이었다.

어쨌든 나는 완전히 무기력했다. 거부할 수 없는 조류에 휩쓸려 떠내려가는 꼴이었다. 내 의사와 상관없이 태어난 것처럼 왜 집을 떠나야 하는지 궁금했지만 더 이상 묻지 않기로 결심했다.

학교에서 필요한 물건을 사는 건 매우 신나는 일이었다. 내 목록에는 양말 14켤레가 들어 있었는데, 에버리스트 부인은 그건 사치라고 했다. 그녀는 열 켤레만 있어도 충분하다고 했지만, "발을 축축한 상태로 계속 놔두는 건 위험하며 약간의 여유를 갖는 게 좋다"는 핑계를 댔다. 드디어 운명의 날이 다가왔다. 어머니와 함께 이륜마차를 타고 역으로 향했다. 어머니는 반(半) 크라운짜리 동전 세 개를 주었는데, 가는 도중에 마차 바닥에 하나를 떨어뜨리는 바람에 바닥에 깔린 지푸라기를 헤집으면서 한동안 소란을 벌인 후 간신히 찾았다. 덕분에 가까스로 열차를 탈 수 있었다. 만약 그 열차를 놓쳤다면 아마도 세상이 끝장났을지 모른다.

부모님이 고른 학교는 영국 상류층 자녀들을 위한 학교로 수업료가 가장 비싼 곳이었다. 이튼 스쿨(Eton School)을 모델로 삼았는데, 무엇보다 사립 기숙학교 진학을 위한 예비 학교였다. 가장 최근에 설립된 이 학교는 한 반에 10명의 학생들을 배정했으며, 교사들은 늘 석사모와 검은 가운을 입고 다녔다. 당시로서는 최첨단이었던 전등, 수영장, 넓은 축구장, 크리켓 경기장 등의 시설을 갖추었으며, 학교에 딸린 부속 예배당도 있었다. 매 학기마다 '탐험'이라고 부르는 두세 번의 학교 행사가 있었다. 또 모든 물품은 학교에서 제공해 주는 대신, 일체의 간식이 금지되었다.

학교에 도착한 즈음은 11월의 어둑어둑한 오후였다. 어머니는 교장 선생님과 차를 마시며 친근하게 이야기를 나누고 있었다. 내가 찻잔을 엎어 버리는 바람에 '나쁜 시작'이 될까봐 조마조마했다. 무엇보다 이 커다랗고 무시무시한 방에서 낯선 사람들 사이에 혼자 남겨진다는 생각에 비참하기만 했다. 당시 나는 겨우 7살로 놀이방에서 장난감을 가지고 놀 때가 가장 행복했다. 내 놀이방에는 증기 기관, 마법 랜턴 그리고 천여 개의 장난감 병정을 가지고 있었지만, 이제는 학교에서 꼼짝없이 공부만 해야 했다. 반나절의 휴식을 제외하고 매일 7~8시간의 수업에 추가로 축구나 크리켓 같은 운동도 해야만 했다.

어머니가 탄 마차 소리가 멀어지자 교장은 가진 돈을 모두 자신에게 맡기라고 했다. 내가 반 크라운짜리 동전 세 개를 꺼내자 그것을 장부에 기록했다. 학교에 매점이 열릴 때 갖고 싶은 물건이 있다면 6~7펜스 한도 내에서 무엇이든 살 수 있다고 했다.

그 후 안락한 교장실을 나와 학생들의 기숙사와 교실이 있는 우중충한 건물로 들어섰다. 그곳에 있던 한 선생님은 나를 교실로 데려간 후 책상에 앉혔다. 교실에는 아무도 없었고 단둘이었다. 그는 여러 가지 활자가 인쇄된 얇은 청록색 표지의 책을 주며 말했다.

"전에 라틴어 배워 본 적은 없지?"

"네, 없어요."

"이게 라틴어 문법이다."

선생님은 손때 묻은 페이지를 펼쳤다.

"이건 꼭 외워야 해."

선생님은 한 줄 한 줄 단어를 가리키며 말했다.

"30분 후에 돌아와서 다 외웠는지 보겠다."

우울한 저녁 아픈 마음을 안고 라틴어 어미 제1변화 앞에 앉아 있는 나를 상상해 보라.

| *Mensa* | a table |
| *Mensa* | O table |
| *Mensam* | a table |
| *Mensae* | of a table |
| *Mensae* | to or for a table |
| *Mensa* | by, with or from a table |

이게 도대체 무엇을 의미하는 것일까? 이게 뭘까? 아무짝에도 쓸모없는 짓 같았다. 하지만 내가 항상 잘할 수 있는 일 중 하나가 바로 암기다. 일신상의 신세한탄을 뒤로하고 이 글자놀이 같은 문제를 암기하기 시작했다.

마침 선생님이 돌아왔다.

"다 외웠니?"

"외운 것 같은데요."

대답한 나는 선생님 앞에서 외워 보였다. 내 대답에 만족해 하는 선생님의 표정을 보면서 대담하게도 이런 질문을 던졌다.

"선생님, 이것은 무슨 뜻인가요?"

"말하는 것을 그대로 의미한단다. 'a Table'의 라틴어 *Mensa*'는 명사의 어미가 제1변화를 한 것이다. 어미변화에는 모두 다섯 가지가 있는데, 방금 너는 어미 제1변화의 단수를 배운 것이지."

"하지만 선생님, 이게 무슨 뜻인가요?"

나는 다시 물었다.

"'*Mensa*'는 'a Table'이라는 뜻이지."

"그렇다면 이 '*Mensa*'는 왜 'O Table'을 뜻하나요? 그리고 'O Table'은 무슨 뜻인가요?"

"'O Table'은 '*Mensa*'의 호격이다."

"그런데 왜 'O Table'이 되나요?"

나는 점점 호기심이 들기 시작했다.

"'O Table'은 네가 테이블이라고 정하거나 테이블이라고 부를 때 사용하는 거야."

그래도 내가 아직 깨닫지 못한 것을 보고는 덧붙였다.

"네가 테이블에게 말을 걸 때 사용하는 거야."

"하지만 전 절대 테이블에게 말을 걸지 않아요."

나는 깜짝 놀라서 불쑥 내뱉었다.

"버릇없이 굴면 매를 들겠다! 아주 단단히 경고했어!"

선생님의 결정적인 답변으로 사제 간의 대화는 마무리되었으며, 이것이 바로 세상의 많은 현자들이 그토록 많은 위안과 이익을 얻었다는 고전의 첫 입문이었다.

세인트제임스 스쿨(St. James School)에서는 담임선생님의 말처럼 체벌은 지극히 일상적이었다. 이튼의 전통을 따라 자작나무 회초리로 때리는 것이 이 학교만의 큰 특징이었다. 그러나 그 시절 이튼이나 심지어 해로우 스쿨(Harrow School)에서도 교장의 관리 감독 하에 어린 소년들에게 이처럼 잔인한 체벌을 가하지 않았다. 세인트 제임스의 체벌은 내무성 관할의 어떠한 교정 시설에서 가하는 체벌보다 심각했다. 이후 나는 몇 가지 자료를 읽고 이 잔인함의 배경에 대해 알 수 있었다. 교장은 한 달에 두세 번씩 전교생을 도서관에서 줄을 세웠고, 매를 맞을 학생은 학생 대표들에 의해 옆방으로 끌려가서 피가 철철 흐를 때까지 매질을 당했다. 그러는 동안 나머지 학생들은 벌벌 떨면서 매 맞는 학생들의 비명소리를 듣고 있어야만 했다.

학교의 훈육 방법은 고교회파(High Church) 교리를 강조한 예배로 한층 강화되었다. 에버리스트 부인은 교황에 대해 매우 적대적이었다. 아일랜드 페니언들의 배후가 교황이라고 말할 정도였다. 유모 자신은 저교회파(Low Church)로서 제단의 온갖 장식품이나 예배 의식을 싫어했다. 유모가 로마 교황을 극도의 혐오했기 때문에 나도 자연스럽게 교황과 로마 가톨릭과 관련한 종교적 관습에 대해 강한 반감을 갖게 되었다. 즉 이 시기에 내가 받은 교육은 영적 측면에서 큰 위안을 주지 못했다. 반면에 나는 속권(the secular arm)의 남용에 실컷 휘둘리는 게 무엇인지 경험할 수 있었다.

내가 이 학교를 얼마나 싫어했는지, 2년 동안 얼마나 불안한 삶을 보냈는지 모른다. 공부는 여전히 바닥이었고, 운동 실력도 형편없었다. 어서 빨리 학기가 끝나고 지긋지긋한 감옥 생활에서 벗어나 집으로 돌아가서 방바닥에 장난감 병정들을 일렬로 늘어놓기만을 손꼽아 기다렸다.

이 무렵 내가 가장 좋아하는 일은 오직 책 읽는 것이었다. 아홉 살 반이 되던 해에 아버지는 『보물섬』을 선물해 주셨는데, 이 책을 아주 열심히 읽었던 기억이 난다. 선생님은 내가 또래에 비해 학습 능력은 떨어지지만 조숙하다는 사실을 알고 있었다. 어려운 책을 읽으면서도 반에서는 항상 꼴찌를 도맡아 했다. 이 사실은 선생님을 더욱 불쾌하게 만들었다. 선생님들은 온갖 방법으로 나를 공부시키려고 했지만 내 고집을 꺾을 순 없었다. 나는 관심이나 흥미에 맞지 않는 것을 배우려 하지 않았고 공부할 수도 없었다. 12년 동안 학교를 다녔지만 나로 하여금 라틴어 경구나 그리스어를 알파벳 이상 쓸 수 있도록 만든 선생님은 아무도 없었다.

부모님이 그 많은 돈을 퍼붓고 선생님들이 억지로라도 끌고 가려고 했던 기회를 어리석게도 모두 날려버린 것에 대해 변명하려는 것이 아니다. 다만 옛사람들의 문법이나 구문이 아닌 역사나 관습에 대해 배웠더라면 좀 더 나은 성적을 거둘 수 있었을지 모른다.

세인트제임스 스쿨에서 건강이 나빠지고 병에 걸리자 결국 부모님은 나를 학교에서 데리고 나왔다. 당시 우리 주치의이자 저명한 롭슨 루스(Robson Roose) 박사는 브라이튼(Brighton) 지역에서 병원을 개업해 진료하고 있었다. 의사는 내가 몹시 쇠약해졌기 때문에 지속적인 진료를 받으라고 권했다. 그래서 1883년에 브라이튼에서 두 명의 부인이 운영하는 학교로 가게 되었다. 이곳은 세인트제임스보다 규모가 작지만 학비가 저렴하고 덜 가식적이었다. 게다가 세인트제임스에서 경험해 보지 못했던 친절과 관심이 있었다. 나는 폐 양쪽이 모두 폐렴에 걸려 거의 죽을 뻔했지만, 브라이튼에서 3년 동안 맑은 공기와 조용한 환경 가운데 지내면서 점차 건강해졌다. 이 학교에서는 내가 좋아하는 것—불어, 역사, 시 암송, 심지어 승마와 수영까지—을 공부할 수 있게 해 주었다. 이곳에서 보낸 시간은 이전 학교와는 대조적으로 내 기억 속에 즐거운 추억으로 남아 있다.

그런데 에버리스트 부인에게 물려받은 저교회파 교리로 인해 난처한 일이 생겼다. 우리는 매주 일요일, 브라이튼 로열 성당(Chapel Royal)에서 예배를 드렸다. 학생들을 위한 예배석은 남쪽과 북쪽으로 마주보며 있기 때문에 「사도신경」을 암송할 때에는 모두 단상이 있는 동쪽으로 몸을 돌려야 했다. 에버리스트 부인은 분명 이것을 로마 가톨릭의 의식이라고 생각할 것이기 때문에 이러한 의식에 반대하는 것이 나의 의무라고 생각했다. 그래서 마음을 단단히 먹고 그냥 앞을 보며 서 있었다. 가슴은 마구 뛰었고 마치 순교자가 된 기분이었다.

하지만 숙소로 돌아올 때까지 내 행동에 대해 어떤 말도 듣지 못했다. 실망했지만 다시 한 번 내 신념을 보여줄 수 있는 기회가 오기만을 기다렸다. 막상 다음 예배 시간이 되자 이번에는 동쪽을 향한 자리여서 그대로 서 있어도 되었다. 생각은 온통 예배 의식에 대한 믿음과 의무로 혼란스러웠다. 두 부인은 사려 깊게도 내 종교적 양심에 대해 부드럽게 대해주었다. 그 결과, 나는 두 번 다시 말썽을 피우지 않기로 했다. 반항하거나 구박 받는 일도 없었기 때문에 정통파 교리를 넓은 아량으로 받아들였다.

# 해로우 스쿨의 낙제생

열두 살 생일이 지나자 나는 마침내 험난한 시험의 세계로 들어갔고, 7년간의 고된 여정이 기다리고 있었다. 시험은 나에게 일종의 커다란 시련이었다. 시험 감독관이 가장 좋아하는 과목은 내가 가장 싫어하는 과목이었다. 역사나 시 또는 작문이 출제되길 바랐지만 시험 감독관은 라틴어나 수학을 중요시했고, 그런 의지가 곳곳에 드러나 있었다. 게다가 그 두 과목에서 나오는 문제들은 답하기 매우 까다로운 것들이었다. 그나마 내가 아는 문제만 출제되길 빌었으나 언제나 그렇듯 처음 보는 문제만 나왔다. 내가 가진 지식을 펼치고 싶었지만 그들은 내 무지를 까발렸다. 결론은 늘 하나였다. 시험은 망했다.

이런 우려는 해로우 스쿨 입학시험에서도 현실이 되었다. 그런데 교장 선생님인 웰든(James Welldon) 박사는 내 라틴어 작문 실력을 관대하게 평가했고 일반적인 수학 능력에 대해서도 높은 분별력을 보여주었다. 사실 나는 라틴어 시험에서 한 문제도 답을 쓰지 못했다. 답안지에 맨 위에 이름을 쓰고는 1번 문제에 '1'이라고 썼다. 한참을 고민한 후 '1'에 괄호를 쳤다. 하지만 이후로는 이 문제에 관한 어떤 것도 생각나지 않았다. 게다가 잉크 방울이 여기저기 떨어져 시험지에는 답보다 얼룩이 더 많았다. 슬프게도 이것을 두 시간 동안 지켜봐야만 했다. 자비로운 조교 선생님이 다른 학생들의 답안지와 함께 거두어 교장 선생님께 가져갔다. 교장 선생님이 나를 해로우에 입학시킨 이유는 아마도 이 빈약한 학문의 표시 때문은 아니었을까? 즉 웰든 박사는 그의 탁월한 혜안으로 답안지 위에 흩어진 얼룩만 보지 않고, 깊은 내면을 들여다보았기 때문이리라. 그래서 나는 항상 그를 존경했다.

교장 선생님은 나를 가장 열등반인 4학년 3반으로 보냈다. 신입생들의 이름은 알파벳 순서로 학생부에 등록되는데, 내 정식 이름인 스펜서—처칠(Spencer – Churchill)은 'S'로 시작하기 때문에 순서에는 큰 도움이 되지 못했다. 사실 전교생 가운데 내 뒤로는 두 명밖에 없었다. 유감스럽게도 얼마 후 그 두 명마저 질병이나 다른 이유로 더 이상 학교에 나오지 않게 되었다.

해로우의 점호는 이튼과 달랐다. 이튼 스쿨에서 학생들은 한 줄로 서서 이름을 부르면 모자를 들어 올리지만, 해로우는 교정에서 한 명씩 선생님 앞을 지나가면서 대답하도록 되어 있었다. 따라서 내가 호명되는 순서는 굴욕감이 들 정도였다. 1887년의 일이다. 당시 아버지 랜돌프 처칠 경*은 하원의장과 재무장관 직에서 막 사임하긴 했지만 여전히 정계 제일선에 있었다. 학교 방문객들은 늘 학교 계단에 서서 학생들의 점호를 보곤 했는데, 내가 지나갈 때마다 "처칠 경의 아들은 왜 만날 꼴찌야?"라는 기분 나쁜 말을 들어야 했다. 이 꼴사나운 상황은 거의 1년이나 계속되었다.

하지만 열등반에 오래 있었기 때문에 똑똑한 학생들보다 좋은 점도 있었다. 그들이

랜돌프 처칠

---

\* 랜돌프 처칠(Lord Randolph Henry Spencer – Churchil)은 제7대 말버러 공작의 셋째 아들로 파리에서 외교관으로 지내던 중 제니 제롬을 만나 결혼했다. 1876년 아일랜드 총독이 된 아버지, 곧 처칠 할아버지의 개인 비서를 지냈으며, 디즈레일리 보수당 정부 시절 하원의원이 되어 뛰어난 연설 실력으로 대중의 큰 지지를 얻었다. 자유당이 집권하자 귀족적인 보수당을 비난하고 토리 민주주의를 주장하여 막 투표권을 얻은 노동자 계층을 규합, 보수당이 다시 정권을 잡는 데 기여했다. 솔즈베리 내각 당시 하원의장과 재무장관을 겸임할 정도로 승승장구했으나 보수당 내 권력 투쟁으로 인해 물러났다. 사퇴 당시 사퇴서를 「타임즈」에 공표하여 '정치적 자살'이라 부를 정도의 물의를 일으켰으며, 이로 인해 다시는 정치적으로 재기할 수 없었다. 1895년 매독 마비 증세로 사망했다.

라틴어나 그리스어처럼 멋들어진 것을 배울 때 나는 그저 영어만 배우면 됐다. 영어밖에 못하는 머리 나쁜 학생으로 여겨졌기 때문이다. 서머벨(Somervell) 선생님—매우 유쾌하신 분으로, 내가 큰 은혜를 입었다 해도 과언이 아니다—은 다른 선생님들이 가장 기피하는 일, 즉 열등생들에게 영어 가르치는 일을 도맡아 했기 때문에 다른 선생님들은 도저히 따라올 수 없을 정도로 교수법이 탁월했고, 어떻게 하면 열등생들에게 쉽게 가르칠 수 있는지 잘 알고 있었다.

특히 지문을 분석하는 방법에 대해 꼼꼼하게 배웠을 뿐만 아니라 영어 문장 분석을 반복해서 연습했다. 서머벨 선생님은 자신만의 비법을 가지고 있었는데, 꽤 긴 문장에서 빨강, 파랑, 초록 잉크를 사용하여 각 구성 요소별로 구분했다. 주어, 동사, 목적어, 관계절, 조건절, 접속절, 분사 등을 각각 다른 색깔로 괄호를 치고 구분한 것이다. 이러한 방식으로 한 가지 훈련을 거의 매일 하다시피 했다. 개중에 나는 열등반에서 다른 학생들보다 세 배나 더 오래 있었기 때문에 남들에 비해 세 배 이상을 배운 셈이다. 즉 보다 철저히 배워서 평범한 영어 문장의 기본적인 구조도 뼛속 깊이 깨닫게 되었다.

그것은 실로 중요한 배움이었다. 몇 년이 지난 후 아름다운 라틴어 시나 짧은 그리스어 경구 같은 것을 써서 상을 받고 이름을 알렸던 동기들이 자신들의 출세나 생계를 위해 일상에서 영어를 써야 할 때 적어도 나는 그들보다 유창하게 구사할 수 있었다. 당연한 말이지만, 나는 영어를 배우려는 학생들에게 호의적이다. 내가 선생이라면 모두에게 영어를 배우게 한 후 그 중 똑똑한 학생들을 골라 라틴어는 명예를 위해, 그리스어는 경험 삼아 배우게 할 것이다. 하지만 영어를 못한다면 그것은 가차 없는 채찍질의 유일한 이유다. 아마도 엄청난 분노의 채찍질이 될 것이다.

입학했을 당시는 여름 학기 중이었다. 학교에는 그때까지 본 적 없는 큰 수영장이 있었다. 정확히는 수영장이라기보다 양쪽으로 다리가 놓여 있는 살짝 구부러진 강이었다. 우리는 그곳에서 몇 시간 동안 헤엄치다 쉬고를 반복하다가 뜨거운 아스팔트 가장자리에 누워 일광욕을 하거나 커다란 빵을 나눠 먹으며 놀았다. 벌거벗은 친구나 사이가 안 좋은 녀석들 뒤로 몰래 다가가 물속에 밀어 넣는 장난을 치고 박장대소하기도 했다. 나도 종종 나와 덩치가 비슷하거나 작은 아이들에게 그런 장난을 걸었다.

입학한 지 한 달쯤 되던 어느 날 한 녀석이 수건을 두르고 명상하는 자세로 수영장 가장자리에 앉아 있는 것을 보았다. 덩치가 크지 않아 적당한 상대라 생각했다. 몰래 뒤로 다가가 수건만 물에 빠지지 않도록 잡은 채 물속으로 밀어 넣었다. 거품 속에서 분노로 가득 찬 얼굴을 한 채 보기에도 엄청난 힘으로 헤엄쳐 오는 것을 본 나는 깜짝 놀랐다. 서둘러 도망쳤지만 허사였다. 바람처럼 달려와 나를 붙잡자마자 수영장 가장자리 깊은 곳으로 내던져 버렸다. 물에 빠진 생쥐 꼴로 반대편으로 기어 나왔다. 이걸 본 친구들이 걱정하면서 나를 둘러쌌다.

"너 이제 골치 아프게 됐어."

그들이 말했다.

"저 선배는 에이머리(Leopold Amery)라고 하는데, 6학년이고 기숙사 반장이야. 체육 선수 대표이자 축구부 주장을 맡고 있대."

친구들은 계속해서 그가 맡고 있는 수많은 직책과 권위 그리고 명성에 대해 떠들면서 곧 내게 닥쳐올 끔찍한 보복에 대해 압박했다. 나는 단지 무서워서가 아니라 감히 신성모독죄를 저지른 것 같아 몸이 떨려왔다. 그런데 덩치도 작고 수건으로 몸을 감싸고 있는데, 몇 학년인지 어떻게 알 수 있단 말인가? 곧장 그를 찾아가 사과하기로 마음먹었다.

"정말 미안해요. 몸집이 작아 보여서 선배를 4학년으로 봤어요."

그러나 선배는 아직 화가 풀리지 않은 것 같았다. 그때 기발한 생각이 떠올랐다.

"우리 아버지도 몸집은 작지만 높은 위치에 있어요."

이 말에 선배는 피식 웃으며, 나의 '건방짐'과 앞으로 조심해야 할 것에 대해 몇 마디 꾸지람을 했다. 즉 무사히 해결됐다는 의미다. 그 후 세 살이라는 나이 차가 학교에서만큼 중요하지 않게 되었을 때 운 좋게도 여러 번 그를 다시 만날 기회가 있었다. 그리고 우리는 오랫동안 내각의 동지가 되었다.

열등반에서 내가 침체의 늪에 빠져 있을 때 교장 선생님 앞에서 매콜리(Thomas Macaulay)가 쓴 천 이백 행의 「고대 로마의 노래(Lays of Ancient Rome)」를 한 번의 실수도 없이 암송해 내서 상을 받은 사건은 정말 내게 어울리지 않은 일이었다. 게다가 학교에서는 거의 꼴찌에서 헤매고 있었음에도 육군예비시험에 통과하기도 했다. 이 시험이 내게 숨어 있는 특별한 노력을 이끌어 냈던 것 같다. 왜냐하면 나보다 성적이 훨씬 좋은 애들도 여럿 탈락했기 때문이다. 물론 운이 좋았다. 출제 문제 중에는 어떤 나라의 지도를 오직 기억에 의존해 그리는 게 있다는 걸 알았다. 전날 밤 마지막으로 시험 준비를 하면서 지도에 있는 나라 이름들을 쪽지에 적고 모자에 넣어 뽑았더니 뉴질랜드가 나왔다. 그날 밤 이곳 지리만 열심히 외웠다. 천만다행으로 첫 번째 문제가 "뉴질랜드의 지도를 그려라"였다. 만약 몬테카를로(Monte Carlo)의 도박장이었다면 대박을 터뜨려 밑천을 서른다섯 배나 불렸겠지만, 높은 점수를 받은 것에 그저 만족했다.

*** 

나의 병영 생활은 장난감 군대 컬렉션에서 시작되었다. 당시 나는 모두 합쳐 거의 천오백 개의 장난감 병정을 가지고 있었다. 모두 같은 크기로서 영국군 1개 보병사단과 1개 기병여단으로 구성되어 있었다. 동생 잭(Jack Churchill)은 적군을 지휘했다. 하지만 우리는 군축 협정에 따라 유색 인종 부대만 가질 수 있었고 포병은 가질 수 없었다. 야포는 겨우 18문밖에 없었다. 사실 한 가지를 제외한 다른 모든 병과를 구비했는데, 그 하나는 모든 군대에서 부족한 병과, 즉 수송부대였다. 아버지의 오랜 친구인 헨리 드러먼드 울프(Henry Drummond Wolff) 경은 나의 부대 배치에 감탄하면서 부족한 부대를 위해 약간의 돈을 지원해 주었다.

나의 군대를 아버지가 정식으로 열병식을 하는 날이 되었다. 나는 모든 부대를 정확한 공격 대형으로 배치했다. 아버지는 날카로운 눈과 흐뭇한 미소로 20분 동안이나 사열을 했는데, 내겐 참으로 인상적이었다. 열병식을 마친 후 아버지는 군대에 갈 생각인지 물어보셨다. 군대를 지휘한다는 것은 참으로 멋진 일이라 여겼기 때문에 확신에 찬 목소리로 "네"라고 대답했다. 이것으로 내 미래는 결정되었다. 아버지는 오랜 경험과 안목으로 나의 군사적 재능을 알아채신 듯했다.

나중에 들은 이야기로는 내가 법률가가 될 만큼 똑똑하지 못하다는 것에 대해 이미 결론을 내렸다고 한다. 어찌 되었건 장난감 병정은 내 인생을 바꿔 놓았다. 부모님은 나의 교육 목표를 샌드허스트 육군사관학교(Sandhurst Royal Military Academy)로 방향을 정하시고 직업 군인을 만들기 위한 세부적인 것들을 준비하셨다. 그리고 그 외의 것들은 스스로 해내야만 했다.

*＊＊＊*

해로우에서 지낸 4년 반 중 3년을 군사예비반에서 보냈다. 그 반은 육군예비시험에 합격한 학생만 들어올 수 있었다. 군사예비반은 다양한 연령의 중상위권 학생들이 모여 샌드허스트나 울위치 육군사관학교(Woolwich Royal Military Academy) 진학을 목표로 입학시험 위주로 공부하는 곳이었다. 따라서 군사예비반은 다른 학생들처럼 한 학년을 마치면 다음 학년으로 진급하는 통상적인 관례에서 벗어나 있었다. 나는 진급도 거의 하지 못했고, 5학년들과 함께 공부하긴 했지만 학생 명단에도 거의 꼴찌로 남아 있었다. 공식적으로는 고등교육과정에 진학하지 못했기 때문에 하급생을 시종처럼 부릴 수 있는 특권도 얻지 못했다.

시간이 지나 학교에 들어온 지 3년째가 되자 드디어 선배들의 시종 노릇을 면하게 되었다. 내 위치에 있는 다른 학생들보다 나이가 많았기 때문에 기숙사에서 시종 반장이 되었다. 이것이 내가 최초로 맡은 책임 있는 직책이자 명예로운 임무였다. 반장은 시종 학생들의 업무와 날짜를 기록하고 복사본을 기숙사 대표와 축구 주장과 크리켓 주장 그 외 지도학생들의 방에 가져다 놓는 일을 했다. 나는 이 일을 운명으로 받아들였고, 1년 동안 열심히 수행했다.

한편 라틴어 숙제를 하기 위한 훌륭한 방법을 찾아냈다. 그동안 내가 라틴어를 번역하려면 전화번호부에서 전화번호를 찾는 것처럼 사전에서 일일이 단어를 찾아야 해서 매우 느리고 힘들었다. 앞 문자는 대충 쉽게 찾았지만, 정확한 단어를 찾기 위해서는 단어의 열 사이를 왔다 갔다 하거나 위아래를 훑다가 종종 엉뚱한 곳에서 서너 페이지를 뒤적거리기도 했다. 사실 이것이 내게는 힘든 일이었지만, 다른 학생들에게는 아무것도 아니었다.

그래서 어느 6학년 학생과 협정을 맺었다. 그 아이는 라틴어를 영어처럼 유창하게 읽을 수 있는 똑똑한 학생이었다. 카이사르(Caesar), 오비디우스(Ovid), 베르길리우스(Vergil), 호라티우스(Horace) 심지어 마르티알리스(Martial)의 경구도 그에겐 식은 죽 먹기였다. 대개 숙제는 매일 10~15줄의 라틴어를 번역하는 것이었는데, 내가 이걸 하려면 60~90분 정도 걸렸다. 그마저도 많은 부분이 틀린 채였다. 하지만 그 학생은 한 단어씩 모두 해석해 주는 데 5분밖에 걸리지 않았다. 나는 그저 그가 번역해 준 것을 확실히 외우기만 하면 그만이었다.

반면 6학년 친구는 교장 선생님께 제출하는 에세이를 내가 라틴어 십자말풀이를 할 때처럼 어려워했다. 그래서 우리는 라틴어 번역과 에세이를 서로 도와주기로 했다. 이 협정은 훌륭하게 지켜졌다. 라틴어 선생님은 내 숙제에 만족한 듯했고, 비로소 나도 아침 시간에 여유가 생겼다. 대신 일주일에 한두 번 정도 그 친구를 위해 에세이를 작성했다. 방을 왔다 갔다하면서 구술을 하면—지금도 그렇게 한다— 그 아이는 한쪽 구석에 앉아 그것을 받아 적었다. 몇 달 동안 우리의 협정은 성공적이었는데, 들킬 뻔한 적이 한 번 있었다. 제출한 에세이 중 하나가 교장 선생님 마음에 쏙 드셨던 모양이다. 교장 선생님은 6학년 친구를 불러 에세이에 대해 칭찬하셨다. 그리고 그 에세이 주제와 관련하여 활기차게 물어보셨다.

"자네가 서술한 이 논점이 매우 흥미롭다네. 자네가 깊이 있게 고민한 것 같은데, 자네의 생각을 들려줄 수 있겠나?"

웰든 선생님은 정신이 혼미해진 나의 동맹에게 한동안 이렇게 질문을 퍼부어대자 그 아이는 우물쭈물하면서 어벌쩡하게 대답했다. 교장 선생님은 모처럼의 칭찬 기회를 트집 잡고 싶지 않았는지 "자네는 말로 하는 것보다 글로 쓰는 걸 더 잘하는 모양이로군" 하며 놓아주었다. 그는 구사일생으로 위기를 넘기고 돌아왔다. 이후로는 에세이 쓰는 것에 대해 좀 더 주의를 기울이게 되었다.

교장 선생님은 나에게 지나치게 친근한 관심을 가지고 계신 듯했다. 내가 고전에 약하다는 것을 아시고 나를 도와주셨다. 그의 하루 일과는 꽤 바빴지만, 일주일에 세 번 저녁기도 전 15분 동안 짬을 내서 개인 교습을 해주셨다. 이는 직책이 있거나 최우수 학생만이 누릴 수 있는 과분한 영광이었다. 나는 그 일을 자랑으로 여겼으나, 동시에 큰 시련이기도 했다. 라틴어 구문을 배운 독자라면 입문 단계에서 나오는 탈격 독립어구(ablative absolute)를 가정법 과거완료의 'quum'으로 대치하는 것이 가장 골치 아프다는 것을 알 것이다. 나는 항상 이 'quum'으로 대치하는 것을 선호했다 — 사실 교장 선생님의 문장은 좀 길기 때문에 라틴어의 핵심이라 할 수 있는 간결함이 부족했다 —. 반면에 피해갈 수 없는 함정이 도사리고 있었다. 탈격의 어미가 '-$e$' '-$i$' '-$o$' '-$is$' '-$ibus$' 가운데 어느 것으로 끝나야 하는지 헷갈렸다. 내가 라틴어 글자 하나하나 틀리게 읽을 때마다 웰든 선생님은 자신이 육체적으로 고통을 받는 것 같았다. 훗날 애스퀴스(Herbert Asquith) 총리도 각료회의에서 내가 라틴어 관용 어구를 인용할 때마다 똑같은 표정을 짓곤 했다.

그 시간은 성가신 일이라기보다 오히려 고통이었다. 더욱이 교장 선생님이라는 권력은 일개 총리에게 부여된 것 이상으로 막강했다. 즉 웰든 선생님과 함께 보낸 15분의 시간은 내 인생을 더욱 불안하고 힘들게 만들었다. 거의 한 학기를 참고 기다린 끝에야 교장 선생님은 선의로 시작했으나 헛된 노력에 불과한 일을 그만두었고, 나는 비로소 크게 안도할 수 있었다.

여기서 잠깐 라틴어에 대한 — 그리스어도 마찬가지이지만 — 일반적인 고찰을 해 보자. 영어처럼 합리적인 언어에서는 핵심 단어가 각각의 작은 단어들과 밀접하게 연관되어 있다. 엄격했던 고대 로마인들은 이런 방법이 나약하고 무가치하다고 생각했다. 모든 단어의 구조는 사용될 수 있는 다양한 조건을 충족시키기 위해 정교한 규칙에 따라 인접한 단어에 의해 반응하도록 해야만 그들을 만족시킬 수 있을 것이다. 이 방식이 영어에서의 방식보다 더 인상적으로 들릴 수 있다는 점에는 의심의 여지가 없다. 그런 문장은 마치 정교한 기계처럼 정확히 맞물리고, 모든 구절을 의미로 가득 채울 수 있다.

그것이 로마인이나 그리스인에게는 자신들의 사후 명성을 세우는 데 있어 쉽고 괜찮은 방법이었을지라도 당시 그것을 배우는 사람들에게는 매우 고된 일이었음이 틀림없다. 그들은 사상과 문학의 창시자였다. 삶과 사랑, 전쟁, 운명과 예절에 대한 깊이 있는 사색을 글로 기록하게 되었을 때 자신들의 언어를 좌우명이나 경구에 잘 어울리도록 만들었고, 이로 인해 오랫동안 자신들의 명성을 드높여 줄, 불멸의 특허권을 갖게 되었다. 이것에 대해 학교에서는 아무도 가르쳐 주지 않았다.

한참 후에야 내가 직접 터득한 것으로, 나는 학창 시절부터 교육과정에서 핵심 과목으로 고전이 과연 적절한지 의문을 갖고 있었다. 사람들은 글래드스턴 총리가 재미로 호메로스(Homeros)를 읽었다고 하는데—그에게 썩 어울리는 일이긴 하지만— 내게는 내세에서나 큰 기쁨이 될 수 있을지 모르겠다. 내가 그들의 말에 쉽게 동의하지 않자 고전은 영어를 읽고 쓰는 데 큰 도움이 된다고 덧붙였다. 그러면서 라틴어와 그리스어에서 파생된 단어들의 수에 대해 지적했다.

만약 단어의 어원에 대해 정확히 알고 있다면 보다 분명하게 사용할 수 있을 것이다. 나도 어원의 실질적인 가치를 인정한다. 하지만 이마저도 이미 사장된 것이다. 영어 발음에서 멀어진 라틴어 음성학을 알려 주기 위해 외국인과 스코틀랜드인이 함께 모여 'audience'를 'owdience'로, 'civil'을 'keyweel'로 발음하라고 가르쳤다. 심지어 그들은 내가 가장 많이 쓰는 인상적인 인용구—카이사르가 말한 "왔노라, 보았노라, 이겼노라"의 라틴어 *Veni, Vidi, Vici*—조차 'Wainy, Weedy, Weeky'라는 우스꽝스러운 명칭으로 왜곡시켰다. 이러한 악행을 일삼은 자들은 심판을 피할 수 없을 것이다.

이 책에서 인도에 관한 내용을 읽게 된다면 그릇된 박식함이 무엇인지 알게 될 것이다. 내가 어릴 때에는 누구나 펀자브(Punjab)를 'Punjaub' 'pundit' 'Umbala'라고 쓰고 말했다. 그런데 어떤 저명인사가 나와 "틀렸어. 정확한 철자로 바르게 써야 해"라고 말하자, 영국인들은 'Panjab' 'pandit'나 'Ambala' 'Amritsar'로 말하기 시작했다. 그러나 정작 인도인들은 그 괴상한 말을 듣고 놀란다. 이것이 그 박식함에 대한 유일한 보답이다. 이런 일에 있어 나는 매우 보수적이다. 나는 항상 차르(Czar) 철자를 'Czar'—라틴어 'Caesar'에서 비롯된 러시아 황제를 지칭하는 말—라고 말한다. 더해서 『개역성서(Revised Version of the Bible)』와 『공통 기도서』의 변경, 특히 『결혼 예식서』의 변경은 정말 통탄할 만한 일이다.

## 3장
## 시험의 세계에 들어서다

샌드허스트 육군사관학교에 들어가기 위해 세 번이나 시험을 봐야 했다. 다섯 가지 시험 과목 중 수학, 라틴어, 영어는 필수 과목이었고, 프랑스어와 화학을 선택 과목으로 택했다. 내가 가진 패는 오직 영어와 화학뿐이었다. 허나 세 장 이하로는 대박을 터트릴 수 없기에 한 장의 패를 더 찾아야 했다. 내 마음속에는 라틴어에 대한 뿌리 깊은 편견이 자리 잡고 있었기 때문에 일찌감치 포기했다. 아쉽게도 라틴어 점수는 2,000점이나 되었지만, 내가 받을 수 있는 최대치는 기껏해야 400점이었다. 반면 프랑스어는 재미있긴 하지만 까다로운 데다 더욱이 영국에서는 프랑스어를 배우기가 쉽지 않았다.

이제 남은 것은 수학뿐이다. 첫 입학시험을 마치고 나서 전장을 면밀히 조사해 보니 이 전쟁에서 승리하기 위해서는 새로운 지원군을 전선에 투입시켜야 한다는 게 명백해졌다. 수학만이 유일한 지원군이었다. 그래서 필사적으로 수학에 의지했다. 평생 동안 혐오했던 과목을 짧은 시간에 벼락치기로 공부해야만 했다. 하지만 장장 6개월에 걸친 수학과의 전쟁에서 나는 정신적·기술적으로 승리했다.

세 번의 시련 중 첫 시도에서 수학 성적은 2,500점 만점에 채 500점도 받지 못했다. 그러나 두 번째 시험에서는 거의 2,000점을 받았다. 이런 고득점의 비결에는 필사적으로 배수의 진을 쳤기 때문이기도 하지만 메이오(Mayo) 선생님의 헌신적인 지도에 힘입은 바가 더 크다. 해로우에서 모두에게 존경 받았던 메이오 선생님은, 수학이란 결코 희망 없고 무의미한 늪지대가 아니며, 우스꽝스런 상형문자 이면에는 여러 가지 의미와 리듬이 있음을 알려 주었다. 그리고 그 세계의 일부분을 맛보게 해 주었다.

물론 내가 수학이라고 부른 것들은 출제위원회에서 요구하는 매우 기초적인 수준의 시험이었다. 수학적 재능이 특별한 사람들, 이를테면 시니어 랭글러(Senior Wranglers)*들이 보기에는 자신들이 대서양을 횡단할 때 내가 조그만 연못에서 물장구치는 것으로 보일 정도였다. 그럼에도 그 조그만 연못에 뛰어들었을 때 나에게는 깊이를 헤아릴 수 없는 심연과 같았다.

불안에 시달리며 지낸 몇 개월을 돌이켜보면 여러 중요한 일들이 기억 속 저편에서 떠오른다. 물론 나는 일반적인 분수나 십진법의 세계를 뛰어넘어 나아갔다. 하지만 '엘리스의 이상한 나라'로 가는 입구에 도착하자 '이차방정식'이란 놈이 버티고 있었고, 그놈은 기묘하게 얼굴을 찡그리며 지수이론에게 가는 길을 가리켰다. 그리고 지수이론은 단호하게 나를 이항 정리에게 넘겨버렸다. 저 멀리 우울함으로 가득하고 어두컴컴한 미궁 속에는 '미분'이라고 불리는 용이 지옥 불길을 내뿜고 있다고 알려져 있었다. 다행히 그 괴물은 순례자의 고난을 감시하는 출제위원회가 정한 범위 바깥에 있었다.

고개를 돌리자 매력적인 산의 고지대가 아닌 사인, 코사인 그리고 탄젠트라 불리는 기묘한 통로가 보였는데, 흡사 문자놀이나 철자가 뒤죽박죽된 애너그램(anagram) 같았다. 특히 그것들은 각자 또는 서로 곱할 수 있다는 게 매우 중요했다. 이것이 가진 큰 장점이라면 상당 부분은 외울 수 있다는 점이었다. 마지막 세 번째 시험에서 출제 빈도가 높았던 코사인과 탄젠트에 관한 제곱근 문제는 내 모든 운명을 뒤바꿀 만큼 결정적

---

\* 케임브리지 대학교 수학과 학부생 전원이 치러야 하는 수학 졸업 시험에서 최우수자에게 수여되는 상.

이었다. 이것이야 말로 진짜 문제였다. 다행히도 나는 며칠 전 그 못생긴 얼굴을 마주친 경험이 있었기에 한눈에 알아볼 수 있었다.

그 후로 다시는 그러한 것들을 본 적이 없다. 세 번째 시험에 성공적으로 합격한 후 마치 한여름 밤의 꿈처럼 환상 속으로 사라져 버렸다. 물론 수학이 공학이나 천문학 같은 학문을 공부하는 데 유용하다는 점은 인정한다. 다리와 운하를 건설하거나 물체의 무게와 위치 에너지를 이해하고, 우주의 별들을 세거나 거리를 측정하고, 나아가 일식이 언제 일어나고 혜성은 언제 도착하는지를 예측하는 일은 매우 중요하다.

비록 이른 나이에 간질로 요절하긴 했지만 눈가림 체스 대회에서 16명을 한꺼번에 상대했던 위대한 체스 선수처럼 재능을 가지고 태어난 많은 사람들을 존중한다. 그들을 대우하는 게 마땅하고 수학자들도 제대로 대접받아야 한다. 나는 결코 그들의 출세나 생계를 방해하지 않으리라 약속한다.

하지만 수학은 나로 하여금 이해의 깊이를 넘어 깊숙한 심연 속 나락을 보게 한 것 같았다. 나는 런던 시장의 날 가장행렬이나 태양 표면을 지나는 금성의 횡단처럼 무한대로 수렴하는 수나 플러스가 마이너스 기호로 변화되는 것을 보았다. 그것이 어떻게 일어났는지, 왜 속임수가 아닌지, 그리고 한 과정이 다른 과정들과 어떻게 연관되어 있는지 볼 수 있었다. 그것은 마치 정치와 같았다. 하지만 이제 파티는 끝났고, 이쯤에서 그만 마무리하고 싶다.

요점은, 만약 연로하고 지친 출제위원회의 출제자가 일주일 전에 내가 풀어 본 코사인과 탄젠트의 제곱근 문제를 출제하지 않았다면 이 책의 뒷장도 결코 집필되지 않았을 것이다. 어쩌면 나는 교회로 들어가 시대에 대한 저항정신을 담은 대담한 정통파적 설교를 하고 있었을 수도 있다. 혹은 더 시티(The City; 런던의 금융 중심가)에 뛰어들어 단단히 한몫 잡앓을지 모른다. 아니면 지금은 영연방 '자치령'이라고 부르는 식민지에 몸을 맡기고 린지 고든(Adam Lindsay Gordon)이나 세실 로즈*처럼 파란만장한 삶을 살았을지 모른다. 또는 변호사가 되어 나의 안일한 변호로 인해 의뢰인을 교수형에 처하게 만들었을지도 모른다. 어쨌든 내 인생 전체가 달라졌을 것이고, 그로 인해 다른 사람의 인생까지도 크게 바꾸었을지도 모르는 일이다.

다시 수학 이야기를 언급하자면 나는 1894년을 끝으로 수학과 영원히 인연을 끊었다. 내가 우려하는 바는 출제위원회의 이 특별한 문제가 의도치 않게 내 삶에 큰 영향을 끼쳤다는 사실이다. 후에 나는 출제위원회를 계속 지켜보았고, 그들과 직접 만나기도 한 데다 심지어 위원장을 직접 임명하기도 했다! 나는 물론 출제위원회를 존경하며 그들이 하는 일에 경의를 표한다. 우리 모두 마찬가지다. 하지만 어느 누구도, 심지어 그들 자신도 한 사람의 인생에 중요하고 결정적인 역할을 한다는 걸 알지 못한다. 인간의 자유의지와 운명에 대해 내가 내린 결론, 즉 이 두 가지는 항상 동일하다는 사실을 독자들은 명심하기 바란다.

나는 늘 나비를 사랑했다. 우간다에서는 날개가 보는 각도에 따라 어두운 갈색에서 반

세실 로즈

---

\* 세실 로즈(Cecil John Rhodes)는 영국 정치인으로 남아프리카에서 금과 다이아몬드가 발견되자 남아프리카로 건너가 영국남아프리카회사를 설립한다. 다이아몬드 생산을 독점하여 막대한 부를 획득하고 케이프 식민지의 총리로 추대된다. 제국주의자로 영국의 아프리카 확장 정책에 지대한 영향력을 행사했으나 보어 전쟁이 발발하자 물러난다. 다이아몬드 채굴, 유통 시장을 독점한 것으로 유명한 드비어스(De Beers)는 세실 로즈에 의해 설립되었으며, 짐바브웨의 옛 이름인 로디지아(Rhodesia)는 그의 이름을 딴 것이다.

짝이는 파란색으로 바뀌는 화려한 나비를 본 적이 있다. 브라질 사람들도 더 크고 선명할 뿐 아니라 색이 극과 극으로 변하는 나비가 있다는 걸 알고 있다. 극단적으로 색이 변할 순 없다고 생각하겠지만 정말로 그 나비는 반짝이며 펄럭이더니 햇빛에 완전히 날개를 펼친 채 잠시 머물다가 숲속 그늘로 사라져 버렸다. 우리는 자유의지를 믿든 운명을 믿든 간에 모두 나비의 날개 색깔을 흘끗 본 것뿐이다. 그것은 사실 동시에 두 가지 색깔인 것이다. 그렇다고 수학을 그만두거나 포기하고 형이상학에 뛰어들 생각은 없다. 다시 이야기로 돌아가 보자.

샌드허스트 입학시험에서 두 번째로 떨어졌을 때 나는 해로우에 작별을 고하고 입시 준비 학원에 마지막 희망을 걸었다. 이곳은 제임스(Walter James) 대위와 그의 유능한 동료들이 설립한 곳으로 크롬웰가(Cromwell Road)에 있었다. 저능아가 아닌 이상 여기에서 육군사관학교에 보내지 못할 사람은 없다고 했다. 이 학원에서는 출제위원회의 심리를 과학적으로 분석했다. 그들은 교황의 무오류성(敎皇無謬性, Papal infallibility)에 버금갈 정도로 대개 어떤 문제가 출제되는지 알고 있었으며, 무엇보다 문제에 대한 답안 작성을 전문적으로 가르쳤다. 심지어 메추리 떼에 산탄총을 어떻게 발사하면 더 높은 명중률을 기록할 수 있는지도 잘 알고 있었다.

제임스 대위—그가 알고 있었는지 모르겠지만—는 제1차 세계 대전에서 탄막 포격을 발명한 진정한 선구자였다. 탄막 포격이란 대규모 부대의 적으로부터 빼앗아야 할 지역을 주의 깊게 선정한 다음, 그곳에 시간당 얼마 또는 평당 얼마 꼴로 일정한 수량의 포탄을 쏘아대기만 하면 그만이었다. 적군을 볼 필요도 없고, 오직 훈련만이 가르치는 전부였다. 제임스 대위는 마찬가지 방식으로 학원을 운영해서 지난 20년 동안 입시 학원 가운데 최고의 반열에 오를 수 있었다.

제임스 대위는 몬테카를로 카지노에서 큰돈을 따는 확실한 방법을 알고 있는 사람과 비슷했는데, 다만 큰 차이가 있다면 그의 방법은 항상 성공을 보장해 주었다. 아무리 어려운 경우에도 능숙하게 처리해 냈다. 또 절대적인 보장이 없다 해도 언제나 상당한 성공 가능성을 보였다. 하지만 이 양계장 같은 집중식 주입 교육의 엄청난 혜택을 막 누리려던 찰나 나는 심각한 사고를 당하고 말았다.

윔번(Wimborne) 숙모는 겨울을 보낼 수 있도록 본머스에 있는 안락한 별장을 빌려 주었다. 영국 해협의 구불구불하고 부드러운 해변으로 이어진 절벽 끝까지 5~6만 평의 소나무 숲이 펼쳐진 아름다운 곳이었다. 작지만 그곳은 사람이 닿지 않은 야생 그대로의 장소였고, 한가운데에는 '차인(Chine)'이라고 부르는 깊은 골짜기가 있었다. 또 골짜기 사이에는 50미터 정도의 소박한 다리가 놓여 있었다. 당시 18살로 방학 중이었던 나는 12살의 남동생 그리고 14살의 사촌동생과 술래잡기를 하는 중이었다. 거의 20분 동안 숨을 헐떡이며 도망 다닌 끝에 다리를 건너 도망가기로 했다. 헌데 다리를 건너는 중 동생들이 다리 양쪽을 막고 있는 게 아닌가? 이제 붙잡히는 건 확실해 보였다. 그러나 좋은 계획이 떠올랐다. 다리가 놓여 있는 좁은 골짜기에는 어린 전나무가 무성했는데, 다리 위에서 가느다란 나무 꼭대기는 발밑에 닿을 정도였다.

'저 나뭇가지 중 하나에 뛰어내려서 나무를 기둥으로 삼고 가지를 하나하나 꺾으면서 내려오면 떨어지지 않을 거야!'

이렇게 생각하면서 거리를 잰 후 난간 위로 올라갔다. 다리 끝에 있던 동생들은 깜짝 놀란 듯 서 있었다. 뛰어내릴지 말지를 고민하다가 잠시 후 과감하게 전나무 꼭대기를 잡기 위해 양팔을 벌리면서 뛰었다. 계획은 그럴싸했다. 하지만 현실은 늘 계획대로 움직여 주지 않았다. 의식을 회복하는 데 3일이나 걸렸고, 병상에서 일어나는 데에는 3개월 넘게 걸렸다. 대략 9미터 높이에서 단단한 바닥으로 떨어진 것이었다. 중간에 있던 나뭇가지들이 그나마 도움이 되었다고 했다.

어머니는 동생들로부터 "형이 다리에서 뛰어내렸는데 아무 말도 하지 않는다"라는 이야기를 듣자마자 응급 약품을 챙겨서 달려왔다. 심각한 사고나 병에 걸리면 비용에 상관없이 최고의 의사에게 진료를 받아야 한다는 게 우리 부모님의 철칙이었다. 그리하여 내 병상에는 당대의 저명한 의사들이 왕진을 왔다. 뒤에 정신을 차렸을 때 엄청난 금액의 치료비에 대해 충격을 먹었지만, 한편으로는 우쭐해지기도 했다.

당시 아버지는 더블린에서 피츠기번(Fitzgibbon) 경의 크리스마스 축하 파티에 계셨는데, 급행열차를 타고 황급히 오셨다. 더불어 런던 최고의 외과의사도 데리고 왔다. 나는 여러 군데 부상을 입었고 신장도 파열되었다. 독자들이 지금 이 이야기를 읽을 수 있는 것은 외과의사의 뛰어난 솜씨와 살고자 하는 나의 의지 때문임을 잊지 말길 바란다. 하지만 1년 동안 나는 인생의 한쪽 모퉁이에 처박혀 있을 수밖에 없었다. 당시 보수당 본부인 칼턴 클럽(Carlton Club)에서는 이런 농담이 돌고 있었다고 한다.

"랜돌프의 아들이 심하게 다쳤다더군요."

"왜, 대장놀이를 하다가 그랬나 보지."

"그렇다면 랜돌프도 슬퍼하진 않겠네요."

\*\*\*

1892년 여름 보수당 정부가 불과 40여 표차로 무너졌다. 윌리엄 글래드스턴의 자유당은 아일랜드 국민당(Irish Nationalist Party)의 협조로 연립내각 정부를 구성했다. 새로운 의회가 행정부를 조직하기 위해 당시 현명한 관습을 따라 6개월 동안 휴회했다. 1893년 의회가 다시 열리자 간절하고 간절하게 기다려 온 아일랜드 자치 투쟁이 재개되었다. 당연히 우리 집안은 지난 5년간 '아버지를 배척하고 비방한 정부와 여당'이 패배한 것에 대해 별로 슬퍼하지 않았다. 사실 우리 가족과 일가친척 및 동료들은 새로운 정세에 대한 강렬한 희망을 가지고 있었다. 아버지는 보수당이 야당이 된다면 6년 전 사임으로 잃어버린 원내 위치와 당에서의 권위를 다시 찾을 수 있으리라고 생각했다.

그런 희망을 나만큼 열렬히 품었던 사람은 없었을 것이다. 비록 과거에 무슨 일이 있었는지는 정확히 들을 수 없었지만, 일가친척들 사이에서 듣고 자란 이상 아버지에게 닥친 큰 정치적 위기를 모를 리 없었다. 이 문제에 관해서는 외부인이나 어린이 심지어 하인들 앞에서도 항상 철저하게 함구되었다. 아버지는 지나가는 말로 단 한 번 자신의 운명에 대해 한탄하신 것을 기억한다. 내 앞에서 자신의 민낯을 보인 것은 그때 한 번뿐이었다.

그 일은 1892년 가을 영국 남동부의 뉴마켓(Newmarket)에 위치한 우리 집에서 일어났다. 아버지 방 창문 아래에 나타난 토끼에게 총을 쏘는 바람에 놀란 아버지는 나를 심하게 꾸짖으셨다. 깜짝 놀라서 무척 화가 나신 듯했다. 하지만 내가 주눅이 들어 있는 모습을 보시고는 안심시키면서 위로했다. 이때를 포함해 내가 아버지와 긴 시간 친밀하게 대화했던 적은 겨우 서너 번이었다. 아버지는 늘 어른이 아이들을 돌봐주는 것은 아니며, 어떤 일에 몰두하고 있을 때 갑자기 방해를 받으면 누구나 거칠게 말할 수도 있다고 했다. 그리고는 내가 사격을 좋아하는 것이 기쁘다고 말씀하시면서 9월 1일—이때는 8월 말이었다—에 우리 집안의 작은 영지에서 메추라기 사냥을 할 수 있도록 준비해 두겠다고 하셨다. 이어서 나의 학교생활과 군대에 대한 이야기, 또 어른이 되었을 때 일어나는 일들에 대해 말씀하셨는데, 내게는 너무 훌륭하고 매혹적이었다. 평소와 다른 아버지의 모습에 깜짝 놀랐을 뿐 아니라 내 일에 여러 가지로 신경 쓰고 있다는 사실을 알게 되었다.

"내가 늘 좋은 것만은 아니란다. 내 행동과 말 하나하나가 왜곡되어 큰 오해를 불러일으키고 있구나! 조금 봐준다면 좋으련만…"

물론 나는 아버지의 열렬한 지지자였지만, 에버리스트 부인은 다소 온건한 편이었다. 부인은 우리 가족이 비용을 줄이기 위해 함께 살고 있었던 그로스베너(Grosvenor) 광장 50번지의 할머니 집에서 가정부를 맡고 있었다. 20년간 충실히 봉사한 후 은퇴하여 퇴직금을 받게 되자 에버리스트 부인은 자신의 모든 저축을 아버지에게 맡겼다. 아버지는 직접 자신의 이륜마차를 타고 뉴코트(New Court: 로스차일드은행의 본부)에서 로스차일드(Rothschild) 경과 오찬을 하면서 가장 안전하고 꾸준히 이자를 늘릴 수 있는 투자 방법에 대해 의논하기도 했다.

나는 보수당의 '늙은 갱단(Old Gang)'이라 불리는 지도부가 오랜 기간 집권할 수 있었던 데에는 토리 민주주의(Tory Democracy)\*의 부활을 주장해 온 아버지의 외로운 싸움 덕분이라고 생각했다. 하지만 아버지가 처음으로 실수했을 때—중대한 실수였지만— 보수당 지도부는 아버지에게 어떠한 관용이나 감사를 표하지도 않고 철저하게 배제시켜 버렸다.

우리는 아버지가 다시 권력을 되찾을 수 있기를 기대했다. 어린 시절 아버지의 커다란 콧수염을 보고 거리를 지나는 사람들이 모두 모자들 벗어 인사하거나 일하는 사람들이 미소 짓는 것을 보았다. 또 여러 해 동안

---

\* 1870년대 영국 보수당의 디즈레일리 총리가 주도한 정책으로, 귀족과 상류층 중심의 보수당에서 노동자 계급의 복리 증진을 통해 국민 통합을 위한 일련의 보수주의 개혁 정책이며, 일국 보수주의(one nation conservatism)라고도 한다.

신문에 난 아버지의 기사와 연설을 모두 읽었다. 비록 지금은 일개 의원에 불과하고 정치적으로 상당히 고립되어 있지만, 작은 바자회에서 한 연설조차 모든 신문에 전문이 실리고 문구 하나하나 분석한 기사까지 그 무게를 더했다. 아버지에게 다시 기회가 찾아온 것 같았다.

런던으로 옮겨진 나는 병상에서 1893년에 일어난 일련의 정치적 사건들을 비상한 관심을 갖고 지켜보았다. 내게는 정치 정보 수집을 위한 좋은 환경에 둘러싸여 있었다. 어머니는 밖에서 들은 이야기를 모두 말씀해 주셨고, 글래드스턴 정부의 원내총무이자 후일 트위드마우스(Tweedmouth) 남작이 된 에드워드 매저리뱅크스(Edward Marjoribanks) 씨가 아버지의 여동생인 고모와 결혼하여 매부가 되었다. 이제 우리 집안은 오랜 세월의 추방 생활 끝에 다시 집권한 자유당의 기쁨을 부분적으로나마 누릴 수 있게 되었다.

한편으로 우리는 자유당이 어떤 것을 바라고 어떤 것을 두려워하는지 부분적으로나마 알게 되었다. 당시 내게 있어 정치라는 것은 매우 중요하고 생생하게 여겨졌다. 정치가들의 인격과 지성에 따라 정치의 향방이 결정되던 시기였다. 상류층은 정치를 그들의 관습과 의무로 생각하고 참여했으며, 노동자 계급은 투표를 하든 안 하든 정치를 하나의 스포츠처럼 생각하고 있었다. 즉 크리켓이나 축구 경기를 관전하듯 국정에 큰 관심을 갖고 공인들에 대해 마치 자신들이 뛰어난 심사위원인 양 평가해댔다. 덩달아 신문들은 교양 있고 대중적인 취향의 기사로 이들의 관심을 충족시켰다.

나는 환자에게만 허용되는 응석을 발휘해 의회에서 글래드스턴과 벌이는 최후의 일전을 직접 볼 수 있었다. 내게는 이것이 8월로 임박한 무시무시한 시험―마지막이 될―보다 더 중요하다고 생각했다. 연설이 계속될수록 아버지의 언변이 예전 같지 않다는 것을 알 수 있었다. 부분적으로는 훌륭했으나 전체적으로 볼 때 썩 성공적이라고 말하기는 힘들었다. 어서 빨리 자라서 아버지의 든든한 지원군이 되겠다고 다짐했다. 아버지도 기꺼이 나의 제안을 받아들였을 것이다. 나는 자신의 아버지 편에서 싸우고 있는 오스틴 체임벌린(Austen Chamberlain)이나 늙고 위대한 정치인－글래드스턴 총리－인 아버지를 도와 함께 떡갈나무－보수당의 상징－를 썰고 다니는 허버트 글래드스턴(Herbert Gladstone)처럼 아버지와 함께 보수당의 '늙은 갱단'을 몰아내고 급진주의자들을 타도하여 다시금 토리 민주주의를 세우는 것을 꿈꾸었다.

그해 나는 의회에서 벌어지고 있는 분쟁의 주요한 거물들을 집에서 자주 만날 수 있었다. 그 사람들은 종종 동지든 적이든 상관없이 오찬이나 저녁 만찬으로 테이블에 앉아 서로 마주보며 뜨거운 이슈에 대해 우호적으로 의견을 교환했다. 이때 만난 분들로 밸푸어(Arthur James Balfour) 씨, 체임벌린 씨, 에드워드 카슨(Edward Carson) 씨, 애스퀴스(Herbert Henry Asquith) 씨, 존 몰리(John Morley) 씨 외에도 유명한 장관급 거물들이 있었다. 이들이 있는 곳은 위대한 세계, 즉 고도의 규칙이 지배하고 공적인 행동은 아무리 사소한 것이라도 하나하나 계산되는 무자비한 거래의 현장이었다. 마치 탄환이 장전된 총을 들고 매우 예의 바른 격식과 상호 존중하는 가운데 벌이는 결투장 같았다. 물론 아버지의 친한 친구나 정치적으로 유력한 사람들을 초대했을 때에도 이러한 사회적 측면을 볼 수 있었다. 중립적인 입장에서 볼 때 아버지는 믿을 수 없을 정도로 사나웠고 무뚝뚝하게 굴거나 난폭한 말을 퍼부으며 상대를 모욕했다고 들었다. 그래서 아버지를 잘 모르는 사람들은 조심하거나 마음의 준비를 단단히 하고 만나야 했다.

병세가 차츰 회복되자 나는 하원에서 벌어지는 격론을 방청했다. 사람들을 밀치고 간신히 방청석에 들어섰을 때 글래드스턴 씨는 「아일랜드 자치 법안(Irish Home Rule Bill)」을 두 번째로 낭독하고 있었다. 나는 아직도 이 장면을 생생하게 기억한다. 이 '늙고 위대한 정치인'은 화려하면서도 사나워 보이는 거대한 흰 독수리처럼 보였다. 총리의 말 한마디 한마디는 위엄을 갖춘 채 울려 퍼졌고, 모두들 환호하거나 야유하기 위해 그의 입과 손짓에 집중했다. 총리가 소리를 높여가며 자유당이 승리할 수 있었던 이유를 하나씩 대기 시작하자 연설은 절정으로 치달았다. 여기서 그는 실언을 하고 말았다.

"그리고 이 법안―자치 법안―으로 말미암아 자유당이 고통 받거나 낮은 지지를 받을 이유는 없습니다."

그 말을 듣자마자 보수당 측에서는 환호성이 터져 나왔다. 그러나 글래드스턴 씨는 독수리 발톱 같은 오른손을 활짝 펴서 소란을 진정시키고는 연설을 계속했다.

"하지만 우리는 다시 일어설 것입니다."

또한 체임벌린 씨 아들인 오스틴의 첫 의회 연설에 대해 경의를 표하는 것도 목격했다.

"나는 오스틴 체임벌린 씨의 연설에 대해 특별한 찬사를 보내고자 하는 것은 아닙니다. 내가 말하고자 하는 바는 그의 연설로 인해 자기 아버지의 가슴을 상쾌하고 대견스럽게 만들었을 것입니다."

나는 방청석 바닥에 웅크리고 앉아 난간 사이를 통해 체임벌린 씨에게 이 연설이 어떤 효과를 가져왔는지 볼 수 있었다. 체임벌린 씨는 마치 총에 맞은 것 같았다. 감격에 벅차오른 표정을 숨기지 않은 채 창백한 얼굴은 분홍빛으로 변해 있었다. 체임벌린 씨는 반쯤 일어나 가볍게 인사를 한 후 고개를 숙인 채로 몸을 구부렸다. 어떠한 말로 아무리 잘 표현하더라도 그때 받은 감동을 묘사할 적당한 말이 떠오르지 않았다. 한순간일지라도 오랫동안 품어왔던 적대감을 잠시 내려놓을 수 있는 순간이었다. 나는 윌리엄 하코트(William Harcourt) 경과 아버지가 매우 사납고 거칠게 설전을 벌이는 장면을 방청석에서 본 적이 있다. 윌리엄 경은 꽤 흥분한 듯 보였고, 윌리엄 경의 답변 또한 이치에 맞지 않는 것 같았다. 그러나 몇 분 뒤 내가 앉아 있는 곳으로 다가온 윌리엄 경은 환한 미소를 지으며 좀 전의 설전에 대해 어떻게 생각하는지를 물었다.

\*\*\*

사고 후 쇠약해진 몸과 정치에 대한 열정으로 입시 준비를 제대로 할 순 없었지만 세 번째 시험에서 어느 정도 성공을 거두었다. 나는 샌드허스트 육군사관학교의 기병 사관후보생 자격을 얻었다. 기병은 훨씬 많은 돈이 들기 때문에 보병과의 경쟁률이 더욱 치열할 수밖에 없었다. 그래서 입학 성적에 따라 성적이 낮은 보병과 학생들은 기병과로 돌려졌다. 나는 시험에 합격했다는 것만으로도 기뻤지만, 말을 타는 군인이 된 것이 더 기뻤다. 평소에도 그냥 걷는 것보다 말을 타는 것의 장점이 훨씬 크다는 확신을 갖고 있었다. 말을 가진다는 것은 얼마나 즐거운 일인가! 더욱이 보병보다 기병대의 제복이 훨씬 멋지지 않은가! 나는 벅차오르는 감동을 안고 아버지께 편지를 보냈다. 그러나 놀랍게도 아버지의 생각은 나와 정반대였다. 아버지는 내가 보병이 아닌 기병이 된 것을 매우 유감스럽게 생각하셨다. 아버지는 전부터 내게 제60소총연대(60th Rifles)에 들어가야 한다고 당부했었다. 이 유명한 연대는 4개의 대대로 편성되었으며, 검은색 제복에 소매와 목깃에는 붉은 색 휘장으로 장식되어 있었다. 아버지는 늘 이렇게 말씀하셨다.

"제60소총연대에 들어가면 지중해 요새에서 2~3년 동안 복무하고, 그 후 완전한 성인이 되어 인도로 갈 수 있을 것이다."

아버지는 이미 제60소총연대의 연대장인 케임브리지 공작(Duke of Cambridge)에게 편지를 보내 나를 받아줄 것을 부탁하고 긍정적인 답변을 받아놓은 상황이었다. 이제 아버지의 계획은 수포로 돌아갔고, 기병이라는 가장 불편하고 값비싼 방식으로 인해 화가 나셨다. 지중해 요새는 기병이 필요 없기 때문에 공작은 나를 맞이할 기회가 없었다.

"보병은 시종 한 명이면 되지만, 기병은 시종에 말 한 필이 더 있어야 된다."

아버지는 늘 이렇게 말씀하셨다. 안타깝게도 이것은 아버지의 착각으로, 기병을 너무 만만하게 보신 것이다. 공식적으로는 말 한 필이 아니라 두 필이 필요했고, 사냥용 말 한 필에 폴로 경기용 조랑말까지 있어야 한다는 사실을 아버지는 전혀 예상하지 못했다. 아버지는 매우 폭발하셨다. 결국 시험에 간신히 통과했음에도 그것이 전혀 고맙지 않다며 나를 꾸짖으셨고, 내가 '사회 부적응자'가 될 수도 있다고 경고하는 신랄한 내용을 담은 장문의 편지를 받았다. 나는 아버지의 편지에 놀라고 큰 상처를 받았다. 서둘러 아버지께 편지를 보내 장래에는 반드시 좋은 결과로 보답하겠다고 했다. 그럼에도 불구하고 나는 샌드허스트에 들어가 18개월 후에는 멋진 제복을 입은 기병장교가 될 수 있다는 사실에 마냥 신이 났다. 그리고 사관생도에게 필요한 많은 수의 제복을 주문하기에 바빴다.

\* \* \*

그해 여름 동생과 나는 부모님의 배려로 가정교사와 함께 스위스에서 이른바 무전여행이라는 것을 했다. 물론 우리는 돈이 있는 한 기차를 타고 여행했다는 것은 비밀 아닌 비밀이다. 가정교사와 나는 베터호른산(Wetterhorn)과 몬테로사산(Monte Rosa)을 등반했는데, 베르너고지(Berner

Oberland)의 봉우리들에 비치는 해돋이 광경은 이제껏 한 번도 보지 못한 빛과 색채의 향연이었다. 마터호른산(Matterhorn)에도 오르고 싶었지만, 비용이 많이 들고 위험하다며 가정교사가 말렸다. 그런데 내가 로잔 호수(Lake of Lausanne)에서 일으킨 사건으로 인해 이러한 신중함은 모두 물거품이 되었다.

단지 독자들이나 다른 사람들에게 경종을 울리기 위해 이 사건을 기록하는 것이다. 당시 나보다 덩치가 작은 어린 소년과 보트를 타고 있었다. 우리는 호숫가에서 2킬로 정도 떨어진 호수 한복판에서 웃통을 벗은 후 물속에 뛰어들어 재미있게 놀았다. 이제 충분히 놀았다고 생각할 무렵 보트는 100미터 정도 떨어진 곳에 있었다. 갑자기 바람이 불어와 물살이 일기 시작했다. 보트의 선미 쪽에 빨간 차양막이 쳐져 있었는데, 바람이 불자 돛이 되어 버린 것이다. 우리가 보트 쪽으로 헤엄쳐 갈수록 보트는 점점 더 빠르게 멀어졌다.

몇 번의 시도 끝에 보트와의 거리는 반 정도로 줄었지만 바람이 점점 더 거세지자 함께 온 친구가 빠르게 지치기 시작했다. 그때까지만 해도 위험할 수 있다는 생각을 하지 못했다. 태양은 파란 물결 위에 빤짝거렸고 산과 계곡은 호수 주위에 멋진 파노라마처럼 펼쳐져 있었으며, 화려한 호텔과 빌라들도 여전히 미소 짓고 있었다. 하지만 곧 죽음이 가까이 다가왔음을 느낄 수 있었다. 죽음은 우리 주위를 맴돌며 이따금 속삭이듯 바람을 불게 했고, 헤엄치는 속도만큼 배를 멀어지게 만들었다. 근처에는 어떠한 도움도 기대할 수 없었다. 구조의 손길이 없다면 다시는 육지에 올라갈 수 없을 것만 같았다.

나는 해로우에서 기숙사 대표로 뽑힐 만큼 남부럽지 않은 수영 실력을 갖고 있었지만 이제는 내 목숨이 경각에 달려 있었다. 두 번이나 보트에서 1미터 정도 떨어진 거리까지 다가갔지만 그때마다 돌풍이 불어 내

손이 닿을 수 없는 곳으로 떠내려갔다. 나는 마지막으로 젖 먹던 힘까지 짜내 강한 바람이 배를 밀어내기 직전에 간신히 배의 옆구리를 잡았다. 배에 서둘러 오른 나는 친구에게로 배를 몰았다. 친구는 매우 지쳐보였지만, 죽음의 위협을 알아차리지 못한 듯했다. 돌아와서도 보호자인 가정교사에게 아무 말도 하지 않았다. 하지만 지금도 그 죽음의 순간을 결코 잊을 수 없으며, 이제는 몇몇 독자들도 기억하게 되었다.

사관학교 시절은 내 인생에 새로운 장을 열어 주었다. 동시에 약 12년 동안의 학창 시절에 마침표를 찍게 했다. 학창 시절 동안 36번의 학기와 몇 주에 걸친 아주 짧은 방학을 보냈는데, 매 학기마다 일말의 성취도 얻을 수 없었다. 또한 그 기간 동안 유익하고 흥미로운 것들을 배우거나 심지어 즐겁게 지낸 적도 없었다. 돌이켜보면 학창 시절은 내 삶에서 기쁨이 하나도 없는 가장 불행하고 우울한 시기였다. 어릴 적에는 놀이방에서 장난감을 가지고 노는 것만으로도 행복했었다. 그리고 성인이 되자 해마다 점점 더 행복해졌다. 하지만 학창 시절은 내 일생에서 가장 탁한 회색빛 상처로 남아 있다. 그 당시는 헛된 노력만 하고 아무런 결실도 얻지 못한 시절이었다. 게다가 끊임없이 걱정을 되뇌고 불편함, 억압, 무의미함과 단조로운 시간들로 인해 보잘것없어 보이는 시절이었다.

나의 학창 시절에 대해 가지고 있는 일련의 생각들을 너무 과장하고 싶진 않다. 실은 웃음과 젊음의 활기로 인해 분명 마음은 들떠 있었을 것이다. 실제로 해로우는 매우 좋은 학교였고, 선생님들도 헌신적으로 우리를 지도해 주었다. 대다수의 학생들은 행복해 했고 많은 학생들이 교실과 운동장에서 인생 최대의 영예를 얻을 수 있었다. 다만 이러한 것들이 나의 부족한 점으로 인해 단지 나만 예외였다는 것을 기록하고 싶었다. 나는 차라리 벽돌 공장의 견습공이나 심부름꾼이 되거나 식료품 가게에서 아버지를 도와 진열하는 일을 했어야 했다. 그것이 더 현실적이고 자연스러울 뿐 아니라 더 많은 가르침을 주었을 것이다. 나는 좀 더 잘했어야만 했다. 또 아버지를 보다 잘 알았더라면 내게 더 큰 기쁨이었을 것이다.

사회가 진보하는 데 있어 가장 중요한 교육을 연장시키는 것은 고기를 자를 때 고깃결과 반대로 자르는 것처럼 확실히 인류에게는 부자연스러운 일이다. 자식은 아버지를 따라 식량이나 사냥감을 찾고 싶어 할 것이다. 그래서 자신이 할 수 있는 만큼 온 힘을 다해 쓸모 있는 일을 하려고 애쓸 것이다. 또 가족을 위해 아무리 적은 임금이라도 그것을 벌기 위해 노력할 것이다. 아이들은 바쁜 와중에도 자신들이 원하는 것보다 더 많은 놀이 시간을 원할 것이다. 하지만 아이에게는 '일하든지 아니면 굶든지' 이상의 것을 요구하지도 않을 것이다. 그래서 저녁이 되면 자신이 진정 왜 배워야 하는가를 깨닫게 될 것이고—그렇지 않은 사람에게 왜 억지로 주입하려고 하는가?— 지식과 생각은 '마법의 창'을 열어 줄 것이다.

전반적으로 내 학창 시절에 대해서 나는 상당히 낙담하는 편이었다. 펜싱으로 사립 기숙학교 선수권대회에 나가 우승한 것 외에 이렇다 할 성공을 이룬 게 없었다. 내 동기들과 심지어 어린 학생들마저도 모든 면에서 이 작은 세계에 더 잘 적응하는 것 같았다. 경기나 수업에서도 모두 나보다 훨씬 우수했다. 경주가 막 시작되었는데 완전히 뒤처진 자신을 보는 것은 그리 유쾌한 일은 아니다. 그런데 내가 웰든 선생님께 마지막 작별인사를 할 때 그분은 내가 자신의 앞길을 스스로 잘 헤쳐 나갈 것이라며 나의 앞날을 예언하시는 걸 듣고 깜짝 놀랐다. 그리고 그 말씀에 항상 감사했다.

나는 사립 기숙학교에 대해 전적으로 찬성하지만 그렇다고 해서 다시 그곳으로 돌아가고 싶진 않다. 해로우 스쿨 시절 가장 친한 친구는 잭 밀뱅크(Jack Milbanke)였다. 2년 선배였던 밀뱅크는 대대로 치체스터

(Chichester)에 살았던 오랜 남작 집안의 아들이었다. 운동이나 학업에 특별히 뛰어난 건 아니었고 동급생들 가운데 평균을 약간 상회하는 정도였다. 하지만 독특한 스타일과 올곧은 예의범절로 인해 해로우의 다른 학생들에게서는 볼 수 없는 성숙한 외모와 어른스런 대화를 보여주었다. 또 항상 훌륭한 신사처럼 침착하고, 멋지고, 진지하고, 말쑥하고, 흠 잡을 데 없는 복장이었다. 아버지가 나를 보러 오실 때 우리는 킹스헤드호텔(King's Head Hotel)에서 같이 점심을 먹곤 했는데, 밀뱅크가 아버지와 스스럼없이 이야기하는 것을 보고 깜짝 놀랐다. 그래서 늘 밀뱅크가 부러웠다. 나도 아버지와 그런 관계가 되었더라면! 아쉽게도 나는 뒤처진 열등생일 뿐이었고, 대화에 끼어들어도 항상 어색하거나 어리석은 어린애 취급을 당했다.

한번은 밀뱅크와 함께 모험을 벌인 적이 있었다. 학교 규칙 가운데 시험 기간에는 강제로 축구를 시켜서는 안 된다는 조항이 있었는데, 이 규칙이 몇 년 동안 지켜지지 않았다는 것을 발견했다. 그래서 우리는 경기에 참가하는 것을 거부하고 규칙에 따라 공부에 집중해야 한다고 주장했다. 물론 그 대가로 우리 둘은 감독학생에게 심한 매질을 당했다. 그럼에도 우리의 행동이 '합법적'이라는 점은 부인할 수 없는 사실이었다. 이 문제는 학생 지도부 사이에서 신중하게 논의되었다. 사나흘 동안 우리의 운명이 어떻게 될지 알 수 없었다. 우리가 벌인 소동에 대해 공부를 열심히 하기 위한 게 아니라 그저 게으름을 피우기 위한 짓이라는 의심을 받아야 했다. 하지만 결국 우리의 주장이 옳다는 것이 인정되었고, 이처럼 대담하게 얻어낸 선례가 후대에도 계속 이어지리라 믿는다.

밀뱅크도 육군이 될 운명이었고, 제10경기병연대에 들어가고 싶어 했다. 밀뱅크의 아버지는 우선 민병대에서 복무하도록 허락했다. 이 과정이 기간은 약간 더 길지만 대신에 입학시험을 피할 수 있었다. 그래서 밀뱅크는 나보다 1년 먼저 해로우를 떠나 의용대 장교가 되었고, 자신의 꿈을 꽃피웠다. 우리는 정기적으로 연락을 주고받았고, 종종 휴가를 같이 보냈다.

이 책 뒷부분에서도 그와의 여정을 소개하겠다. 밀뱅크는 군인으로서 최고의 영예를 누릴 운명이었다. 보어 전쟁 당시 심각한 부상을 입었음에도 적의 치열한 포화 속에서 자신의 부하를 구출해냈고, 이로 인해 빅토리아 십자무공훈장(Victoria Cross)을 받았다. 나중에 갈리폴리 전투(Gallipoli campaign)에서 과감한 돌격을 진두지휘하다가 전사하고 말았다.

*＊＊*

나는 해로우의 교가를 좋아했다. 해로우에는 멋진 교가집이 있었는데, 이따금 우리는 강당이나 기숙사에 모여 멋진 노래를 합창했다. 이 노래들이야 말로 해로우가 가진 최고의 보물일 것이다. 이튼에는 솔직히 이만큼 매력적인 노래가 없다. 단지 조정 경기에 대한 그럭저럭한 노래가 하나 있긴 하다. 조정이 좋은 운동이긴 하지만 스포츠라기에는 애매하고, 가사 또한 시시하기 짝이 없다.

우리는 종종 과학이나 역사에 관해 저명한 인사들의 강연을 들었다. 그런 강연들이 종종 강한 인상을 남겼는데, 마법의 등불을 들고 있는 훌륭한 권위자가 들려주는 흥미로운 이야기들은 내 생애 최고의 교육 방법이었다. 내게는 집중해서 한 번 강의를 들으면 그것을 그대로 복사할 수 있는 탁월한 능력이 있었다.

오늘날까지도 다섯 개 정도의 인상적인 강의를 기억하고 있다. 첫째로는 보웬(Edward Bowen) 선생님―해로우에서 유명한 선생님이자 가장 훌륭한 교가의 작사가인―의 강의였다. 그분은 우리에게 워털루 전투 이야기를 매우 흥미진진하고 실감나게 들려주었다. 또 스당(Sedan) 전투에 대한 이야기도 대단히 재미있었다. 후에 알게 된 일이지만, 이 강의는 우리 연대장이 가장 좋아했던 책 중 하나인 후퍼(George Hooper)의 『스당 전투(The campaign of Sedan)』라는 책을 토시 하나 틀리지 않고 베낀 것이었다. 하지만 그걸 알았다고 해서 좋았던 추억이 반감되진 않았다. 위대한 산악인이었던 휨퍼(Edward Whymper)의 알프스 등반에 대한 강의도 있었다. 가이드와 관광객들이 간신히 매달려 있거나 절벽에 등을 기대고 서 있는 장면처럼 보기만 해도 몸서리쳐지는 사진들을 보여주었다.

또 나비가 어떻게 색으로 자신을 보호하는지에 대한 강연도 흥미로웠다. 아주 고약한 맛을 내는 어떤 나비는 새가 자신을 잡아먹지 못하도록 경고하기 위해 화려한 색깔을 가졌다고 한다. 수액이 많고 맛이 좋은 나비는 나뭇가지나 나뭇잎처럼 보이도록 보호색으로 자신을 위장한다. 하지만 이렇게 되기까지 수백만 년이 걸렸고, 그러는 동안 뒤처진 개체들은 먹히거나 죽어서 멸종했다는 것이다. 때문에 오늘날까지 살아남은 나비들은 그러한 색깔과 문양을 갖게 되었다고 일러 주었다.

마지막으로는 파킨(George R. Parkin)의 대영제국연방에 대한 강의도 인상적이었다. 트라팔가의 넬슨 제독이 보낸 깃발 신호—'영국은 귀관 모두가 자신의 의무를 다할 것을 기대한다(England expects that every man will do his duty)'—가 어떻게 영국 함대를 승리로 이끌었는지, 또 영국과 식민지들이 모두 하나의 깃발 신호에 맞춰 함대처럼 합심하여 함께 싸우는 날이 올 것이라고 했다. 우리는 이것이 실현되는 것을 눈으로 보았고, 파킨의 생애 마지막 해에 제1차 세계 대전 승전 축하 파티에서 그때의 강의를 다시 상기시켜 드렸다.

왜 이러한 강의를 더 자주 하지 않았는지 여전히 의문이다. 두 주에 한 번 정도 강연을 한 후에 전교생이 기억하는 것을 적도록 해야 한다. 그러면 강연에 대해 어떻게 생각하는지 쉽게 알아낼 수 있을 것이고, 그 수준에 맞춰 반도 편성할 수 있을 것이다. 그랬다면 해로우는 나를 꼴찌로 밀어내는 어리석은 실수를 하지 않았을 것이고, 나 또한 훨씬 즐거운 시간을 보냈을 것이다.

# 4장
## 샌드허스트 육군사관학교에 입학하다

샌드허스트에서 나는 새로운 출발을 하게 되었다. 라틴어나 프랑스어와 수학은 더 이상 내게 장애물이 되지 않았다. 새로운 것을 배워야 했지만 동등한 입장에서 시작할 수 있었다. 주요 과목은 전술, 축성술, 지도 제작을 다루는 지형학, 군법, 군사 행정 등이었다. 그밖에 제식 훈련과 체력 단련 그리고 승마도 있었다. 원하지 않는다면 경기에 참여하지 않아도 됐다. 대체로 규율은 엄격했고 공부와 열병 시간은 길었다. 하루 일과를 마칠 때쯤이면 매우 피곤했다.

나는 특히 전술과 축성술에 관심이 많았다. 아버지는 서점주 베인 씨를 통해 공부에 필요한 책을 보내주었다. 그래서 햄리(Edward B. Hamley)의 『작전(Operations of War)』, 크라프트 대공(Prince Kraft)의 군사 저술—『보병, 기병, 포병 해설(Letters on Infantry, Cavalry and Artillery)』*, 메인(Maine)의 『보병 사격술(Infantry Fire Tactics)』과 함께 미국의 남북 전쟁, 보불 전쟁, 러시아—튀르크 전쟁 등 여러 권을 주문했다. 이 책들은 당시 최고의 전쟁 교범이자 최신 역사서였다. 책이 쌓이게 되자 곧 정규과정에 대한 배경이 되는 작은 군사 도서관이 만들어졌다.

반면에 제식 훈련을 그다지 좋아하지 않았기 때문에 특별한 교육이 필요한 사람들로 구성된 '신병반'에서 여러 달 동안 고생해야만 했다. 하지만 야전 진지 구축 훈련이 가장 흥미로웠다. 우리는 참호를 파고 흉벽

---

* 호엔로에잉겔핑겐의 크라프트 대공(Prince Kraft zu Hohenlohe-Ingelfingen)이 쓴 『포병 해설(Letters on Artillery)』『보병 해설(Letters on Infantry)』『기병 해설(Letters on Cavalry)』의 영역판을 총칭한 것이다.

을 쌓은 다음, 난간을 모래주머니, 나뭇가지, 나뭇단 또는 '존스'라고 불리는 철로 된 망태를 이용해 덮었다. 주변에는 기병 방어용 목책을 세우고 푸가스(fougasse; 일종의 원시적인 지뢰)를 매설했다. 면화약(綿火藥) 덩어리를 이용해 철도를 끊고, 석조 교량을 폭파하는 방법, 그리고 목재와 부교를 이용해 전술 교량을 만드는 법까지 배웠다.

지형학을 배울 땐 캠벌리(Camberley) 주변의 모든 언덕에 대한 등고선 지도를 그렸다. 모든 방향으로 도로 정찰을 실시한 후 선발대와 후발대를 위한 소초와 도상 계획을 세웠으며, 심지어 간단한 전술 계획도 세웠다. 다만 폭탄이나 수류탄이 구식 무기라고 배웠기 때문에 이에 대한 어떠한 교육도 받지 못했다. 이런 무기들은 18세기의 낡은 것이기에 현대전에는 쓸모없다고 여겨졌다.

이것들은 모두 기초적인 것들인데, 하급 장교가 가져야 할 시야를 넘어서는 그 이상의 것은 용납되지 않았다. 다만 이따금 2킬로 쯤 떨어져 있는 참모 대학(Staff College)의 저녁 식사에 초대되었는데, 이곳은 최고사령부에 들어갈 수 있는 육군에서 가장 유능한 장교들을 교육하는 곳이었다. 여기서 하는 연구는 사단과 군단, 그리고 전군의 기지, 병참, 통신과 철도의 전략에 관한 것이었다.

정말 짜릿한 일이다. 이 모든 것들을 가상으로 한다는 것과 문명국가들이 서로 전쟁하던 시대가 끝났다는 것이 안타까웠다. 100년 전만 해도 얼마나 멋진 시대를 보냈을까! 1793년에 19세라고 상상한다면 나폴레옹에 대항하여 20년 넘게 전쟁에서 싸울 수 있었다! 그러나 모든 것은 끝났다. 영국군은 크림 전쟁 이후로 문명화된 군대를 향해 총을 발사한 적이 없으며, 이제 세계는 매우 이성적이고 평화로운 민주주의 시대가 도래한 것이다. 그렇게 위대한 시대는 지나갔다.

그러나 다행스럽게도 줄루족과 아프간인과 수단의 이슬람 수도승 같은 미개한 야만인들이 남아 있었다. 만약 그들 중 일부가 그럴 의사가 있다면 언젠가 한바탕 쇼를 벌이고 싶다. 어쩌면 인도에서 폭동이나 반란이 일어날 수도 있다. 당시 「스펙테이터(The Spectator)」지에서는 인도 원주민들이 망고나무에 기름을 문지르는 괴상한 관습 때문에 영국이 수개월 내에 인도를 다시 정복할 수 있다고 선언했다는 기사에 희망을 걸기도 했다.

만약 그렇다면 우리는 조기에 장교로 임관하여 인도 평원을 진격하고 훈장과 영예를 얻게 될 것이다. 나아가 클라이브*처럼 젊은 나이에 사령관으로 진급할 수 있지 않겠는가! 그러나 이런 생각은 한낱 자기 위안에 불과했다. 인도인과의 싸움은 유럽 전쟁에 비교하면 그랜드 내셔널(Grand National) 장애물 경마 대회 대신에 토끼몰이 놀이를 하는 것과 같기 때문이다.

나는 승마학교에서 말을 타고 내리는 연습을 꽤 철저히 했다. 아버지는 휴일이나 방학 중 적절한 때에 왕실근위기병대(Royal Horse Guards)가 있는 나이츠브리지(Knightsbridge) 병영의 승마학교에서 추가로 보충 교육을 받을 수 있도록 주선해 주셨다. 비록 여러 차례 말에서 떨어지긴 했으나, 그 후 연대에 들어가 5개월 과정의 승마 교육을 다시 마쳤고 이때까지의 모든 과정을 합치면 말을 타고 다루는 데 있어 내 실력이 꽤 능숙해졌다고 자부했다. 이게 가장 중요한 점이다.

샌드허스트에서 가장 큰 즐거움은 말이었다. 우리 동기들은 다들 그 지역에서 꽤 알려진 말 대여소에서 말을 빌리는 데 돈을 몽땅 썼다. 그러

---

* 로버트 클라이브(Robert Clive)는 영국의 군인이자 정치가로 18세에 동인도회사의 직원으로 인도에 건너갔다. 1751년 마드라스 서쪽의 프랑스군 요새를 점령하여 영웅이 되었으며, 1758년에는 플라시 전투를 지휘하여 프랑스 세력을 몰아내고 인도에 대한 영국의 지배권을 확립했다.

다 보니 장차 임관을 담보하여 빌린 빚만 차츰 늘어갔다. 우리는 크로스 컨트리 팀을 조직하여 친분 있는 귀족의 장원(莊園)에서 장애물 경주를 하거나 시골 구석구석 자유롭게 돌아다녔다.

나는 종종 부모들, 특히 돈 많은 부모에게 "자식에게는 돈을 주지 마라. 될 수 있는 한 말을 주라"고 조언한다. 말을 탔다고 슬퍼하는 사람이 없으며, 안장 위에서는 인생을 헛되게 낭비하지 않는다. 젊은이들이 종종 말을 소유하거나 말에게 돈을 걸기 때문에 망할 순 있어도 결코 말을 타서 망하지는 않는다. 물론 전속력으로 질주하다가 목을 부러뜨린다면 이 또한 꽤 괜찮은 죽음이다.

일단 사관생도가 되고 나니 아버지는 나를 새로운 눈으로 보기 시작하셨다. 휴가 때 아버지만 괜찮다면 같이 지낼 수도 있었다. 아버지는 항상 곡예사나 마술사, 동물 쇼 등을 좋아하셨다. 아버지와 함께 엠파이어 극장에 간 것도 이때가 처음이었다. 또 하트퍼드셔 주의 트링(Tring) 지역에 있는 로스차일드 경의 저택에서는 보수당의 지도자들과 떠오르는 젊은 유망주들이 모이는 중요한 정치 모임이 있었는데, 아버지는 나를 그곳에도 데려가셨다. 더불어 경마 경주에도 데리고 가서 여러 친구들을 소개시켜 주셨는데, 모인 사람들과 대화의 주제는 달랐지만 마찬가지로 즐거웠다. 사실 아버지는 열쇠 같은 존재였고, 나는 모든 것을 가질 수 있는 열쇠를 소유한 것과 같았다. 하지만 내가 조금이라도 도움을 드리려고 하면 아버지는 즉각 불쾌해하셨다.

한번은 아버지의 비서처럼 편지 쓰는 것을 도와드리겠다고 말하자마자 역정을 내시는 반응 때문에 얼어붙었던 적도 있었다. 이제는 이해하지만 그것은 그저 지나간 일일 뿐이었다. 만약 아버지가 4~5년을 더 사셨더라면 나 없이 아무것도 할 수 없었을 것이다. 불행하게도 그럴 만한 시간이 없었다. 방금 시작한 친밀한 관계에서 이해의 단계로 성숙해져 갈

재무장관 겸 하원의장이었던 36세의 랜돌프 처칠 경

무렵, 동맹 또는 적어도 군사조약을 맺을 정도에 이르렀다고 생각했을 때 아버지는 이 세상에서 영원히 사라져 버렸다.

1894년 봄에 아버지의 병이 깊어졌고, 그것은 우리 모두의 근심거리였다. 그러나 아버지는 여전히 정치를 이어가려고 고집하셨다. 거의 매주 중요한 곳에서 연설을 하셨다. 그러한 노력에도 불구하고 성과는 좋지 못했다. 연설을 그대로 옮기던 보도기사도 3단에서 2단으로, 그리고 다시 1단에서 반 단으로 줄었다. 「타임즈(The Times)」에서는 홀이 가득 채워지지 않았다는 비평기사를 보도하기도 했다.

마침내 어머니와 할머니인 공작부인 ─ 종종 두 분의 의견이 맞지는 않지만 ─ 은 아버지가 건강을 위해 쉬어야 한다고 재촉하셨다. 아버지는 괜찮고 모든 게 잘 되고 있다고 고집을 피우셨다. 아버지 옆에서 헌신적으로 뒷바라지했던 두 분이 그처럼 강경하게 말씀하시는 것을 보고 매우 위중한 상태임을 직감할 수 있었다.

지금은 내가 아버지에 대한 전기(傳記)를 썼을 때와는 조금 다른 각도에서 아버지를 볼 수 있게 되었다. 아버지가 돌아가셨을 때보다 훨씬 나이든 지금은 아버지가 내각을 사직한 방법이 매우 치명적이었음을 절절히 이해할 수 있다. 아버지는 '역경을 무릅쓴 불굴의 안내자'였다.

다시 아버지의 마지막 시대가 돌아왔다. 1886년 선거에서 보수당이 승리하자 새로운 국면이 시작되었다. 침묵의 시간과 정치적 휴식이 필요했다. 솔즈베리(Salisbury) 경*이 국가를 대표하게 되었다. 그는 오랜 기간에 걸쳐 착실하게 자신의 입지를 다지면서 정권을 장악해왔다. 솔즈베리 경은 당연히 하원을 장악하고 국고에 대한 통제권을 강화하여 모든 권력을 자기 손에 쥔 채 오랜 라이벌인 아버지에게 이를 나누려고 하지 않았다. 한 번 잃어버린 자리를 되찾는 건 쉬운 일이 아니다. 50대나 60대 정도라면 다른 자리로 올라설 수 있겠지만 30~40대에 잃어버린 지위는 다시 회복하기 어렵다. 정당이나 국가의 리더십을 품격 있고 권위 있게 발휘하기 위해서는 지도자의 자질이나 메시지가 필요할 뿐 아니라 두 사람의 호흡도 맞아야 한다.

게다가 아버지 랜돌프 처칠 경이 국가의 공무를 총괄하는 재무장관에 오르자 당내에서 하던 중요한 일을 잠시 중단하셨다. 아버지는 「아일랜드 자치 법안」을 제외한 전임 글래드스턴 정부의 정책들을 채택하셨는데, 각종 사회 문제와 노동 문제에 대한 정책에서는 중산층 자유당원이 생각하는 그 이상의 것이었다. 아일랜드에 대한 문제만큼은 아버지의 신념이 이상하리만치 독단적이었다. 보수당은 이러한 것들 하나하나에 대해 못마땅하게 여겼을 것이다.

만약 아버지가 건강을 유지해서 계속 살아 계셨다면 분명 보어 전쟁에 반대하셨을 것이고, 아마도 아버지가 늘 자랑스럽게 여기던

로버트 개스코인 세실

---

* 로버트 개스코인 세실(Robert Arthur Talbot Gascoyne - Cecil)은 3대 솔즈베리 후작으로 보수당 하원의원에 선출되어 정계에 입문했다. 디즈레일리의 사후에 보수당 당수를 역임했고, 영국 총리를 3번이나 역임했다. 제국주의 노선의 외교 정책을 취하면서 대영제국 식민지 확장에 주력했다.

지지층인 노동자 계급의 적이 되었을 것이다. 아버지가 가진 유일한 카드는 체임벌린의 아일랜드 자치 반대 운동을 미연에 방지하는 것이었다. 내가 아는 한 아버지는 주요 반대자들 중 한 사람이었고, 당 간부회의의 결정에 따를 사람도 아니었다. 아버지는 당내 파벌들과 싸울 때면 이기기 위해서라면 어떠한 공격도 받아치셨다. 하지만 책임지는 자리에 있을 때는 공무에 충실하셨고 독창적이었다. 냉정하고 계산된 게임을 하기보다 오직 생각한 대로 말했다. 그편이 더 나았다.

탁월한 웅변가로서 글래드스턴의 명성은 출판된 연설문보다 청중의 열정적인 반응에서 더 빛을 발했다. 반면 랜돌프 처칠 경이 영국 정치사에 남긴 족적은 말과 행동이 아니라 그의 개성이 동시대 사람들에게 남긴 인상으로 잴 수 있었다. 매우 강렬했는데, 상황이 계속 우호적이었다면 결정적인 사건들을 만들어냈을 것이다. 아버지는 천재에게서 볼 수 있는 힘, 변덕, 매력을 지니고 있었다.

그 시절 유행에 따라 아버지가 손수 써서 보내신 편지들을 지금 다시 읽어도 당시 아버지가 나를 얼마나 걱정하고 염려해 주셨는지 짐작하게 한다. 하지만 당시로서는 아버지에 대한 관심과 배려에 대해 고마움을 잘 느끼지 못했다. 더욱 아쉬운 것은 우리가 서로를 더 잘 알기 위해 오랜 시간을 함께하지 못했다는 것이다. 내가 만년의 로즈버리(Rosebery) 경을 종종 찾아간 이유도 그분에 대한 존경과는 별개로 아버지에 대한 이야기를 더 듣고 싶었기 때문이다. 따뜻하고 명망이 높은 아버지의 오랜 친구와 이야기를 나누다 보면 아버지와 한층 가까워지는 느낌이 들었다. 마지막으로 로즈버리 경을 찾아갔을 때 과거로 돌아갈 수 있다면 아버지와 편안하게 이야기를 나누고 싶다고 고백했다. 노년의 정치가는 멋지게 대답해 주었다.

"아! 아버님도 알고 계셨을 겁니다."

*＊＊＊*

　1894년 6월 나는 춥햄(Chobham)의 공유지에서 도로 지도를 만들고 있었다. 그때 자전거를 탄 전령이 서둘러 런던으로 출발하라는 부관의 명령서를 전달했다. 다음날 아버지가 세계일주 여행을 떠난다는 것이다. 학교에 즉각 특별휴가를 요청했는데 일상적인 문제로는 휴가를 내줄 수 없다며 거부했다. 그러자 아버지는 육군성 장관인 헨리 캠벨배너먼(Henry Campbell-Bannerman) 경에게 '영국에서의 내 마지막 날'이라고 전보를 보냈고, 그제야 런던으로 갈 수 있었다. 다음날 아침 어머니와 동생 그리고 나는 마차를 타고 역으로 달려갔다. 아버지의 얼굴은 4년 전 남아프리카 여행 중에 기른 커다란 수염이 있었으나 매우 초췌하고 신체적·정신적 고통으로도 지쳐 보였다. 아버지는 내 무릎을 토닥거리면서 무언가를 전해 주려고 하는 것 같았다.
　그리고 아버지의 긴 세계여행이 시작되었다. 빠르게 사라지는 그림자처럼 다시는 아버지를 볼 수 없었다.

*＊＊＊*

　나는 샌드허스트에서 장교라는 계급에 맞게 어떻게 처신하고 연대 생활과 규율에 따라 어떤 행동을 해야 하는지를 배웠다. 우리 중대장이었던 웨일즈연대의 볼(Oswald J. H. Ball) 소령은 매우 엄격하고 불같은 성격을 지닌 사람이었다. 그는 정중하면서 과묵하고 냉정하면서도 꼼꼼했다. 게다가 흠 잡을 데 없이 완벽했기 때문에 큰 존경을 받았다. 비록 현역으로 복무하지는 못했지만 모두들 싸움에서 패배하기보다 오히려 죽음을 택했을 사람이라고 입을 모았다.

학교 밖으로 외출하려면 반드시 외출부에 이름을 적은 후 중대장의 외출 허가를 받아야만 했다. 어느 날 올더숏(Aldershot)에서 의용군 부대 훈련을 받고 있는 친구를 만나기 위해 말을 빌려 타고 가는 중이었다. 말버러(Marlborough) 거리를 지나고 있을 때 반대편에서 샌드허스트 쪽으로 이륜마차를 몰고 가는 볼 소령을 보았다. 내가 모자를 벗어 인사를 하면서 문득 외출부에 이름을 적고 나오지 않았다는 것이 떠올랐다.

다시 생각했다. '아직 기회는 있다. 식사 시간 전까지 확인하지 않을지도 모른다. 돌아가자마자 이름을 적는다면 괜찮겠지.' 친구를 서둘러 만나고 전속력으로 말을 몰아 학교로 돌아왔다. 도착한 시각은 정확히 6시였다. 복도를 따라 외출부가 있는 책상으로 달려갔을 때 맨 처음 눈에 들어온 것은 소령의 이니셜이었다. 'O.B'라는 글자가 당일 외출자 명단에 적혀 있었다. 늦은 것이다. 올더숏에서 나를 본 소령은 내 이름이 외출부에 없다는 것을 안 것이다. 다시 보니 놀랍게도 그 밑에는 내 이름이 소령의 필체로 적혀 있었고, 거기에는 승인되었다는 소령의 서명이 있었다.

이 일은 오래 전부터 영국 육군에 전해 내려오는 삶의 방식과 더불어 정중하지만 자유로운 사회의 기준에 벗어나지 않으면서도 장교들 가운데 어떻게 엄격한 규율이 유지되는가에 대해 눈뜨게 해 주었다. 당연하게도 다시는 그런 실수를 저지르지 않았다.

비슷한 일이 1915년 겨울 라벙티(Laventie) 전선의 근위보병연대에서 복무할 때 일어났다. 당시 지휘관은 매우 엄격하기로 유명한 '마(Ma)' 제프리스(George Jeffreys) 대령이었는데, 적군이 16개월에 걸쳐 끈질기게 공격했음에도 꿈쩍하지 않았던 훌륭한 장교였다. 대령은 혹한의 겨울 날씨에도 전선의 참호에서 술―정기적으로 배급하는 럼주를 제외한― 마시는 것을 금지했다. 실제로 명령을 내리지는 않았지만 참호에서 술을 마시면 안 된다는 것이 지론이었다.

어둡고 축축한 대피호에 둘러앉아 포트와인 한 병을 마시고 있을 때 "부대장!" 하는 호령과 함께 제프리스 대령이 계단을 내려오는 소리가 들렸다. 그 순간 한 젊은 장교가 본능적으로 대피호를 밝히는 촛불을 들어 병에다 꽂았다. 그 장교는 군사적인 면에서 천재의 자질을 갖고 있는 게 분명했다. 당시 빈병을 촛대로 사용하는 경우는 흔한 일이었다. 모든 일이 무사히 지나고 6개월 뒤 그 장교는 장교 클럽에서 제프리스 대령을 다시 만났다.

"포트와인 한 잔 하겠나?"

대령이 물었다. 잔을 건네든 젊은 장교는 건배를 한 후 들이켰다.

"촛농 맛이 나나?"

대령의 말에 두 사람은 함께 웃음을 터트렸다.

*＊＊＊*

독자들이 이 여담을 양해해 준다면 샌드허스트 마지막 학기에 있었던 일화를 털어놓고자 한다.

나는 오미스톤 챈트(Ormiston Chant) 부인의 순결 캠페인에 대해 크게 분노하고 있었다. 챈트 부인은 런던 시의회 의원으로 1894년 여름부터 뮤직 홀* 추방 운동을 벌였다. 특히 그녀의 관심은 엠파이어 극장의 산책로에 쏠려 있었다. 토요일 저녁 공연이 시작되면 엠파이어 극장 특

---

＊ 뮤직 홀(music hall)은 1850년 빅토리아 시대 초기부터 유행했던 영국의 연극 엔터테인먼트로 술집 바에서부터 시작되었다. 이 극장들은 사람들이 강당에서 음식과 술을 마시고 담배를 피울 수 있도록 설계되었고, 음악, 드라마, 서커스와 마술과 동물 쇼 등 다양한 공연이 펼쳐졌다.

별석 뒤의 넓은 공터는 사람들로 무척 붐볐는데, 젊은 남녀들이 모여 공연 중이건 휴식 시간이건 상관없이 시끄럽게 떠들거나 술주정을 부리기도 했다. 챈트 부인과 친구들은 이런 유흥을 즐기는 사람들로 인해 도덕과 정신을 타락시킨다고 비판하면서 산책로에 늘어선 술집들을 폐쇄시키려고 했다.

허나 대다수 영국 대중들은 이 문제를 다른 시각으로 보는 것 같았다. 당시에 가장 인기 있는 신문이었던 「데일리 텔레그래프(Daily Telegraph)」는 그들의 주장을 옹호했다. "배회하는 내숭쟁이들"이라는 강력한 제목의 연재기사를 내보내면서 독자 투고란을 만들었다. 그러자 사람들은 '다섯 명의 어머니' '신사와 기독교인' '내 방식대로 살 거야' '존 불' 같은 가명으로 활발하게 자신의 생각을 담은 편지를 보내기 시작했다.

이 논쟁은 대중의 관심을 불러일으켰고, 샌드허스트의 친구들도 이 문제에 대해 열정적으로 토론했다. 우리는 토요일 정오부터 일요일 자정까지 한 달에 두 번 짧은 휴가를 가게 되면 자주 이곳을 방문했다. 그래서 더더욱 챈트 부인의 비난과 음모에 큰 모욕감을 느꼈다. 우리는 그곳에서 남녀가 비난 받을 만한 행동을 하는 것을 본 적이 없다. 사실 우리가 보기에 비난 받아 마땅한 것은 덩치 큰 제복 차림의 수위들이 술에 취해 자기도 모르게 절제를 잃은 사람들을 거칠고 난폭하게 다루면서 거리로 내쫓는 것이었다. 우리는 오미스톤 챈트 부인의 캠페인이 영국의 자유를 전적으로 거스르고 있다고 생각했다.

이런 이유로 나는 강한 한 방을 날리고 싶은 충동을 느꼈다. 어느 날 「데일리 텔레그래프」에 한 신사—이름은 잊었지만—가 챈트 부인과 그 일당들의 편협함에 반대하는 시민연대를 결성하자는 글을 올렸다. 그리고 이 모임을 '오락보호연맹'이라고 부르자고 제안했다. 연맹에서는 위원회를 구성하여 위원장을 선출하고, 회원 모집과 아울러 홍보 책자도 발간

한다는 것이다. 나는 즉시 이곳에 가입 신청을 했다.

　설립자에게 이 단체의 취지에 전적으로 공감하며 모든 합법적인 방법으로 협력할 준비가 되어 있다는 내용의 편지를 그의 주소지로 보냈다. 그러자 단체명이 멋지게 인쇄된 편지지를 받게 되었다. 거기에는 나의 동참을 환영하며, 수요일 저녁 6시 런던에 있는 호텔에서 제1차 집행위원회가 개최될 예정이므로 참석해 달라는 내용이었다.

　수요일은 반휴일이어서 품행이 단정한 사관후보생이라면 신청만 하면 런던으로 외출 허가를 받을 수 있었다. 나는 집행위원회에 모인 근엄한 시민들을 위해 연설해 달라는 부탁을 받으리라 생각했기 때문에 영국의 자유라는 깃발을 펼치기 위해 '햄던(John Hampden)은 전장에서 죽고, 시드니(Sidney)는 교수대 위에서 죽었다'로 시작되는 연설문을 3일 동안 준비했다. 당시로는 많은 사람들 앞에서 연설을 해 본 적이 없었기 때문에 정말 심각한 일이었다. 연설문을 서너 번이나 다시 쓰다 보니 머릿속에 완벽하게 암기할 수 있었다.

　그 내용은 영국 국민이 가지고 있는 고유의 권리, 국가가 법을 준수하는 사람들의 일상생활까지 간섭하게 되는 위험성, 건전한 여론이 뒷받침되지 않는 억압 때문에 필연적으로 따르는 많은 악의적인 결과로 인해 심각한 헌법적 논쟁이 있다고 썼다. 그 문제를 결코 과장하지도 않았고, 진실을 외면하지도 않았다. 그저 절제된 유머와 상식적인 논리로 설득하려고 했다. 그리고 마지막 문장은 그릇된 인식을 가진 상대에게 환자를 대하듯 너그러운 마음을 갖자고 호소하면서 사람 사이의 문제는 악의보다 실수가 더 크다는 말로 마무리했다. 연설문을 마친 후 초조한 마음으로 그날만을 손꼽아 기다렸다.

　드디어 수요일, 오전 일과가 끝나자마자 점심을 먹고 평상복으로 갈아입은 후 서둘러 기차역으로 가서 런던행 완행기차를 탔다. 당시 주머니

사정이 심하게 열악했기 때문에 내게는 돌아올 차표를 살 수 있는 몇 실링밖에 없었다. 다음 달 수당으로 10파운드를 받기까지는 2주나 기다려야 했다. 기차 안에서도 내가 강조할 부분이나 문장을 반복해서 연습했다. 워털루역에서 위원회가 열리는 호텔이 있는 레스터 광장까지는 마차를 타고 갔다. 뒷골목의 지저분하고 음침한 광경을 보고 놀라긴 했지만 마차가 도착했을 때 호텔의 모습을 보면서 더 당황하고 말았다.

마음속으로 차라리 화려한 곳을 피하는 건 잘한 일이라고 자위했다. 만약 이 운동을 성공시키려면 대중의 의지를 바탕으로 모든 계급이 공통적으로 가지고 있는 단순한 본능에 호응해야 할 것 아닌가? 결코 부잣집 청년이나 사교계 사람들과 타협해서는 안 된다고 생각했다. 나는 호텔 직원에게 오늘 여기에서 열리기로 한 '오락보호연맹'에 참석하러 왔다고 했다. 직원은 약간 주저하면서 말했다.

"한 신사분이 흡연실에서 기다리고 있습니다만."

건물의 작고 어두운 흡연실에 들어가자 그곳에서 새로운 단체의 창립자를 만날 수 있었다. 그는 혼자였다. 당혹스럽고 화가 났지만 실망한 빛을 감추고 물었다.

"언제 회의가 시작됩니까?"

그 역시 당황한 것 같았다.

"여러 사람에게 편지를 보냈지만 아직 아무도 오지 않았고, 지금은 당신과 나뿐입니다. 원하신다면 회의 정관을 만들 수 있습니다."

나는 다시 말했다.

"하지만 당신이 보낸 편지지에는 연맹 이름이 인쇄되어 있지 않았습니까?"

"글쎄요. 그건 5실링만 주면 누구나 다 만들 수 있습니다. 이런 종류의 일을 시작할 때는 편지지에 단체명을 인쇄하는 게 효과적이거든요. 사람들을 움직이게 만든답니다. 당신도 마찬가지죠."

내가 냉랭한 표정으로 가만히 있자 이렇게 덧붙였다.

"지금의 영국에서는 무슨 일이든 사람을 움직이게 하는 게 매우 어렵습니다. 무슨 일이든 감수하려 들지 않아요. 도대체 이 나라가 어떻게 되고 있는 걸까요? 사람들에게 열정이란 것이 남아 있는 걸까요?"

그 문제를 파헤쳐 봤자 얻을 것은 아무것도 없었다. 또 연맹 창립자에게 화를 내봐도 별 수 없는 일이었다. 결국 그에게 공손하지만 단호하게 작별인사를 하고 거리로 나왔다. 가슴 속에는 웅장한 연설이 가득했는데 주머니 속에는 불과 반 크라운짜리 동전 한 개뿐이었다.

거리에는 정부나 인간에 대한 큰 문제에는 무관심하면서 사소한 개인 이익에만 사로잡혀 있는 사람들로 가득 차 있었다. 나는 하찮은 일에만 관심을 쏟는 행인들을 경멸하지는 않았지만 동정어린 눈으로 바라보았다. 물론 내가 예상했던 것처럼 여론을 올바른 방향으로 이끌어가는 것은 쉬운 일이 아니었다. 민주주의의 산물인 개인의 자유를 이토록 가볍게 여긴다면 수 세기 동안 귀족 정치와 과두 정치를 통해 얻은 광대한 지역과 영토들을 도대체 어떻게 지킬 수 있겠는가? 잠시 동안 나는 제국의 앞날에 대해 절망했다.

절망도 잠시, 이내 배가 고파졌고 내게는 창백한 반 크라운 동전밖에 없다는 현실에 직면했다.

'안 돼! 그럴 수 없어! 아름다운 반휴일에 잔뜩 기대를 걸고 런던까지 와서는 내 위장 속에 국가의 운명을 결정지을 연설만 남겨두고, 샌드허스트로 돌아가 빵과 차 한 잔 따위를 마셔야 하다니!'

도저히 참을 수 없는 일이었다. 그래서 이제껏 한 번도 해보지 않은 일을 저지르기로 마음먹었다. 내가 스트랜드(Strand) 거리에 이르렀을 때 세 개의 황금빛 공이 매달려 있는 애튼버러(Attenborough) 씨의 유명한 가게―전당포―가 보였다. 내게는 지난 번 생일에 아버지가 주신 꽤 괜찮은 금시계가 있었다. 결국 위대한 제국의 보석 왕관도 어려울 때면 전당포에 맡길 수밖에 없을 것이다.

"얼마나 필요하십니까?"

점원은 시계를 꼼꼼히 살펴본 후 물었다.

"5파운드면 됩니다."

그는 장부에 꽤 구체적인 내용을 적었다. 유행가에서나 들었던 바로 그 전당포 티켓과 5파운드짜리 지폐 한 장을 받은 후 다시 런던 중심가로 나갔다. 그리고 무사히 숙소로 돌아왔다.

다음날 샌드허스트의 친구들은 전날 회의에 대해 궁금해 했다. 내 연설의 주요 내용을 미리 알려줬기 때문이다. 친구들은 회의가 어떻게 진행되었는지, 그리고 집행위원회에서 성인, 정치인, 각계각층의 원로들이 모인 가운데 옹호하는 연설을 했다는 것에 대해 대단하다고 생각했다. 친구들은 이 자초지종을 알고 싶어 했다. 다만 사실을 그대로 말하기에는 내 자존심이 허락하지 않았다.

나는 모두가 편안하고 만족스럽게 사는 나라에서 대중을 설득시키는 게 쉽지 않다는 상투적인 이야기로 시작했다. 단계별로 차근차근 나가면서 다음 단계로 가기 위해 전 단계를 제대로 밟아나가는 것이 중요하며, 이를 위한 첫 단계로 집행위원회를 만드는 것인데 그것은 이미 결성되었다. 다음 단계는 연맹의 책임과 권한을 정하는 정관을 작성하는 일이며, 이것은 아직 진행 중에 있다. 세 번째 단계는 대중에게 널리 호소하는 것인데, 여기에 모든 것이 달려 있다고 말했다. 그들은 내 말을 듣고 미심쩍은 듯했지만 달리 어쩔 수 있겠는가?

만약 내가 신문사라도 가지고 있다면 연설문을 1면에 그대로 싣고 헤드라인은 위원회로부터 큰 박수가 터져 나왔다는 식으로 시선을 사로잡을 수 있는 문구를 넣은 후 무게를 더할 수 있는 후속기사를 계속 내보냈을 것이다. 그렇게 된다면 오락보호연맹은 정말로 성공했을지도 모른다. 1890년대 초반 많은 것들이 이루어지고 있을 때 영어권 국가 도처에서 이를 경계하는 여론과 경고의 목소리에 귀를 기울였다면 미국은 가혹한 금주법에서 구원 받았을지 모른다. 여기서 우리는 다시 한 번 운명의 가시밭길로 향하게 되었다.

나의 운명은 십자군들의 캠페인 공격에 일격을 당하고 말았다. 챈트 부인의 캠페인은 오히려 성공적이었던 것이다. 게다가 꽤 위협적이었기 때문에 영국 정부는 영국적인 방식으로 타협하는 것이 현명하다고 생각한 듯했다. 거리의 불쾌한 선술집은 캔버스 천으로 가리고 사람들이 다니는 번화가에서 격리시키기로 결정했다. 따라서 술집들은 더 이상 번화가에 있는 게 아니라 마치 인접한 다른 지역에 있는 것처럼 법의 테두리에서 벗어나게 되었다.

다만 출입구와 환기를 위한 가림막 일부는 제거되었다. 비너스(Venus)와 바쿠스(Bacchus)의 신전은 비록 인접해 있긴 하지만 분리되었고, 인간의 나약함에 대한 십자군의 공격은 점점 더 집요해졌다. '방황하는 내숭쟁이들' 무리는 여전히 소리를 높여 '호산나'를 외쳤다. 극장주들은 항의에 신음했지만 결국 자신들의 운명을 받아들이는 것 같았다.

한편 샌드허스트의 분위기는 그것과 달랐다. 우리는 이런 사악한 평화를 기대하지 않았으며, 그러한 위선을 경멸할 뿐이었다. 나는 민주적으로 자유롭게 살고 싶어 하는 위대한 국민들의 일상생활이 이러한 기만에 그렇게 큰 영향을 받는지 미처 생각하지 못했다. 나는 공공 편의와 예절로 인해 뒤바뀌는 국가에 대한 의무와 개인의 권리 관계를 명확하게 정의하기를 원했다.

캔버스 가림막이 엠파이어 극장에 걸린 첫 주말 저녁, 우리들 상당수는 그곳에 있었다. 마침 그곳에는 우리 또래의 대학생들도 많았는데, 그들은 그저 책벌레에다 무질서하고 무책임한 녀석들이었다. 이 새로운 건축물은 많은 사람들의 관심을 받았지만 곧 불만의 대상이 되었다. 한 젊은 신사가 지팡이로 캔버스에 구멍을 뚫자 다른 사람들도 따라하기 시작했다. 당연히 내 동료들도 동참하게 되자 나 또한 가만히 있을 수 없었다.

갑자기 이상한 일이 있어났다. 2~3백 명이나 되는 군중이 흥분하고 격분한 것이다. 군중은 조잡하게 만든 바리케이드에 달려들어 조각조각 찢어 버렸고 당국은 그저 무력하게 지켜보기만 했다. 가림막 기둥은 부서지고 캔버스 천이 찢어지면서 바리케이드가 사라지자 술집은 산책로와 다시 연결되었다.

이 난장판에서 나는 부서진 잔해 위로 올라가 떠들썩한 군중들에게 첫 연설을 시작했다. 그때 정확히 어떤 말을 했는지 전혀 기억에 없다. 그러나 내 연설은 무시당하지 않았고, 그 후에도 이 연설에 대한 이야기를 여러 번 들을 수 있었다. 나는 법에 대한 이야기는 하지 않으면서 오직 감정과 열정에 직접 호소했다.

"우리는 여러분이 오늘 밤 바리케이드를 끌어내리는 것을 보았습니다. 다음에는 선거에서 이번 일을 책임져야 할 사람들을 끌어내립시다!"

이 말에 열광적인 박수갈채를 받았다. 그리고는 트로피와 상징처럼 부서진 나무와 캔버스를 들고 광장으로 나아갔다. 공모자들이 폭군을 살해한 후 피투성이 단검을 휘두르며 거리로 몰려나갔던 줄리어스 시저(Julius Caesar)의 죽음이 생각났다. 또한 바스티유(Bastille) 감옥의 습격도 일면 비슷하리라 생각했다.

혁명이란 실로 시작하는 것보다 그것을 계속 이어가는 게 더 어렵다. 우리는 직무 태만으로 처벌받지 않기 위해 샌드허스트로 가는 마지막 기차를 타야 했다. 이 기차는 매일 밤 자정 워털루역에서 출발해 공동묘지로 시체를 운구하는 런던 네크로폴리스 열차(London Necropolis Railway)였다. 올더숏 근처 프림리(Frimley)에 오전 3시에 도착하는 열차이기 때문에 다시 프림리에서 육군사관학교까지 12~15킬로 정도를 마차로 가야 했다. 그러나 작은 마을에 도착했을 때 탈 것은 어디에도 찾을 수 없었다. 우리는 여관 문을 사납게 두드렸다.

육군사관학교 후보생 시절의 처칠

인내심이 한계에 다다랐을 때 갑자기 위층 창문이 열리면서 창백하고 무서운 얼굴로 나팔총을 든 사람이 내려왔다. 영국에서 상황이 극단으로 치닫는 경우는 거의 없다. 우리는 단호하게 상황을 설명하고 돈을 보여줬다. 안심한 집주인은 늙은 말 한 필과 말보다 더 오래된 마차를 내주었고, 칠팔 명의 동료들은 무사히 학교로 복귀하게 되었다. 정문을 지키는 위병을 귀찮게 하지 않는 비공식적인 방법으로 무사히 숙소로 돌아온 우리는 오전 열병식에 참여할 수 있었다.

이 사건은 상당한 파장을 일으켰고 대부분의 신문에서는 주요 기사로 다루었다. 그 사건에서 내가 한몫했다는 사실이 알려지지 않을까 한동안 불안해하면서 전전긍긍했다. 아버지의 이름이 아직은 큰 영향력이 있었기 때문에 충분히 그럴 위험이 있었다. 비록 자유 국가의 시민으로서 폭정에 대항한 것을 자랑스럽게 여기긴 하지만 반대 의견이 있을 수 있고, 게다가 그것이 우세할 수도 있다. 나이든 사람들과 당국이 젊은이들의 경솔함에 대해 항상 넓은 이해와 아량을 베풀어 주기를 기대할 순 없는 법이다. 때때로 그들은 한 놈을 골라 '본보기'로 패버리는 비열한 수법을 썼다. 어쩌면 순교자가 될 수도 있었지만, 아직은 때가 아니었다.

다행히 그 사건과 관련해 내 이름이 오르내리기 시작했을 때에는 대중의 관심이 완전히 식었을 때였고, 사관학교나 육군성에서 그 누구도 문제 삼지 않았다. 다만 뜻밖의 행운 뒤에는 항상 같은 정도의 불운이 따라온다는 것을 명심해야 한다. 즉 지방 의회 선거가 잘못된 방향으로 나왔다는 것을 밝히고자 한다. 자칭 진보주의자라고 부르던 사람들이 승리했다. 바리케이드는 벽돌과 회반죽으로 더욱 단단하게 세워졌고 우리의 노력은 무위로 돌아갔다. 그럼에도 아무도 우리가 최선을 다하지 않았다고 말하지는 못할 것이다.

*　*　*

샌드허스트에서 모든 수업은 끝났다. 가엾게도 꼴찌로 바닥을 기던 나는 150명 가운데 8번째 성적으로 명예롭게 졸업했다. 이 말을 하는 까닭은 나도 중요한 것들은 빨리 배울 수 있다는 걸 보여주고 싶기 때문이다. 힘들었지만 즐거운 경험이었다. 모두 세 학기였는데, 한 학기를 마치면 자동적으로 다음 학년으로 올라갔다. 학기도 매우 짧아 1년이 지나면 3학년이 되었기 때문에 한 주 한 주 성장하는 기분이었다.

1894년 겨울 나는 장교로 임관될 수 있는 자격을 얻고 집으로 돌아왔다. 해로우 시절과 다르게 많은 친구들을 사귀었다. 그 친구들 중 서너 명은 아직 살아 있지만 대부분은 죽었다. 상당수의 친구들과 샌드허스트의 우리 중대원 가운데 대다수가 보어 전쟁에서 죽었고, 나머지 친구들은 제1차 세계 대전이 앗아갔다. 살아남은 일부의 친구들 가운데 일부도 적군의 총알에 얼굴과 가슴이 뚫려 있다. 그들에게 진심으로 경의를 표한다.

드디어 샌드허스트를 마치고 세상으로 나왔다. 알라딘의 보물 동굴이 열린 것 같았다. 1895년 초부터 이 글을 쓰는 지금까지 뒤를 돌아볼 여유는 없었다. 내가 일 없이 보낸 날은 거의 손가락으로 꼽을 정도였다. 마침내 나는 이 끝없는 영화의 주인공이 되었다. 전체적으로 볼 때 정말 즐거운 경험이었다. 이 이야기의 주 무대를 이루는 1895년부터 1900년까지 내 생애에서 가장 생생하고 흥미진진하며 분투하던 ― 물론 제1차 세계 대전이 발발한 몇 개월을 제외하고 ― 시기였다. 그때를 되돌아보면 내가 살아 돌아왔다는 것에 대해 하느님에게 감사를 드린다. 매일 하루하루가 새롭고 오늘이 어제보다 더 좋다.

*＊＊

전 세계의 젊은이들이여! 이제 여러분이 나설 때가 왔다. 세계 대전으로 끊어진 세대 간의 단절을 극복하기 위해 지금이야 말로 여러분이 필요한 때다. 시간을 헛되이 보내서는 안 된다. 여러분이 인생의 최전선에 나서야 한다. 20세에서 25세야 말로 딱 맞는 나이다. 결코 현실에 만족해서는 안 된다.

"땅과 그 안에 가득 찬 것이 모두 다 너의 것이다."*

선조의 유산을 이어받아 그 책무를 받아들이라. 영광의 깃발을 다시 휘날리며 인류를 끊임없이 위협하는 새로운 적을 향해 진격하고 맞서 싸

---

＊ 성경의 시편 24편 1a절 인용.

우자. 절대 거부하지 말고 실패를 두려워하지 말라. 작은 성공에 안주하거나 잠깐의 인기에 기만당하지 말라. 여러분은 온갖 잘못을 저지르게 될 것이다. 그러나 여러분이 너그럽고 진실하며 치열하게 사는 한 세계를 어지럽히지 않을 것이다. 이 세계는 젊은이들에게 승리를 안겨 주었다. 그리하여 되풀이해서 정복되면서 번성해 왔다.

# 5장

## 제4경기병연대 초임 장교

여기서 내 인생에 가장 중대한 영향을 끼친 인물을 소개하고자 한다. 브라바존(Brabazon) 대령은 제4경기병연대의 연대장이었다. 이 연대는 한 해 전 아일랜드에서 올더숏으로 이동하여 지금은 동부기병대 막사에 주둔하고 있다. 브라바존 대령은 오랫동안 우리 집안의 친구였고 학창 시절에도 여러 번 만난 적이 있었다. 또 샌드허스트 생도로서 연대 회식에 초대받아 환대를 받은 적도 있었다.

정말 대단한 환영이었다. 당시 기병연대의 만찬은 실로 장관이었다. 파란색과 금색의 화려한 복장을 입은 이삼십 명의 장교들이 지난 200년 동안 연대가 수여받은 상패와 트로피들로 반짝이는 테이블에 둘러앉아 있었다. 이것은 마치 국빈 만찬 같았다. 화려하고 풍요로운 의식과 그 속에 가려진 규율 가운데 연대 군악대의 연주를 들으면서 훌륭하고 긴 만찬을 만끽했다.

나는 대단한 환영을 받았는데, 예의바르고 공손하게 있었던 탓인지 여러 번 다시 초대받았다. 몇 달 후 브라바존 대령이 어머니에게 나를 자기 연대에 넣고 싶다고 말했지만 아버지가 거절했다. 아버지는 여전히 자신의 영향력을 행사해서 나를 보병장교로 임관시킬 수 있다고 믿는 듯했다. 케임브리지 공작은 제60소총연대에 대한 나의 생각이 바뀐 것을 두고 불쾌해하는 것 같았지만 그래도 힘든 일이 생기면 언제든지 도움을 주겠다는 뜻을 표했다. 아버지는 편지에서 "내가 아는 한 브라바존이 육군에서 가장 뛰어난 군인이라는 것을 알고 있지만, 그렇다고 내 아들의 생각을 제4경기병연대로 바꾸게 할 자격은 없다"라고 썼다.

그런데 확실히 아버지의 생각이 바뀌었다. 마지막 여행에서 쓸쓸히 돌아온 아버지는 내 일에 거의 관심을 갖지 않았다. 어머니가 나의 결정에 대해 아버지에게 설명하자, 아버지는 내가 기병장교가 되었다는 것을 기꺼이 받아들이시고 오히려 기뻐하시는 것 같았다. 사실 아버지가 내게 한 마지막 말은 "말은 가지고 있니?"였다.

*＊＊＊*

아버지는 1월 24일 새벽에 영원히 잠드셨다. 나는 이웃집에서 자고 있었는데 소식을 듣자마자 눈이 내리는 어둠 속 그로스베너 광장을 가로질러 집으로 달려갔다. 아버지는 큰 고통 없이 오랫동안 혼수상태에 빠져 있다가 돌아가셨다. 아버지의 축하를 받으면서 함께 두 손을 잡고 의회로 들어가려던 내 꿈은 물거품이 되었다. 나에게 남겨진 것은 아버지의 유지를 이어받아 아버지가 추구하던 이상을 실현시키는 것이었다.

이제 나는 내 운명의 주인이 되었다. 어머니는 항상 조언과 도움을 아끼지 않으셨지만, 나는 이제 스물한 살의 어른이었고 어머니는 나에게 결코 간섭하는 법이 없으셨다. 사실 어머니는 열렬한 지지자가 되어 나의 계획을 실현시키기 위해 끊임없는 열정과 영향력으로 도와주셨다. 어머니는 이제 겨우 마흔 살이었고, 여전히 아름답고 매혹적이었다. 우리는 어머니와 아들이라기보다 남매처럼 같이 협력했다. 적어도 나에게는 그렇게 보였고, 이런 관계는 마지막까지 지속됐다.

*＊＊＊*

1895년 3월 나는 제4경기병연대 장교로 임관되었다. 이미 6주 전에 연대에 합류해 다른 하급 장교들과 함께 초임 장교로서의 여러 가지 힘들고 고된 훈련을 받고 있었다. 매일 많은 시간을 승마학교와 마구간, 연병장에서 보냈다. 나는 마술(馬術) 훈련 중 두 개 코스를 이미 마쳤기 때문에 승마학교는 잘 해낼 수 있었다. 하지만 제4경기병연대의 마술 훈련은 이때까지 받았던 어떠한 훈련보다 힘들다고 장담할 수 있을 정도였다.

당시 초임 장교는 6개월간 신병들과 함께 훈련받는 것이 원칙이었다. 신병들과 같이 말을 타거나 도보로 훈련했으며, 지시나 교육도 신병들처럼 받았다. 장교는 승마학교에서 선두에 서거나 연병장에서 부대 맨 우측에 서서 병사들의 모범이 되기 위해 노력해야 했다. 그렇다고 항상 모범적인 모습을 보여주는 것도 아니었다.

말이 빠르게 혹은 천천히 달릴 때 안장 없는 말에 타고 내리기, 등자나 안장 없이 때로는 뒷짐을 진 채 장애물 넘기, 무릎으로 말을 꽉 잡은 채 빠른 속도로 달리기 등 고난이도 훈련은 불가피한 사고를 초래했다. 햇볕에 검게 탄 얼굴이 장교의 품위를 위해 꽉 조인 턱끈에 쓸려 아팠지만 꾹 참고 있는 사이 20명이나 되는 신병들은 장교도 자기들과 마찬가지로 호된 꼴을 당하고 있다는 사실에 내심 기뻐하는 것 같았다.

나는 운이 좋지 않았다. 훈련 과정 첫 단계부터 말에서 중심을 잡는 데 중요한 종아리 근육을 다쳐 큰 고생을 했다. 전기 치료라는 게 알려지기 전이라 하루라도 훈련에 빠진다면 얼간이로 보일까봐 걱정되어 근육이 찢어지는 고통을 참아야만 했다.

'조코(jocko)'라는 별명과 끔찍한 폭군으로 알려진 연대 승마 훈련교관은 특히 지난 수주일 동안 기분이 안 좋은 것 같았다. 선임 장교 한 명이 「올더숏 타임즈」에 다음과 같은 광고를 냈기 때문이다.

전공—승마술 교수, 동부기병대 병영,
사냥 12개 과정, 장애물 경기 18번 과정

이것은 그를 웃음거리로 만들었다. 마술(馬術) 수업 시간에 웃고 있으면 모두가 자기를 비웃는다고 생각할 정도였다. 그러나 고된 생활에 어느 정도 적응이 되자 명랑하고 귀족적인 생활이 펼쳐졌다. 승마 훈련에서 해방되기 전 신참 장교들은 전술 훈련이나 도로 행군에서 선두로 나가거나 심지어 실제 훈련에서 후위에만 설 수 있도록 허가되었다. 속보로 달리는 기병대의 짤랑거리는 소리는 그 자체만으로도 스릴과 매력이 넘쳤다. 게다가 전속력으로 질주할 때면 그 즐거움은 흥분으로 바뀐다. 날뛰는 말, 철컥거리는 장비, 스릴 있는 동작, 흩날리는 깃털 장식, 살아 있는 기계 속에 있는 일체감, 세련된 제복이 주는 품위 등 이 모든 것이 합쳐져서 기병 훈련 그 자체를 완성했다.

여기서 독자들을 위해 좀 더 설명을 덧붙이자면 기병은 종대로 이동하고 횡대로 싸운다. 기병 훈련의 기본은 대형을 횡대에서 종대로, 종대에서 횡대로 자유자재로 신속하게 바꾸는 것이다. 이동하거나 방향을 바꾸는 본대의 앞에는 어느 때든지 기병대대가 위치해야 한다. 이와 같은 원리는 부대 규모가 커지더라도 동일하다. 연대와 여단, 심지어 기병사단에서도 기병대는 가장 중요한 임무인 돌격을 위한 예비대로서 아주 짧은 시간 내에 전선에 위치해야 한다.

전쟁이 탐욕스럽고 비열하며 기회주의적인 행진 속에 이 모든 것을 내던지고 안경 쓴 화학자나 비행기 조종사, 기관총 방아쇠를 당기는 사수에게 모두 맡겨 버리는 것은 수치스러운 일이다. 적어도 1895년 올더숏에서는 그와 같은 인류의 끔찍한 재앙이 벌어지지 않았다. 용기병, 창기병, 무엇보다 경기병에게 있어 전쟁터는 여전히 명예로운 장소였다.

잔인하지만 담담했던 전쟁은 이제 잔인하면서 추잡해졌다. 사실 전쟁은 민주주의와 과학으로 인해 완전히 망가졌다. 참견쟁이들과 방해꾼들이 싸움에 끼어드는 순간부터 전쟁의 운명은 바뀌었다. 조국을 위해 기꺼이 목숨을 바칠 각오가 되어 있는 소수의 잘 훈련된 전문가들이 고대 병기를 들고 세밀하고 아름답게 고풍스러운 군사 훈련을 펼치면 국민들은 그들에게 아낌없이 찬사를 보냈다. 그러나 지금 부녀자들부터 아이들까지 전 국민을 동원해 야만스런 살육을 일삼고 있다. 오직 눈이 어두운 점원들만 남아 도살자의 계산서를 더해 주고 있다. 민주주의가 전장에 등장하자 신사의 게임이었던 전쟁이 끝나고 말았다. 지옥에나 떨어져 버려라! 꺼져라! 국제연맹(League of Nations)!

그럼에도 불구하고 1890년대에 육군성 감찰감 럭(Luck) 장군이 삼사십 개 대대로 편성된 1개 기병사단을 마치 손발을 움직이듯 하나의 생물처럼 기동 훈련을 벌이던 모습은 매우 훌륭했다. 화려하고 장대한 대열이 준비 대형을 갖춘 후 15도 각도의 횡대로 바꾸라는 명령을 받자마자 제일 외곽의 여단은 지척을 분간할 수 없을 정도로 먼지를 일으키며 3킬로가량을 빠르게 내달렸다. 다만 이십 명이 말에서 떨어지고 여섯 건의 사고가 이날 아침 훈련에서 일어나긴 했지만 말이다. 마침내 횡대를 갖추게 되어 연대와 여단에 돌격 명령이 떨어지자 우레와 같은 함성을 지르지 않을 수 없었다.

막사로 돌아온 후 영국의 유일한 기병사단이라는 당당함과 한껏 달아오른 흥분은 독일에 이런 기병사단이 스무 개나 있다는 생각이 떠오르자 곧 차갑게 식어 버렸다. 게다가 맥심 기관총으로 무장한 여섯 명의 훼방꾼이 구덩이에 숨어서 우리를 공격한다면 어떤 결과가 벌어질까 생각하니 또다시 흥이 박살나고 말았다.

드디어 빅토리아 여왕이 참석한 화려한 열병식이 시작되었다. 여왕이 탄 마차가 의장대 앞에 도착하자 올더숏 기지의 약 25,000명의 청색, 금색, 적색 그리고 강철의 제복들이 번쩍이는 거대한 홍수가 몰아치듯 기병, 보병, 포병 그리고 공병과 보급부대 순으로 여왕의 앞을 지나갔다. 그런데 프랑스, 독일, 오스트리아 그리고 러시아 같은 유럽 열강들이 자기 나라에서 같은 날에 이와 똑같은 행사를 20군데의 다른 장소에서 벌인다는 것은 매우 잘못된 일이다. 왜 우리 정치인들이 나서서 마치 올림픽처럼 각국이 같은 수의 인원으로 편제된 정예 1개 군단씩 내보내서 세계의 패권을 놓고 자웅을 겨루는 국제협약 같은 걸 맺지 않는지 궁금하다. 그러나 빅토리아 시대의 관료들은 계획성 없이 그저 기회를 놓쳐 버렸다. 그리고 전쟁을 잘 아는 전문가들과 제대로 훈련된 사람들의 손에서 그 기회를 빼앗아 버렸다. 따라서 전쟁을 인간, 돈, 기계에 의존하는 혐오스러운 문제로 전락시켜 버렸다.

전쟁이 이처럼 타락했다는 사실을 깨닫기 시작한 사람들 중 일부는 우리 영국군이 다시는 유럽 전쟁에 참가하면 안 된다는 결론에 도달했다. 기병 1개 사단과 민병대―신이여, 그들을 도우소서!―와 의용병―만세!?―을 다 합쳐도 1개 군단밖에 갖지 못한 영국이 어떻게 전쟁을 치를 수 있단 말인가? 1895년 올더숏 사령부의 주전론자(主戰論者) 장교나 혈기 왕성한 참모라 할지라도 하물며 아무리 상황을 낙관적으로 본다 해도 우리의 작은 군대가 다시 유럽으로 보내지리라고 생각한 사람은 아무도 없었다. 올해 봄 헤이그(Haig)라는 기병 대위와 롱(Long)협곡에서 함께 훈련한 적이 있었다. 헤이그는 가장 중요한 전투에서도 영국군은 미 육군 제1군단을 포함한 40여 개 사단―60만 명에 불과한―만 동원할 수 있고 이들을 지원할 포병도 400여 개 여단밖에 없을 것이라고 했다.

종종 우리가 살았던 시대에서 믿기 어려울 정도로 정보나 가치의 급격한 대변혁이 일어났다는 사실을 다른 세대도 이해할 수 있을지 궁금해진다. 우리 세대가 중요하다고 생각한 것, 불변의 진리라고 확신했던 것 중에서 어느 하나라도 제대로 남아 있는 것이 없다. 반면에 내가 불가능하다고 배웠던 많은 일들이 지금 일어나고 있다.

\*\*\*

　브라바존 대령은 가난한 아일랜드 지주 출신으로 평생을 영국 육군에 바친 사람이었다. 마치 그는 위다(Ouida)의 소설에 나오는 영웅과 같았다. 1860년대 초 대령은 근위보병연대에 들어간 후부터 유행의 첨단을 걸었고, 런던 사교계에서는 군인 가운데 가장 빛나는 스타였다. 또한 왕세자(The Prince of Wales)와는 평생 동안 변함없는 우정을 맺어 왔다.

　궁전이나 클럽, 경마장, 사냥터에서도 항상 특별한 대접을 받았으며, 비록 평생 독신자로 살긴 했지만 그렇다고 해서 여자를 싫어하지도 않았다. 크지도 작지도 않은 키에 외모도 젊었을 때는 꽤 잘생겼을 것이다. 신장은 2미터를 넘지 않았지만 그 이상으로 보였다. 한창 때인 지금이야말로 대령의 외모가 더욱 훌륭해 보였다. 용모 단정하고 완벽한 대칭의 이목구비와 밝은 회색 눈, 억센 턱 그리고 카이저수염은 그를 더욱 도드라지게 보이도록 만들었다. 그의 거만한 태도와 한 세대 이전의 세련된 매너, 게다가 일부러 안 하는 것인지 못 하는 것인지 알 수 없지만 'R' 발음을 하지 않는 것까지 더해져서 대화에 능하고 경험도 많아 어떤 모임에 나가도 실수하는 법이 없었다.

　군인으로서 대령의 경력은 꽤 길었고 다양했다. 6년간 근위보병연대에서 근무한 뒤 경제적 이유로 잠시 군을 떠나 어려운 시기를 보내야 했다. 1874년 아샨티(Ashanti) 전쟁에서 민간인 지원병으로 출전하여 큰 공

제4경기병연대 시절의 처칠

을 세웠기 때문에 상부에서는 대령을 군으로 복귀시키려는 움직임이 일어났다. 게다가 전례 없는 혜택이 주어졌는데, 왕세자는 자신의 연대이자 육군에서 가장 배타적인 부대인 제10경기병연대에 브라바존 대령을 넣고 싶어 했다. 하지만 마땅한 자리가 없었기 때문에 당분간 정규 보병연대에 있게 되었다.

"브랍! 자네는 어디 소속인가?"

종종 이런 질문을 받으면 능청스럽게 대답했다.

"나도 잘 모른다네. 녹색 견장을 달고 있는데, 워털루에서 갈 수 있는 곳이네."

훗날 올더숏 역장에게 이렇게 말했다고 한다.

"런던행 기차는 어디 있소?"

"떠났습니다. 대령님."

"그러면 하나 더 내주시오."

마침내 제10경기병연대에 들어가자 1878년에서 1879년까지 치른 아프간 전쟁과 1884년 수와킨(Suakin) 주변 지역에서의 격전을 통해 큰 명성을 얻었다. 이러한 공적으로 말미암아 두 번 연속 진급을 하게 되자 심지어 직속상관인 연대장보다 선임이 되었다. 이로 인해 당시 영국군에서만 일어날 수 있는 난처한 상황이 발생했다.

어느 날 연대장은 브라바존 대대의 잘못을 보고 화를 내면서 막사로 돌아가라고 명령했다. 이 일이 브라바존에게는 몹시 모욕적이었다. 그런데 몇 주 후 제10경기병연대는 다른 기병연대와 기동 훈련을 위해 여단으로 편성되었다. 그러자 연대의 상하 관계가 사라지고 당연히 가장 계급이 높은 브라바존이 여단 지휘권을 인수했다. 이제는 부하가 된 연대장과 마주하게 되자 지난 번 자신이 들었던 말로 똑같이 되갚아 주었다. 브라바존 대령은 연대장의 말을 자르면서 다음과 같은 가혹한 명령을 내렸다.

"귀하의 연대를 데리고 돌아가시오!"

이 이야기는 육군에 전설처럼 전해 내려오고 있다. 브라바존이 결코 잘했다고 할 순 없다. 당시에는 오늘날과 달리 자신의 권리를 주장해도 무방했다. 다만 이 문제에 대해 정반대의 견해가 있었던 것도 사실이다.

육군성은 대령이 연대에서 가장 선임임에도 불구하고 제10경기병연대의 연대장으로 임명할 수 없기 때문에 1893년 제4경기병연대의 연대장을 제안했다. 물론 제4경기병연대의 고위 장교들 입장에서는 좀 더 생각해 봐야 하는 일이었다. 어떤 연대도 낯선 사람이 자신들을 새로 '단장하기 위해' 오는 것을 달가워하지 않기 때문이다. 비록 이 무시무시한 대령이 빛나는 훈장과 표창, 사회적·군사적 명성을 크게 떨쳤더라도 제10경기병연대보다 훨씬 더 오랜 전통을 가진 연대의 지휘권을 갖는다는 것은 많은 불만을 일으킬 수밖에 없었다.

그러나 브라바존은 어떠한 환심을 사려고도 하지 않았기 때문에 오히려 하급 장교들로부터 절대적인 복종과 강한 존경을 얻어냈다. 반면에 일부 고위 장교들은 그렇지 않은 것 같았다. 어느 날 저녁 브라바존은 다소 신경질적이었던 만찬 주최자에게 "이 샴페인은 어느 약국에서 샀나?" 하고 묻기도 했다.

근무 중에는 내게 매우 엄격한 상관이었지만 그 외에는 언제나 친근하게 대했다. 만찬 중에는 전쟁이나 스포츠뿐만 아니라 종교와 무교에 대한 질문과 한두 가지 다른 주제가 대화의 핵심이었는데, 대령이 얼마나 폭넓게 독서를 하는지 가늠할 수 있었다. 예를 들어 내가 "하느님은 이제 막 털을 깎은 양에겐 모진 바람을 보내지 않으신다"라는 구절을 인용하자 브라바존은 "그것은 어디에 나오는 건가?" 하고 물었다. 사람들은 흔히 성경 구절이라 생각하겠지만 사실은 스턴(Laurence Sterne)의 『풍류 여정기(A Sentimental Journey)』에 나오는 내용이라고 약간 우쭐하게 대답했다.

"읽은 적이 있나?" 대령이 무심하게 다시 묻자, 다행히 나는 거짓말을 할 생각도 없었을 뿐 아니라 조심하고 있었기 때문에 아직 읽지 않았다고 솔직하게 대답했다. 아마도 대령이 좋아하는 책이었던 모양이다.

그런데 대령도 크게 당한 적이 있는데, 내가 입대하기 얼마 전의 일이었다. 올더숏 기지의 사령관인 에벌린 우드(Evelyn Wood) 경과 정면으로 붙은 것이었다. 브라바존은 연대의 평상복에서 사소하지만 몇 가지 규칙에 어긋나는―금색 레이스 대신 훈련용 크롬옐로색 줄무늬를 단다든지― 개조를 했을 뿐만 아니라 30년 동안 아랫입술 아래에 '황제' 수염을 기르고 있었던 것이다. 이것은 「군복무규정(Queen's Regulations)」 제7항에 있는 "턱 및 아랫입술 아래는 항상 깨끗하게 면도해야 한다(단, 공병은 예외로 한다)"라는 규정을 위반하는 것이었다.

지난 30년 동안 전시든 평시든지 브라바존에게 시비를 건 상관은 없었다. 본인도 자신에게 인정된 특권이라 생각하고 오히려 더 자랑스럽게 생각했다. 에벌린 우드 경이 올더숏의 사령관이 되자마자 자기는 차별대우하지 않는 사람이라는 것을 보여주고 싶었다. 바지에 크롬옐로색의 줄무늬와 제식 훈련 시 입던 편안한 모직 점퍼가 사라지고 금색 레이스 줄무늬와 몸에 꽉 끼는 구식 승마 재킷이 다시 돌아왔다.

복종을 강요당한 대령은 비공식으로 육군성에 불만을 제기했다. 그의 방식이 타당하다는 것은 채 1년이 되기도 전에 이처럼 합리적이고 경제적인 혁신이 전군에 시행된 것만 봐도 알 수 있다. 그러나 육군성이나 런던의 어느 누구도 「군복무규정」으로 무장한 에벌린 우드 경을 감히 막을 수 없었다. 에벌린 우드 경은 브라바존이 자신의 결정에 반기를 들었다는 것을 알게 되자 과감한 조치를 취했다. 대령에게 다음 열병식까지 '규정에 따라 면도하라'는 명령서를 보냈다. 이것은 참을 수 없는 모욕이었다.

하지만 브라바존에게는 복종 이외에 다른 방도가 없었다. 그날 밤 대령이 희생을 치르고 다음날 아침 부하들 앞에 섰을 때 모두 그 모습을 보고 경악했으며 전말을 듣고 충격을 받았다. 이 일이 마음속 깊이 사무쳤던 대령은 그 후 다시는 이 일에 대해 언급하지 않았다. 게다가 군 공무를 제외하고는 에벌린 우드 경과 절대로 말을 하지 않았다.

다행스럽게도 나는 이런 훌륭한 사람을 모실 수 있는 영광을 누렸고, 그가 죽을 때까지 약 20년 동안 항상 따뜻하고 변하지 않는 우정을 나누었다. 대령은 보수주의자 가운데서도 가장 완고하고 강경한 보수당원이었다. 그의 세 가지 확고한 신조는 보호무역 그리고 「징병법」과 「전염병법」의 부활이었다. 대령은 자신의 의견에 순응하거나 또는 순응할 것이냐에 따라 정부와 정치인을 판단했다. 그러나 정치적 견해가 다르다는 이유로 자유무역 논쟁, 로이드 조지(Lloyd George)의 예산*, 얼스터(Ulster) 문제**조차 우리의 관계를 깨지는 못했다.

*** 

1895년 여름 우리는 자유당의 급진 아일랜드 자치파 내각이 하원에서 무너지고 보수당의 솔즈베리 경이 다시 정권을 잡았다는 신문 기사를 읽고 기뻐했다. 모든 사람들은 전임 총리인 로즈버리 경이 애국자라고 생각했기 때문에 그를 좋아했다. 하지만 로즈버리 경의 아일랜드 동료들은 얼마나 사악한 인간들인가! 그 사람들은 로즈버리 경을 끌어내렸다. 또

---

\* 영국의 정치가인 로이드 조지는 애스퀴스 내각에서 재무상으로 취임했으며, 불로 소득에 대한 과세를 포함한 획기적인 예산안을 제출하여 상원의 맹렬한 반대를 받았지만 1910년 선거에 승리한 후 상원의 권한 삭감을 주요 골자로 하는 「의회법」을 통과시켜 상원을 굴복시켰다.
\*\* 얼스터는 북아일랜드 지역으로 영국 출신 이주민들이 다수를 차지하고 있다.

한 로즈버리 경이 나약했기 때문에 자신의 신념에 반하는 일을 한다고 말하기도 했다. 게다가 로즈버리 경의 연립 내각은 아일랜드 국민당에 의해 유지되고 있었다. 알다시피 국민당은 대영제국을 해체하기 전까지는 결코 만족하지 않는 자들이다. 나는 존 몰리에게 그들은 모든 종류의 페니언과 배신자들이 뒤섞인 가장 나쁜 부류라고 말한 적도 있다. 특히 정부가 무연 화약의 공급을 줄이는 일 따위를 해서 패배하게 되었다며 고소하게 생각했다. 만약 전쟁이 일어난다면 화약 없이 어떻게 싸울 것인가? 어떤 사람들은 화약은 충분하지만 저런 녀석들을 두들겨 패는 데에는 막대기라도 상관없다고 말했다.

확실히 자유당은 올더숏에서 매우 인기가 없었다. 총선 결과도, 국민들의 생각도 우리와 같다는 것을 입증했다. 솔즈베리 경의 보수당은 150석의 압도적인 차이로 승리하여 그 후 10년간 집권하게 되고, 이 책의 상당 부분을 차지하는 많은 전쟁을 치르게 되었다. 실제로 보호무역주의로 기울어지기 전까지 정권은 뒤바뀌지 않았고, 자유당 집권 하에서는 대전쟁의 소용돌이에 휩쓸리게 되었다. 하지만 여기까지만 하도록 하겠다.

나는 신임장관 환영 만찬 후 데번셔하우스(Devonshire House)에서 벌이는 파티에 초대받았다. 새로 임명된 장관들은 모두 청색과 금색의 꽤 괜찮아 보이는 예복을 입고 있었다. 물론 우리 제복만큼 훌륭해 보이진 않았지만 내 마음에 쏙 드는 스타일이었다. 특히 조지 커즌(George Curzon)이라는 새 외무성 차관보와 많은 대화를 나누었다. 그는 훌륭하고 성공한 듯 보였고, 정중하게 내 축하의 인사를 받았다. 커즌은 자신의 지위가 차관에 지나지 않지만 하원의 외교 업무와 거기에 관계된 모든 것을 대표하는 일을 수행한다고 설명했다. 또 단순히 외교 정책을 축소하거나 확장하는 것만 아니라 주도하는 데 한몫을 다하겠다고 했다.

그곳에는 내각에서 한 자리도 얻지 못해 소외된 불쌍한 젊은이들도 있었다. 이들은 다른 사람들보다 더 즐겁게 웃으며 원하는 일자리를 얻은 사람들을 축하하며 돌아다녀야 했다. 아무도 나 따위를 생각해 줄 리 만무하기에 마음껏 부러워할 수 있었다.

***

그 무렵 유모인 에버리스트 부인이 돌아가셨다. 유모가 위독하다는 소식을 듣고 서둘러 런던으로 갔다. 유모는 북런던의 동생 가족들과 지내고 있었다. 비가 세차게 내려서 재킷이 흠뻑 젖어 있는 것을 보고 자신이 위독한 상태라는 것을 알면서도 오히려 내 걱정만 하고 있었다. 그녀는 두 손으로 옷을 만지며 내가 감기에 걸릴까봐 걱정했다. 재킷을 벗고 완전히 말리자 다시 안심했다. 내 동생인 잭을 보고 싶어 했으나 유감스럽게도 연락이 닿지 않았다. 나는 런던에서 전문의를 데리고 왔는데, 두 명의 의사는 복막염의 일종으로 진단했다. 나는 오전 열병식에 맞추기 위해 새벽 기차로 올더숏으로 갔다가 끝나자마자 다시 병상으로 돌아왔다. 나를 아직 알아보는 것 같지만 점차 의식 불명이 되었다.

아주 평안한 죽음이었다. 유모는 순수하게 남에게 봉사하는 삶을 살았고 순박한 믿음을 가지고 있었기 때문에 어떠한 두려움 없이 받아들였다. 유모는 내 20년 생애를 통틀어 나를 가장 아끼고 친밀하게 돌봐 준 친구였다. 나는 유모가 25년 전 일했다는 컴벌랜드의 목사에게 전보를 보냈다. 그 또한 유모를 잊지 않고 있었다. 이제는 부주교가 된 목사를 묘지에서 만났다. 그러나 '꼬마 엘라'는 데리고 오지 않았다.

인생의 마지막을 돌봐 줄 사람이 없고 의지할 곳도 없는 불쌍한 늙은 여성들의 운명을 생각하면 어느 나라와도 견줄 수 없는 연금보험 제도를 만드는 데 내가 조금이나마 기여했다는 사실이 기쁘다.

# 6장

## 쿠바에서의 첫 실전 경험

빅토리아 시대 마지막 10년 동안 제국은 오랫동안 평화를 누려왔기 때문에 훈장이나 참전 경험처럼 같은 모험을 상징하는 것이 영국 육군 내부에는 굉장히 적었다. 크림 전쟁이나 인도 반란에 투입된 참전 용사들은 현역에서 떠났고, 1880년대 초반 아프간이나 이집트에 참전했던 용사들은 이제 상관이 되었다. 그 이후로 한 발의 총성도 제대로 울린 적은 없었다. 1895년 1월 제4경기병연대에 부임했을 때 가장 작은 규모의 전쟁조차 경험해 본 장교, 특히 하급 장교는 전군을 통틀어 극히 드물었다.

사람들이 원하는 물건이 희소하면 그 가치는 점점 상승하기 마련이다. 따라서 이때만큼 실전 경험에 대해 군 당국이 높게 평가하거나 모든 계급의 장교들이 열렬히 추구했던 적은 없었다. 이것이야말로 승진과 출세의 지름길이며, 영광으로 가는 빛나는 관문이었다. 실전 경험을 가진 행운아는 나이든 신사나 젊은 숙녀들의 눈에도 매력적으로 다가왔다.

하급 장교들은 어느 고참 소령이 들려주는 아부클레아(Abu Klea) 전투 경험담을 들으며 얼마나 부러워했는가! 가슴에 훈장이 가득한 대령을 얼마나 우러러 보았는가! 우리는 그 장교들이 이따금씩 들려주는―이제는 시간의 안개 속으로 사라져 버린― 무용담에 대해 열심히 귀를 기울였다. 우리도 비슷한 이야깃거리를 가지고 아무리 들어도 여전히 열정적인 청중들에게 들려줄 수만 있다면 얼마나 좋을까!

만약 그런 기회가 온다면 저녁 만찬 후 흥겨운 분위기에서 자신의 무용담을 몇 번이고 되풀이하면서 신나게 떠들 수 있을까? 사냥터나 폴로 경기장에서의 이야기는 그 자체로도 나름 의미 있지만, '실전에 참가'하고 '포화 속을 뚫고 나온' 젊은 군인은 일종의 오라(aura)를 가지고 있어서 상관인 장군들과 그를 따르는 부하들, 그리고 군인이 구애한 숙녀들 모두 한 마음 한 뜻으로 경의를 표했다.

실전 경험이 부족하다는 것은 새로운 인생을 막 시작한 동시대 사람들 모두가 절실히 느끼고 있었다. 하지만 이런 불만은 오래가지 않았고, 곧 모든 요건이 충족되었다. 당시 자유당과 민주주의 정부가 전쟁을 불가능하게 만들려고 했던 시도가 초래한 위험—당시 젊은 장교들은 그렇게 생각했다—은 곧 환상이라는 것을 깨닫게 되었다. 평화의 시대는 끝났고, 전쟁은 모두에게 부족하지 않을 정도로 충분했다. 그렇다. 차고 넘칠 정도였으니까! 하지만 가벼운 마음으로 군인의 길을 걸으면서 샌드허스트 생도나 청년 장교가 된 야심 가득한 젊은이들 가운데 이 서글픈 운명의 장난에서 살아남은 사람은 거의 없었다.

인도 국경이나 수단에서의 소규모 분쟁에 가기 위해서는 제비뽑기에 뽑혀야 될 정도로 육군 전체가 치열하게 매달렸다. 그러다가 보어 전쟁에 이르렀을 때쯤에는 참전의 욕구를 어느 정도 충족시킬 수 있었다. 그리고 그 후에는 홍수—제1차 세계 대전—가 몰아닥칠 예정이었다!

당시 육군의 근무 기간은 7개월의 여름 훈련과 5개월의 겨울 휴가로 나뉘었다. 모든 장교들은 한 번에 2개월 반 정도의 휴가를 낼 수 있었다. 나는 폴로 조랑말에 돈을 다 써 버려서 휴가 중 사냥 시즌에 참가할 여유가 없었기 때문에 모험과 스릴을 즐길 수 있는 곳을 찾아 세계 지도를 뒤졌다. 헌데 인류가 그토록 오랫동안 고대해 왔던 따분하고 일상적인 평화는 지구 반대편 한쪽 구석에서 깨지고 말았다.

스페인군과 쿠바 반군 사이에 지루하게 끌어오던 내전이 이제 중대한 국면에 접어들었다는 소식이 들렸다. 스페인군의 총사령관으로서 무어인들의 반란을 진압하고 스페인군 쿠데타를 성공시켜 명성을 떨친 마르티네스 캄포스(Martinez Campos) 원수가 8만 명의 스페인 증원군을 동원해 쿠바의 반란을 신속하게 진압하기 위해 대서양을 건너가는 중이었다. 바로 이 쿠바가 실제로 전투가 벌어지고 있는 곳이다!

나는 어릴 때부터 군인과 전쟁에 대해 생각해 보곤 했다. 특히 전장의 포화를 난생 처음 맞닥뜨리게 된다면 어떻게 될지 종종 상상해 보곤 했다. 당시 내 치기어린 생각에는 사방에서 총알이 날아다니는 소리를 들으면서 매 순간 죽음과 부상의 위협에 맞서는 일은 꽤 스릴 있고 놀라운 경험일 것 같았다. 게다가 직업 군인이 내 적성에 맞는지 확인해 보기 위해 비공식 리허설이나 일종의 시험 같은 것을 사전에 겪어 보는 것도 좋겠다고 생각했다. 그래서 내 눈이 쿠바로 향한 것이다.

이런 계획을 동료 장교인 레지널드 반스(Reginald Barnes)—나중에 오랫동안 프랑스에서 사단을 지휘했다—에게 털어놓자 그 또한 같은 열망을 가지고 있음을 확인했다. 연대장과 간부들은 실전 경험을 얻으려는 젊은 장교들의 계획에 상당히 호의적이었다. 그것은 위관 장교가 바람직한 군 생활을 인정받기 위해 사냥 시즌에 열심히 참여하는 것만큼이나 긍정적인 것으로 여겨졌다.

이렇게 상관들에 단속을 단단히 하고 헨리 볼프 경에게 편지를 보내어 스페인군 당국으로부터 우리에게 필요한 허가를 받을 수 있는지 문의했다. 그는 아버지의 오랜 친구이자 '제4당'의 동료였는데, 당시 마드리드 대사로 가 있었다. 외교단의 수석대표로서 스페인 궁정에서 오랫동안 영향력을 행사해 온 노신사는 우리를 위해 많은 수고를 해 주었다. 곧 공식적 또는 개인 명의의 훌륭한 소개장들이 소포에 싸여 도착했고, 쿠바의 수도 아바나(Havana)에 도착하면 총사령관의 따뜻한 환영과 함께 보고 싶은 것들을 마음껏 볼 수 있다는 대사의 보증도 있었다. 1895년 11월 초 우리는 뉴욕을 거쳐 아바나로 향했다.

제1차 세계 대전으로 인해 지치고 상처받고 숱한 고통을 겪은 세대들이 보기에는 난생 처음으로 전장의 실전을 겪게 된 젊은 장교의 기쁨과 떨리는 감정이 이해되지 않을 수 있다. 하지만 새벽녘 희미한 빛 속에서 검푸른 수평선 위에 쿠바 해안이 그 모습을 드러내자 마치 실버 선장과 함께 보물섬을 찾아낸 것 같은 기분이었다.

이곳에서는 실제로 전쟁이 벌어지고 있었다. 또한 생사를 가르는 곳이며, 여기서 무슨 일이 벌어질지 아무도 모른다. 여기야말로 무슨 일이 생기기에 적당한 곳이었다. 어쩌면 내 뼈를 묻어야 할지도 모른다. 이런 상상은 아침 식사를 알리는 종소리와 함께 모두 사라지고 서둘러 배에서 내리느라 모두 잊혀졌다.

쿠바는 아름다운 섬이다. 스페인 사람들은 이 섬을 '안틸레스의 진주'라고 불렀다. 온화하면서도 불타는 듯 무더운 기후, 풍부한 강수량, 풍성한 식물, 비옥한 토지 그리고 아름다운 풍경 등 이 모든 것을 멍하니 손가락 사이로 흘려버린 선조들의 어리석음을 탓하지 않을 수 없다. 다만 이 섬을 지키든 내버리든 상관없이 우리는 선조들로부터 민주주의라는 숭고한 가치를 충분히 계승받았다.

35년 전의 아바나 시와 항구는 물론 지금에 비할 바 아니지만 모든 면에서 상당히 발전해 있었다. 우리는 꽤 괜찮은 호텔에 자리를 잡고 오렌지를 실컷 먹으며 상당한 양의 시가를 피워댔다. 소개장을 당국에 제출한 뒤로 모든 일이 순조롭게 돌아갔다. 우리가 소개장을 보여주자 비공식이기는 하지만 중요한 시기에 강대국이자 오랜 우방국에서 중요한 임무를 띠고 파견된 사람인 것처럼 대우해 주었다. 게다가 우리의 방문 성격을 낮추려고 할수록 그 속에 숨은 의미가 더 높게 평가되는 듯했다.

총사령관은 곳곳의 기지와 수비대를 점검하느라 부재중이었지만, 모든 조치는 즉각 원하는 대로 이루어졌다. 우리는 산타클라라(Santa Clara)에서 총사령관을 따라잡을 수 있었다. 이 여정은 꽤 흥미로운 경험이었다. 우리가 탄 장갑열차의 호위병들은 양쪽 끝이 특별하게 개조된 화차를 타고 있었으며, 객차 측면은 두꺼운 장갑판이 보호하고 있어서 공격을 받더라도—종종 그런 일이 일어났다— 바닥에 엎드리기만 하면 안전했다. 우리는 이튿날 아침에 산타클라라로 출발했다.

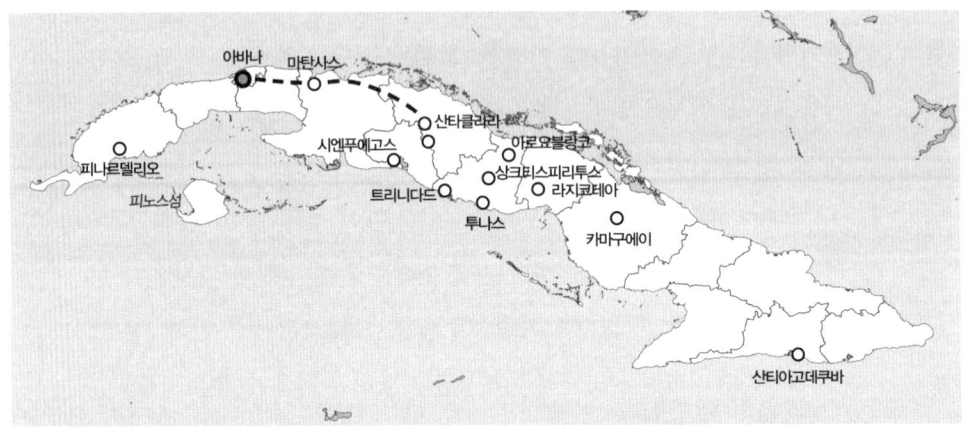

1895년 쿠바에서 처칠의 이동

마르티네스 캄포스 원수는 우리를 친절하게 맞아주었고, 젊은 중위에게 우리를 맡겼다. 그는 원수의 참모 장교인 테투안(Tetuan) 공작의 아들인데, 영어에 아주 능숙한 후안 오도널(Juan O'Donnell) 중위였다. 그의 이름을 듣고 놀랐는데, 전에는 아일랜드여단에서 근무했고 나중에 스페인인이 되었다고 했다. 오도널은 전투를 보고 싶다면 기동부대에 참가해야 한다고 일러주었다. 산타클라라에서 60킬로 떨어진 상크티스피리투스(Sancti Spiritus)라는 곳이 있고, 마침 그날 아침에 그곳을 포위한 반군을 물리치기 위해 밸디즈(Valdez) 장군의 부대가 이미 가고 있었다. 우리가 그 기회를 놓친 게 아쉬울 따름이었다. 장군의 부대가 아직 멀리 행군하지 못했을 테니 서두르면 따라잡을 수 있지 않겠냐고 물었다. 그러자 오도널 중위는 고개를 저었다.

"8킬로도 갈 수 없습니다."

"적은 어디에 있습니까?"

"그들은 어디에나 있고 어디에도 없습니다."

중위는 이어서 대답했다.

"50명의 기병이 있으면 어디든지 갈 수 있지만, 두 분으로는 아무데도 갈 수 없습니다."

하지만 밸디즈 장군을 따라잡을 수 있는 방법이 있었다. 기차로 시엔푸에고스(Cienfuegos)까지 가고, 거기서 배로 투나스(Tuna)까지 간 후 투나스에서 상크티스피리투스까지 기차로 가는 경로였다. 그곳 철로는 곳곳을 초소로 철통같이 지키고 있어서 군용 열차도 정기적으로 통과한다고 귀뜸해 주었다. 우리는 상크티스피리투스까지 240킬로를 사흘이면 갈 수 있고, 아마도 밸디즈 장군의 부대는 나흘째 오후에나 도착하게 될 것이다. 거기서 장군의 부대에 합류해 작전에 참가하면 된다. 그러면 말과 당번병이 준비되고, 우리는 손님으로 큰 환영을 받을 것이다.

다소 위험을 무릅쓰고 3일간 여행을 했지만 별다른 사고는 없었다. 상크티스피리투스는 그 이름에 걸맞지 않게 매우 열악한 장소였고, 천연두와 황열병이 퍼져 있어서 질병에 취약한 곳이었다. 우리는 지저분하고 시끄럽고 붐비는 여관에서 하룻밤을 보낸 후 다음날 저녁에 밸디즈 장군의 부대가 들어오는 것을 지켜보았다. 이 부대는 상당한 전력을 보유하고 있었는데, 약 3천 명의 보병으로 이루어진 4개 대대와 2개 기병대대 그리고 노새가 끄는 1개 포병중대가 있었다. 병사들은 강인하고 튼튼해 보였으며, 긴 행군에도 불구하고 지친 기색이 없었다. 원래 흰색이었던 무명 군복은 오물과 먼지로 인해 카키색처럼 변해 버렸다. 어깨 양쪽에는 무거운 배낭과 탄띠를 매고는 밀집으로 만든 커다란 파나마모자를 쓰고 있었다. 부대는 마을에서 동료들의 따뜻한 환대를 받았고 마을 주민들도 병사들을 환영해 주는 것 같았다.

우리는 잠시 후 장군의 사령부에 정중하게 모습을 나타냈다. 장군은 이미 우리에 대한 소식을 전보로 들었기 때문에 진심으로 환영해 주었다. 수아레스 밸디즈 사단장은 2주 동안 반군 지역을 진군하여 스페인군이 방어하고 있는 도시와 기지들을 순찰하면서 언제 어디서든 반란군이 나타나면 토벌한다는 두 가지 전술적 목적을 가지고 있었다.

장군은 통역을 통해 강국이자 위대한 우방이 2명의 훌륭한 대표자를 자신의 부대에 보낸 것에 대해 대단히 영광스럽게 생각하고 있으며, 영국의 이런 제스처가 암시하는 정신적인 지지를 높이 평가한다고 말했다. 우리도 장군의 친절에 감사하며 굉장히 유쾌한 경험이 될 것 같다고 짧게 대답했다. 통역이 적당히 꾸며서 전달하자 장군은 매우 기뻐하는 것 같았다. 장군은 우리에게 새벽녘에 출발하겠다고 말했다. 마을에 전염병이 창궐하고 있어서 한시도 머물 수 없다는 것이었다. 또 우리를 위한 말도 해 뜨기 전에 준비될 것이라고 하면서 저녁식사에 초대했다.

다음날 아침 한 젊은 장교의 두 눈에 비친 선명한 감동에 주목해 보자! 하늘은 아직 어두웠고 차차 맑아지고 있었다. 우리는 잘 알려지지 않았지만 뛰어난 글 솜씨를 가진 작가가 묘사했던 바로 '새벽의 희미한 어둠이 덮인 신비로운 사원'에 있었다. 우리도 군복을 입고 권총을 장전한 후 말에 올랐다. 어스름 속에서 무장을 하고 군장을 갖춘 병사들의 긴 행렬이 적군을 향해 나아가기 시작했다.

적은 아주 가까이에 있을지 모른다. 어쩌면 1킬로 쯤 떨어진 곳에서 우리를 노리고 있을지도 모른다. 우리는 적군이나 아군에 대해 아는 게 아무것도 없었다. 또 그 싸움과 아무런 상관이 없기 때문에 자기 방어를 제외하고는 양측의 전투에 끼어들 수 없었다. 하지만 우리에게는 이날이 인생에서 최고의 순간이라는 느낌이 들었다. 실제로도 내가 경험한 최고의 순간 중 하나였다.

어떤 일이 벌어지리라는 것을 알고 있었고 또 일어나기를 간절히 바라기도 했지만, 그렇다고 해서 죽거나 다치는 것은 원치 않았다. 그렇다면 우리가 진정 바라는 것은 무엇일까? 그것은 바로 젊음을 유혹하는 모험, 그리고 모험을 위한 모험이었다. 여러분이 보기에는 바보 같은 짓이라 여길 수도 있다. 돈도 없이 수천 킬로를 여행하여 새벽 4시에 일어나 생전 처음 보는 낯선 사람들 틈에 끼어 같이 고생하는 것은 분명 바람직한 행동이라고 할 순 없다. 그럼에도 영국 육군 장교들 가운데 다수가 우리의 모험에 동참하기 위해 기꺼이 한 달 치 급여라도 내던질 수 있다는 것을 잘 알고 있었다.

그러나 아무 일도 일어나지 않았다. 날은 점점 밝아지고 스페인군의 긴 대열은 끝없는 숲과 햇빛에 반짝이는 이슬이 가득한 빛나는 풍경 속을 마치 뱀처럼 기어들어 갔다. 약 12킬로 정도 행군하자 시간은 거의 9시가 되었고, 넓은 공터에 다다르자 아침 식사와 낮잠을 위한 휴식 시간이 되었다. 아침 식사는 중요한 시간이었다. 보병들이 불을 지펴 요리를 하고 말은 안장을 벗긴 후 풀을 뜯도록 했다. 커피와 스튜가 참모들의 테이블에 나왔는데, 마치 소풍 온 것 같았다. 장군의 부관은 긴 금속제 병에 '런코텔(runcotelle)'이라고 부르는 음료를 만들어 내왔다. 이 말의 의미를 제대로 알게 된 것은 세월이 꽤 지난 뒤였다. 그것은 분명 '럼 칵테일'이었다. 이름이 어찌됐든 간에 확실히 맛은 좋았다.

그 즈음에 나무 사이로 해먹이 걸리고 그 속에 들어가 잠을 자도록 명령을 받았다. 병사들과 연대 장교들은 필요한 경계 조치를 취한 후 땅바닥에 누워 나무 그늘에서 약 4시간 정도를 잤다. 오후 2시가 되면 낮잠이 끝났다. 조용하던 한낮의 야영지는 다시 부산하게 움직이기 시작했다. 오후 3시가 되자 시속 3킬로의 속도로 4시간을 행군했고, 해질 무렵이 되어 야간 숙영지에 도착했다. 부대는 25킬로 정도를 걸어서 이동한 셈인데, 그럼에도 병사들은 별로 피곤해 보이지 않았다. 흙의 자식인 이 강인한 스페인 농부들은 무거운 짐을 짊어지고도 감탄할 만한 끈기로 오솔길 같은 좁은 길을 빠르게 헤쳐 온 것이다. 한낮의 긴 휴식이 그들에게는 두 번째 밤에 자는 잠과 같았다.

어쩌면 옛날 로마인들이 우리보다 하루 일과를 더 잘 보냈다고 생각한다. 그들은 계절에 상관없이 해가 뜨기 전에 일어났다. 반면 우리는 전쟁 기간이 아니면 새벽을 보지 못한다. 때때로 해가 지는 것만 볼 뿐이다. 일몰이 주는 메시지는 슬픔이다. 반대로 일출이 주는 메시지는 희망이다. 낮에 잠을 자거나 휴식을 취하는 것은 긴 밤잠보다 사람의 몸을 보다 상쾌하게 만든다. 자연은 우리를 아침 8시부터 자정까지 놀거나 일하도록 만들지 않았다. 그렇게 하면 몸에 무리가 가고 피로가 쌓이는 게 당연하다. 정신적·육체적으로 일이나 여홍을 위해서 하루를 둘로 나눠야 한다. 제1차 세계 대전 당시 해군성 장관을 맡았을 때 점심 식사 후 1시간 동안 낮잠을 자면 거의 2시간을 더 일할 수 있었다. 라틴 사람들의 생활방식은—물론 우리보다 우월한 기후에 살지만— 앵글로색슨이나 튜턴족(Teuton)보다 훨씬 현명하고 자연에 가까운 듯했다.

이런 일과를 따라 며칠 동안 이 멋진 나라를 지나면서 전쟁을 보고 들을 기회도 없이 행군만 했다. 한편 우리는 스페인 군인들과 꽤 친해졌다. 서투른 프랑스어로 대화하면서 서로 다른 시각에서 보긴 했지만 그들의 견해를 어느 정도 이해할 수 있었다. 예를 들어 참모장인 벤조(Benzo) 중령은 이 전쟁에 대해 "조국의 영토를 보전하기 위해 싸우고 있다"고 말했다. 그 말을 듣고 깜짝 놀랐다. 내가 좁은 교육을 받았기 때문이기는 하지만 영국이 점유한 영토를 항상 우리만의 것이라고 생각하는 것처럼 다른 나라도 자신들이 점유한 영토에 대해 같은 감정을 가지고 있다는 것을 미처 생각하지 못했다. 스페인 군인들이 쿠바에 대해 느끼는 감정은 마치 우리가 아일랜드에 대해 느끼는 그것과 같았다. 이것이 나에게 깊은 인상을 주었다.

다만 스페인 사람들이 영국처럼 자국이나 식민지에 대해 동등한 관점을 가지고 동일한 언어를 사용해야 한다고 생각했었다. 하지만 이제 그들의 말을 받아들이고 내 생각을 바꾸기로 마음먹었다. 이전까지는 속으로 반란군을 지지하고 있었지만, 지금은 저 아름다운 '안틸레스의 진주'를 뺏기게 될지 모를 스페인인들이 불쌍하다고 생각하기에 이르렀다. 실제로 나는 스페인 사람들을 동정하기 시작했다.

우리는 스페인인들이 이길 수 있는 방법을 찾지 못했다. 한없이 덥고 습한 정글을 거의 4,000명의 부대가 한 시간 정도 돌아다니는 데 드는 비용을 상상해 보라. 이런 부대가 대략 12개 정도 있고, 그보다 작은 부대들도 끊임없이 이동할 것이다. 모든 주둔지와 기지 또 철도 주위의 초소를 지키는 병력까지 합하면 대략 20만 명 정도였다. 문제는 스페인이 더 이상 부유한 나라가 아니라는 사실이다. 스페인이 8,000킬로 떨어진 곳에 25만 명 이상의 병력을 유지하기 위해 어떤 엄청난 노력과 희생을 치르고 있는지―팔을 쭉 뻗고 아령을 들고 있는 것처럼― 알고 있다.

적은 어떤가? 우리는 그들의 모습을 보지 못했고, 아직 단 한 발의 총알도 날아오지 않았다. 하지만 그들은 분명히 있었다. 강력한 경계 조치와 막대한 군사력은 되풀이되는 재앙의 결과였다. 이곳의 숲과 산 속에는 누더기를 걸치고 있지만 소총과 탄약이 충분하고, 특히 '마체테(machete)'라고 불리는 무시무시한 큰 칼로 무장한 무리들이 있었다. 이들에게는 가난, 위험, 불편함 외에는 어떠한 전쟁 비용도 들지 않았고, 전쟁에 충분히 이골이 나 있는 상태였다. 이번에는 스페인군이 게릴라들에게 당하고 있었다. 나폴레옹의 스페인 침공 때 프랑스군의 수송대가 그랬던 것처럼 적이 보이지 않는 곳을 더듬거리며 나아가다 일정 거리마다 혹은 매일같이 처참한 습격을 받고 여기저기에서 살육을 당했다.

11월 29일 밤 우리는 아로요블랑코(Arroyo Blanco)라는 요새화된 마을에서 묵었다. 근처에 있는 수비대에게 식량을 운반하기 위해 수송대가 보병 2개 대대와 기병 1개 중대의 엄호 아래 출발했다. 나머지 1,700명 정도의 병력으로는 근처의 적들을 수색하면서 소탕 작전을 벌였다. 11월 30일은 나의 21번째 생일이었다. 이날 처음으로 탄환이 실제로 발사되는 소리를 들었고, 살에 맞는 소리와 공중에서 휘파람을 불면서 지나가는 소리를 들었다.

이른 아침에 출발할 때 안개가 낮게 드리워져 있었는데 갑자기 부대 대열 뒤편에서 사격이 시작되었다. 당시에는 전투가 벌어지면 꽤 가까이 다가와서 어느 정도 큰 대구경 소총을 쏘아댔기 때문에 요란한 폭발음과 연기, 심지어 섬광도 볼 수 있었다. 그런데 멀리 떨어진 곳에서 발사된 것 같았지만 매우 시끄럽고 엄청난 소음이었다. 총알이 가까이 날아오지 않는 것 같아서 이내 안심이 됐다. 내 자신이 '아무런 일이 없는 한 무슨 일이 일어나든지 신경 쓰지 않는' 낙천주의자처럼 느껴질 정도였다. 그저 안개가 모든 것을 숨기고 있었다.

안개가 걷히기 시작하자 우리는 100미터 가량 되는 숲속의 공터를 행군하고 있음을 알게 되었다. 이를 군용 도로라고 불렀는데, 우리는 몇 시간 동안 이 도로를 따라 이동했다. 무성한 정글은 도로를 많이 잠식해 있었고, 장교들은 마체테를 꺼내 나뭇가지를 치거나 재미로 나무에 매달린 조롱박을 반으로 쪼개어 안에 든 수정같이 차가운 물을 멍하니 있는 사람들에게 뿌리기도 했다.

이날 아침 식사를 위해 멈춰 서자 병사들은 자기 말 근처에 앉아 주머니에 든 것을 꺼내 먹었다. 나는 비쩍 마른 닭 반 마리를 받았다. 젓가락처럼 생긴 닭다리를 뜯고 있을 때 갑자기 아주 가까운 곳, 거의 우리 코앞에 있는 숲속 가장자리에서 일제 사격이 울려 퍼졌다. 내 뒤에 있던 말―내 말은 아니다―이 갑자기 뛰기 시작했다. 짜릿한 흥분과 소란이 일었다. 한 무리의 병사들이 총소리가 난 곳으로 달려가 보니 빈 탄피 서너 개 외에 아무것도 없었다.

한편 나는 부상당한 말을 자세히 살펴보았다. 밤색 말로 총알이 갈비뼈 사이에 박혀 피가 뚝뚝 떨어졌고 밝은 밤색 가죽에는 30센티 정도 넓이의 검붉은 핏자국이 생겼다. 말은 고개를 숙이고 있었으나 쓰러지진 않았다. 그러나 곧 죽을 것 같아서 안장과 고삐를 벗겨냈다. 이 과정을 지켜보면서 밤색 말이 맞은 총알은 분명 내 머리 위 30센티 정도 떨어진 곳을 지나갔다고 생각할 수밖에 없었다. 어쨌든 나는 '탄환 밑(under fire; '사격을 받다'의 말장난)'에 있었던 것이다. 그것이 의미 있는 일이긴 했으나 그 후로는 내 행동에 대해서 좀 더 조심하게 되었다.

다음날 우리는 종일 행군을 계속했다. 영국의 덤불숲과 아주 비슷했던 숲은 자취를 감추고 독특한 모양과 다양한 크기를 가진 병 모양의 줄기를 한 야자수 숲이 펼쳐졌다. 이런 종류의 지역을 서너 시간 정도 지나자 약간 탁 트인 곳이 나타났다. 그리고 강을 건넌 후 지도에 이름이 있긴 하지만 초라한 오두막에서 밤을 지내게 되었다.

몹시 더웠기 때문에 동료와 나는 젊은 장교 두 명을 꾀어 숙영지 삼면을 둘러싸고 있는 강에 목욕을 하러갔다. 물이 따뜻하고 맑아 기분이 상쾌했으며, 그 장소 또한 아름다웠다. 목욕 후 강둑에서 옷을 입고 있는데 멀지 않은 곳에서 총성이 울렸다. 우리를 향해 한 방 한 방 쏘더니 순식간에 일제 사격이 날아들었다. 총알이 머리 위로 날아왔다. 어떤 종류의 공격이 진행되고 있는 게 분명했다.

어쨌든 옷을 입고 강을 따라 구석진 곳에 우아하게 있는 장군의 본부로 돌아왔다. 우리가 도착하자 1킬로 정도 떨어진 곳에서 규칙적인 소규모 습격이 있었고 총알이 캠프로 날아들었다. 반란군은 주로 레밍턴으로 무장했기 때문에 그들의 총소리가 깊은 음을 내는 데 반해 스페인군의 탄창식 반자동 소총에서는 날카로운 총성이 울렸다. 약 30분 정도 지나자 반란군은 충분하다고 생각했는지, 전사자와 부상자들을 데리고 퇴각했다. 그들도 상당히 피해를 입었기를 바랐다.

우리는 베란다에서 방해받지 않고 저녁 식사를 한 후 작은 헛간의 해먹에서 잤다. 곧 총소리가 들려 다시 깨어났다. 단발이 아니라 일제 사격이 밤새도록 계속되었다. 한 발이 오두막의 초가지붕을 관통했고, 다른 한 발은 바로 집 밖에 있던 사람에게 부상을 입혔다. 나는 차라리 해먹에서 나와 바닥에 엎드리고 싶었다. 하지만 아무도 움직이려 하지 않았기 때문에 나도 그냥 그대로 있는 게 더 낫다고 생각했다. 내 해먹과 적 사이에는 뚱뚱하다 싶을 정도로 체격이 좋은 스페인 장교가 누워 있었기 때문에 내심 위안이 되었다. 나는 지금까지 뚱뚱한 남자에 대해 편견을 가져본 적이 없었다. 어쨌든 이 남자의 식사를 나쁘게 생각하지 않기로 했다. 그리고 차츰 잠이 들었다.

불안한 밤이 지나고 부대는 아침 일찍 이동하기 시작했다. 반란군 저격수들은 안개 속에 숨어서 우리가 강을 건너자마자 정확한 사격을 퍼붓기 시작했다. 적은 우리가 오기 전에 후퇴하여 모든 지리상의 이점을 차지하고 있었다. 총에 맞은 사람들은 많지 않았지만, 총알이 전 부대를 가로질러 발사됐기 때문에 모두를 박진감 있게 행군하도록 만들었다. 오전 8시 스페인 부대 선두가 험한 곳에서 넓은 평지로 나왔다. 한쪽에는 철조망이 있고 다른 한쪽에는 제대로 자라지 못한 나무들이 줄지어 늘어서 있었다. 풀이 무성한 기마 도로가 평원의 시작 지점에서부터 적의 방어선까지 쭉 이어져 있었다. 도로 양쪽은 허리 높이까지 풀이 무성하게 자란 넓은 평지였다. 약 2킬로 정도 되는 도로 중간 지점의 오른편에는 백여 그루의 야자수가 우거진 숲이 있었다. 길 끝에는 수직으로 길고 낮은 언덕이 있고 그 위에 나무 울타리가 둘러쳐져 있으며, 그 뒤에는 울창한 숲이 지키고 서 있었다. 여기가 적의 본거지였는데, 장군은 즉시 공격하기로 결심했다.

전술은 간단했다. 스페인군 제1대대가 험지를 벗어나자마자 양 측면에서 2개 중개를 전진 배치한다. 기병은 도로 우측으로, 포병은 중앙으로 전진한다. 장군과 참모 그리고 2명의 영국인 손님은 사격선 후방 50미터 지점에서 묵묵히 전진한다. 마지막으로 제2대대는 중대별로 뭉쳐 포병대를 따르는 것이었다.

300미터까지는 적들이 사격을 가해 오지 않았다. 그때 먼 산 능선에서 연기가 피어오르자 즉각 반란군의 사격이 시작되었다. 그 일이 두 번 정도 있은 후 반란군의 사격은 지속적으로 좌우로 퍼져나갔다. 스페인 보병들도 반격하면서 계속 진격했다. 양측의 사격이 차츰 치열해져서 가끔은 탄식 소리처럼, 때로는 휘파람 소리처럼, 어떤 때는 성난 말벌이 윙윙거리는 소리처럼 들렸다. 장군과 참모들은 연기가 자욱하게 덮이고 불에 탁탁거리며 타고 있는 울타리에서 불과 400~500미터 정도 떨어진 곳까지 말을 타고 전진했다. 말에 탄 채 멈춰 서서 조금도 숨거나 은폐하지 않는 가운데 보병의 공격을 지켜보았다.

이 무렵이 되자 공중에는 총알이 지나가는 소리로 뒤덮였고, 총알에 박힌 야자수들은 쿵쿵 소리를 내면서 쓰러졌다. 스페인군의 패기가 대단했기 때문에 우리도 아무렇지 않은 듯 보이도록 최선을 다했다. 사실 굉장히 위험해 보였는데, 총알이 어마어마하게 날아다니는 와중에도 정작 총에 맞는 사람이 매우 적다는 사실에 깜짝 놀랐다. 우리 그룹은 20

명 정도였는데, 말과 사람 서너 명 정도가 부상당했을 뿐이고 사망자는 한 명도 없었다.

이윽고 스페인군 마우저(Mauser) 총의 일제 사격이 우세해지면서 반란군의 총소리는 잦아들기 시작했고, 마침내 완전히 멎었다. 잠시 동안 숲의 은신처로 달려가는 형체들이 보였지만 이내 침묵이 찾아왔다. 보병들은 계속 전진해서 적군의 진지를 점령했다. 그러나 울창한 밀림 덕분에 더 이상의 추격은 불가능했다.

부대의 식량은 불과 하루치밖에 남지 않았기 때문에 평원을 가로질러 라지코테아(La Jicotea)로 철수했다. 스페인의 명예와 우리의 호기심 모두 충족되었기 때문에 부대는 해안으로 돌아갔고, 우리도 영국으로 무사히 돌아왔다. 우리는 스페인군이 쿠바에서 벌이는 이 전쟁이 쉽게 끝날 것이라고 생각하지 않았다.

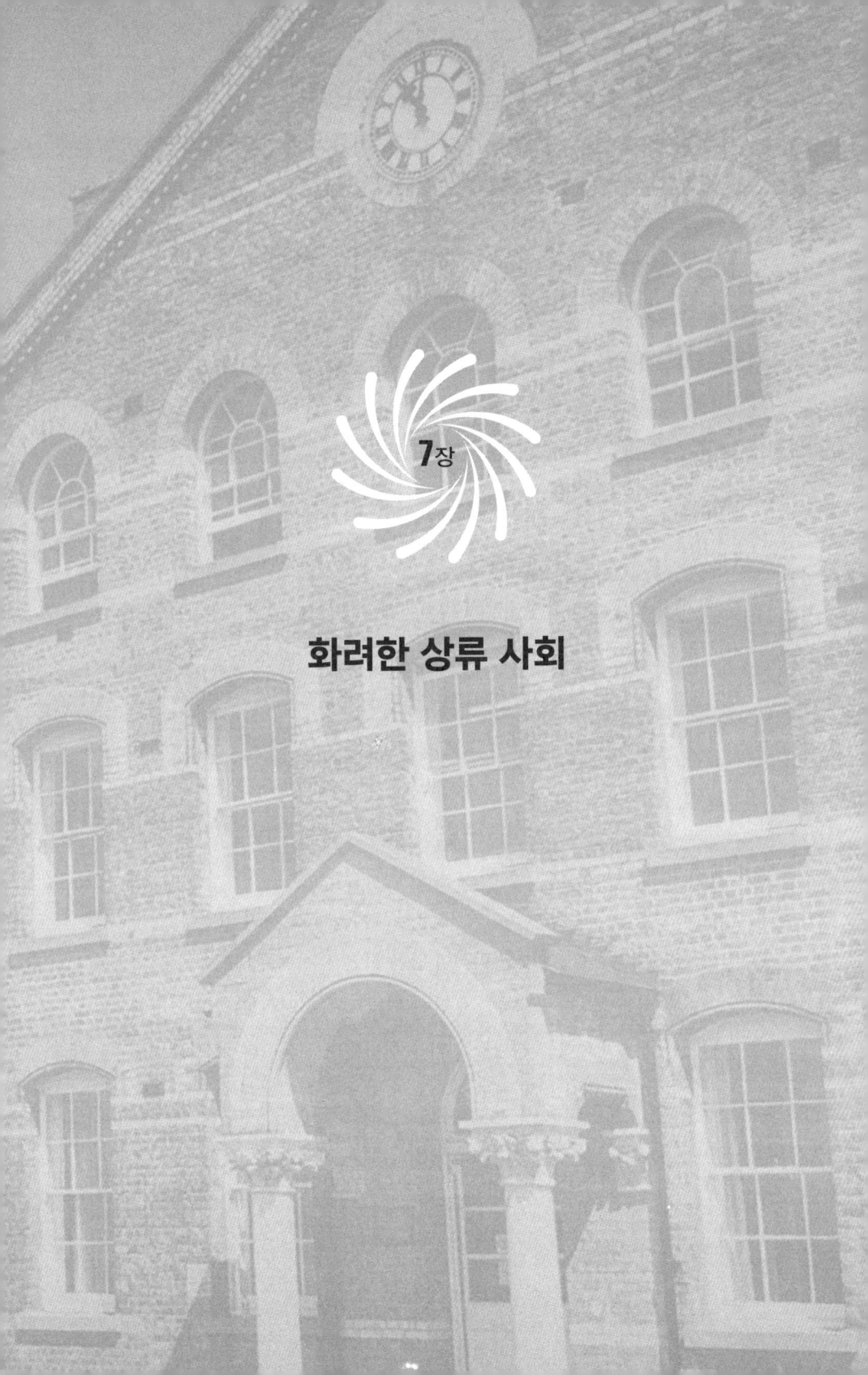

# 7장

## 화려한 상류 사회

1896년 봄 제4경기병연대는 가을에 있을 인도 주둔을 준비하기 위해 하운즐로우(Hounslow)와 햄프턴코트(Hampton court)로 이동했다. 하운즐로우에서 우리는 본국으로 복귀하는 연대에게 말을 넘겨줌으로써 모든 기병 훈련이 마무리되었다. 우리 연대는 인도에서 12~14년 동안 주둔할 예정이므로 장교들은 신변 문제를 정리하기 위해 충분한 휴가와 편의를 얻었다. 또 우리의 말을 떠나보내기 전 하운즐로우 들판에서 마지막 열병식이 거행되었다. 그 자리에서 임기가 끝나 연대장에서 물러나게 된 브라바존 대령은 짧고 강렬한 군대식 고별사로 매우 깊은 인상을 남겼다.

　이제 나는 가장 즐거운 6개월을 보내게 되었다. 어쩌면 이 기간이 내 일생에서 가장 한가로운 시간이었던 것 같다. 어머니의 집에서 지내면서 일주일에 두세 번 지하철을 타고 하운즐로우 병영으로 출근하기만 하면 그만이었다. 근무 후 헐링엄(Hurlingham)과 래닐러(Ranelagh)의 클럽에서 주로 폴로 경기를 했다. 당시는 아직 로햄턴(Roehampton) 폴로 경기장이 생기기 전이었다. 나는 다섯 마리의 꽤 괜찮은 조랑말을 가지고 있었기 때문에 유망주로 각광을 받았다.

　또한 런던 상류층의 사교 행사가 주는 즐거움에 푹 빠져 있었다. 당시 영국 사교계는 여전히 오래된 방식이 남아 있었다. 이제는 완전히 잊혔지만 예의범절과 그것을 강제하는 수단이 있었으며, 화려하고 강력한 모임이었다. 이곳에 참석하는 사람들은 다른 사람들의 신분이나 가문이 누군지 잘 알고 있었다. 몇 대에 걸쳐 영국을 통치했으며, 영광의 정점에 오르는 것을 지켜 본 수많은 귀족 가문들은 결혼을 통해 서로 광범위하게 얽혀 있었다. 어디를 가도 친구나 친척을 만날 수 있었다. 사교계에서는 의회 유명 정치인이나 경마 선수들이 가장 인기가 많았다. 솔즈베리 경도 뉴마켓에서 경주가 열릴 때면 절대 내각을 소집하지 않기로 유명했고, 더비(Derby) 경마가 열리는 날에는 하원을 휴회하는 게 관행이었다.

당시 랜즈다운하우스(Lansdowne House)나 데번셔하우스 또는 스태퍼드하우스(Stafford House)에서 벌어지는 휘황찬란한 파티에는 육군과 해군 지도부, 의회에서 벌이는 사업이나 국가 정책을 좌지우지하는 거물급들이 한 데 모여 재미있고 화려한 사교 모임의 모든 것들을 볼 수 있었다. 하지만 랜즈다운하우스와 데번셔하우스는 이제 호텔과 아파트 그리고 레스토랑으로 바뀌었다. 심지어 스태퍼드하우스는 세상에서 가장 추악하고 어리석은 박물관이 되어 사회주의 정부가 대중에게 환대를 베푸는 퇴색한 살롱으로 전락했다.

그러나 1896년의 런던은 아직 어두운 그림자가 드리우기 전이었다. 오히려 사람들의 관심은 내년으로 다가온 다이아몬드 주빌리(Diamond Jubilee)*에 쏠리고 있었다. 나는 절친 동료들과 장소를 차례로 옮겨 다니면서 영국의 오랜 역사와 밀접한 분들이 소유한 아름다운 지역과 대저택에서 주말을 보냈다. 지금은 사라져 버린 풍경을 몇 달 만이라도 볼 수 있다는 것이 다행스러웠다. 특히 가장 기억에 남는 것은 1897년 데번셔 공작부인이 주최한 가장무도회였다. 그것은 디즈레일리가 자신의 소설에서 묘사한 장면을 그대로 재현한 것으로, 실제로 소설 속 가장 유명한 장면이었다. 그 여름밤에 그린파크 밖에는 많은 군중들이 도착하거나 떠나는 손님들을 보기 위해, 또는 음악을 듣기 위해 모여 있었다. 이는 아마도 그 당시 계급 사이의 격차를 가늠하는 것이었다.

---

* 1897년 6월 20일 빅토리아 여왕 즉위 60주년을 기념하기 위해 성대하게 열린 기념식.

1920년에 영국 궁정에서의 길고도 잊지 못할 소임을 마친 폴 캉봉(Paul Cambon) 런던 주재 프랑스 대사가 본국으로 돌아가기 전 우리 집에서의 오찬에 참석했다. 당시 대화는 우리가 겪은 대사건들과 20세기가 시작된 이래 세계가 얼마나 바뀌었는가에 대한 것이었다.

"내가 이 나라에 온 지 벌써 20년이 지났습니다."

늙은 대사는 말을 이었다.

"나는 영국에서 일어난 혁명이 프랑스 혁명보다 더 심각하고 처절했다는 것을 목격했습니다. 지배 계급은 철저하게 정치적 기득권을 잃었고 재산과 토지도 빼앗겼습니다. 그리고 이 일을 아무도 모르게, 단 한 명도 목숨을 잃지 않고 해냈습니다."

나도 그 말에 동의한다.

\*\*\*

릴리언(Lilian)은 나의 삼촌인 제8대 말버러 공작의 미망인이자 미 해군 준장의 딸이다. 이전 세 번의 결혼 중 첫 번째 결혼으로 큰 부자가 되었는데, 최근 윌리엄 베리스퍼드(William Beresford) 경과 세 번째 결혼을 했다. 그는 워터포드 경의 삼형제 중 막내로 세 명 모두 유명 인사였다. 첫째인 '찰리'는 유명한 제독이며, 둘째 마커스는 경마와 사교계에서 이름을 날리는 유명인이었고, 막내 '빌'은 군인인데 줄루란드에서 빅토리아 훈장을 받기도 했다. 나는 평생을 이들과 교류해 왔다. 윌리엄 경과 릴리언 공작부인은 꽤 나이가 들어 만났지만, 그들의 결혼은 행복했고 성공적이었으며, 심지어 결실까지 맺었다. 두 사람은 도킹(Dorking) 근처 아름다운 지역인 딥딘(Deepdene)에 살면서 종종 나를 초대하곤 했다.

나는 빌 베리스퍼드를 매우 좋아했다. 그는 젊은 기병 장교가 동경할 만한 모든 것을 갖춘 사람으로 각종 클럽이나 사교계에 대해서 정통했다. 빌은 두 명의 인도 총독인 더퍼린(Dufferin) 경과 랜즈다운(Lansdowne) 경의 군 담당 비서로 오랫동안 근무했다. 또 뛰어난 스포츠맨으로서 평생을 말과 함께 지냈다. 폴로 경기, 멧돼지 사냥, 조랑말 경주, 경마 그리고 온갖 종류의 사냥과 경기가 그의 주된 관심사였다.

빌은 제12창기병연대 하급 장교 시절 저녁식사 후 동료들과 내기를 한 적이 있다. 나이츠브리지의 블루스 장교식당에서 하운즐로우의 기병대 병영까지 걸어가서 제10경기병연대가 키우고 있는 오소리를 훔쳐서 돌아오는 내기에서 이긴 것이다. 두 연대 간 거리를 생각해 보면 아주 짧은 시간 안에 갔다 온 것이다. 빌이 해 보지 않은 스포츠나 도박은 없었다. 마지막에는 서너 차례의 전쟁에 참가하여 절망적인 상황에서도 줄루의 아세가이 창과 총알로부터 전우들을 구해 냈다. 공직에서 그의 태도는 다소 관료적이었지만, 행동이나 예절에 대해 지극히 실용적이었고 많은 사람들도 그의 결정에 따랐다.

이런 까닭에 나는 종종 안락하고 아름다운 딥딘에 방문하여 빌의 사려 깊은 말을 듣거나 내 생각을 나누었다. 한번은 그가 문명국 사이에서 더 이상 전쟁은 없을 거라고 딱 잘라 말한 것을 기억한다.

"종종 아슬아슬하게 전쟁 직전까지 갔지만 그때마다 항상 무엇인가 일어나 그것을 막곤 했지."

문명국 사이에 그런 끔찍한 일이 일어나기에는 이제 전 세계가 분별력이 충만하다는 이유였다. 하지만 이것이 결정적 이유라고 생각하진 않았다. 그럼에도 이 말 때문인지 몰라도 전쟁이 일어난다는 소문이 퍼졌을 때도 나는 마음을 놓고 있었다. 실제로 서너 번 정도는 그의 말대로였다. 빅토리아 시대를 살았던 사람들에겐 이것이 자연스러운 사고방식이었다. 그러나 세계는 윌리엄 베리스퍼드 경이나 그 당시 사람들이 생각했던 것보다 훨씬 더 깊은 심연으로 빠져들고 있었다.

1896년 딥딘에서 빈돈 블러드(Bindon Blood) 경을 처음 만났다. 블러드 장군은 인도 국경에서 경험이 가장 풍부하고 신뢰할 만한 지휘관 중 한 명이었다. 또 베리스퍼드 경의 평생 친구이기도 했다. 1895년 가을 말라칸드(Malakand) 고갯길 원정을 성공적으로 마친 후 고국으로 귀국하는 참이었다. 장차 인도 국경에서 분쟁이 다시 일어난다면 블러드 경이 총사령관이 될 게 분명했다. 다시 말해 나를 밝은 미래로 나아가게 해 줄 열쇠를 쥐고 있었다. 나는 장군과 친한 사이가 되었다. 어느 일요일 아침 햇살이 쏟아지는 딥딘의 잔디밭에서 만약 장군이 인도 국경에서 또 다른 원정을 지휘하게 된다면 꼭 데려가 주겠다는 약속을 받아냈다.

딥딘에서 한번은 곤란한 경험을 겪은 적이 있다. 왕세자를 위한 주말 파티에 초대 받았는데, 일개 소위에게는 과분한 영광이었다. 브라바존 대령도 손님 중 한 명이었다. 나에게 부족한 것들이지만 잘 해야 하는 것들, 즉 시간을 엄수하고 침착하고 점잖게 있는 모습을 최대한 보여야만 했다. 도킹으로 가는 6시 열차를 타야 하지만 나는 7시 15분 열차를 타기로 결정했다. 그런데 만찬에 늦을 수도 있다는 걸 알게 된 것은 기차가 반쯤 지났을 무렵이었다. 8시 18분에 도착 예정이었고, 딥딘은 역에서 마차로 10분 거리에 있었다. 어쩌면 너무 늦지 않을 수도 있다!

기차가 달리는 와중에도 불편하게 쳐다보는 같은 객실 신사의 눈총에도 아랑곳 않고 옷을 갈아입었다. 기차는 끔찍하게 느려서 정차할 때마다 몇 분씩 늦어지는 것 같았다. 게다가 역마다 멈췄다. 도킹에 도착한 시각은 8시 40분이었다. 열차에서 내리자 플랫폼에는 몹시 난처한 표정의 하인이 기다리고 있었다. 사륜마차에 뛰어오르자마자 두 필의 말이 미친 듯이 달리는 것을 보고 약속 장소에서 무언가 심각한 일이 벌어지고 있음을 직감했다. 그럼에도 나는 '테이블에 몰래 들어가서 눈에 띄지 않게

자리에 앉고 사과는 천천히 하자'
라고 생각했다.

딥딘에 도착해 보니 손님들이 아직도 응접실에 모여 있었다. 내가 도착하지 않아서 만찬에 참가한 인원이 열세 명이었다. 13개의 좌석이 놓인 테이블에 앉는 것을 거부하는 왕실의 미신은 익히 잘 알려진 바였고, 왕세자는 만찬장에 들어가기를 한사코 거부했다. 테이블을 둘로 나누겠다고 해도 허락하지 않았다. 왕세자는 관습

빈돈 블러드 경

대로 8시 30분에 맞춰 도착했는데, 당시 시각은 8시 48분이었다. 그 커다란 방에 초대된 저명한 인사들은 모두 불쾌한 표정으로 서 있었고 반대편에는 특별한 호의와 은혜로 초대된 어린 풋내기인 내가 있었다.

물론 내게도 나름의 변명거리는 있었다. 이상하게 그 후에도 이 변명을 여러 번 써먹을 수밖에 없었다. 결국 여유 있게 빨리 출발하지 않은 탓이다! 하지만 그것만큼은 절대 말하지 않았다. 더듬거리는 말로 몇 마디 사과를 하고는 앞으로 나가서 고개를 숙였다.

"윈스턴, 자네 연대에서는 시간을 엄수하라고 가르치지 않나?"

왕세자는 엄숙한 목소리로 말하고는 나를 노려보고 있는 브라바존 대령을 매섭게 쳐다봤다. 참으로 끔찍한 순간이었다! 우리는 두 명씩 만찬장으로 들어가 비로소 14명이 되자 자리에 앉았다. 약 15분 정도 지나자 본래 친절하고 따뜻한 성품인 왕세자는 자상하게도 내게 농담을 건네면서 기분을 풀어주려고 했다. 물론 시간을 잘 지키지 못하는 것은 나쁜

습관이라고 생각하면서 평생 그것을 떨쳐버리기 위해 노력했다. 몇 년 후 웰든 씨는 내게 이렇게 말했다.

"하루 동안 지켜야 할 약속들을 10분씩 늦추는 습관을 가진 사람들의 사고방식을 도무지 이해할 수 없다네."

나도 이 말에 전적으로 동의한다. 이에 대한 간단한 해결책은 한두 가지 약속을 취소하더라도 나머지 약속을 지키는 것이다. 하지만 이런 일을 과감하게 할 수 있는 사람은 거의 없을 것이다. 한 명의 유명 인사를 현관에서 적당히 둘러대며 돌려보내는 것이 답답한 대기실에서 10분 동안 9명의 정당 대표들을 화나게 하는 것보다 낫다.

* * *

1895년 12월 남아프리카에서 일어난 사건은 내 인생을 돌이켜 본다면 불길한 징조였다. 그 해 여름 솔즈베리 경의 보수당은 150석이라는 큰 차이로 정권을 차지했다. 그에게는 이제 7년마다 한 번씩 선거를 치르는 「7년 선거법(Septennial Act)」 외에 자신의 정부를 방해하는 것은 아무 것도 없었다. 솔즈베리는 수단에서 고든(Gordon) 장군이 살해당한 사건이나 남아프리카 마주바힐 전투(Battle of Majuba Hill)에서의 패배 같은 글래드스턴 내각이 당한 굴욕을 씻어내는 게 자신의 의무라고 생각했다. 솔즈베리 총리는 이 과정을 최대한 천천히 조심스럽게 움직이면서도 확실하게 진행했다. 유럽에서는 평화 무드를 조성하고 국내에서는 모든 일을 가능한 순조롭게 유지시켰다.

극동 지역에서 러시아의 팽창으로 인해 영국의 이익과 일본의 생존이 위협당할 때도 그는 한 발 물러서기만 했다. 그래서 러시아의 요구에 따라 영국의 중국함대를 뤼순의 포트아서(Port Arthur)에서 철수시켰다.

야당인 자유당은 총리를 향해 겁쟁이라고 부당하게 조롱해도 꿋꿋하게 참았다. 미국이 베네수엘라 문제에 대한 '올니 서신(Olney Note)'*—사실상 최후통첩—을 보냈을 때도 유화적인 답변을 보내 미국의 분노를 피했다. 그는 자신의 눈을 대영제국 내부로 한정하고 있었다. 수단과 트란스발(Transvaal)을 목표로 착실히 준비해 나가고 있었다.

이 무대에서는 조지프 체임벌린**이 활약했다. 우리의 '위대한 조(Joe)'는 1886년부터 1892년까지 솔즈베리 경이 정권을 잡는 동안 자유당에 대한 공격의 선봉에 섰으며, 또한 1895년 자유당의 짧은 집권을 몰아낸 장본인이기도 했다. 그는 마침내 솔즈베리 경의 새로운 내각에 들어가기로 결정했다. 빅토리아 시대 중반까지 대표적 한직이었던 식민성 장관으로 임명되자마자 국가 정책을 결정하는 중요 기관으로 탈바꿈시켰다. 솔즈베리 경은 수단 하르툼(Khartoum)의 칼리프와 프리토리아(Pretoria)의 크루거(Kruger) 대통령과 여러 가지로 꼬여 있는 문제를 풀기 위해 묵묵하게 나아갔다. 그런데 이 와중에 엉뚱하게도 버밍엄(Birmingham) 출신 급진 제국주의자의 선동에 의해 남아프리카 문제가 터져 버린 것이다.

조지프 체임벌린

---

* 1895년 베네수엘라와 영국령 기아나 사이에 국경 분쟁이 벌어지자 미국의 리처드 올니(Richard Olney) 국무장관은 영국에 메시지를 보내 먼로주의에 입각하여 아메리카 대륙에 대한 항구적인 미국의 배타적인 권리와 영향력을 주장했다.

** 조지프 체임벌린(Joseph Chamberlain)은 제국주의 주창자이자 정치가로 처음에는 자유당에 입당하여 재무장관까지 역임했으나 아일랜드 자치 문제로 자유당 내 반대파 의원들과 함께 글래드스턴 내각과 결별했으며, 보수당과 함께 보수-통일당을 결성한다. 앵글로색슨족의 인종적 우월성에 입각한 제국주의를 주창했으며, 대영제국연방이라는 이상을 실현시키기 위해 노력했다.

개별적이든 우발적이든 발생된 문제를 떠나 남아프리카의 상황은 갈수록 위기로 치달았다. 랜드(Rand) 지방에서 땅 속 깊숙한 곳에 있는 막대한 양의 금광이 발견되자 요하네스버그(Johannesburg)는 몇 년 만에 영국뿐만 아니라 세계 금융계에서 가장 주목받는 지역이 되었다. 보어공화국의 농부들은 선조들이 이주해 온 후로 고립되고 외딴 지역이긴 하나 목축생활에 만족하고 있었다. 하지만 이제 금광에서 막대한 수입이 들어오고 있으며, 여러 나라의 언어를 쓰는 사람들이 빠르게 증가하면서 현대적인 국가로 탈바꿈시킬 필요가 있다는 것을 알게 되었다.

그리하여 강력하고 유능하며 야심만만한 정치 조직이 프리토리아에서 생겨났다. 이들은 남아프리카 전역에 걸쳐 네덜란드인의 열망을 끌어당기는 자석이 되었다. 이 보어 정부는 거대한 금광에서 캐내는 막대한 양의 금과 그 부산물에 대해 매기는 세금을 자금원으로 삼았다. 그리고 유럽의 지지를 얻기 위해 네덜란드와 독일 정부에게 손을 내밀었다. 그들의 배후에는 거칠고 완고하기 그지없지만 열성적인 5~6만 명의 보어인 농부들이 있었다. 이들은 고성능 소총으로 무장한 훌륭한 기병들로서 몽골군 이후 가장 뛰어난 기마 전사로 불리고 있었다.

보어인들은 요하네스버그에 들어온 새로운 이주민들을 '아웃랜더'라고 불렀다. 그들 대다수가 영국 출신이었는데, 보어 정부의 부당한 처우와 부패한 행정에 불만을 품고 있었다. 또한 나날이 증가하는 무거운 세금은 아웃랜더들을 더욱 고통스럽게 만들었다. 그들은 "권리가 없는 곳에 세금을 낼 수 없다"라는 오래된 구호를 외치며 투표권을 요구했다. 하지만 아웃랜더들의 숫자가 이미 보어 당국을 긴장시키기에 충분했고, 1881년 영국으로부터 빼앗은 트란스발 주에 위협이 될 정도였기 때문에 아웃랜더들의 권리 요구가 아무리 정당하다 해도 받아들일 수 없었다.

체임벌린과 솔즈베리 경은 아웃랜더들이 권리를 위해 싸우는 것을 막후에서 꾸준하게 지지했다. 언론에서도 민주주의를 위한 이러한 투쟁에 압도적인 지지를 보냈다. 그러나 아무리 정당한 이유로 설득하려고 해도 자신의 피부색을 포기할 수 없듯이 트란스발의 옛 주민들은 새로 온 사람들의 수가 아무리 많거나 세력이 커진다 해도 그들에게 자치권이나 실질적인 권한을 공유하는 것에 대해 거부했다. 게다가 보어인들은 더욱 막중한 세금을 부과해 자신들에게 복종하도록 만들었다.

크루거 대통령과 동료들은 만약 실제로 전쟁이 일어난다면 유럽이 개입할 것이며, 결국 자신들이 남아프리카의 유일한 지배자가 될 것이라고 생각했다. 게다가 좋은 핑곗거리도 있었다. 자신들은 흑인 원주민과 일꾼들의 차별 문제에 대해 끊임없이 간섭해 온 영국을 피해 먼 황무지로 옮겨 온 이주민의 후예들이 아닌가? 만약 영국이 이 문제를 '보스턴 차 사건'*과 같다고 여긴다면 보어인 자신들은 스스로를 미국 남북 전쟁 당시 남부의 지주라고 여겼을 것이다.

보어인들은 영국 제국주의의 긴 팔이 자신들의 마지막 피난처까지 이르렀다고 주장했다. 그러자 체임벌린은 자신들의 땅에서 나오는 부의 약 90퍼센트를 생산하는 노동자들에게 시민권 주기를 거부하는 이유는 결국 자신들이 소유한 흑인 일꾼들에게 채찍질하지 못하게 될까봐 두렵기 때문이라고 반박했다. 아! 이 사악한 충돌이여!

세실 로즈(Cecil Rhodes)는 영국남아프리카회사의 창립자이자 회장이었으며, 상당수 네덜란드인들의 지지를 얻어 케이프 식민지의 총리가 되었다. 제임슨(Jameson) 박사는 그 밑에서 일하는 회사의 중역이었다. 강

---

* 1773년 12월 16일 밤 미국 보스턴에서 주민들이 영국으로부터의 홍차 수입을 저지하기 위하여 일으켰던 사건으로 미국 독립 전쟁의 도화선이 되었다.

하고 충동적인 기질의 제임슨은 마페킹(Mafeking)에서 600~700명 정도의 병력을 끌어 모았다. 그는 만약 요하네스버그에서 아웃랜더들이 시민권과 정치적 자유를 위해 봉기를 일으킨다면 불필요한 유혈 사태를 막기 위해 로즈의 동의와 영국 정부의 묵인 하에 마페킹에서 240킬로를 빠르게 진격하여 유혈 사태를 사전에 예방하겠다고 주장했다.

공교롭게도 비슷한 시기에 요하네스버그에서는 아웃랜더들이 무력으로 시민권을 획득하려는 음모가 벌어지고 있었다. 핵심 가담자는 금광 소유주들이었기 때문에 군자금은 크게 부족하지 않았다. 또 가담자 대부분은 광부들과 요하네스버그에 거주하는 비네덜란드계 주민들로서 태도가 다소 미온적이기는 하나 어쨌든 이 봉기를 지지했다. 그러나 이들의 규모는 전 트란스발 인구를 넘어서는 것이었다. 4월 아침 마침내 요하네스버그에서 임시정부가 선포되었고, 제임슨은 700명의 기병과 대포2문을 가지고 요하네스버그로 진격했다.

이 사건은 온 유럽을 흔들었고 전 세계를 흥분하게 만들었다. 독일의 카이저는 크루거 대통령에게 그 유명한 전보를 보냈고, 때마침 그곳에 있던 독일 해병대에게 델라고어만(Delagoa Bay)으로 상륙하도록 명령했다. 영국은 세계 각국으로부터 노골적인 비난을 받았다. 오랫동안 대비하고 있었던 보어군 민병대는 제임슨 부대를 쉽게 포위했고, 격전 끝에 그들을 포로로 사로잡았다. 동시에 대규모의 트란스발군이 요하네스버그의 봉기를 진압하고 지도자와 부호들을 모조리 체포했다.

제임슨의 공격 소식이 영국에 전해지자 곧 영국 정부는 이 사건이 자신들의 책임이 아니라고 잘라 말했다. 케이프타운에 있던 세실 로즈도 아주 간결하게 말했다.

"제임슨이 내 사과 수레를 뒤집어엎었다."

솔즈베리 경은 분노를 삭히면서 인내심을 갖고 모든 강력한 외교적 수단을 동원했다. 요하네스버그의 주모자들은 사형을 선고 받았으나 거액을 내고 보석으로 풀려났다. 제임슨과 그의 일당들은 영국 법정으로 보내졌고, 주모자와 간부들은 재판을 받고 2년의 징역형에 처해졌다.

야당인 자유당의 주도 하에 체임벌린과 로즈가 어떻게 연루되어 있는지 확인하기 위해 엄중한 조사위원회가 열렸다. 조사는 오랜 시간이 걸렸으나 확실한 결론에 이르지 못했고, 사건도 결국 유야무야되고 말았다. 그러나 이 사건으로 인해 어두운 결과를 낳게 되었다.

이 일로 전 세계에서 영국의 명성은 큰 상처를 입었다. 네덜란드인은 케이프 식민지에서 세실 로즈를 몰아냈다. 반면 영국 국민들은 독일 황제가 보낸 전보를 영국에 대한 적대적인 의사로 간주하고 이를 결코 잊지 않았다. 독일 황제 입장에서는 영국의 해군력에 비해 철저하게 무력한 독일의 전력을 깨닫고 대양 함대 건설에 더욱 박차를 가했다. 당시 남아프리카의 정세는 모두를 평화의 길에서 벗어나도록 만들었다. 영국계 식민지 거주민은 영국 정부의 원조에 더욱 의존하게 되었고, 아프리카 대륙 전역의 네덜란드인은 모두 제2보어공화국의 깃발 아래 모이기 시작했다. 영국 정부는 비참한 참패를 겪은 후 다시 전열을 재정비했고, 반면 트란스발 당국은 아웃랜더에 대해 더 무거운 세금을 매겨 이 수입으로 군비를 한층 강화했다. 모든 분쟁의 불씨가 당겨졌고, 이에 대한 판결은 이제 상급 법원으로 넘어갔다.

이 사건이 한창 진행되고 있던 여름, 어머니 주위에는 끊임없이 양당의 정치인들과 문화·예술계의 거장들이 눈이 번쩍 뜨일 만큼 아름다운 사람들과 함께 모여 들었다. 그러나 한번은 어머니의 포용심이 지나쳤던 적이 있었다. 제임슨 공격대의 일원이었던 존 윌러비(John Willoughby) 경이 런던에서 재판을 기다리면서 보석으로 가석방되어 나와 있었다. 사실 그는 내 장난감 기병들을 어떻게 전투 대형으로 배치해야 하는지를 가르쳐 준 사람이다.

하루는 하운즐로우에서 막 돌아왔을 때 그가 오찬에 온 것을 보았다. 어머니는 아직 자리에 없었다. 갑자기 문이 열리며 존 몰리가 도착했다는 소식이 전해졌다. 나는 속으로 '야단났구나' 하고 생각했지만, 대담하게 그냥 두 사람을 소개했다. 실제로 어찌할 방법이 없었다. 자유당 의원이자 자유주의자의 대표격인 존 몰리는 일어나 손도 내밀지 않고 딱딱하게 인사만 했다. 윌러비는 아무렇지도 않은 표정으로 바라보기만 했다. 내심 조마조마하긴 했지만 각자 일상적인 대화를 위한 질문을 생각해 내려고 애썼다. 이윽고 어머니가 돌아오자 안도의 한숨을 내쉬었다. 어머니는 이런 상황도 크게 난처하게 여기지 않았는데, 실은 심각한 사태였다.

식사를 하는 동안 사정을 모르는 사람은 테이블에 모인 네 사람 중 두 사람이 서로 단 한마디도 나누지 않았다는 것을 알아차리지 못했을 것이다. 식사가 끝날 무렵까지 두 사람은 크게 개의치 않는 것 같았다. 하지만 처음에 취한 어색한 태도 때문에 이제 와서 바꿀 수도 없는 노릇이었다. 이러한 일련의 사건 때문에 발생한 어색한 분위기를 누그러뜨리고자 어머니가 일부러 꾸민 일이라고 생각했다. 어머니는 그 공격 사건을 흔히 있는 정치적인 문제 이상으로 만들고 싶지 않았던 것이다. 하지만 이미 피를 흘렸고, 쉽게 끝날 문제는 아니었다.

당시 21살이었던 나는 제임슨 박사와 그 일당의 편이었음은 말할 필요도 없다. 분쟁의 이유에 대한 양측의 입장을 충분히 이해하고 있었지만, 사실 영국이 '마주바의 복수'를 하는 날이 오기를 고대했다. 게다가 우리 보수당 정부가 그처럼 유약한 행동을 취하는 것을 보고 충격을 받았다. 또 영국을 그릇된 길로 이끌고 있는 자유당에게 아첨하면서 용감한 애국자들을 처벌하려고 하는 것이 심히 부끄러웠다. 훗날이 되어서야 나는 남아프리카의 상황에 대해 좀 더 자세히 알게 되었다.

# 8장

## 인도의 영국 수비대

마침내 제4경기병연대는 동양을 향해 떠날 시간이 되었다. 우리는 사우샘프턴(Southampton)에서 1,200명을 태운 수송선을 타고 23일의 항해 끝에 뭄바이(Mumbai; 봄베이) 항구에 닻을 내렸다. 드디어 새로운 세계의 막이 열린 것이다.

한 달 가까이 배 안에 갇혀 있다가 주위에 뭄바이의 야자수와 궁전들이 커다란 초승달 모양으로 펼쳐진 것을 보았을 때 배 안 전체가 얼마나 기뻐했는지 상상할 수 없을 정도였다. 우리는 파도가 부서져 반짝이는 선수의 난간 너머로 그 광경을 지켜보았다. 모든 사람들은 당장 해안에 상륙하여 인도가 어떤 곳인지 보고 싶어 했다.

일반 여행객들에게 있어 상륙 수속과 지연은 꽤 번거로운 일이지만 왕실 비용으로 여행하는 사람들에게는 더더욱 고단한 일이었다. 오후 3시쯤, 드디어 저녁 8시에 날씨가 시원해지면 상륙하라는 명령이 내려왔다. 그동안 장교 일부는 임의로 상륙해도 좋다고 했다. 배 주위에는 하루 종일 작은 보트들이 파도에 흔들리며 둥실대고 있었다.

우리는 소리쳐서 몇 척을 불렀다. 사순(Sassoon) 부두까지 가는 데 약 15분 정도 걸렸다. 부두로 가는 과정은 재미있었는데, 나와 두 친구는 불안하게 출렁거리는 작은 보트에 온통 주의가 쏠려 있었다. 이윽고 물이 뚝뚝 떨어지는 계단과 철제 고리 손잡이가 달린 거대한 돌로 된 선착장에 도착했다. 보트는 파도로 인해 1.5미터 정도 오르내렸다. 내가 한 팔을 내밀어 철제 고리를 움켜잡자 발이 계단에 미처 닿기도 전에 보트가 흔들리면서 고리를 잡고 있는 오른쪽 어깨에서 날카로운 소리가 나면서 확 비틀어졌다. 안쪽으로 간신히 기어 올라가 어깨를 부둥켜안은 뒤 몇 마디

비속어를 내뱉고는 곧 잊어버렸다.

여기서 젊은 독자들에게 어깨 탈구를 조심하라고 충고하고 싶다. 다른 일도 마찬가지겠지만, 처음에 어떻게 처치하느냐가 가장 중요하다. 어깨 관절을 연결하고 있는 근막이 찢어지는 정도의 부상을 입으려면 상당한 힘이 든다. 그러나 일단 한 번 부상을 입기 시작하면 걸핏하면 어깨가 빠지게 된다. 실제로 내 어깨가 빠지지 않더라도 이 부상은 평생 동안 나를 괴롭히며 폴로 경기에 지장을 주거나 테니스를 전혀 못 치게 만들었으며, 심지어 폭력에 노출된 위기의 순간에도 심각한 골칫거리가 되었다.

이때부터 베개 밑에 팔을 넣고 잘 때, 도서관의 책장에서 책을 꺼낼 때, 계단에서 미끄러지거나 수영을 할 때 등 뜻하지 않은 일에도 어깨가 쉽게 탈구되었다. 한번은 하원에서 과장된 제스처를 취하다가 거의 빠질 뻔했던 적이 있다. 연설 도중 바닥에 쓰려져 탈구된 어깨를 맞추려고 버둥거리는 모습을 보고 동료 의원들은 얼마나 놀랐을까?

선착장에서 발생한 사고는 정말 불운한 일이었다. 하지만 이 불운이 나중에 어떻게 행운으로 바뀌게 되는지 운명의 장난이란 도무지 알 수 없다. 옴두르만(Omdurman) 전투에서 기병대가 돌격할 때 마우저 권총 같은 현대식 무기 대신 기병도를 썼더라면 내 이야기는 더 이상 이어지지 않았을 것이다. 그러므로 사람에게 불행이 찾아왔더라도 이는 앞으로 다가올 더 큰 불행에서 구해내기 위한 것으로 여겨야 한다. 큰 실수가 당장 최선의 결정을 내리는 것보다 더 큰 도움이 될 수 있다는 사실을 잊지 말자. 인생은 전체를 봐야 하고 행운도 마찬가지다. 작은 일부만 따로 떼어서 보면 안 된다.

다시 이야기로 돌아가서 브라바존 대령이 고별사에서 "인도, 영국 왕실의 유명한 직할령'이라고 했던 곳으로의 여정을 계속해 보자. 우리는 푸나(Poona)의 휴양소로 이동한 후 저녁 늦게 넓은 들판에 친 이중 천막에 여장을 풀었고, 인도에서의 둘째 날 밤을 보냈다. 다음날 날이 밝자 터번을 두른 지원자들이 집사나 의상 담당, 마부 같은 직업을 얻기 위해 공손하고 예의바르게 찾아왔다. 당시 기병 장교들의 생활에서 꼭 필요한 사람들이었다. 그들은 본국으로 귀환한 부대의 소개장을 들고 있었으며, 짧은 면접을 마치고 인도식 인사인 '살람(salaam)'을 한 후 우리의 재산 관리와 가사 일체를 맡겼다.

만약 누가 당신의 시중을 들면서 번거로운 가사 일에서 해방시켜 주길 원한다면 30년 전의 인도는 정말 완벽했다. 제복과 옷은 모두 의상 담당 하인에게, 조랑말은 마부에게, 그리고 돈은 집사에게 건네주기만 하면 더 이상 신경 쓸 일이 하나도 없었다. 나만의 내각을 만들면 각 장관들은 숙련된 경험과 충심으로 자신이 맡은 부서를 열심히 운영했다. 그들은 성심성의껏 자신의 일에 전념했다. 약간의 급여와 공정한 대우, 그리고 친절한 말 몇 마디면 그들은 무슨 일이건 다 해 주었다. 그들의 세계는 우리의 옷장과 몇 가지 소지품 같은 일상의 생활용품에 둘러싸여 있었다. 또 그들의 침착하고 쉼 없는 보살핌으로 인해 힘든 일도 없고 시간도 그리 오래 걸리지 않으며 곤경에 빠질 일도 없었다. 어떤 왕자도 우리보다 더 극진한 보살핌을 받을 순 없을 것이다. 한편 우리 텐트에 모인 지원자 중에는 폴로 경기용 조랑말과 함께 전 주인의 소개장을 들고 찾아온 두세 명의 마부도 있었다.

얼마 후 붉은색과 금색으로 치장된 화려한 프록코트를 입은 사람이 커다란 문장이 찍힌 봉투를 들고 다소 소란스럽게 들어왔다. 샌드허스트(Sandhurst) 총독이 보낸 전령으로, 그날 저녁 총독 관저에서 열리는 만찬에 나와 동료인 휴고 베어링(Hugo Baring)을 초대한다는 내용이었다. 이날 하루 우리는 병사들에게 목숨을 지키기 위해서는 아무리 더워도 반드시 열대용 헬멧을 써야 한다며 한바탕 훈계한 후 총독 관저로 가서 차가운 샴페인을 곁들인 호화찬란한 만찬을 즐겼다.

총독은 여왕의 건강을 비는 건배를 한 뒤 술에 취한 채 식사를 마치자 여러 가지 문제에 대한 나의 의견을 물어보았다. 이렇게 더할 나위 없는 훌륭한 환대를 받고서 솔직하게 답변하지 않는 것은 실례라는 생각이 들었다. 영국과 인도 문제에 대한 몇 가지 의견을 물었는데, 무슨 내용인지는 기억나지 않지만 내가 기운차게 대답했다는 사실 하나는 기억난다. 총독은 자기 생각을 말하고 싶어 하는 듯했지만 그를 곤란한 문제에 빠뜨리는 것은 무례하다고 생각했다. 그러자 총독은 이내 입을 다물었다. 총독은 친절하게도 내가 무사히 막사로 돌아갈 수 있도록 보좌관을 시켜 바래다주기도 했다.

48시간의 집중적인 관찰 끝에 인도는 전반적으로 살기 괜찮은 곳이라는 결론을 내렸다. 때로는 사람들이 첫인상만으로도 사물을 완벽하게 볼 수 있다고 생각했다. "사물을 얼마나 세밀하게 보느냐 하는 것은 왜곡된 시각에 따라 달라지므로 단 한 번 진정한 모습을 보는 것이 인간의 판단에 유용하다"는 킹레이크(Kinglake)의 말에 깊이 동의했다. 그날 밤 잠자리에 들면서 인도에서 영국이 하고 있는 위대한 업적과 또 인도인과 우리 자신의 안녕을 위해 원시적이긴 하지만 호의적인 민족을 통치하는 고귀한 사명감을 느꼈다. 그러나 제대로 느껴볼 겨를도 없이 기상나팔 소리가 울렸고, 방갈로르(Bangalore)로 가는 5시 10분 기차를 타고 장장 36시간에 걸친 긴 여정에 들어갔다.

남부 인도를 가르는 거대한 삼각형 모양의 고원은 니잠(Nizam; 하이데라바드 왕국의 통치자 칭호)과 마이소르(Mysore)의 마하라자(Maharajah)*가 다스리는 영토다. 이 프랑스만한 지역의 안정을 방갈로르와 세쿤데라바드(Secunderabad)에 주둔하고 있는 각각 이삼천 명의 영국 수비대가 전담하고 있었다. 각 수비대에는 그보다 약 두 배 정도 많은 현지 인도인 부대가 있어서 훈련이나 작전에 필요한 병력들은 충분했다. 영국군의 주둔지나 숙영지는 관행에 따라 수비하고 있는 대도시에서 10킬로 떨어진 곳에 있었으며, 그 사이에는 인도인 부대의 주둔지가 있었다.

영국군이 주둔한 곳은 크고 시원한 가로수가 늘어선 막사로, 처음부터 시간과 공간의 여유를 가질 수 있도록 치밀하고 꼼꼼하게 설계하여 지은 곳이었다. 끝없이 이어지는 이중의 그늘진 가로수와 잘 정비된 도로, 맑고 풍부한 상수도, 병원과 각종 기관들이 모인 부속 건물들, 그리고 광활한 연병장과 승마 연습장까지 이 모든 것이 이곳 백인 사회의 중심지로서의 특징을 잘 드러내고 있었다.

해발 900미터에 위치한 방갈로르의 기후는 쾌적했다. 태양이 강렬하게 내리쬐긴 하지만, 밤이 되면—가장 더운 달을 제외하고— 선선하고 상쾌했다. 커다란 화분에 심겨진 수많은 유럽산 장미는 더할 나위 없는 향기와 색깔을 띠고 있었으며, 관목이나 덩굴에도 꽃들이 화려하고 다채로운 색깔로 풍성하게 피어 있었다. 늪지에는 도요새와 뱀이 노닐고 햇빛 속에는 화려한 나비들이 춤추며, 달빛 속에서는 인도의 무희들이 춤을 추었다.

장교들에게는 숙소가 제공되지 않았다. 대신 급여와 다른 부수적인 수당과 함께 숙박비가 순무 크기의 지갑에 가득 찰 정도의 은화로 지급되었다. 기병 장교 식당 주위에는 담으로 둘러싸인 곳에 정원이 있는 넓은 1층짜리 방갈로들이 늘어서 있었다. 장교들은 매월 말 급여로 은화 주머니를 받으면 말을 타고 천천히 자신의 방갈로로 돌아와 희색이 만연한

---

＊ 인도 지방을 다스리던 군주의 호칭.

집사에게 던져 주고 나면 이론적으로는 더 이상 세상물정에 관심을 쏟을 필요가 없었다.

당시 기병연대는 여왕 폐하로부터 상당한 보수를 받고 있었지만, 서너 배 정도의 돈을 집에서도 보내준다면 더할 나위 없이 좋았다. 우리는 하루 14실링의 급여에 더하여 말 두 필의 사료비로 한 달에 약 3파운드 가량을 받았다. 여기에다 1년에 네 번 정도 집에서 보내주는 용돈 500파운드가 내가 받는 돈의 전부였다. 모자라는 부분은 아주 싹싹했던 원주민 대부업자에게 고금리로 빌려야만 했다. 모든 장교들은 이런 대부업자들을 경계하라고 주의를 받았지만, 나는 이들이 꽤 유쾌한 사람들이라는 것을 알았다.

그들은 뚱뚱하고 세련되고 꽤 정직하긴 하지만, 다른 한편으로는 무자비하게 탐욕스러웠다. 돈을 빌릴 때는 작은 종이에 서명을 하고 폴로 조랑말을 보여주면 그만이었다. 미소를 띤 대부업자는 자리에서 일어나 손으로 얼굴을 가리며 작별인사를 한 후 슬리퍼로 신을 갈아 신고 흡족한 걸음걸이로 사라졌다가 3개월 지난 후에 다시 찾아왔다. 돈을 떼이는 일이 거의 없다고 했으며, 이자는 겨우 2퍼센트인데도 꽤 괜찮게 사는 것 같았다.

레지널드 반스와 휴고 베어링 그리고 나 이렇게 세 사람은 가진 돈을 모두 모아 궁전 같은 방갈로를 빌렸다. 이곳은 흰색과 핑크색의 외벽에 두꺼운 기와로 덮인 지붕과 하얀 회반죽 기둥이 받치고 있는 베란다가 있었으며, 집 주위에는 보라색 부겐빌레아가 온통 뒤덮고 있었다. 부지는 대략 2,500평 정도로 정원에는 이전 집주인으로부터 물려받은 약 150여 그루의 마레샬 니엘(Maréchal Niel), 라프랑스(La France), 글루아르 드 디종(Gloire de Dijon) 같은 화려한 품종의 장미가 가득했다. 우선 우리는 30필의 말과 조랑말을 넣을 수 있는 마구간을 토벽과 커다란 기와로 지었다.

집에서는 세 명의 집사들이 공동으로 삼두정치를 하고 있었지만 그렇다고 내부적인 다툼이 벌어지지는 않았다. 우리는 같은 액수의 돈을 항아리에 넣으면 속세의 걱정거리에서 해방되어 인생에 있어서 가장 중요한 목적을 이루는 데 매진할 수 있었다.

그것을 한 단어로 표현하면 바로 폴로였다. 근무 시간을 제외하고 모든 관심은 온통 폴로에 쏠려 있었다. 폴로 경기를 하기 위해서는 우선 조랑말이 있어야 했다. 인도로 오는 항해 중에 우리는 이미 연대 폴로 클럽을 만들었다. 이때 전 장교들―폴로 선수 여부에 상관없이―로부터 규칙적으로 회비를 거두는 대신, 경기에 꼭 필요한 조랑말을 구입하기 위한 돈을 빌려주기로 했다. 대개 본국에서 막 건너온 연대는 대략 2년 동안 인도의 폴로계에서 쳐주지도 않을 정도로 인정받지 못했다. 즉 적당한 말을 모으기 위해서는 그만큼의 시간이 걸렸던 것이다.

그러나 우리 폴로 클럽의 회장과 고위 장교들은 오랜 시간 논의한 끝에 아주 대담하고 기발한 발상을 생각해냈다. 뭄바이 바이쿨라(Bycullah) 마시장은 인도로 들어온 아랍산 말과 조랑말이 모이는 큰 시장이었다. 영국인 장교가 지휘하는 인도 부대인 푸나경기병연대는 오랫동안 주둔한 덕에 아랍산 조랑말을 사들이는 데 확실히 능숙했다. 그래서 푸나를 지나가는 도중 그들의 조랑말을 시험해 보고는 바로 거래에 들어갔다. 결국 연대 폴로 클럽은 푸나경기병연대가 소유한 25마리의 조랑말을 전부 사들이기로 했다. 나중에 이 조랑말들은 우리가 연대간 폴로 토너먼트에서 우승을 차지하는 데 있어 핵심적인 역할을 하게 된다. 그 목적을 달성하기 위해 우리가 얼마나 대담하고 거대한 계획에 몰두했는지는 이곳에 다 묘사할 수 없을 정도였다.

인도 폴로 역사상 연대간 컵 대회에서 남부 인도의 기병연대가 우승을 차지한 적은 없었다. 이 영광을 차지하기 위해서는 이삼 년의 부단한 희생과 연구 그리고 엄청난 노력이 필요하다는 것을 알고 있었다. 다만 모든 관심을 여기에만 쏟는다면 불가능한 일이 아니라고 믿었다. 우리는 모두 한 몸이 되어 이 문제에 몰입했다.

물론 이밖에 다른 업무들도 많았다. 매일 아침 새벽이 되기 전 거무스름한 형체가 축축한 손으로 턱을 들어 올리고 거품을 잔뜩 바른 후 잠이 덜 깬 무방비 상태의 턱에 반짝이는 면도날을 갖다 대면 비로소 잠에서 깨어났다. 6시까지 연대 사열을 마치고 나서 넓은 평지로 나가 1시간에서 1시간 반 정도 기동 훈련을 했다. 그러고 나면 방갈로에서 목욕을 하고 장교 식당에서 아침을 먹은 후 9시부터 10시 반까지 마구간과 중대 사무실에서 근무했다. 그리고 태양이 더 뜨거워지기 전에 방갈로로 돌아왔다. 흩어져 있는 막사 간의 거리가 꽤 멀기 때문에 걸어갈 순 없었고 말을 빌려 타고 움직여야 했다. 마침내 정오의 태양이 사정없이 내리꽂기 시작하면 11시가 되기도 전에 모든 백인들은 그들의 피난처로 들어갔다. 그 후 1시 반에 점심을 먹으러 건너갔다가 다시 돌아와 5시까지 낮잠을 잤다.

5시가 되면 기지는 다시 활기를 띠게 된다. 폴로 시간이 돌아온 것이다. 하루 종일 우리는 이 시간만을 손꼽아 기다렸다. 그 시절 내가 뛸 수 있는 경기라면 모든 회차에 빠짐없이 참가했다. 오전에 막사에서는 대진표가 꼼꼼하게 작성되고 작고 똑똑한 사환 소년이 돌아다니면서 경기에 참가할 장교와 참가할 회차를 수집했다. 그것은 '최대 다수의 최대 행복'을 확보하기 위해 공정하게 분배했다. 나는 늘 8회 이하는 거의 없었고, 대개 10회 아니면 12회 이상 뛰었다.

폴로 경기장에 그림자가 길게 뻗치면 우리는 땀에 젖은 채 녹초가 되어 돌아왔다. 뜨거운 목욕과 휴식을 취한 후 8시 반에 연대 군악대의 연주를 들으면서 짤랑거리는 얼음 잔을 가득 채우고 저녁식사를 했다. 그 후 재수 없으면 선임 장교들에게 붙들려 '휘스트(Whist)'라는 지겨운 카드 게임에 끌려가야 했다. 그 외에는 10시 반 늦어도 11시까지 취침 신호를 기다리며 밝은 달빛 아래서 담배를 피워댔다. 이것이 '기나긴 인도의 하루'였다. 이 생활을 3년 동안 반복했지만 그렇게 나쁘지는 않았다.

## 방갈로르에서 공부에 빠져들다

1896년 겨울, 스물두 살이 꽉 채워질 무렵 갑자기 공부하고 싶은 욕구가 생겼다. 내가 수많은 사고의 영역에서 희미한 지식조차 가지지 못했다는 것을 깨달았기 때문이다. 나는 풍부한 어휘력을 가지고 자판기 구멍에 동전이 맞아 떨어지는 것처럼 말과 말이 가진 뉘앙스를 적재적소에 구사하는 것을 좋아했다. 하지만 내가 쓰던 고상한 단어들이 가진 의미를 제대로 모르고 있다는 것을 알았다. 괜찮은 단어라고 여기면서도 실은 터무니없게 사용할까봐 두려웠던 것이다.

영국을 떠나오기 전 어느 날 한 친구가 "그리스도의 복음은 윤리학 최후의 보루다"라고 말했다. '음…, 괜찮은 말이긴 한데 도대체 윤리학은 무엇이란 말인가?' 해로우나 샌드허스트에서도 들어 본 적이 없었다. 앞뒤 문맥으로 짚어볼 때 '사립기숙학교 정신' '정정당당한 행동' '단결심' '명예로운 행동' '애국심' 같은 것을 뜻한다고 생각했다. 그때 누군가가 윤리학은 우리가 해야 할 일과 왜 그것을 해야 하는지에 대해 다루고 있으며, 이 학문을 다루는 책이 산더미처럼 많다고 귀뜸해 주었다. 그때 윤리학에 대해 최소 1시간이나 1시간 반 동안 강의를 해 주는 학자가 있다면 최소 2파운드는 지불할 용의가 있다고 생각했다.

'도대체 이 윤리학의 범주는 어디까지인가? 주요 분야는 무엇인가? 핵심 질문은 무엇이고, 주요한 논쟁은 무엇인가? 누가 그 학문의 권위자이며, 기준이 되는 책은 무엇인가?'

그러나 이곳 방갈로르에서는 아무리 찾아봐도 윤리학에 대해 가르쳐 줄 만한 사람이 없었다. 전술에 관해서는 어느 정도 터득했고 정치에 대해서도 나름 안목이 있다고 자부했으나 간결하게 요약한 윤리학의 개념은 현지에서는 도저히 얻을 수 없었다.

이것은 나를 끈질기게 압박했던 십여 가지의 지적 욕구 가운데 하나에 불과했다. 물론 젊은 대학생들이 이것저것 떠들면서 까다로운 질문으로 남을 골탕 먹이거나 이상한 답변으로 상대방을 당황스럽게 한다는 건 알고 있었다. 그래서 우리가 군대를 지휘하고 제국을 지키는 동안 그들은 단지 책만 보고 있었다고 치부하면서 대학생들이 가진 지식이나 우월감에 대해 크게 신경 쓰지 않았다. 하지만 지적 욕구로 인해 더더욱 그들이 가진 적절하고 풍부한 지식을 부러워했고, 매일 한 시간 정도 나를 가르쳐 주거나 반대로 질문을 해 주는 유능한 선생님이 있으면 좋겠다고 생각하게 되었다.

당시 누군가가 '소크라테스식 문답법'이라는 말을 썼다. 이건 또 무엇일까? 친구는 상대방과의 논쟁에서 멋대로 떠들도록 내버려 두다가 교묘한 질문으로 함정에 빠뜨리는 방법이라고 설명했다. 그럼 소크라테스는 어떤 사람인가? 토론을 좋아하는 그리스인으로 잔소리 심한 아내가 있었고, 골칫거리라는 이유로 자살을 강요당한 사람이었다! 그래도 학식 있는 사람들이 높이 평가하는 걸 보면 상당한 인물이었던 것만은 틀림없다. 나는 '소크라테스의 이야기'를 듣고 싶었다. 왜 그의 명성이 온 시대를 걸쳐 지속되는 것일까? 소크라테스가 한 말 때문에 정부는 그를 사형에 처했다고 하는데, 무슨 말을 했을까? 아테네 집정관의 생명이냐, 아님 수다쟁이 교수의 생명이냐 같은 지독한 압박 때문에 그랬을 것이다! 그러한 대립은 절대로 사소한 문제에서 비롯되지 않는다. 소크라테스는 아마도 오래전에 폭발적인 그 무언가를 만들어냈을 것이다. 지적 다이너마이트! 윤리적 폭탄! 하지만 「군복무규정」에 그러한 것은 없었다.

또 역사도 있었다. 학창 시절 늘 역사를 좋아하긴 했지만, 『영국사(The Student's Hume)』 같은 따분하고 바싹 말라비틀어진 교재로 공부해야만 했다. 한번은 방학 숙제로 『영국사』를 100페이지 정도 읽은 적이 있다. 뜻밖에도 학교로 돌아가기 전에 아버지가 직접 시험을 보겠다고 했다. 찰스 1세 시대에 대한 것이었는데, '대간의서(大諫議書, Grand Remonstrance)'에 대해 무엇을 알고 있는지 물었다. 나는 의회가 왕을 물리치고 왕의 목을 잘랐다고 대답했다. 이것은 내가 상상할 수 있는 가장 거대한 반항처럼 보였다. 물론 좋은 답변은 아니었다.

"여기 있는 것은 우리 헌법 사상 의회에 가장 큰 영향을 끼친 중요한 문제였다. 너는 그 문제의 핵심 근처에 있으면서 그 속에 포함된 논점들을 조금도 알지 못하고 있구나."

당시에는 왜 그렇게 중요한지 아버지의 말을 이해할 수 없었지만 이제는 그것에 대해 알고 싶어졌다. 그래서 역사, 철학, 경제학 등을 닥치는 대로 읽기로 결심했다. 어머니에게 이러한 주제에 대해 알려진 책들을 보내달라고 편지를 보냈다. 어머니는 바로 답해 주었고, 매달 그 방면에서 기준이 되는 작품들로 상당한 양의 소포가 도착했다.

역사는 기번에서 시작하기로 했다. 아버지가 기번의 책을 좋아해서 어떤 부분은 그 페이지를 통째로 외웠으며, 연설이나 문체에 영향을 줄 정도로 즐겨 읽었다는 말을 들었다. 그래서 아무 망설임 없이 기번의 『로마 제국 쇠망사』를 8권짜리 딘 밀먼(Dean Milman) 판에서부터 시작했다. 나는 곧 그의 이야기와 문장에 매료되었다. 인도의 햇볕이 뜨겁게 내리쬐는 한낮에 마구간의 일과를 마치면 저녁 그림자가 폴로 시간을 알리기 전까지 기번의 책에 푹 빠져 있었다. 이 책의 첫 장부터 끝까지 탐독하면서 의기양양하게 내달렸다. 페이지마다

에드워드 기번은 18세기 영국 역사가로 2세기부터 1453년 콘스탄티노플의 멸망까지 1,300년의 로마 역사를 다룬 『로마 제국 쇠망사』를 집필했다.

여백에는 내 의견을 써 놓았다. 곧 거만한 편집자인 밀먼의 까칠한 비평에 대항해 작가의 열렬한 지지자가 되기로 마음먹었다. 편집자의 무례한 주석에도 나는 흔들리지 않았다. 반면 편집자의 사과문과 면책 조항에 대해서는 분노가 치밀었다.

『로마 제국 쇠망사』를 무척 재미있게 읽었기 때문에 같은 판본에 포함된 기번의 자서전도 읽기 시작했다. 기번이 자신의 늙은 유모에 대해 쓴 부분이 있었다. "만약 세상에서 내가 살아 있는 것에 기뻐하는 사람이 있다면 그들은 저 사랑스럽고 훌륭한 여인에게 감사해야 할 것이다." 나도 에버리스트 부인을 생각했다. 이것이야 말로 유모의 묘비명에 가장 적당하다고 생각했다.

이후 기번에서 매콜리로 옮겨갔다. 나는 『고대 로마의 노래』에 실린 시들을 암송하는 것을 좋아했는데, 물론 매콜리가 역사서를 썼다는 것은 알고 있었지만 한 페이지도 읽은 적이 없었다. 나는 그 멋진 로맨스에 빠져들었고 강한 바람을 맞아 돛을 활짝 펴고 항해를 시작했다. 당시 에버리스트 부인의 제부(弟夫)인 늙은 교도소 간수가 매콜리의 역사책에 증보판으로 함께 묶인 사본을 가지고 있다는 게 생각났다. 그 사람은 매콜리의 책을 엄청 숭배하고 있다고 종종 말했었다. 나 또한 매콜리의 책을 복음서처럼 받아들였지만 말버러 공작이 쓴 가혹한 평가를 읽고 나서 슬펐다. 매혹적인 문체와 자기 파괴적인 성격의 이 역사가가 실은 진실보다 꾸며낸 이야기를 좋아하고 위대한 사람을 희화화하거나 미화해서 기록을 왜곡하거나 조작하는 문학적 범죄의 대가라는 사실을 알려주는 사람이 당시 내 주변에는 없었다.

토머스 매콜리는 19세기 영국의 역사가이자 정치가로 『영국사』 『밀턴론』 등을 집필했다.

나의 신뢰뿐 아니라 오랜 친구였던 간수의 믿음까지 저버린 그를 용서할 수 없었다. 그럼에도 한편으로는 그에게 엄청난 빚을 졌다는 사실을 인정해야겠다.

매콜리의 역사서뿐만 아니라 에세이에도 열중했다. "채텀(Chatham)" "프리드리히 대왕(Frederick the Great)" "뉴전트 경의 햄던에 대한 추억들(Lord Nugent's Memorials of Hampden)" "클라이브 경(Lord Clive)" "워런 헤이스팅스(Warren Hastings)" "베르트랑 바레르(Bertrand Barère)" "사우디 씨의 사회에 관한 담화(Southey's Colloquies on Society)" 그리고 무엇보다 문학적 난폭함을 다룬 걸작 "로버트 몽고메리의 시에 대해(On Robert Montgomery's Poems)" 등이 있다.

11월에서 5월까지 매일 4~5시간씩 역사와 철학을 읽었다. 플라톤의 『국가(Republic)』—사실상 소크라테스와 같은 것처럼 보였다—, 웰든 선생이 직접 편집한 아리스토텔레스의 『정치학(the Politics)』, 쇼펜하우어의 『염세철학 입문(Pessimism)』, 맬서스의 『인구론(Population)』, 다윈의 『종의 기원(Origin of Species)』과 더불어 그밖에 가벼운 내용의 책들도 함께 읽었다.

별난 공부법이었다. 무엇보다 나는 지적으로 굶주린 상태였고, 강렬한 허기와 강한 턱을 가지고 달려들었기 때문에 한 번 문 것은 절대로 놓지 않았다. 게다가 "이것은 믿지 마" "그 질문에 대한 답은 이거를 읽어봐" "이 두 권을 함께 읽으면 책의 요점을 알 수 있어" "그 주제에 대해 훨씬 더 좋은 책이 있어"라고 조언해 주는 사람도 없었기 때문이다. 이때 처음으로 훌륭한 학자들이 있어서 뭐가 뭔지를 알려주는 대학의 풋내기들이 부러웠다. 대학에는 모든 분야에서 학문을 갈고닦는 것에 평생을 바치고 밤이 되기 전 자신들이 얻은 보물을 나눠주려고 애쓰는 교수들이 있었다. 하지만 요즘 쏜살같이 지나가는 귀중한 기회를 놓쳐 버리고 경박하게 살고 있는 대다수 학부생들을 보노라면 오히려 애석하기만 하다. 결국 인간의 일생은 사상이나 행동 중 하나의 십자가에 못 박혀야 한다. 일하지 않으면 놀 수 없다.

소크라테스적 분위기로 나만의 공화국을 만든다면 부유한 시민들의 자녀 교육을 근본적으로 바꿀 것이다. 자녀들이 16~17세가 되면 기술을 가르치거나 육체노동을 시키고 여가로는 시, 노래, 춤 그리고 훈련이나 체력 단련을 시킬 것이다. 그러면 넘치는 기운을 유용한 곳에 발산할 수 있으리라 본다. 또 지식에 목말라서 어떤 것을 배우고 싶어 할 때 그때 대학에 가게 할 것이다. 이것은 공장이나 농장에서 자신의 가치를 증명했거나 자질과 열정이 뛰어난 사람들에게만 주어지는 것으로, 누구나 탐낼 만한 특권이 될 것이다. 물론 이렇게 했다가는 큰 폭동이 일어나 세상이 뒤집어지고 나는 결국 독약으로 생을 마감해야 할지도 모른다.

*＊＊＊*

그 뒤로 2년 동안 여러 가지 책을 읽은 결과, 종교에 대해 의문을 갖게 되었다. 이때까지 나는 가르침 받는 대로 충실히 받아들였다. 휴가 중에도 일주일에 한 번씩 꼭 교회에 출석했다. 해로우에서는 매일 아침과 저녁 기도 외에 매주 일요일에는 세 번의 예배가 있었다.

뭐 그래도 괜찮다. 나는 오랜 세월동안 주일 성수(主日聖守)라는 은행에 상당한 저금을 쌓아왔기 때문에 그 이후로도 안심하고 꺼내어 쓸 수 있었다. 게다가 종종 결혼식, 세례식, 장례식으로 연소득을 꾸준히 늘려 놓았다. 내 계좌의 잔고를 확인해 보진 않았지만 어쩌면 초과 대출이 가능할 정도일 것이다.

그러나 이 빛나는 청춘 시절의 교회 출석률은 일요일의 횟수보다 훨씬 높았다. 육군에도 정기적인 교회 퍼레이드가 있어서 한 번은 가톨릭

신자와 성당으로, 때로는 개신교 신자와 교회로 행진했기 때문이다. 영국 육군에서 종교적 자유는 무관심할 정도로 널리 퍼져 있었다. 누구도 종교로 인해 방해하거나 박해받지 않았다. 모든 사람들은 종교적 의식을 할 수 있는 시설을 가지고 있었는데, 인도의 제국 신전에는 100여 개 종파의 신들을 모시고 경건하게 종교의식을 치를 수 있는 설비가 완비되어 있었다.

연대에서 우리는 때때로 다음과 같은 주제로 열띤 토론을 벌였다.

'이 세상을 떠나게 되면 다른 세상에서 다시 태어나는가?'

'우리의 전생은 무엇이었을까?'

'사후에도 기억할 수 있어서 서로 다시 만나게 될까? 아니면 불교도처럼 환생하게 될까?'

'어떤 고차원의 존재가 세계를 다스리는가? 아니면 모든 사물은 그저 떠돌아다니는 것인가?'

모두의 의견이 대체로 일치한 것은, 훌륭한 삶을 살기 위해서 최선을 다해 자신의 의무를 다하고 친구에게 충실하고 약자와 가난한 자를 친절하게 대한다면 믿거나 믿지 않는 것은 그리 대단한 문제가 아니라는 것이었다. "모든 일은 잘될 것이다." 이것이 내가 요즘 '건전한 정신의 종교'라고 부르는 것이다.

일부 고위 장교들은 여성들이 정절을 지켜야 하며, 보통의 하층 계급들이 비록 지금은 힘들지만 내세에는 좋은 일이 있을 것이라는 식의 편향된 기독교 가치들을 새삼 강조하기도 했다. 기독교 특히 영국국교회는 훈육으로 그들의 가치를 보존해 왔다. 이것은 사람들이 체면을 지키고 외모를 꾸미고 추문이 일어나는 것을 막도록 했다. 이런 점에서 볼 때 종교에서 의식이나 예배는 중요하지 않으며, 단지 하나의 사상을 다른 인종과 국민성에 맞게 다른 언어로 번역한 것에 지나지 않았다. 어떤 종교든지 너무 심취하는 것은 좋지 않다. 특히 원주민들 사이에서 광신주의는 매우 위험한 것으로 살인, 폭동, 반란을 일으킨다. 이상이 내가 있던 곳에서 나온 대체적인 의견이었다.

나는 이제 해로우 시절 받았던 모든 종교 교육에 도전하는 여러 책을 읽기 시작했다. 첫 책은 윈우드 리드(Winwood Reade)의 『인간의 고난(*The Martyrdom of Man*)』이었다. 이 책은 브라바존 대령이 가장 좋아하는 책이었는데, 몇 번이나 다시 읽으면서 일종의 성경처럼 여겼다. 사실 간결하고 잘 짜여진 보편적인 역사서로 모든 종교의 신비를 신랄하게 비판하면서 우리는 촛불처럼 쉽게 꺼져 버릴 것이라는 우울한 결론으로 끝맺었다. 나는 이 책을 읽고 매우 놀라면서도 불쾌했다. 하지만 기번도 같은 견해를 갖고 있다는 것을 알게 되었다. 겨울 동안 레키(Lecky)의 『합리주의의 부흥과 영향(*Rise and Influence of Rationalism*)』과 『유럽 윤리의 역사(*History of European Morals*)』를 읽으면서 내 머릿속은 비종교적인 견해가 우세하게 되었다.

한동안 어린 시절 학교 선생님과 목사가 가르쳐 준 것들이 거짓말이라는 사실에 매우 화가 치밀었다. 물론 대학을 다녔다면 저명한 교수나 신학자들이 내 딜레마를 해결해 주었을지도 모른다. 적어도 정반대의 관점을 배울 수 있는 믿을 만한 책을 가르쳐 주었을 것이다. 폭력적이고 공격적이며 반종교적인 과정이 계속되었다면 나중에 골칫거리가 됐을 것이다. 그러나 이후 몇 년에 걸쳐 목숨이 경각에 달리는 일을 겪게 되면서 비로소 안정을 되찾았다. 내가 아무리 고민하고 논쟁을 하더라도 적의 포화 아래에서는 주저 없이 하느님의 가호를 빌었기 때문이다.

그리고 무사히 집으로 돌아오면 차를 마시면서 진심으로 감사하는 마음을 느꼈다. 심지어 지금 당장 죽지 않는다면 어떤 일을 당해도 상관없다고 빌기도 했다. 실제로 평생 내 기도는 이루어졌다. 기도하는 습관은 지극히 당연하게 보였으며, 날카롭게 반박하는 이성적인 추론만큼 강하고 사실적이었다. 더구나 이 습관은 마음에 위안이 되었지만 이성은 그렇지 못했다. 그러므로 기도와 같은 행동을 사상이 내린 결론에 맞추려고 하기보다 그저 내 감정에 충실하게 행동했다.

충분한 교육을 받지 못한 사람들에게는 인용문을 모은 책도 나쁘지 않다. 바틀릿의 『인용문 모음집(Familiar Quotations)』은 썩 괜찮은 책이어서 음미하면서 골똘히 연구하기도 했다. 기억에 새겨진 인용문은 좋은 생각을 줄 뿐 아니라 그 저자의 책을 찾아서 읽고 더 많은 것을 알고 싶게 만든다. 이 책인지 아니면 다른 비슷한 책인지 모르겠지만 아주 적절한 프랑스 속담을 우연히 발견했다. "마음은 이성이 전혀 알지 못하는 자신만의 이유가 있다." 이성을 위해 마음의 이유를 버리는 것은 매우 어리석은 일이라고 생각했다.

어째서 양쪽 모두를 소중하게 여기지 않는지 나는 이해할 수 없었다. 한쪽에서는 이성적으로 생각하고 다른 한쪽에서는 마음으로 믿는 모순에 대해 걱정하지 않았다. 마음으로 사색과 논리의 길을 탐구하는 것만큼 도움과 구원을 빌고 이것이 이루어졌을 때 감사하게 여기는 것도 괜찮은 것처럼 보였다. 우리에게 영혼과 생각을 주신 조물주는 이 두 가지가 사이좋게 달리지 않는다고 해서 노여워하지 않을 것이라고 생각했다. 결국 하느님은 처음부터 이 모든 것을 예견했고 이해했을 것이다.

그런 이유로, 주교나 성직자들이 성경 이야기를 현대 과학이나 역사적 지식과 짜맞추려고 문제를 복잡하게 만드는 것을 보면서 깜짝 놀랐다. 굳이 왜 이것을 합치려고 하는가? 우리의 마음을 밝히고 영혼을 더욱 단단하게 하여 더 큰 기회와 은혜가 넘치는 곳에서 사랑했던 사람들과 다시 만날 수 있다는 메시지를 약속 받은 사람이라면 그곳으로 가는 여정으로 인해 구겨지고 얼룩진 봉투의 모양과 색깔을 왜 걱정을 해야 하는가? 우표가 제대로 붙어 있든, 소인의 날짜가 옳든 그르든 무슨 상관인가? 이것으로 당혹스럽긴 하겠지만 정말 중요한 문제는 아니다. 정작 중요한 것은 봉투 안의 메시지와 그것을 받음으로써 생기는 유익이다.

세밀한 이성의 추론은 기적이 불가능한 이유, 즉 '자연의 법칙이 어긋나는 것보다 인간의 증언이 잘못될 가능성이 훨씬 높다'라는 신중한 결론에 도달한다. 동시에 그리스도가 갈릴리 지방의 가나에서 물을 포도주로 바꾸고 호수 위를 걸으며, 죽음에서 다시 살아났다는 이야기를 읽으면서 기뻐할지도 모른다. 인간의 두뇌는 무한대를 이해할 수 없지만, 수학의 발견으로 쉽게 다룰 수 있게 되었다. 우리가 이해하는 것 이외에 그 어느 것도 진실이 아니라는 생각은 참으로 어리석고, 생각과 마음이 서로 조화될 수 없고 서로 파괴적이라고 하는 것은 더 어리석은 생각이다.

확실히 수천만 개의 우주가 펼쳐지는 광경―지금 이 순간에도 그렇다―보다 우리의 생각과 감정의 배후에서 합리적이거나 선한 목적 없이 그저 배회하게 만드는 것만큼 혐오스러운 것은 없을 것이다. 그러므로 나는 일찍이 내가 믿고 싶은 것만 믿는 방식을 선택했고, 한편으로 이성이 어떤 길이든지 자유롭게 걸어갈 수 있도록 내버려 두었다.

대학 교육을 받았던 사촌 가운데 우리가 생각하는 것 외에는 아무것도 존재하지 않는다고 주장하면서 나를 놀리던 녀석이 있었다. 그에 의하면 모든 만물은 그저 꿈이며 온갖 현상은 상상에 불과하다는 것이다. 우리가 스스로 자신만의 우주를 창조하고 상상력이 강해질수록 우주는 다양해지며, 꿈꾸는 것을 그만둔다면 우주는 존재하지 않는다고 했다. 이런 식의 정신 운동은 한 번쯤 함께 놀아도 괜찮다. 이것들이 무해하긴 하지만 아무짝에도 쓸모없다. 젊은 독자들에게 이것들을 단순한 게임으로 취급하라고 당부하고 싶다. 허나 형이상학자들은 자신의 말을 정당화시키고 당신에게 지지 않으려고 터무니없는 말로 반박할 것이다.

나는 수년 전에 스스로 고안해 낸 다음과 같은 논법을 따르고 있다.

우리가 하늘을 올려다보면서 태양을 쳐다본다. 눈이 부시고 이를 감각으로 인지한다. 따라서 이 거대한 태양을 육체적 감각으로 인식한 것일 뿐이다. 하지만 우리의 육체적 감각과는 별개로 다행히 태양의 실체를 시험하는 방법이 있다. 바로 수학이다. 천문학자들은 수학적인 방법에 의해 일식이 일어나는 시기를 계산할 수 있다. 그들은 오로지 순수한 이론만으로 달이 언제 태양을 가로질러 지나가는지 예측해 낸다. 그리고 우리는 시각을 통해 그 계산이 입증되었다는 것을 알게 된다. 따라서 감각이 입증한 것과 별개로 수학적 추론을 통해 증명된 광범위하고 독립된 증거를 강화하는 것이다.

우리가 군사 지도를 제작할 때 '교차방위법(cross bearing, 交叉方位法)'을 쓰듯 태양의 실체를 확인하기 위해서는 독립된 증명 방법을 사용한다. 혹여 형이상학을 공부하는 친구들이 천문학자들이 계산한 자료는 원래 감각의 증거를 통해 얻어졌다고 말하더라도 나는 절대 '아니'라고 대답한다. 그것은 이론적으로 어떤 단계에서든 인간의 감각을 개입하지 않고 계산기 위로 떨어지는 빛으로 동작하는 기계를 통해 얻어질 수 있기 때문이다.

그들은 우리가 계산에 대해 설명하는 것을 듣기 위해 우리의 귀를 사용한다고 주장한다. 하지만 나는 수학적 증명 그 자체가 실체와 미덕을 가지며, 그것을 발견한 이상 하나의 독립적인 요소가 된다고 답할 것이다. 또한 지금도 태양은 존재하고 지옥처럼 뜨겁다는 확신을 강조하면서 재확인할 것이다. 만약 형이상학자들이 그래도 의심한다면 거기까지 가서 보라고 하면 된다.

\*\*\*

우리는 인도 폴로계에 극적으로 데뷔했다. 인도 상륙한 지 6주도 채 안 되었을 때 하이데라바드(Hyderabad)에서 골콘다 컵(Golconda Cup) 대회가 열렸다. 니잠령(領)의 수도 옆에 위치한 영국군 수비대와 8킬로 정도 떨어진 세쿤데라바드 병영 사이에는 예닐곱 개의 폴로 팀이 있었다. 그 중 방갈로르에서 우리와 교대를 한 제19경기병연대와 우리 제4경기병연대 사이에는 해묵은 앙금이 있었다.

일설에 의하면 30년 전 제19경기병연대 병사들이 제4경기병연대에게 인계받은 막사 상태에 대한 불만을 제기한 데에서 비롯되었다고 했다. 비록 당시 다툼에 연루된 사람들은 한 명도 남아 있지 않지만, 하사관들과 병사들은 그 사건이 마치 몇 달 전에 일어난 일인 양 생생하게 기억하면서 서로에 대해 이를 갈고 있었다. 정작 이 다툼이 장교들 사이에는 번지지 않아서 장교 식당에서 꽤 융숭한 대접을 받기도 했다. 나는 쳇우드(Chetwode)라는 젊은 대위의 방갈로에서 묵었는데, 지금은 인도군 총사령관으로 임명된 사람이다.

영국 수비대 팀 외에도 가공할 만한 인도인 라이벌이 두 팀이나 있었다. 비카르 알 우마라(Vicar Al Umra) 하이데라바드 총리 팀과 니잠의 개인 경호대로 유명한 골콘다여단 팀이 대표적이었다. 골콘다 팀은 남부 인도에서 최강의 팀으로 여겨졌다. 그래서 북인도의 강호인 파티알라(Patiala) 팀이나 조드푸르(Jodhpore) 팀과 종종 엄청난 접전을 벌이곤 했다. 보유한 조랑말의 숫자로 알 수 있듯이 막대한 부를 통해 물심양면 지원을 아끼지 않았으며, 뛰어난 마술(馬術)과 폴로 기술로 당시 젊은 인도 장교와 영국 장교들 모두에게 선망의 대상이었다.

우리는 푸나경기병연대로부터 산 조랑말 떼를 이끌고 불안하긴 하지만 데칸(Deccan) 지방을 가로지르는 긴 여정을 시작하기로 결심했다. 경기 주최자인 제19경기병연대는 두 팔을 들어 우리를 환영했지만, 1라운

방갈로르에서의 처칠

드에서 골콘다 팀을 만나게 되자 애도의 뜻을 표했다. 이제 갓 인도에 도착한 팀이 토너먼트의 강력한 우승 후보와 첫 경기에서 만나게 된 것에 대해 정말 운이 없다며 솔직하게 표현했다.

오전에는 전 수비대의 열병식을 관람했다. 영국군, 인도 정규군, 니잠의 군대가 차례로 행진하고 고위 장교들 앞에서 화려한 무술을 선보였다. 맨 뒤 열에는 약 20마리 정도의 코끼리들이 대포를 끌며 지나갔다. 코끼리가 지나가면서 코를 들어 경례하는 것은 당시 관습이었는데, 모두 동시에 일사불란하게 이루어졌다. 이 모습을 본 점잖지 못한 사람들이 킥킥거리며 웃었기 때문에 코끼리와 코끼리몰이꾼(mahout)들의 위신이 떨어졌고, 결국 이 관습은 폐지되었다. 나중에는 코끼리 자체도 없어졌고, 이제는 견인 차량이 요란한 굉음을 내며 훨씬 더 크고 파괴적인 대포를 끌고 다닌다. 비록 문명은 진보했지만 나는 아직도 코끼리들의 경례가 그립다.

오후가 되자 폴로 경기가 시작되었다. 하이데라바드의 토너먼트는 꽤 볼 만한 경기였다. 경기장은 각계각층의 인도인 관중들로 가득 차 예리한 눈빛으로 경기에 몰두하고 있었다. 천막과 그늘막이 쳐진 스탠드에는 영국인과 데칸 지방의 인도인 고위 인사들로 만원이었다. 우리 팀이 간단한 먹잇감으로 여겨졌기 때문에 상대 팀은 유연하고 신속하게 정면으로 돌진하여 몇 분 만에 세 골을 넣었다. 우리 또한 예상대로라고 생각했다. 중요하지만 자세한 내용은 생략하기로 하겠다. 그러나 몇 차례의 고비를 겪은 뒤 흥분한 관중들의 열광 속에서 우리는 골콘다 팀을 9 대 3으로 물리쳤다. 그 후 며칠 동안 우리는 다른 상대팀들을 간단히 해치워 버렸다. 인도에 상륙한 지 50일 만에 일류 경기대회에서 우승을 차지하는 기록을 세웠고, 이 기록은 아직도 깨지지 않았다.

독자들은 우리가 새롭게 결의를 다지고 앞에 놓인 최고의 목표를 위해 얼마나 노력했는지 상상할 수 있을 것이다. 하지만 그것을 이루기 위해서는 몇 년이라는 세월이 더 걸렸다.

1897년 혹서의 계절이 다가왔을 때 장교 중 일부는 영국으로 3개월간 특별 휴가를 얻었다. 인도에 도착한 지 얼마 안 되었기 때문에 아무도 가고 싶어 하지 않았다. 나는 이렇게 고마운 기회를 그냥 버리는 것이 아깝다고 생각해 자청하고 나섰다. 5월 말 뭄바이를 출발해 더위와 거친 날씨 그리고 뱃멀미와 싸우면서 항해했다. 내가 다시 기운을 차렸을 때는 인도양을 3분의 2 정도 지났을 때였다. 곧 키가 크고 비쩍 마른 대령과 친해졌는데, 그 사람은 이언 해밀턴*이라는 인도의 소총 사격 훈련장의 책임자였다. 대령은 내가 이제껏 간과해 온 그리스와 터키의 긴박한 상황에 대해 주목하고 있었다.

사실 전쟁이 임박한 상태였다. 다소 낭만

이언 해밀턴

---

* 이언 해밀턴(Ian Standish Monteith Hamilton)은 스코틀랜드 출신의 영국 육군 장군으로 제1차 세계대전에서 오스만 제국에 맞서 갈리폴리 전투를 지휘했다. 6개월간의 처절한 전투 끝에 막대한 인명 피해를 냈고 1915년 10월 결국 해임되었다.

적이었던 대령은 자신이 그리스 편이며, 그리스를 위해 싸우고 싶다고 했다. 보수당의 일원인 나는 터키를 지지했으며, 터키군에서 신문 특파원으로 종군하고 싶다고 했다. 또한 터키군이 그리스군보다 5배나 많고 훨씬 잘 무장되어 있기 때문에 터키가 확실히 물리칠 것이라는 내 예상을 말했다. 대령은 이 말에 매우 가슴 아파했다. 그래서 종군의 이유를 전쟁에 참가하지 않고 단지 흥미 있는 기삿거리를 전하기 위해서라고 대답했다.

이집트의 포트사이드(Port Said)에 도착했을 때 이미 그리스군이 패했다는 사실을 알게 되었다. 그리스군은 불리한 싸움에서 신속하게 퇴각했고, 강대국들은 외교를 통해 그리스를 파멸로부터 보호하고자 노력하고 있었다. 그래서 나는 트라키아(Thrace)의 전장 대신 베수비오(Vesuvius)산을 올랐고, 무엇보다 로마를 보기 위해 이탈리아에서 두 주 동안 지내기로 결심했다. 기번이 그의 말년에 처음으로 이 '영원한 도시'에 도착했을 때의 감정을 묘사한 문장을 다시 읽어 보았다. 비록 그에 관한 학위나 졸업장은 없지만 그의 발걸음을 따라온 것만으로도 경외심을 느낄 수 있었다.

이것은 런던 사교 시즌의 화려한 서막이었다.

# 10장

## 말라칸드 야전군

내가 굿우드(Goodwood) 경마장에서 화창한 날씨를 즐기며 돈을 따고 있을 때 인도 국경에서는 파슈툰족(Pashtun)이 반란을 일으켰다. 신문에서는 3개 여단으로 이루어진 야전군이 결성되었고 빈돈 블러드 경이 지휘관으로 임명되었다고 했다. 서둘러 블러드 경에게 전보를 보내 지난번 약속을 지켜달라고 부탁했다. 그리고는 인도행 우편선을 타기 위해 브린디시(Brindisi)행 기차에 올랐다. 나는 윌리엄 베리스퍼드 경에게도 도움을 부탁했다. 그는 장군에게 내 청원을 지원해 주면서 열차가 빅토리아역에서 출발하기 전까지 말버러 클럽에서 융숭하게 대접해 주었다.

베리스퍼드 집안에는 훌륭한 기풍이 있는데, 그들과 같이 있으면 내가 마치 중요한 인물이 된 것처럼 느끼게 해 주었다. 아직도 나는 그가 오랜 선배이자 클럽의 친구들에게 나의 방문 목적에 대해 소개하던 모습을 기억한다.

"이 젊은 친구는 오늘 밤 동양으로 떠납니다. 전쟁에 참가하기 위해서입니다."

'동양으로'라는 표현에 나는 감동했다. 보통은 그냥 "인도로 갈 것이다"라고 말했을 것이다. 당시에는 동양이 모험과 정복을 위한 관문을 의미했다.

"전선으로 갑니까?"

누군가 이렇게 묻자 나는 그렇게 되길 바란다고 대답할 수밖에 없었다. 그러자 다들 호의를 넘어 심지어 열의까지 보여 주었다. 내가 중요한 인물이 된 것 같았지만, 빈돈 블러드의 원정에 참가하기 위한 계획에 대해서는 조심스러운 태도를 취했다. 기차를 간신히 잡아탈 수 있었지만 기분은 최고였다.

　인도로 가는 항해는 한 번이면 충분했다. 두 번째부터는 과식일 뿐이다. 일 년 중 가장 더운 계절이라 홍해는 숨이 막힐 정도였다. 당시에는 선풍기가 없었기 때문에 사람이 붐비는 식당 천장에 매달린 큰 부채가 펄럭이자 뜨거운 음식 냄새만 공기를 휘저었다. 그러나 육체적 불편함도 정신적 불안함에 비한다면 아무것도 아니었다. 꼬박 두 주 동안 휴가를 버리면서까지 기다렸지만 브린디시에서는 빈돈 블러드 경으로부터 아무런 답변을 받지 못했다. 아덴(Aden)에 도착하면 분명히 답변이 와 있을 것이라는 큰 기대에 차서 전보를 기다렸지만 어떠한 연락도 오질 않자 절망적인 기분이 들었다. 헌데 뭄바이에 도착하자 좋은 소식이 기다리고 있었다.

　　매우 어려움. 공석 없음. 특파원으로 올 것. 적당한 곳에 넣어주겠음. B. B.

　우선 방갈로르에서 우리 연대의 허가를 받아야 했다. 이것은 내가 가고자 하는 방향과 반대 방향으로 이틀간 기차를 타야 한다는 의미였다. 연대는 내가 휴가를 다 마치기 전에 복귀한 것에 놀랐지만 근무하는 장교가 한 명이라도 더 느는 것은 언제나 환영했다.

　한편 그동안 나는 「파이어니어(Pioneer)」의 종군기자로 임명되었다. 어머니는 영국에서 내 기사가 「데일리 텔레그래프」에도 같이 실릴 수 있도록 주선해 주었다. 그 신문사는 기사당 5파운드를 지불해 주겠다고 했다. 물론 모든 비용을 내가 부담해야 된다는 것을 고려하면 결코 많은 금액은 아니었다. 나는 빈돈 블러드 경의 전보와 종군기자 임명장을 연대장에게 제출했다.

　다행히도 연대장은 관대한 사람이었고, 운명도 내게 친절했다. 비록 전보는 전적으로 비공식적인 문서였지만, 연대장은 내 운을 시험해 보라고 말했다. 그날 밤 한 명의 시종과 장비를 챙겨 방갈로르역에서 노세라(Nowshera)행 기차표를 샀다. 인도인 역무원은 루피가 가득 든 작은 주머니를 받더니 개찰구로 차표 한 장을 건네주었다. 역무원에게 얼마나 멀리 떨어져 있는지 물었다. 예의 바른 인도인 역무원은 열차 시간표를 찬찬히 살펴보더니 3,264킬로라고 아무렇지도 않게 대답했다. 인도, 이 얼마나 광대한 나라인가!

이것은 최악의 더위 속에서 닷새 동안 기차를 타야 한다는 것을 의미했다. 나는 혼자였지만 책을 많이 가지고 갔기 때문에 그리 지루하지는 않았다. 큰 가죽을 댄 열차 객실에서는 뜨겁게 내리쬐는 태양을 막기 위해 두꺼운 셔터와 블라인드를 내려야 했다. 또 천장에는 젖은 짚으로 만든 동그란 바퀴가 달려 있어서 이따금씩 돌리면 꽤 시원했다. 어둡게 덧댄 감옥 같은 곳에서 닷새를 보냈는데, 대부분 램프 불빛이나 가늘게 새어 들어오는 빛에 의지한 채 책을 읽었다.

목적지로 가는 도중 라왈핀디(Rawalpindi)에 내려 하룻밤 쉬기로 했다. 이곳에 주둔한 제4근위용기병연대에는 친구가 장교로 근무하고 있었다. 라왈핀디는 전선에서 수백 킬로나 떨어져 있는데도 거리는 어수선했다. 수비대 전체는 북쪽으로 출동하기를 원하는 눈치였다. 근위용기병연대의 모든 휴가는 중단되었고, 칼을 갈아두라는 명령이 떨어지기만 기다리고 있었다.

저녁 식사 후 친구와 나는 활기찬 노래가 울려 퍼지고 있는 하사관 식당으로 향했다. 냄새만큼 과거를 강렬하게 떠올리게 하는 것은 없다. 그리고 냄새 다음으로 뇌리에 강하게 남는 것이 바로 노래였다. 내 머릿속에는 참가한 모든 전쟁에서 부르던 군가가 남아 있다. 이 군가들은 내 생애 가장 위기의 순간이나 감동적인 순간을 하나하나 기억나게 해 주었다. 언젠가 내가 부자가 된다면 그것들을 축음기 음반으로 모아 의자에 앉아서 시가를 피우며 듣고 싶다. 잊지 못할 당시 모습이나 얼굴 그리고 오랫동안 사라진 기분과 감정이 되살아나면서 이제는 희미하지만 그 시절의 빛을 더욱 환하게 해 줄 것이기 때문이다.

당시 군인들이 불렀던 노래들은 여전히 기억하고 있다. 대표적으로는 「새 사진술(The New Photographee)」이라는 노래가 있었는데, 스크린이나 불투명한 장애물을 뚫고 사진을 찍을 수 있는 충격적인 발명품에 관한 노래였다. 나도 처음 들어 본 것으로 이것의 발명으로 인해 개인 프라이버시는 사라질 것 같았다. 노랫말은 다음과 같다.

무엇이든 안까지 다 보인다
끔찍하고 무서워라
새 사진술

물론 농담으로 여겼다. 나중에 신문 기사로 본 바로는 언젠가 우리 몸의 뼛속까지 볼 수 있게 된다는 것이 아닌가! 또 다른 군가의 코러스 부분은 다음과 같다.

그리고 영국은 묻는다
위기가 임박하면
인도의 아들은 죽기 살기로 싸울 것인가?

그러면 자연스럽게 용기를 북돋을 만한 답변이 따라 나온다. 그 중 가장 좋았던 대목은 이것이다.

바다 건너 위대한 백인의 어머니여

영원히 제국을 통치하고

오랫동안 다스리고

영광과 자유가 위대한 백인의 조국에 있다

나는 숭고한 감정에 크게 고무되었다. 특히 연대 만찬장에서 융숭한 대접을 받았기 때문에 더욱 그러했다. 하지만 신중하게 행동했다. 왜냐하면 이 훌륭한 연대와 우리 연대는 불편한 사이였기 때문이다. 제4근위용기병연대의 한 장교가 근무 중이던 우리 부대 대위에게 "제4근위용기병연대와 교대하기 위한 최소 조건을 알려 주시오"라는 전보를 보냈다. 그러자 대위는 제멋대로 답했다.

"일만 파운드. 작위와 무료 장비 일체."

근위용기병연대는 매우 언짢아했는데, 자신들의 부대를 우습게 여긴다고 생각했기 때문이다. 이 불씨는 나중에 1898년과 1899년 폴로 챔피언십에서 서로 격돌하게 되었을 때 최고조에 달했다.

독자 여러분은 지금 내가 서둘러 전선으로 가고 있는 중임을 잊지 말기 바란다. 방갈로르에서 출발한 지 엿새째 되는 날 아침 말라칸드 야전군의 보급 기지가 있는 노셰라 플랫폼에 도착했다. 통가(tonga)라고 부르는 조랑말이 교대로 끄는 마차를 타고 60킬로를 달려 뜨거운 열기가 가득 찬 평원을 가로지른 후 구불구불하고 험한 말라칸드 고갯길을 오르기 시작했다. 이 좁은 골짜기는 3년 전 빈돈 블러드 경이 점령한 곳으로 정상에는 원정군 사령부와 완전 무장한 1개 혼성여단이 주둔하고 있었다. 나는 뽀얗게 먼지를 뒤집어 쓴 채 참모본부로 찾아갔다. 장군은 그곳에 없었는데, 별동대를 데리고 부너월족(Bunerwals)과 담판을 짓기 위해 떠났다고 했다.

부너월족은 수세기 동안 어떤 적의 침입도 허용하지 않으면서 자신들의 협곡을 지킨 용맹한 부족이었다. 1863년 인도 제국 정부는 부너월 지방을 토벌하기 위해 원정대를 보냈지만 영국-인도 연대기에서 암벨라(Ambeyla) 원정으로 잘 알려진 결과를 초래하고 말았다. 부족은 놀라운 정신력으로 끈질기게 저항했으며, 유명한 피켓(Picquet) 바위산을 둘러싸고 일진일퇴의 공방전을 벌여 수백 명의 영국 군인들과 인도 병사 세포이(Sepoy)들의 시체가 산을 이루었다. 빈돈 블러드 장군이 이 사나운 도적떼들을 상대하는 데 시간이 얼마나 걸릴지 아무도 알 수 없었다. 그동안 나는 참모의 일원으로 받아들여져 텐트 한쪽에 내 울즐리 침낭(Wolseley valise)을 풀 수 있었다. 모처럼 힘들게 올라온 새로운 곳에서 나쁜 평판을 얻게 될까 노심초사하면서 최대한 조심했다.

장군이 부너월족을 구슬리면서 진압하는 데 불과 5일밖에 걸리지 않았지만 나에게는 상당히 길게만 느껴졌다. 그동안 나는 새로운 능력을 터득했다. 그때까지 위스키를 마시지 못했는데, 위스키 특유의 향을 몹시 싫어해서 동료 장교들이 종종 왜 위스키나 소다를 찾는지 이해할 수 없었다. 와인은 레드나 화이트 모두 좋아했으며, 특히 샴페인을 좋아했다. 특별한 경우에는 브랜디도 조금 마실 수 있었지만 씁쓸한 탄 맛이 가득한 위스키를 입에 댄 적은 없었다.

그런데 이 맹렬한 더위는 그런대로 견딜 만했지만 닷새 동안 마시는 음료라고는 차 이외에 미지근한 물이나 라임 주스를 섞은 미지근한 물 그리고 위스키를 섞은 미지근한 물밖에 없었다. 선택의 기로에 직면하자 나는 '더 큰 희망을 움켜잡았다.' 이 도전을 위해서 스스로의 사기를 진작시킬 필요가 있었기 때문이다. 실전에 임하는 마음가짐을 만들기 위해 평상시의 육체적 약점을 극복하려 했고, 5일 만에 위스키에 대한 혐오감을 완전히 정복할 수 있었다. 일시적인 것이 아니라 확실히 평생을 함께하게 됐다. 일단 한 번 마시는 법을 터득하게 되면 그 역한 향기는 오히려 은근한 매력으로 바뀌게 된다. 오늘날까지 나는 술을 자제해 왔지만, 동양에서 백인 장교에게 없어서는 안 될 기본 영양 보충제를 결코 거부할 수 없었다.

물론 위스키가 영국 상류 사회에서 받아들여진 것은 최근의 일이다. 예를 들어 아버지는 황무지나 습하고 추운 곳에서 사냥할 때 외에는 절대 위스키를 마시지 않으셨을 것이다. 아버지가 살았던 시대는 '브랜디와 소다'의 시대였는데, 그럴 만한 충분한 근거가 있었다. 하지만 여러모로 시험해 보고 심사숙고한 끝에 브랜디와 소다보다 물에 탄 위스키가 일상 생활에 더 편리하다고 생각한다.

내가 말라칸드 고개에 앉아 이런 문제에 대해 진지하게 고민했던 이유는 나를 비롯한 젊은 장교들이 당시 대학생들과 매우 다르게 자랐기 때문이다. 옥스퍼드나 케임브리지의 대학생들은 마치 물 만난 고기처럼 술을 마시곤 했는데, 클럽이나 만찬장에서 자신의 주량 이상으로 마시는 것이 의무이기도 했다. 반면에 샌드허스트나 군대에서 술에 취한다는 것은 사회적인 비난과 육체적 처벌을 받거나 아니면 상부에 보고되어 쫓겨날 수도 있는 수치스러운 범죄였다.

나는 예외적인 경우이지만, 몇몇 기념일을 제외하고는 술 취하는 것을 매우 경멸하는 분위기에서 교육받았다. 때문에 술주정뱅이 대학생들을 일렬로 세워 놓고 하느님이 내려준 선물을 함부로 남용한 죄에 대해 따끔하게 혼내 주고 싶었다. 당시에는 주정뱅이와 금주론자 및 그밖에 극단에 치우친 약자들을 싫어했다. 하지만 이제는 무절제로 인해 야기된 인간 본성의 약점을 이해하고 보다 너그럽게 받아들이는 편이다. 다만 그 시절 하급 장교들은 참을성이 없는 종족이어서 술에 취한 사람이나 술을 마시지 못하게 하는 사람은 내쫓아야 한다고 생각했다. 물론 이제는 제1

차 세계 대전으로 인해 많이 문명화되고 고상해졌기 때문에 그래도 괜찮다는 것을 잘 알고 있다.

군대의 이동이 임박해지자 5일 안에 괜찮은 말 두 마리와 마부를 고용하고 군장 일체를 갖춰야만 했다. 지난 주 전사한 몇몇 장교들의 유품이 영-인도군 전시 관습에 따라 장례식이 끝나자마자 경매에 올랐다. 물론 그들에게는 불행한 일이지만 나에게는 다행스러웠고, 이런 식으로 모든 장비를 마련했다. 어제까지 동료였던 전우들의 소지품들-외투, 셔츠, 군화, 물통, 권총, 모포 그리고 식기 등-을 낯선 사람들이 인정사정없이 나누어 가지는 것을 보자 냉혹하다는 생각이 들기도 했다.

그러나 이것은 꽤 합리적이고 가장 중요한 경제 원칙에도 부합했다. 여기는 최고의 시장이었고, 모든 운송료는 이미 지불되었다. 죽은 사람은 사실상 전매 조건으로 자신의 자산을 처분했다. 군 경매인은 A 중위나 X 대위의 소지품을 그들의 미망인이나 어머니가 직접 파는 것보다 더 좋은 가격을 받아냈다. 장교들과 마찬가지로 사병의 경우에는 그런 일이 더 자주 일어났다. 하지만 몇 주 후 전날 전사한 용감한 동료의 어깨끈이 내 어깨에 달렸을 때 느끼는 양심의 가책은 인정할 수밖에 없다.

여기서 독자들에게 이 작전의 개요에 대해 설명하고자 한다. 지난 3년간 영국군은 말라칸드 고개의 정상과 스와트협곡(Swat Valley)에서부터 스와트강이 흐르는 많은 계곡을 따라 치트랄(Chitral)까지 이르는 도로를 장악하고 있었다. 당시 치트랄은 중요한 군사적 거점이었다. 나중에는 꽤 평화로운 곳으로 바뀌지만 당시에는 의심할 여지없이 매우 중요한 곳이었다. 수세기에 걸쳐 자신들의 땅이라고 여기던 곳에 외국 군대가 주둔하는 것을 보고 참을 수 없는 분노로 가득했던 스와트협곡 부족민들은 드디어 폭발하고 말았다. 정부는 그것을 그들의 종교 문제로 돌렸지만 사실 꽤 사소한 이유였다.

부족민들은 말라칸드 고갯길을 지키고 있는 수비대와 작은 차크다라 요새를 습격했는데, 이 요새는 마치 지브롤터의 작은 축소판처럼 암벽 위에서 내려다보며 스와트강을 가로지르는 긴 현수교를 지키고 있었다. 일부 부족민들은 엉뚱하게도 여자와 아이들을 포함한 우호적이고 평화로운 주민들까지 학살했다. 갑작스럽게 기습을 당한 말라칸드수비대는 위기에 처했으나 부족민들의 맹공격을 격퇴했다. 아침이 밝자 제국경기병연대와 제11벵골창기병연대가 사납게 날뛰는 원주민들을 스와트협곡 한쪽 끝에서 다른 쪽으로 추격하면서 상당수를 찌르고 베었다고 했다.

미니 지브롤터인 차크다라 요새의 주둔군은 적의 포위를 견뎌내고 살아남았다. 다리를 온전하게 지켜내었으며, 이 다리를 통해 약 1만 2천

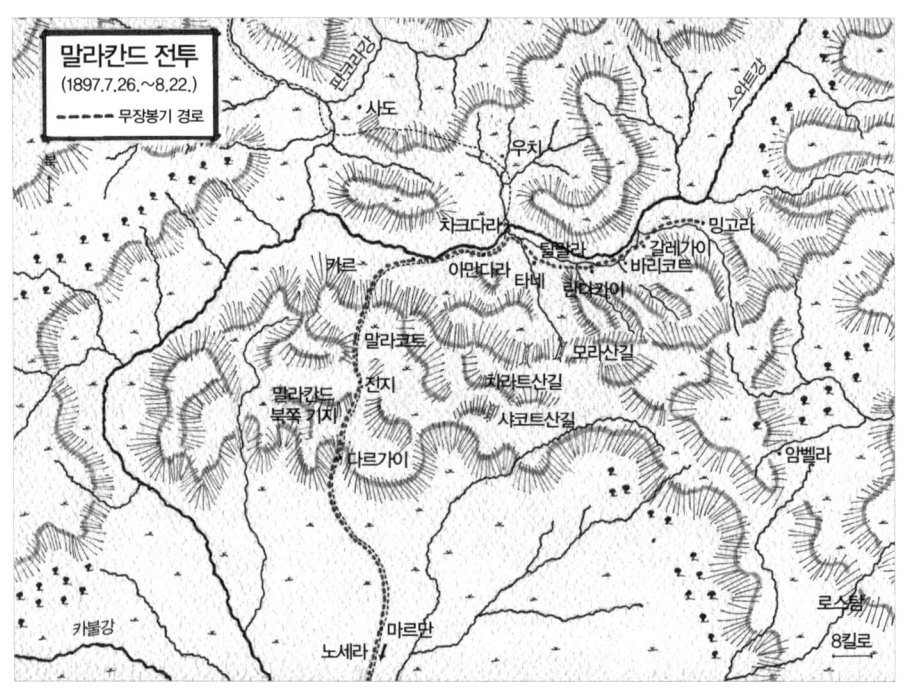

명의 토벌군이 4천 마리의 말과 소를 이끌고 건너편 산을 향해 진격했다. 이 원정은 디르(Dir)와 바자우르(Bajaur)협곡을 지나 마문드(Mamund) 지방을 거쳐 페샤와르(Peshawar) 인근에서 완강하게 저항하는 또 다른 부족인 모만드(Mohmand)족을 진압한 후 인도 평원 지역의 문명 세계로 돌아오는 것이다.

빈돈 블러드 장군은 경험이 풍부한 영－인도군 장성으로 이번 부너월 원정에서 최소한의 사망자를 내고 돌아왔다. 장군은 거친 부족민들을 좋아했고, 그들과 대화하는 방법을 알고 있었다. 파슈툰인은 이상한 사람들이었는데, 온갖 무서운 관습과 무시무시한 복수를 좋아하는 부족이었다. 하지만 그들은 협상이라는 것을 완벽하게 이해했고, 무엇보다 상대가 대등하게 교섭할 만큼 강하다면 마치 의회에서 하듯 타협하거나 뒷거래도 서슴없이 응했다.

빈돈 블러드 장군은 이제 부너월족 문제를 무사히 해결했고, 전투는 단 한 번의 사소한 충돌로 끝났다. 장군의 부관인 핀캐슬(Fincastle) 경은 다른 장교가 살해당하기 직전에 부상당한 동료를 용감하게 구출한 공으로 빅토리아 훈장을 받았다. 딥딘 시절의 오랜 친구이자 최고사령관인 장군은 그의 참모들과 자신을 호위하는 젊은 영웅들과 함께 기차를 타고 돌아왔다.

빈돈 블러드 경은 이렇게 험악한 산 속에서 소총으로 무장한 거친 부족들 가운데 있으면서도 단연코 눈에 띄는 인물이었다. 블러드 경이 제복을 입고 말에 올라탄 채 기수와 기병 행렬을 이끌고 가는 모습은 안전하고 안락한 영국에서 본 모습보다 훨씬 더 무시무시하게 보였다. 그는 전시나 평시에도 많은 영국군과 인도군을 지휘했기 때문에 전투에 대한 어떤 환상도 갖고 있지 않았다.

그는 찰스 2세 시절 런던탑에서 왕실 보석을 무력으로 훔치려고 했던 악명 높은 블러드 대령의 후손이라는 것을 자랑스러워했다. 이 이야기는 역사책에 있는데, 대령은 왕실 휘장의 중요한 부분을 손에 들고 나오다가 체포되었다. 반역죄와 여러 가지 중요한 범죄로 재판에 회부되었지만, 무죄 판결을 받고 왕의 호위대장으로 임명되었다. 이 일련의 기묘한 사건 때문에 한동안 탑에서 왕관의 보석을 훔치려고 한 시도가 왕의 묵인 아래 이루어졌다는 악의적인 소문이 돌기도 했다. 당시 왕의 주머니 사정이 그리 여의치 않았으며, 애튼버러(Attenborough) 전입자(전당포)들이 유럽 구석구석에 있었다는 것은 사실이다.

어찌 되었든 빈돈 블러드 경은 왕실 보석을 훔치려 했던 그 사건을 가문의 영광으로 여겼고, 따라서 인도 국경의 파슈툰인들에 대해서도 모종의 따뜻한 동정심을 가지고 있었다. 만약 파슈툰인들이 이 사건을 미리 알았다면 그를 완벽하게 이해하고 모든 당사자들이 열렬하게 박수를 쳤을 것이다. 또 장군이 그들을 한자리에 모아 이 이야기를 들려주었다면 세 개 여단이 노새와 낙타 수송대의 끝없는 열을 이끌고 험준한 산악지대와 인적이 드문 고원지대를 수주에 걸쳐 통과하는 일은 필요치 않았을지 모른다. 장군은 퇴역군인으로 현재도 여전히 정정하게 살아 있다.

이번 원정에서 한 번 아슬아슬한 순간이 있었는데, 지르가(jirga)라는 이름의 대표단 속 한 광신도가 갑자기 단검을 빼 들고 약 8미터 떨어진 곳에서 달려들었다. 빈돈 블러드 장군은 말 위에서 장군들에게는 그저 상징에 지나지 않는다고 생각했던 권총을 실제로 뽑은 후 2미터까지 다가온 그 자를 쓰러뜨렸다. 이 사건을 듣고 야전군 전원은 물론 불가촉천민 청소부까지 모두 기뻐했다.

이 작전에 대해서는 이미 다른 책으로 쓴 적이 있기 때문에 자세히 기술하지는 않겠다. 다만 불행히도 그 책은 이미 절판되었기 때문에 과정을 대략적으로 요약해 보도록 하겠다.

말라칸드 야전군의 3개 여단은 내가 앞서 언급한 협곡을 따라 진격하면서 부족민들 앞에서 도발하고, 그들의 가축 떼를 쫓아버리고, 농작물을 베는 등 적에게 큰 불편을 안겼다. 부대는 옷깃에 흰 띠를 두른 정치장교들과 돌아다니면서 족장이나 성직자 그리고 그 지역의 유지들과 교섭했다. 이 정치장교들은 군 장교들 사이에서 평이 매우 나빴는데, 쓸데없이 참견하여 일을 망쳐놓는 사람으로 여겨졌기 때문이다. 그들은 항상 남들에게 알리지 않고 미봉책으로 화해를 요청해 제국의 위신을 손상시켰다. 게다가 '미적거리기'라고 불리는 중대한 범죄를 저질렀는데, 쉽게 말해 총을 쏘기 전까지 할 수 있는 것을 다 해 본다는 식이었다.

우리 부대에도 딘(Deane) 소령이라는 뛰어난 정치장교가 있었는데, 항상 군사 작전을 중단시켰기 때문에 모두 그를 싫어했다. 멋진 싸움을 기대하면서 모두 흥분한 상태로 총에 장전하고 있을 때 딘 소령—우리 생각에는 어떻게 소령이 될 수 있었는지 이해할 수 없었다. 그냥 정치인과 다를 바 없었다—이 나타나 중지시키곤 했다. 분명 이 야만적인 족장들은 딘 소령의 오랜 친구이거나 혈연관계임이 분명했다. 딘 소령은 적들과 친선을 도모하는 데 거리낌이 없었다. 싸움 중에도 그들이 우리 장군을 강도 대 강도로 대하는 것처럼 남자 대 남자나 친구 대 친구로 그들을 대하는 것과 같았다.

시카고 경찰과 갱단의 관계에 대해 잘 모르긴 하지만 비슷한 방식으로 일을 진행한 것임은 틀림없다. 의심할 여지없이 양쪽은 서로 잘 이해하고 민주주의나 상업주의, 돈벌이, 사업, 정직함 그리고 모든 종류의 천박한 자들을 경멸한다. 반면에 우리는 오로지 총을 뽑아 냅다 갈기고 싶었다. 이렇게 먼 곳까지 와서 이 더위와 불편함—손으로 뜨거운 열기를 들어 올리고 배낭처럼 어깨에 걸터앉아 악몽처럼 머리 위에 얹혀 있었다—을 참으며 정치장교와 뚱한 표정의 이 잔인한 부족민들 사이에서 입에 담기도 민망한 문제에 대해 길고 지루한 신뢰의 교환이라는 것에 참여하기 위해 이곳에 온 것은 아니었다.

게다가 우리 측에는 '강경론자'가 있고, 적에게도 '혈기 왕성한 청년'이 있었다. 적들이 우리를 쏘고 싶어 하듯 우리도 그들을 쏘고 싶었다. 그러나 한 쪽은 장로라고 부르고 요즘 사람들은 '늙은 갱'이라고 부르는 자들이, 즉 분명히 볼 수 있도록 옷깃에 하얀 띠나 하얀 깃털을 휘날리는 정치장교들이 일을 난처하게 만들고 있었다.

그러나 대개 그러하듯 인간의 잔인한 폭력성이 이겼다. 부족은 '늙은 갱'에게서 돌아섰고 우리도 더 이상 정치장교들에 의해 휘둘리지 않았다. 이로 인해 많은 사람들이 죽었으며, 우리 편에서는 많은 과부들이 정부의 연금을 받게 되었고, 심하게 다친 사람들은 남은 일생을 절뚝거리며 살게 되었다. 하지만 죽거나 다친 사람 외에는 매우 흥분되고 즐거운 일이었다.

영국령 인도 정부의 지식과 인내를 이해시키기 위해 다소 불손한 문장으로 전달한 것에 대해 독자들의 양해를 바란다. 최악의 경우 누구든지 쓰러뜨릴 수 있다는 것을 알기 때문에 영국령 인도 정부는 참을성 있게 최악의 결론을 내리는 것을 회피했다. 법률에 의거하여 수많은 협상과 친밀한 관계에 얽혀 있는 것이 진정한 정부다. 이것은 단지 하원만 연관되는 게 아니라 자유주의적 관대함이라는 가장 거대한 개념에서부터 관료주의적 불편함이라는 가장 미세한 장애물까지 수많은 영—인도식 제약에 묶여 있었다. 그래서 사회를 평화로운 시대로 건설하기 위해서 통치자는 압도적인 힘을 가지고 있으면서도 그것을 사용하는 데 무수한 제약이 따라야 하는 것이다.

그렇지만 여전히 때때로 뜻밖의 사건이나 돌발적인 실수라는 것이 벌어지는데, 이른바 '유감스러운 사건'이라고 부르는 것이 일어난다. 이 이야기는 다음 몇 페이지에 걸쳐 다루도록 하겠다.

# 마문드협곡에서 파슈툰족과의 전투

인도 국경에서 벌어진 작전은 그 자체로 하나의 놀라운 경험이었다. 그곳의 풍경과 주민들은 지구상 어디에서도 비슷한 모습을 찾을 수 없을 것이다. 협곡 옆 절벽은 사방으로 1,500미터 정도 가파르게 솟아 있었다. 기둥과 같은 지형들 사이에 난 골짜기를 따라 거대한 회랑의 미로를 천천히 기어 내려오다 보면 황동색 하늘 아래 눈 녹은 급류들이 만나서 맹렬하게 거품을 일으켰다. 부족들은 이렇게 멋들어진 원시의 아름다움 속에서 주위 환경과 조화를 이루며 살고 있었다. 파슈툰족은 수확기의 일시적인 휴전을 제외하고 항상 개인이나 부족 간 전쟁을 지속해 왔다. 그들은 부족의 모든 사람이 전사이자 정치가이며 신학자였다.

모든 가옥은 오로지 태양 빛으로만 구워 쌓은 봉건 시대의 요새처럼 만들어졌으며, 총안을 낸 흙벽과 망루, 탈출구, 측면 보루, 도개교 등을 완벽히 갖추고 있었다. 모든 마을에는 자체 방어 수단이 있었으며, 모든 가문들이 서로에게 복수를 하고 일족들은 서로 사이가 안 좋았다. 무수한 부족과 부족 연합 사이에는 서로 청산해야 할 빚이 있었다. 단 하나라도 잊는 법이 없었으며, 아무리 적은 빚이라도 갚지 않은 적이 없었다.

사회생활 측면에서 보면 수확기 휴전 협약과 더불어 대단히 엄격한 명예 규칙이 있었는데, 대체로 충실하게 지켜졌다. 그것을 제대로 알고 그대로만 지킨다면 국경의 한쪽 끝에서 다른 쪽 끝까지 비무장인 채로 지나갈 수 있지만, 조금이라도 벗어난 짓을 한다면 치명적인 결말을 볼 수 있었다. 이처럼 파슈툰인의 삶은 매우 흥미로웠다. 뜨겁게 내리쬐는 햇빛과 풍부한 강수량으로 인해 비옥해진 골짜기는 약간의 노동만으로 적은 인구가 필요로 하는 소량의 물자를 공급하기에 충분했다.

19세기가 되자 이 행복한 세상에 두 가지 새로운 사실이 알려졌는데, 바로 후장식 소총과 영국 정부가 그것이다. 전자는 엄청난 사치와 축복이었으나 후자는 순전히 골칫거리였다. 후장식 소총의 편리함은 연발식 소총만큼이나 인도 국경 고원 지대에서 많은 사랑을 받았다. 1,500미터 떨어진 곳에서 정확하게 사람을 죽일 수 있는 무기는 모든 가문과 일족에게 완전히 새로운 즐거움의 세계를 열어 주었다. 실제로 자신의 집에서 1.5킬로 정도 떨어진 이웃에게 총을 쏠 수 있게 된 것이다. 또 높은 바위산 위에 누워서 기다리다가 이제까지 전례가 없던 거리에서 말을 탄 사람을 쓰러뜨릴 수 있었다. 심지어 마을에서조차 자기 집에서 일부러 멀리까지 움직이는 수고를 할 필요 없이 서로 총질을 할 수 있었다.

따라서 과학이 만든 이 찬란한 발명품에 대해 터무니없는 가격이 매겨졌다. 소총 도둑이 인도 전역에서 활개치고 정직한 밀수업자들의 수고와 노력으로 소총 밀매는 더욱 활기를 띠었다. 모두가 탐을 내는 무기가 지속적으로 유입되자 국경 지역 일대에는 온기가 흘렀고, 기독교 문명에 대한 존경심마저 한층 높아질 정도였다.

반면 영국령 인도 정부의 조치는 전적으로 참을 수 없는 것이었다. 남쪽에서 올라온 이 거대한 조직은 계속 전진하고 흡수하면서 흥을 깨놓는 훼방꾼에 지나지 않았다. 만약 파슈툰인들이 평야 지역을 습격한다 해도 이는 금방 격퇴될―당연한 노릇이지만― 뿐이었다. 그 후에는 갖가지 간섭이 뒤따랐고, 그 사이 힘들게 협곡으로 올라온 토벌대가 부족민들을 꾸짖으면서 그들이 끼친 손해에 대해 가혹한 벌금을 물렸다. 토벌대와 파슈툰인이 한바탕 싸움을 벌이고 나면 이후에는 아무도 이 원정에 대해 신경 쓰지 않았다. 실제로 많은 경우 인도 정부가 오랫동안 고수했던 '부처 앤 볼트 정책'*이 바로 이런 방식이었다.

그러나 19세기 말이 되자 침입자들은 협곡과 협곡을 잇는 도로를 만들었고, 특히 치트랄로 가는 큰 도로를 만들기 시작했다. 그들은 도로의 치안을 유지하기 위해 요새를 지었고, 파슈툰인을 위협하거나 보조금을 지급하기도 했다. 보조금에 대해서는 별다른 반대는 없었다. 그러나 도로 건설 경향이 전반적으로 파슈툰인의 비위에 맞지 않았다. 길가에서는 조용히 있어야 했고 서로 쏘지 않아야 할 뿐 아니라 특히 길을 가는 여행자를 쏘아서는 안 된다는 것이었다. 그들에게는 너무 과다한 요구였다. 이후 일련의 전쟁은 모두 이 분쟁에서 비롯되었다.

*＊＊*

모만드 지방으로 진격하기 위해서는 마문드협곡 입구를 지나가야만 했다. 그곳은 폭이 거의 15킬로나 되는 접시 모양의 평야인데, 마문드인과 우리 사이에는 이제까지 어떠한 분쟁도 없었다. 파슈툰족에 속하는 마문드인의 악명은 이미 자자했기에 그들을 자극하지 않기 위해 세심한 주위를 기울였다. 하지만 햇빛을 가리기 위해 일렬로 아름답게 세워진 캠프와 야전병원 텐트에다 수많은 말, 낙타, 노새, 당나귀 등이 보이는 광경은 마문드인에게 있어 참을 수 없는 것들이었다.

한밤중 커다란 숙영지의 사각형 귀퉁이에서 반짝거리며 타는 모닥불은 인도 국경에서 나고 자란 파슈툰인들을 강하게 유혹하는 표적이었다. 해가 지자 선두 여단에 대한 사격이 일어났는데 큰 피해는 없었다. 몇 명이 부상을 입은 정도였다. 우리는 서둘러 촛불을 껐지만 빈돈 블러드 장군은 태연히 식사를 계속했다. 날이 밝자 우리는 마문드인의 무례를 눈감

＊ 19세기 후반 인도의 국경지역(현 파키스탄)에서 보복을 위해 벌였던 징벌적인 군사 작전.

아 주기로 하고 나와가이(Nawagai)로 진격했다.

그러자 부족민들은 더욱 흥분하기 시작했고, 이틀 후 제2여단이 도착했을 때에는 오래된 부싯돌 총에서 최신 소총까지 다양한 종류로 무장한 수백 명의 사람들이 세 시간 동안 아군과 동물이 모여 있는 곳을 향해 난사했다. 부대는 이미 주변에 얕은 구덩이를 파고 캠프 전체에 대피호를 준비해 놓았다. 그럼에도 불구하고 이 야습으로 인해 약 40명의 장교와 사병을 비롯해 많은 말과 짐을 끄는 동물들이 희생되었다.

이 보고를 받자마자 빈돈 블러드 장군은 즉각 보복을 명령했다. 제2여단장인 제프리스 장군은 다음날 마문드협곡으로 들어가서 흉포한 야만인들을 응징하라는 명령을 받았다. 징벌은 막다른 곳으로 이어지는 협곡을 따라 적을 추격하면서 모든 작물을 태우고 저수지를 부수고 시간이 되는 대로 많은 성곽을 폭파시켰으며, 그 과정에서 저항하는 사람들을 사살하라는 것이었다.

빈돈 블러드 장군이 내게 말했다.

"자네가 전투를 보고 싶다면 제프리스에게 가도 괜찮네."

나는 제2여단을 지원하기 위해 출동하는 벵골창기병대대에 합류하여 두 진지 사이의 15킬로나 되는 황폐한 지역을 조심스럽게 돌아가 해가 지기 전 제프리스 장군의 본부에 도착했다.

밤이 되자 탄환이 캠프로 날아들었다. 그러나 모든 인원은 호 안에 몸을 숨겼고 말과 노새도 단단하게 보호했다. 9월 16일 새벽에 벵골창기병대대를 선두로 여단 전체가 마문드협곡으로 진군한 후 넓은 지역으로 흩어졌다. 여단은 세 개의 부대로 나뉘어져 그들을 응징하기 위한 각자의 임무를 띠고 있었다. 총 인원은 1,200명이 넘지 않았기 때문에 얼마 지나지 않아 아군은 소수의 부대가 되었다. 나는 협곡 가장 깊은 곳까지 중앙으로 진격하는 임무를 받은 부대에 합류했다. 곧 기병대와 함께 말을 타고 출발했다.

우리 부대는 총 한 발도 쏘지 않고 계곡 끝에 있는 수원지에 도착했다. 마을과 평원은 똑같이 황량하게 버려져 있었다. 산기슭에 접근하자 원뿔 모양의 언덕에 작은 무리가 모여 있는 것이 망원경으로 보였다. 작은 무리에서 부족민이 칼을 빼들어 흔들자 햇빛에 반사되어 번쩍였다. 이 광경을 보고 모두 사기가 올랐고, 선두 부대는 원뿔 모양의 언덕 사정거리 안에 있는 작은 숲으로 빠르게 말을 몰아 들어갔다. 그리고 말에서 내린 후 15정의 카빈총으로 7백 미터 정도 떨어진 적을 향해 발포했다. 곧 언덕 이곳저곳에서도 자욱한 하얀 연기가 올라오더니 총탄이 숲속을 핑핑거리며 스쳐지나갔다.

치열한 접전은 거의 한 시간 정도 계속되었고, 한편에서는 보병들이 평야를 가로질러 점점 우리에게로 다가왔다. 보병들이 도착하자 제35시크연대의 1중대가 언덕을 향해 공격을 시작했다. 나머지 2개 중대는 왼쪽에 있는 긴 능선을 따라 산비탈에서 물결치는 옥수수 밭과 바위 사이에서 지붕만 간신히 보이는 마을을 향해 진격했다. 그동안 기병대는 평지에서 보병을 엄호하면서 여단장 휘하의 예비대대이자 주로 버프(Buff)라고 불리는 동켄트연대(East Kent Regiment)와 연락을 유지했다. 나도 제2중대를 따라 마을로 들어갔다. 원주민에게 말을 맡기고 보병들과 함께 산비탈을 오르기 시작했다.

날씨는 미친 듯이 더웠고, 자오선에 가까워진 태양이 어깨 위로 따갑게 내리꽂혔다. 약 한 시간 정도 옥수수 밭을 헤치며 빠져나온 뒤 돌부리에 걸려 비틀거리면서도 자갈이 깔린 좁은 길과 황량한 언덕을 따라 터벅터벅 올라갔다. 산 위쪽에서는 몇 발의 총성이 울릴 뿐, 그 외에는 완전히 정적에 휩싸여 있었다. 점점 올라가자 마문드협곡의 계란형 분지와 전체 풍경이 우리 뒤로 펼쳐져 있었다. 나는 이마에 흐르는 땀을 닦으며 바위에 걸터앉아 협곡을 내려다보았다.

벌써 11시가 다 되어가고 있었다. 제일 먼저 떠오른 것은 근처에 보이는 아군 병력이 없다는 것이었다. 800미터 정도 떨어진 먼발치에서 창기병 몇몇이 말에서 내리고 있고, 멀리 떨어져 아득히 보이는 산비탈에는 불타는 성채에서 옅은 연기가 기둥처럼 피어오르고 있었다. 도대체 아군은 어디에 있단 말인가? 불과 몇 시간 전에는 1,200명이 공격을 개시했는데, 이제 이 골짜기가 모두 집어삼켜 버렸다. 나는 망원경을 꺼내 평지를 수색했다. 흙으로 만든 마을과 성곽, 깊게 파인 수로, 반짝거리며 빛나는 저수지, 간간히 보이는 벨트 모양의 경작지와 듬성듬성 떨어져 있는 작은 덤불숲의 풍경이 톱니 모양의 절벽을 배경으로 아지랑이 속에서 반짝였다. 하지만 어디에도 영 — 인도 여단의 모습은 보이지 않았다.

그제야 비로소 우리가 아주 적은 병력이라는 것을 깨달았다. 여기에는 나를 포함해 다섯 명의 영국군 장교와 85명의 시크병들이 전부였다. 우리는 이 병력으로 가장 멀리 떨어진 마을을 응징하기 위해 이 무시무시한 마문드협곡의 정상을 향해 기어오르고 있었던 것이다. 나는 샌드허스트에서 경고한 '병력 분산'이라는 것을 그제서야 기억해 낼 만큼 신출내기 장교였다. 아침에 주력 부대가 진지에서 출발할 때 취했던 확실한 경계 태세와는 달리 이 보잘것없는 한 줌의 병력이 처한 현실은 너무 대조적이었다. 그러나 풋내기 바보처럼 나는 문제가 터지기만을 기다리고 있었다. 뭔가 흥분되는 일이 일어나기를 바랐고, 드디어 그렇게 됐다!

마침내 흙으로 만든 집 몇 채가 있는 마을에 이르렀다. 이곳 역시 다른 곳과 마찬가지로 텅 비어 있었다. 마을은 산 능선의 정상 부분에 위치해 있으며, 그 뒤에는 거대한 산맥과 이어지는 넓은 협지였다. 나는 한 명의 장교와 8명의 시크 병사들을 데리고 함께 마을 밖에서 산을 향해 엎드려 경계를 폈고, 나머지는 집을 수색하거나 집 뒤에 앉아 쉬었다. 15분이 지났지만 아무 일도 일어나지 않았다. 그때 중대장이 도착해서 부하 장교에게 말했다.

"우리는 철수할 거야. 마을 아래 언덕에 새로운 진지를 만들 때까지 후퇴하는 병사들을 엄호해 줘."

중대장은 덧붙여 말했다.

"버프연대는 오지 않을 것 같고 대령님은 우리가 여기에 있는 게 더 이상 안전하지 않다고 생각하신다."

이는 적절한 판단이었다. 다시 10분을 기다렸다. 그동안 우리는 아군을 볼 수 없었기 때문에 중대 본부가 마을 아래 언덕으로 철수하고 있다고 추측할 수밖에 없었다. 갑자기 산허리 부근에서 인기척이 느껴졌다. 바위 뒤에서 칼이 번쩍였고 여기저기서 밝은 깃발들이 펄럭였다. 우리의 정면에 있던 바위투성이 지형에서 대략 10여 개의 하얀 연기가 넓게 퍼지며 피어올랐다. 큰 폭발음이 가까이에서 들렸다. 300미터, 600미터, 900미터 높이의 바위산 위에서 하얀색과 푸른색의 형체가 나타나더니 원숭이가 나뭇가지를 타고 내려오듯 바위에서 바위를 건너며 산허리를 내려왔다. 날카로운 소리가 이곳저곳에서 울려 퍼졌다. 산비탈 전체가 연기에 휩싸였고 작은 형체들이 점점 우리를 향해 다가왔다.

8명의 시크 병사들은 각자 사격을 시작했고, 곧 사격 속도가 점점 빨라졌다. 적은 산비탈을 따라 계속 내려왔고, 우리가 있는 곳에서 백 미터 떨어진 바위에 수십 명이 모이기 시작했다. 이 상황이 사격하기에 아주 적절한 표적이라 옆에 엎드려 있는 시크 병사에게 마티니(Martini) 소총을 빌렸다. 그는 내게 실탄을 넘겨주는 것에 만족하는 것 같았다. 바위에 모여 있는 적들을 향해 조심스럽게 사격을 시작했다. 적의 많은 총알이 나를 스치며 지나갔지만 아주 납작하게 엎드려 있었기 때문에 피해는 없었다. 교전이 대략 5분 동안 지속되자 점차 격렬해졌다. 우리가 그렇게 기대하던 모험을 확실히 찾은 것이다. 그때 뒤에서 다급한 목소리가 들렸다. 대대 부관이었다.

"서둘러 후퇴해! 시간이 없다. 우리가 언덕에서 엄호한다!"

내가 총을 빌렸던 시크 병사는 바닥에 열 발 정도의 실탄을 놓아두었는데, 교전 수칙에 의하면 어떠한 일이 있어도 적들의 손에 탄약을 넘기면 안 된다. 시크 병사가 다소 흥분한 것 같아서 실탄을 하나하나 건네주자 그제야 탄주머니에 넣었다. 이것이 우리에게 행운을 가져다주었다. 나머지 부대원들이 몸을 일으켜 후퇴하려고 몸을 돌렸을 때 갑자기 바위 위에서 일제 사격이 시작되었고, 고함, 함성, 비명 소리가 울려 퍼졌다. 나는 잠시 동안 우리 병사들 중 대여섯 명이 다시 엎드렸다고 생각했다. 사실 그랬다. 하지만 2명이 죽고 3명이 부상당했던 것이다. 한 병사는 가슴에 관통상을 입고 피를 내뿜고 있었으며, 한 명은 누운 채로 땅을 걷어차고 몸을 비틀면서 고통스러워했다. 영국군 장교는 내 뒤에서 뒹굴고 있었다. 얼굴은 피투성이였고 오른쪽 눈알이 사라져 있었다. 그래! 이것이야말로 진짜 모험이다.

인도 국경에서는 어떤 부상자라도 남겨두고 떠나지 않는다는 게 명예가 걸린 철칙이었다. 파슈툰족은 전투 중에 사로잡힌 사람들에게 손이나 발을 무참히 절단한 후 간신히 살려두는 형벌을 가했다. 부관이 영국군 중위와 시크인 선임하사 그리고 두세 명의 병사를 데리고 돌아왔다. 우리는 부상자들을 붙잡고 언덕 아래로 내려갔다. 10~12명의 병사가 네 명의 부상자를 짊어지고 몇 채의 집을 지나자 은폐할 곳이 없는 넓은 공터가 나왔다.

이곳에서는 중대장이 대여섯 명의 병사를 거느리며 중대를 지휘하고 있었다. 그 너머 150미터 아래로 지원 부대가 지키고 있어야 할 언덕 어디에도 아군의 모습은 보이지 않았다! 아마 언덕 아래에 있을 것이다. 우리는 부상자들의 고통에 찬 비명에도 불구하고 그들을 재촉하며 끌고 내려왔다. 모두 부상자들을 운반하느라 우리의 뒤를 엄호해 줄 후위 부대도 없었다. 그래서 더 나쁜 상황이 올 수 있으리라 생각했다. 공터를 반쯤 건넜을 때 분노에 찬 20~30명의 사람들이 집 사이에서 튀어나와 미친 듯이 총을 쏘아대며 칼을 휘둘렀다.

그 뒤로는 어떤 일이 일어났는지 단편적으로만 기억할 뿐이다. 나와 같이 부상자를 나르던 두 명의 시크 병사 중 한 명이 종아리에 맞았다. 그는 고통으로 비명을 질렀고, 터번이 벗겨지면서 긴 검은 머리카락이 어깨 위로 흘러내렸다. 마치 비극 속의 골리워그(golliwog; 괴상한 모양의 흑인 인형) 같았다. 밑에서 두 명의 병사가 올라와 부상자를 건네받았다. 새로 온 장교와 나는 부상당한 시크 병사의 옷깃을 잡고 땅바닥으로 질질 끌었다. 다행히도 내리막길이었다. 아마도 날카로운 바위를 지나면서 억지로 질질 끌다 보니 고통이 심했는지 부상당한 시크 병사는 자기 혼자 가겠다고 부탁했다.

그는 절룩거리며 기어가다가 비틀거리며 넘어지기도 했지만 빠르게 내려왔다. 그렇게 탈출에 성공했다. 왼쪽을 돌아보니 총상 당한 부관을 네 명의 병사들이 옮기고 있었다. 부관은 상당히 덩치가 큰 사람이라 모두가 그 부관에게 매달리다시피 하고 있었다. 그때 갑자기 집 가장자리에서 검을 든 6명의 파슈툰족이 튀어나왔다. 이들이 달려들자 부관을 나르던 병사들은 그를 내팽개치고 도망쳤다. 제일 앞에서 달려오던 부족민은 쓰러진 부관을 향해 서너 번 칼로 내리찍었다.

이 순간 나는 모든 것을 잊고 오직 이 남자를 죽이겠다는 생각에 사로잡혔다. 나에게는 날이 잘 선 기병용 장검이 있었다. 또 기숙학교에서 펜싱 메달도 땄다. 그자와 검으로 결투를 벌이리라 마음먹었다. 그 야만인은 내가 달려가는 것을 보고 있었다. 거리는 채 20미터도 되지 않았다. 그는 커다란 돌을 집어서 내게 왼손으로 던지고는 검을 휘두르면서 나를 기다렸다. 그 뒤 멀지 않은 곳에는 다른 부족민들이 기다리고 있는 게 보였다. 곧 차가운 강철 검을 포기하고 리볼버를 꺼내 주의 깊게 조준하고 발사했다. 안 맞았다. 다시 쐈다. 안 맞았다. 또 쐈지만 맞았는지 안 맞았는지 알 수 없었다. 어쨌든 그는 2~3미터 뒤로 달려가다가 바위 뒤에 쓰러졌다.

일제 사격은 계속되었다. 주위를 둘러보니 아군은 보이지 않고 혼자 적과 맞서고 있었다. 나는 필사적으로 달렸다. 사방에 총알이 박혔고 간신히 처음의 그 언덕에 도착했다. 만세! 아래쪽에는 시크 병사들이 자리 잡고 있었다. 병사들은 격렬하게 손짓했고, 잠시 후 시크 병사들과 합류할 수 있었다. 평지에 도착하기까지는 여전히 1킬로 정도의 능선을 더 내려가야 했고, 우리 양쪽에는 다른 능선들이 아래쪽으로 뻗어 있었다. 적들은 그 위를 따라 우리의 퇴로를 차단하고자 양쪽에서 총을 쏘아댔다. 산기슭까지 내려가는 데 얼마의 시간이 걸렸는지 기억조차 나지 않았다. 하지만 모든 것이 아주 천천히, 그리고 주의 깊게 이루어졌다. 우리는 부상당한 장교 둘과 시크병 여섯 명을 데리고 왔다. 이들을 나르는 데 스무 명 정도가 필요했다. 결국 한 명의 장교를 비롯해 열두 명의 전사자와 부상자를 능선에 남겨두고 왔는데, 그들은 끔찍한 참살을 당했다.

이들을 나르는 동안 나는 전사한 병사의 마티니 소총과 탄약을 가지고 80~100미터 떨어진 왼쪽 산등성이의 적들에게 삼사십 발 정도를 가능한 신중하게 발사했다. 이런 경우 가장 어려운 것은 흥분하지 않는데도 숨이 턱 막히고 몸이 떨리는 것이다. 하지만 조준하지 않고 쏜 것은 한 발도 없다고 확신한다.

산기슭에 도착해서 멈췄을 때는 오합지졸의 모습이었지만 여전히 부상자를 데리고 왔다. 이곳에는 예비 중대가 있어서 중령이 몇 명의 전령을 통해 대대를 지휘하고 있었다. 부상자를 모두 내려놓은 후 생존자들은 어깨를 서로 맞대고 늘어섰다. 아마도 이삼백 명 정도 적들이 우리의 측면을 넓은 반달 모양으로 에워싼 듯했다. 백인 장교들이 시크병들을 밀집 대형으로 정렬시키기 위해 애쓰는 것이 보였다. 비록 이 대형이 적에게는 좋은 목표물이 되겠지만 그래도 흩어져 있는 것보다 훨씬 나았다. 적들도 모두 모여 있었고, 그들 역시 흥분으로 광란에 휩싸인 것 같았다.

중령이 내게 말했다.

"버프 연대가 800미터 정도 떨어진 곳에 있다. 서둘러서 그들에게 지원을 요청해라. 그렇지 않으면 우리는 전멸이다."

내가 명령을 수행하기 위해 몸을 반쯤 돌렸을 때 문득 묘안이 떠올랐다. 내 생각에 중대가 만약 압도당해 전멸하면 전령장교인 내가 사단장에게 달려가 패전을 보고하고 구원을 요청하는 유일한 생존자가 될 것이라고 생각했다.

"명령을 써주십시오."

나의 말에 중령은 놀란 표정을 짓긴 했으나 윗옷 주머니에서 수첩을 꺼내 적기 시작했다. 하지만 중대장은 시끄럽고 혼란한 와중에도 명령을 내리고 있었다. 우선 중대가 무턱대고 쏘아대는 사격을 중지시켰다. 그리고는 이렇게 명령하는 것을 들었다.

"일제 사격 준비! 발사!"

쾅 소리와 함께 십여 명의 적이 쓰러졌다. 세 번째 일제 사격을 날리자 적들은 산허리로 퇴각하기 시작했다. 나팔수가 '돌격' 신호를 불기 시작했다. 모두가 함성을 질렀다. 위기는 지나갔고 마침 버프연대의 선두 부대가 도착하자 하느님께 감사하지 않을 수 없었다.

그러고 나서 우리는 기뻐하며 점심을 먹었다. 하지만 밤이 되기 전까지 아직도 가야 할 길이 많았다.

***

 버프 연대가 도착했기 때문에 우리는 위신을 회복하고 부관의 시신을 되찾기 위해 어떤 일이 있더라도 능선을 다시 탈환하기로 결정했다. 이 작전은 오후 다섯 시에 끝났다. 한편 우리 오른쪽에서 산 정면으로 오른 제35시크연대의 다른 중대가 당한 피해는 더 참혹했다. 그들도 결국 평지로 내려왔지만 열두 명의 부상자를 냈고, 몇 명의 장교들과 약 열다섯 명의 병사들은 늑대의 먹이가 됐다. 저녁의 그림자가 협곡 위에 내려앉았고, 아침에 아무런 계획도 없이 흩트려 놓았던 모든 파견대는 날이 어두워지고 하늘에서 천둥과 번개가 치자 캠프로 발길을 돌렸다. 그 뒤를 야만적이고 한창 기세가 올라 날뛰는 적들이 바싹 따라오고 있었다.
 나는 버프연대와 큰 피해를 입은 제35시크연대와 함께 돌아왔다. 우리가 캠프를 둘러싼 참호로 들어왔을 때에는 이미 어두워져 있었다. 다른 부대들도 변변한 교전은 없었지만 만족스러운 전과를 얻지 못한 채 캠프로 돌아왔다. 하지만 장군은 어디에 있는가? 그리고 참모들은? 또 노새 포병대는 어디에 있는가?
 캠프 주변을 철저히 경계하면서 우리는 평소처럼 가랑비같이 쏟아져 내리는 적들의 사격 속에서 식사를 했다. 두 시간이 지났다. 장군은 어디에 있을까? 알려진 바에 의하면 장군은 포병대 외에 중대 병력의 절반 정도 되는 공병대와 약 10명의 백인 장교와 함께 있다고 했다. 갑자기 5킬로 정도 떨어진 곳에서 포성이 들렸다. 짧은 간격으로 20여 발의 포성이 들리더니 이내 조용해졌다. 무슨 일이 일어나고 있을까? 이 칠흑 같은 어둠 속에서 장군의 포병대는 어디를 향해 발포했을까? 분명히 가까운 곳에서 싸우고 있었다. 적들과 난전을 벌이고 있는 게 틀림없다. 아니면 저 포성은 구조를 요청하는 신호일까? 당장 그들을 구조하기 위해 출발해야 하나? 지원자는 부족하지 않았다.

곧 고위 장교들이 모이는 회의가 소집됐다. 상황이 악화되고 있을 때 격식 같은 것은 무시되기 마련이라 어느새 나도 그 회의에 끼어들었다. 야간에는 어떤 부대도 캠프를 벗어날 수 없다고 결정됐다. 무수한 함정과 장애물이 있는 칠흑같이 어두운 골짜기에 무리하게 구조대를 보냈다가 더 큰 재앙을 초래할 수도 있고, 만약 캠프가 공격당한다면 방어에 취약해질 수 있기 때문이다.

장군과 포병대는 어디에 있든지 해가 뜰 때까지 버텨야만 했다. 다시 골짜기에 포성이 울렸다. 아직은 전멸하지 않은 것 같았다. 나는 처음으로 전쟁에 의한 불안과 스트레스 그리고 혼란을 생생하게 맛볼 수 있었다. 그것은 분명 즐거운 모험 따위가 아니었다. 우리는 이미 위험에 처해 있었고 무슨 일이 일어날지 알 수 없었다.

날이 밝으면 벵골창기병 1개 중대가 보병대의 지원을 받으며 장군을 구조하기 위해 출동하기로 결정되었다. 자정이 넘은 시각이었다. 나는 몇 시간 동안 박차를 단 장화를 신은 채 깊은 잠에 빠져들었다.

날이 밝자 확 트인 협곡의 분지는 더 이상 두렵지 않았다. 우리는 장군과 포병대가 흙으로 지은 마을에 함께 모여 있는 것을 발견했다. 장군은 힘든 시간을 보냈는데, 머리에 부상을 입었지만 심각한 것은 아니었다. 날이 어두워지자 장군은 자기 부대를 마을로 들어가게 한 뒤 즉각 요새로 만들었다. 동시에 마문드인이 도착하자 밤새도록 집집마다 그리고 골목마다 흙으로 만든 미로에서 격렬한 전투가 벌어졌다.

적은 이곳 지리를 속속들이 알고 있었다. 즉 자신들의 안방에서 싸운 것이다. 방어하는 아군은 마을의 지리나 건물에 대해 아무것도 모른 채 캄캄한 어둠 속에서 자신들이 할 수 있는 모든 것에 필사적으로 매달렸다. 적은 벽을 뚫고 들어오거나 지붕을 뚫고 기어 들어와 총을 쏘고 긴 칼

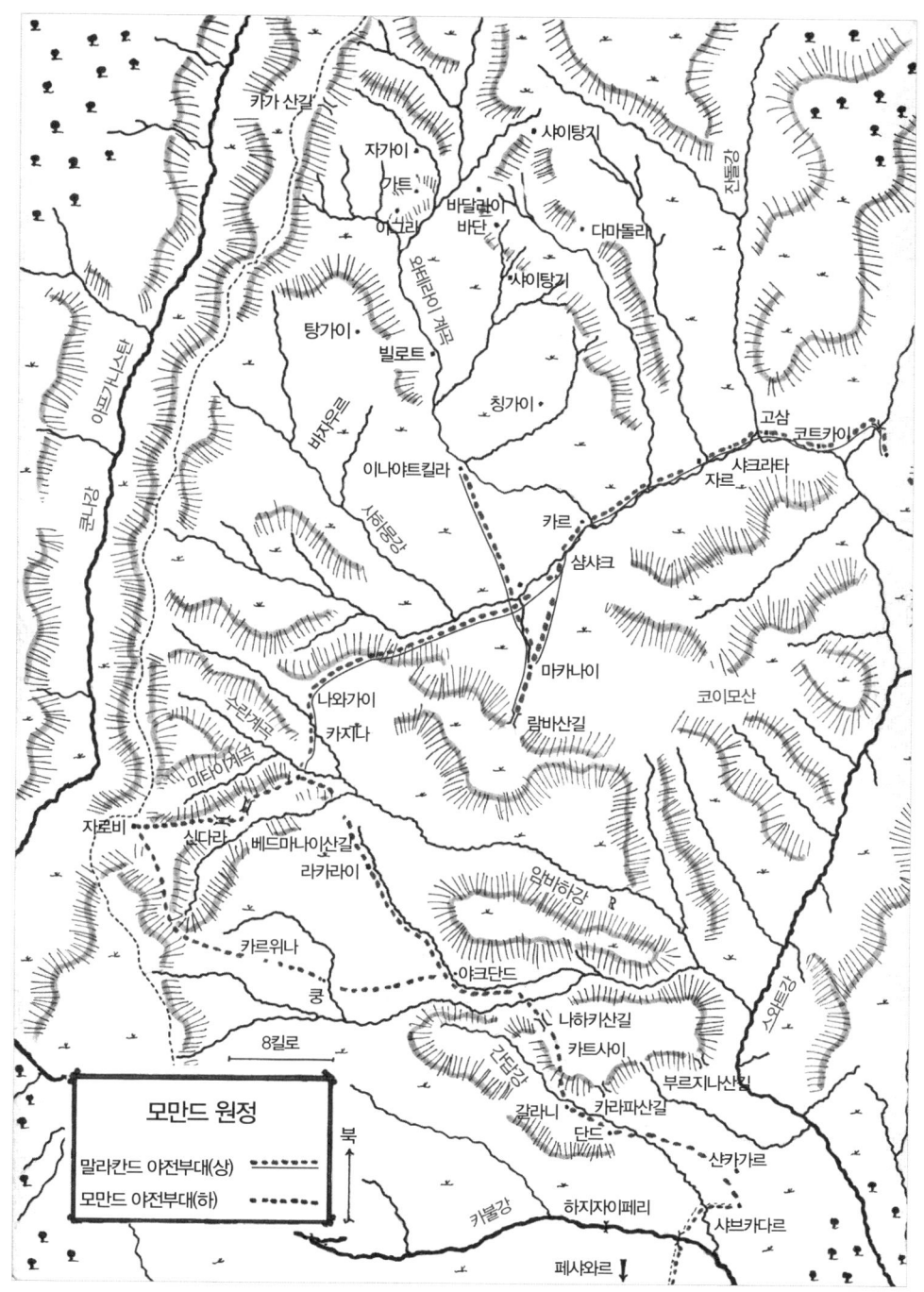

11장 | 마문드협곡에서 파슈툰족과의 전투

을 휘둘렀다. 미로처럼 좁은 골목길에서 벌어지는 전투였다. 서로 피아를 구분하기 힘들 정도로 치열한 근접전을 벌였으며, 2~3미터 앞에 권총을 든 적에게 대포를 발사할 정도였다. 열 명의 영국 장교 중 네 명이 부상을 입었다. 공병과 포병 가운데 삼분의 일이 사상자였고, 거의 모든 노새가 죽거나 피를 흘리고 있었다. 살아남은 장교들의 초췌한 얼굴이 우울한 아침 풍경을 더욱 어둡게 했다. 그러나 이제 모든 것이 끝났다. 우리는 다친 노새를 사살하고 아침을 먹었다.

우리가 캠프로 돌아왔을 때 장군은 일광반사신호기(heliograph)로 산꼭대기에서 나와가이의 빈돈 블러드 장군과 연락했다. 빈돈 블러드 장군과 제1여단도 전날 밤 강력한 공격을 받아 수백 마리의 동물과 20~30명 정도의 병력을 잃은 것 외에 다른 큰 피해는 없었다. 빈돈 블러드 장군은 우리가 마문드협곡에 남아 적들에게 보복하고 그 일대를 초토화시키라고 명령했다. 우리는 엄중히 경계하면서 그 명령을 수행했다. 마을과 마을마다 찾아다니면서 집을 부수고, 우물을 메우고, 탑에 불을 지르고, 큰 나무들을 베어내고, 작물을 태우고, 저수지를 무너뜨리면서 조직적인 초토화 전술을 벌였다.

마을이 평야 지대에 있는 한 수월했다. 부족민들은 산 위에서 그들의 집과 생계 수단이 파괴되는 것을 그저 지켜볼 수밖에 없었다. 그러나 우리가 산중턱의 마을을 공격할 때에는 사납게 저항했고, 한 마을마다 두세 명의 영국군 장교와 15~20명의 원주민 병사들을 잃었다. 과연 그럴 만한 가치가 있는지 모르겠다. 어쨌든 2주일 만에 계곡은 황폐해졌고 제국은 위신을 세웠다.

# 12장

## 티라 원정군에 합류하다

9월 16일 아군의 손실로 인해 부대는 재편성을 단행했고, 나는 긴급 조치를 받아 제31펀자브보병연대 소속이 되었다. 대령이 지휘하는 이 부대에서 백인 장교가 세 명밖에 남지 않았기 때문이었다. 내가 전시나 평시에 공식적으로 근무한 부대는 제4경기병연대, 제31펀자브보병연대, 제21창기병연대, 남아프리카경기병연대, 옥스퍼드주기마의용대, 제2근위보병연대, 왕립스코틀랜드보병연대 끝으로 옥스퍼드주포병대에서 연대장교로 복무했다. 아시아, 아프리카, 유럽에서 각 부대의 상황은 제각기 달랐으나 이 펀자브보병연대가 제일 특이했다.

비록 나는 기병 장교였지만 샌드허스트에서 보병 훈련을 받았기 때문에 스스로도 어떤 소규모 작전이나 중요한 작전까지 수행할 수 있을 정도로 유능하다고 생각했다. 그러나 언어가 가장 심각한 문제였다. 장교가 부족했기 때문에 부득이하게 나의 지휘를 받게 된 원주민 병사들과 대화를 거의 할 수 없었다. 대부분의 경우 신호나 몸짓, 발짓으로 소통해야만 했다. 세 가지 단어만 할 수 있었는데, 그것은 '마로(죽여라)' '찰로(타라)' 그리고 '탈리 호(준비하라)'였다. 이러한 상황에서는 훈련 교범에 나온 것처럼 중대 지휘관과 부하들 사이에 친밀한 관계가 생긴다고 말하기는 힘들었다.

비록 대단하지는 않지만 서너 번의 교전을 큰 사고 없이 무사히 치를 수 있었다. 그럼에도 불구하고 함께 싸운 일부 병사들에게는 참으로 교훈적이고 흥미로운 것이었다. 내가 그들의 사기를 고취시키는 데 큰 영향을 끼쳤을 것이라고 생각한다.

비록 그 병사들의 생각과 감정 속으로 충분히 빠져들지 못했지만, 펀자브인에 대한 관심을 갖게 되었다. 병사들은 싸움 중에 백인 장교가 곁에 있는 것을 좋아하는 게 분명했다. 그리고 상황이 어떻게 돌아가는지 장교를 주의 깊게 쳐다보았다. 내가 웃으면 병사들도 웃었다. 그래서 나는 되도록 웃었다. 그동안 나는 편지와 전보로 이 전장의 상황을 「파이어니어」와 「데일리 텔레그래프」에 보냈다. 나는 이제 말라칸드 야전군 소속이 되어 협곡 이곳저곳을 돌아다닐 수 있으리라 기대했다.

그러나 작전의 성격이 바뀌었다. 9월 16일 전투에 대한 소식은 부족민들 사이에 널리 퍼져서 마문드인이 큰 승리를 거둔 것으로 알려졌다. 그들은 아군 사상자 수를 과장하고 아군의 공격도 예정된 계획에 따라 진행된 것이라고 주장했다. 우리도 같은 주장을 했지만 그들은 우리 신문을 읽지 않았다. 국경 지역 일대가 흥분에 휩싸여 전운이 감돌기 시작했고, 9월 말이 되자 더 강력한 아프리디족(Afridis)이 반란에 가담했다.

아프리디족은 카이바르(Khyber) 고개 동쪽과 페샤와르 북쪽 지방의 거대한 산악 지방인 티라(Tirah)에 살고 있었다. 티라의 산악 지형은 말라칸드의 산들보다 높고 험했으며, 게다가 계곡의 바닥면은 평평하지 않고 V자형이었다. 이것이 그곳에 사는 부족민들에게는 커다란 장점이지만 정규군에게는 매우 불리한 것이었다. 티라 한가운데에도 마문드협곡 같은 평평한 평야 지대가 있긴 하지만 그곳으로 가기 위해서는 훨씬 크고 높은 절벽 지대를 통과하는 V자형 협곡을 지나야만 했다. 이곳을 티라 마이단(Maidan)이라 부르는데, 햄프턴 코트 궁전의 관목 울타리로 된 미로와 달리 산으로 둘러싸인 미로의 중심지라고 생각할 수 있겠다.

영국령 인도 정부는 심사숙고 끝에 티라 마이단으로 군대를 파견하기로 결정했다. 이곳은 아프리디족의 곡창 지대이자 목초지이며, 주민 대다수가 거주하는 곳이었다. 이곳을 파괴하면 부족민들은 혹한의 겨울에 여자와 아이들을 데리고 더 깊은 산속으로 달아날 수밖에 없으며, 그들은

인도와 아프가니스탄 국경의 전략적 요충지인 산악 지역에 거주하던 아프리디족은 외세에 호전적이었으며, 3차에 걸친 영국-아프간 전쟁에서 영국과 맞서 싸우기도 했고, 다른 아프리디족은 보조금을 받고 영국군과 협력하거나 영국군 산하 소총부대에서 복무하기도 했다.

분명 심각한 고난을 겪을 것이다. 이 징벌 작전을 위해 각각 세 개 여단으로 구성된 두 개 사단 3만 5천 명과 통신선과 기지를 지키기 위한 대규모 병력이 필요할 것이다.

이에 따라 군대가 즉각 소집되었고, 티라 침공을 위해 페샤와르와 코하트(Kohat)에 집결했다. 이때까지 어떠한 부대도 마이단 지역에 가 본 적이 없었다. 이 작전은 아프간 전쟁 이후 국경 지대에서 발생한 가장 심각한 분쟁으로 간주되었고, 지휘관에는 가장 탁월한 능력과 경험을 가진 장군으로 유명한 윌리엄 록하트(William Lockhart) 경이 임명되었다. 반면 빈돈 블러드 장군은 말라칸드 지역에서 부족들을 견제하는 임무를 담당하게 되었다.

우리의 공세적인 작전은 결국 끝이 났고, 동시에 연대의 빈자리를 채우기 위해 펀자브에 있던 예비대에서 백인 장교들이 왔다. 그래서 나는 눈을 돌려 티라 원정군에 합류하기 위해 여기저기 알아보았다. 하지만 원정군 고위직에는 아는 사람이 한 명도 없었다. 이언 해밀턴 대령이 여단장으로 임명되면 분명 나를 도와줄 수 있을지 모른다. 허나 불행히도 코하트 고갯길을 지나가는 도중 말에서 떨어져 다리가 부러졌다고 했다. 따라서 여단의 지휘권은 다른 사람에게 넘어갔고, 대령 또한 이번 작전에서 배제되어 매우 낙심한 상태였다. 이처럼 당시 나는 한쪽 부대에서 떠나야 하고 다른 부대에는 들어갈 수 없는 난감한 상태에 처했는데, 설상가상으로 인도 남부에서 우리 연대장이 복귀를 압박하기 시작했다. 빈돈 블러드 장군의 선의에도 불구하고 나는 두 마리 토끼를 쫓다가 다 놓치고 결국 방갈로르로 돌아왔다.

내가 돌아오자 동료 장교들이 정중하게 맞이해 주었다. 이미 충분한 휴가를 보냈기에 이제는 일상적인 근무에 매진해야 할 때라는 것이 모두의 생각이었다. 연대는 가을 훈련으로 바빴고 막 기동 연습을 시작했다. 마문드협곡에서 빗발치듯 날아가는 총소리를 들은 지 채 2주일도 못 되어 3,200킬로 떨어진 이곳에서 모의 전투를 하며 공포탄 소리를 듣고 있는 내 자신이 낯설게 느껴졌다. 사방에서 총소리가 나는데 아무도 머리를 숙이거나 몸을 숨기려 하지 않는 것이 매우 낯설었다.

이와 별개로 일상생활에는 조금도 변화가 없었다. 목이 탈만큼 뜨겁고 매일매일은 행군과 야영의 연속이었다. 아름다운 나라, 마이소르, 멋진 나무들과 수많은 저수지가 있는 곳! 우리는 금광으로 유명할 뿐 아니라 마치 불타는 듯한 진홍색 나뭇잎으로 우거진 숲이 있는 거대한 난디드루그(Nandydoorg)산을 돌아다녔다.

불평할 것은 딱히 없지만, 몇 달에 걸쳐서 티라 작전에 대한 신문 기사들을 부러운 눈으로 읽었다. 두 개 사단이 산악 지역으로 뛰어 들어가 수많은 전투가 벌어졌다. 당시로서는 꽤 많은 사상자를 낸 다음, 마침내 분지라고 불리는 티라 중부 평야에 도착했다. 다음에 취할 행동은 승리의 기쁨을 뒤로하고 겨울이 되어 최악의 상황이 오기 전에 서둘러 되돌아오는 것이었다. 그들은 즉시 이동했지만 이미 너무 늦었다. 분노와 승리의 기쁨에 찬 아프리디족은 강바닥을 따라 힘들게 내려가는 아군 부대의 긴 행렬을 향해 산등성이에서 정확하고 치명적인 사격을 가하며 쫓아오고 있었다. 부대는 행군할 때마다 열 번에서 열두 번씩 얼음장처럼 차가운 물을 건너야만 했다.

바라(Bara)계곡으로 후퇴하던 제2사단의 혼란은 극에 달했고, 수백 명의 병사와 수천 마리의 동물이 총에 맞아 쓰러졌다. 사실 개인적으로 들은 바에 의하면 토벌대가 승리를 거둔 뒤의 전략적인 후퇴라기보다 패주에 가까웠다.

누가 징벌을 받고 누가 대가를 지불했는지 명백했다. 3만 5천 명의 군대가 아프리디족을 사냥하고 또 사냥 당하던 두 달 동안 협곡 주변의 통신선을 지키는 데에만 2만 명의 병력이 동원되었다. 이 돈을 루피로 환산한다면 그야말로 끔찍할 정도의 금액이었다. 콜카타에서 잘난 체하던 자들은 눈살을 찌푸렸고, 영국에서는 야당인 자유당의 비난 수위가 더욱 높아졌다.

나는 티라 원정군의 불행에 대해 울다 지쳐 잠이 들 정도로 안타까워하진 않았다. 결국 나를 이 원정에 참여하지 못하게 한 그들의 이기심 때문에 벌어진 일이었다. 봄이 되면 다시 원정이 시작될 것이라고 생각했기에 그들에게 합류하기 위해 두 배로 노력했다. 어머니도 힘이 닿는 데까지 협력해 주었다. 내 생각에 어머니가 해결하지 못할 것은 없는 것 같았다. 아들의 요청에 따라 어머니는 울즐리(Wolseley) 경과 로버츠(Roberts) 경을 공략했다. 그러나 이 요새는 완강하게 저항했다. 로버츠 경은 이렇게 썼다.

저는 기꺼이 부인의 아드님을 위해 도울 것입니다. 그러나 조지 화이트 경이 모든 것을 관장하기 때문에 제가 록하트 장군에게 연락을 해도 소용없을 것입니다. 그리고 화이트 경의 입장에서는 윈스턴이 이미 말라칸드 토벌에서 블러드 장군 휘하의 장교로 복무한 적이 있기 때문에 장군의 참모로 근무하는 것에 대해 반대하고 있습니다. 또 티라 야전군에 파견되는 것에 동의하지 않을 것이라고 확신합니다.

게다가 제가 조지 화이트 경에게 전보를 보낸다면 상황을 더욱 어렵게 만들 것입니다.

한편 나는 방갈로르수비대에 묶여 있었다. 그러나 크리스마스에 열흘간 휴가를 얻기는 쉬웠다. 열흘은 그리 길지 않은 시간이지만 국경으로 갔다가 돌아올 수 있을 만큼 시간적 여유는 충분했다. 하지만 미리 사전 작업을 하지 않고 야전군 사령부에 가서는 안 된다는 사실쯤은 알고 있었다. 군 조직은 고양이 같아서 발톱을 피하는 방법을 안다면 너무나 사랑스러운 동물이지만 또 흥분하거나 귀찮게 하면 다루기 힘들어진다. 일단 한 번 틀어지면 원상 복구시키는 것도 매우 어려워진다.

그래서 바로 국경으로 가기보다 콜카타로 가서 영국령 인도 정부를 통해 전선으로 갈 수 있도록 교섭해 줄 것을 요청하기로 결정했다. 당시 기차를 타고 방갈로르에서 콜카타로 가는 데 사흘 반 정도가 걸렸다. 그리고 돌아오는 데에도 같은 시간이 걸린다 치면 60시간 안에 모든 중요한 용무를 마쳐야 했다. 총독 엘긴(Elgin) 경은 적당한 소개장이 있으면 젊은 장교들에게 크게 환대를 베푸는 사람으로, 나중에 이 사람 밑에서 식민성 차관을 지냈다. 나는 훌륭한 대접을 받았다. 게다가 말을 잘 타기 때문에 콜카타수비대가 2주마다 여는 '포인트 투 포인트' 경주에 나가 우승을 차지했다. 모든 것이 잘 되고 있었지만, 정작 중요한 일은 진전이 없었다.

　물론 여기에 오기까지 내가 가진 모든 수단을 사용했고, 내가 만날 수 있는 고위 인사들에게서 이런저런 충고도 들었다. 그들은 입을 모아 부관참모와 담판을 짓는 것이 최선의 방법이라고 했다. 부관참모는 내게 매우 불쾌하게 대했는데 다행스럽게도 이름이 생각나지 않는다. 그가 승낙하면 할 수 있고 거부하면 아무것도 할 수 없었다. 그의 사무실을 찾아가 면담을 요청했다. 부관참모는 단칼에 면담을 거절했고, 원정 참가도 가망이 없다는 것을 깨달았다.

　지난 이틀 동안 점심과 저녁 식사에서 만난 군 고위 장교들은 얄궂게도 즐거워하는 분위기였다. 그들은 내가 무슨 일을 벌이고 어떤 답변을 듣게 될지 모두 알고 있었다. 조지 화이트(George White) 총사령관부터 그 밑에 있는 모든 사람들이 내게 정중하게 대해 주었지만, 그들의 호의는

티라 원정(Tirah Expedition)은 인도 국경에서 1897~1898년 사이에 벌어진 군사 작전이다. 파키스탄 산악 지역인 티라에서 영국의 보조금을 받던 카이바르 소총연대의 아프리디족이 반란을 일으키자 원정군이 카이바르 요새를 점령하고 항복을 받아냈다.

이 원정 참가 문제에 대해 더 이상 언급하지 않는 게 좋겠다는 암시가 분명해 보였다. 어쩔 수 없이 60시간이 지나자 허둥지둥 기차에 올라 방갈로르로 돌아와야만 했다.

겨울 동안 나는 처음으로 책을 썼다. 전에 「데일리 텔레그래프」에 실린 내 기사에 대한 반응이 좋다는 것을 알고 있었다. 익명으로 단지 "젊은 장교로부터"라고 써서 보냈는데 많은 관심을 받았다. 「파이어니어」도 마찬가지로 칭찬을 아끼지 않았다. 이 원고들을 토대로 조그만 문학적 일가를 세우기로 결심했다. 핀캐슬 경도 원정대 이야기를 쓰고 있다고 친구들이 귀띔해 주었다. 이리하여 어느 쪽이 먼저 쓰게 될지 경주가 펼쳐졌다. 나는 곧 글쓰기에 진정한 재미를 느끼게 되었고, 종종 낮잠과 카드놀이를 하면서도 매일 서너 시간씩 꾸준하게 작업했다. 원고는 크리스마스가 지나자 완성되었다. 어머니에게 원고를 보내 사 줄 만한 출판사가 있는지 알아봐달라고 부탁했다. 어머니는 롱맨(Longmans)에서 출판하도록 주선해 주었다.

글쓰기에 습관이 붙자 이번에는 소설에 손을 대기 시작했다. 장편 소설에 도전했는데, 쓰다 보니 사건을 정확하게 기록해야 하는 연대기보다 더 빠르게 쓸 수 있다는 것을 알게 되었다. 일단 쓰기 시작하면 이야기는 저절로 흘러갔다. 나는 발칸반도나 남미의 공화국에서 일어난 반란을 주제로 어떤 정부를 전복시킨 한 자유주의 지도자가 사회주의 혁명에 휘말린다는 내용이었다. 동료 장교들은 이 이야기를 아주 재미있어 하면서 자극적인 연애 이야기도 넣어 보라는 조언을 아낌없이 해줬지만 그렇게 하지는 않았다.

소설에서는 전투와 정치에 대한 이야기가 가득했고 사이사이에 내가 쓸 수 있을 만큼의 철학적인 내용도 넣었다. 마지막에는 반란이 일어난 수도를 진압하기 위해 다라다넬스해협 같은 곳에 강철 함대가 나타나는 것으로 대단원의 막을 장식했다. 이 소설은 약 두 달 만에 완성되었다. 마침내 「맥밀런 매거진(Macmillan's Magazine)」에 "사브롤라(Savrola)"라는 제목으로 실리게 되었고, 여러 번의 중쇄와 재판을 거듭하면서 약 700파운드의 인세를 받게 해 주었다. 하지만 친구들에게는 끊임없이 제발 그 책만큼은 읽지 말아달라고 신신당부하고 있다.

한편 국경에서의 전쟁에 대한 책도 출간되었다. 교정지를 인도로 보내면 출간이 두 달이나 늦어지기 때문에 훌륭하고 준비된 작가라 할 수 있는 삼촌에게 교정을 부탁했다. 그러나 어찌된 일인지 충격적으로 오탈자가 많았고 구두점조차 제대로 수정되지 않았다. 그럼에도 불구하고 『말라칸드 야전군』은 순식간에 큰 성공을 거두었다. 평론가들은 오탈자에 대해 비꼬면서도 앞다투어 칭찬했다. 출판된 책과 서평 묶음이 도착했을 때 많은 칭찬에 자부심과 기쁨으로 벅차올랐지만, 수많은 오탈자에 깜짝 놀라고 말았다.

독자들은 내가 지금까지 칭찬을 받아 본 적이 없다는 것을 기억해 주기 바란다. 학교에서 받았던 평가는 대부분 '무관심' '지저분한' '그저 대충' '나쁜' '매우 나쁜' 등이었다. 이제는 온 세상이, 대표적인 문필가와 까칠하고 똑똑한 평론가들이 나를 찬양하는 기사를 써 주고 있었다. 사실 지금도 조금 낯 뜨겁긴 하지만, 나의 '스타일'에 대한 찬사들을 여기에 옮겨 보겠다.

문학잡지 「아테네움(The Athenaeum)」에서는 '네이피어(Napier)의 페이지에는 미친 인쇄공이 구두점을 찍은 모양이다'라고 혹평했다. 다른 내용은 칭찬이 대부분이었다. 「파이어니어」는 '나이를 훌쩍 넘어서는 지혜와 이해'라고 평했다. 그래 바로 이거야! 나는 흥분했다. 만약 이것이 진정 합격이라면 소재를 모으는 것은 얼마든지 충분했고, 내 앞에 화려하게 펼쳐진 나만의 생계 수단이 될 것임을 느꼈다. 이 작은 책조차 하급 장교의 2년 치 급여를 몇 달 만에 벌게 해줬다. 따라서 지금 세계 곳곳에서 벌어지는 전쟁이 끝나는 대로, 그리고 폴로 우승컵을 획득하는 즉시 일체의 규율과 권위에서 벗어나 누구도 내게 명령을 내리는 일이 없고 벨소리나 나팔 소리에 일어날 일이 없는 완전한 독립생활을 영국에서 보내기로 결심했다.

여기 내가 받은 편지 중 더할 나위 없이 큰 기쁨을 안겨 준 편지를 소개한다. 당시 왕세자이자 훗날 에드워드 7세가 평상시 젊은 친구들에게 보여준 친절과 배려가 고스란히 담겨 있다.

말버러하우스, 1898년 4월 22일

친애한 윈스턴

자네 책의 성공을 축하하기 위해 불현듯 몇 줄을 써 보내야겠다는 생각이 들었네! 자네의 책에 큰 관심을 가지고 읽었지. 특히 책 속에 담긴 묘사와 문체가 매우 훌륭하더군. 다들 자네 책을 읽고 있는데, 내 귀에는 칭찬밖에 들리지 않는다네. 이제 실전을 경험한 이상 자네는 더 많은 것을 보고 싶을 것이고, 핀캐슬이 그랬던 것처럼 언젠가 자네도 빅토리아 훈장을 받을 수 있는 귀중한 기회가 올 것이네. 하지만 나는 자네가 핀캐슬처럼 의회에 들어가기 위해 군대를 떠나지 않기를 바라네. 자네는 아직 시간이 충분하니 군에 더욱 충실하고 MP(Member of Parliament; 국회의원) 칭호는 천천히 달아도 괜찮을 것이네.

진심을 담아<br>A.E로부터

그 뒤 3월 중순 연대 폴로 팀이 연례 기병 대회에 나가기 전까지 더 이상 휴가는 없었다. 나는 운 좋게도 팀에 낄 수 있어서 곧 경기가 열리게 될 거대한 주둔지 메루트(Meerut)로 갔다. 나는 의심할 여지없이 우리 팀이 이번 경기에 참가한 모든 팀 가운데 두 번째로 강한 팀이라고 예상했다. 우리는 기병 컵에서 우승한 적이 있는 유일한 보병연대로, 그 유명한 더럼(Durham)경보병연대에 패했다. 이제까지 그 팀은 한 번도 진 적이 없었다. 모든 정예 연대가 그들 앞에서 무너졌고, 최고의 인도인 팀들도 비슷한 운명을 맞이했다. 골콘다 팀과 라지푸타나(Rajputana) 팀의 엄청난 부와 마하라자의 자존심도, 뛰어난 기량의 선수들도 이 무적의 보병대 앞에서는 가볍게 쓸려나갔다. 인도 폴로계에서 그 부대에게 필적할 만한 기록을 가진 팀은 없었다.

더럼경보병연대의 업적은 오직 한 사람의 두뇌와 의지 때문이었다. 후에 갈리폴리와 서부 전선에서 군단장으로 이름을 널리 알린 드 리슬레(de Lisle) 대위가 조직하고 훈련시킨 팀은 인도 전역을 4년 동안 지배해왔다. 우리는 대위에게 인도에서의 마지막 폴로 경력을 더욱 환하게 밝혀 줄 제물이 되어 주었다.

메루트는 방갈로르에서 2,000킬로 북쪽에 있지만 여전히 전선에서는 1,000킬로 이상 떨어져 있었다. 우리 팀의 휴가는 대회 결승전을 마치고 사흘이 지나면 끝난다. 기차를 타면 정확히 사흘 걸려 방갈로르로 돌아갈 수 있기 때문이다. 반면 페샤와르의 전선으로 가기 위해서는 하루 반나절의 시간이 필요했다.

나는 매우 절박한 상태였기 때문에 위험한 도박을 해보기로 결심했다. 이언 해밀턴 대령은 부상에서 회복되어 티라로 돌아가 다시 자신의 여단을 지휘하고 있었다. 대령은 군 내부에서 평판이 좋았고 조지 화이트 경과는 전부터 전우이자 친구 사이였으며, 윌리엄 록하트 경과도 친밀한 관계였다. 나도 이언 해밀턴 대령과 오랫동안 편지를 주고받으며 친밀한 관계를 유지했고, 대령 또한 내게 여러 가지 지원을 아끼지 않았다.

대령이 알려준 소식은 그다지 신통치 않았다. 원정군에는 빈자리가 수두룩했지만, 모든 임명을 콜카타의 부관부에서 감독한다고 했다. 단 한 가지 예외가 있다면 윌리엄 록하트 경의 개인 참모진은 직접 임명했다. 그러나 개인적으로 윌리엄 록하트 경을 알지 못했고, 내가 기억하기로 아버지와 어머니도 그와 친분 관계가 없었다.

어떻게 하면 록하트 경에게 접근할 수 있을까? 만약 접근하더라도 두세 자리밖에 없지만 모든 사람들이 탐내는 하급 참모 자리에 나를 임명하도록 설득할 수 있을까? 게다가 그의 참모는 이미 다 차 있었다. 반면에 이언 해밀턴 대령은 내가 위험을 무릅쓰는 것에 대해 찬성했다. "내가 할 수 있는 한 최대한 힘을 써 보겠네"라고 답장을 주었다.

> 총사령관 밑에는 나와 함께 고든하이랜더(Gordon Highlanders)연대에서 근무한 홀데인(Haldane)이라는 부관이 있네. 그가 인사에 막강한 영향력을 행사한다네. 사실 육군 내부에서도 꽤 많은 힘을 가지고 있지. 만약 자네가 그 부관의 마음을 사로잡는다면 모든 일이 잘 풀릴 것이네. 내가 사전 준비를 해두었으니 자네에게 호감을 갖고 있지 않더라도 적대적으로 대하진 않을 걸세. 만약 이곳에 온다면 자네의 고집과 설득력으로 어쩌면 일이 잘 풀리지도 모르네.

우리가 토너먼트 준결승전에서 패한 다음날 아침에 온 편지의 요지는 그랬다. 즉시 남과 북으로 향하는 기차 편을 알아보았다. 휴가 기간 안에 북쪽 페샤와르까지 하루 반나절을 가서 몇 시간을 보낸 후 다시 남쪽으로 나흘 반을 달려 부대로 복귀하는 것은 도저히 불가능해 보였다. 요컨대 내가 북쪽으로 가서 전선에서 활동할 직책을 얻지 못한다면 휴가 시간을 48시간이나 넘길 수밖에 없는 상황이었다.

그렇게 되면 군법을 위반한 대가로 처벌을 받게 될 것이다. 일반적인 경우 전보로 휴가 연장을 신청하면 간단히 처리되겠지만, 전선으로 가려는 계획이 연대에 알려진다면 분명 휴가 연장이 아닌 즉시 귀환 명령이 떨어질 게 분명했다. 그럼에도 불구하고 나는 이 기회를 잡기 위해 페샤와르로 출발했다.

이른 아침 상쾌한 공기 속에서 떨리는 가슴으로 윌리엄 록하트 경의 사령부로 가서 부관에게 내 이름을 밝혔다. 곧 무시무시한 홀데인이 왔다. 그다지 친절하지는 않았지만 분명 관심을 가지고 있으며, 아직 결정을 내리지 못한 듯 보였다. 내가 무슨 말을 했는지, 어떻게 내 사정을 설명했는지 기억나지는 않지만 과녁의 한복판을 맞춘 게 분명했다. 홀데인 대위는 대략 30분 정도 인근에 있는 자갈길을 왔다갔다하더니 말했다.

"그럼 내가 총사령관께 가서 말씀드려 보지."

그가 자리를 떠나자 혼자 자갈길을 왔다갔다했다. 그러나 오래 걸리지 않았다.

"윌리엄 경께서 자네를 장군 참모부 소속 전령 장교로 추가 임명하셨다. 즉시 임무를 시작하도록 조치를 취하지. 또 지금 인도 정부를 통해 자네 연대에 연락하고 있네."

그러자 모두가 탐탁해 마지않던 꼴사나운 처지에서 이제는 어엿한 일개 참모로 바뀌었다. 참모 장교를 뜻하는 빨간 표시가 군복 외투 옷깃에 달리고 임명이 관보에 실렸다. 먼 방갈로르에서 말과 시종이 왔고, 장군의 최측근인 대위를 보좌하는 개인 수행원이 되었다. 사십 년 동안 국경 구석구석을 다니면서 전쟁을 치른 이 매력적이고 뛰어난 장군의 일상적인 대화를 듣는 재미와 즐거움이 있었고, 장군이 지휘하는 어느 부대를 가더라도 웃는 얼굴로 맞이해 주었다.

첫 두 주 동안은 내 나이와 하급 장교라는 신분에 맞게 행동했으며, 그에 걸맞는 대접을 받았다. 식사할 때에는 잠자코 있거나 눈치 있게 질문하는 정도였다. 그러나 윌리엄 록하트 경의 참모들 사이에서 내 위치가 달라질 만한 사건이 일어났다.

홀데인 대위는 매일 산책할 때마다 나를 데리고 가곤 했는데, 우리는 이내 친해졌다. 대위는 나에게 장군과 참모들에 대한 많은 것, 즉 내부에서 바라본 군대와 작전에 대한 이야기를 해 주었는데, 나를 비롯해 많은 사람들이 잘 알지 못하는 일이 벌어지고 있음을 알게 되었다. 하루는 대위가 영국으로 쫓겨난 한 신문사 특파원이 「포트나이틀리 리뷰(Fortnightly Review)」에 티라 원정대가 벌인 작전을 부당하게 비난하고 악의에 찬 기사를 실었다고 말했다.

총사령부 참모들은 이 기사로 인해 큰 상처를 받았다. 훗날 영국군 최고 지휘관이 되자 '올드 닉'으로 알려진 참모장 니컬슨(Nicholson) 장군이 명문이지만 모호하게 쓴 반박문을 보냈다고 했다. 이 반박문은 이미 우편으로 영국에 보내진 상태였다.

드디어 적절하고 신속하게 자문을 함으로써 내가 받았던 친절에 보답할 수 있는 기회를 얻었다. 나는 전장에 있는 군 고위 참모가 쫓겨난 종군 특파원과 신문 지면상에서 논쟁을 벌이는 것은 군의 위신이 실추될 뿐만 아니라 부적절한 것이며, 그렇게 되면 정부는 놀랄 것이고 육군성도 펄펄 뛸 것이라고 견해를 밝혔다. 군사 작전에 대한 변호는 육군 수뇌부나 정치인이 할 일이지, 일개 육군 참모가 직접 할 일은 아니었다. 우리 주장이 아무리 정당할지라도 논쟁을 벌이는 것 자체가 이미 약점의 증거로 받아들여질 것이라고 말했다.

홀데인 대위는 무척 당황했다. 우리는 즉시 숙소로 돌아왔다. 그날 밤 총사령관과 참모들 사이에 여러 가지 논의가 있었다. 다음날 이미 보낸 반박문을 어떻게 하면 기사화를 막을 수 있는지 내게 물었다. "육군성을 통해「포트나이틀리 리뷰」의 편집장에게 압력을 가해 인쇄되지 않도록 압력을 넣어 볼까? 편집장이 요구를 들어줄까?" 하고 물었다. 아마도 편집장은 신사일 것이고, 그 반박문을 기사화시키지 말아 달라는 저자의 전보를 받는다면 실망하겠지만 바로 수긍할 것이라고 나의 생각을 말했다. 그렇게 전보를 보냈고 안심할 만한 답변을 받았다.

이 일이 있은 후부터 나는 참모들 사이에서 비밀스러운 실세이자 한 사람의 완벽한 어른으로 대접 받았다. 사실 이제는 곧 봄에 있을 작전에 참가하는 데 유리한 고지를 선점할 수 있게 되었고, 중요한 문제에도 참견할 수 있게 되었다. 총사령관은 나를 마음에 들어 하는 것 같았고, 단숨에 모든 문제에 '깊숙이 관여하게' 되었다. 불행하게도 이러한 행운은 너무 늦게 찾아왔다. 대규모로 재개될 것으로 예상되었던 작전은 점차 축소되었으며, 부족민들과 길고 지루한 협상 끝에 평화 협상으로 마무리 되었다. 이제 막 정치인을 꿈꾸는 입장에서 그러한 지혜를 높이 사지만 페샤와르까지 오기 위해 기울인 모든 수고와 노력들은 이제 물거품이 되고 말았다.

이렇듯 비버가 댐을 만들고 물고기를 잡으려고 할 때 홍수가 나면 댐과 고기 그리고 행운까지 모두 쓸어가 버린다. 그러면 모든 것을 또다시 시작해야만 한다.

# 키치너 장군과의 불화

인도 국경에서의 전투가 끝나기 바쁘게 수단에서 새로운 작전이 시작될 것이라는 소문이 퍼지기 시작했다. 솔즈베리 내각은 하르툼으로 진격하여 이슬람 수도승인 데르비시군을 격파하고 그들의 폭정에서 이 넓은 지역을 해방하겠다는 결정을 정식으로 공표했다. 티라 원정군이 해체되는 와중에도 1단계 작전이 시작되었고, 허버트 키치너 경* 휘하 약 2만 명의 영국－이집트군이 나일강과 아트바라(Atbara)강이 만나는 곳에서 아군의 진격을 저지하기 위해 결집한 마무드(Mahmoud)군을 격전 끝에 물리쳤다. 이 마무드군은 칼리프의 부관이 지휘했었다. 이제 수단으로 향하는 긴 드라마는 마지막 단계에 이르렀고, 남쪽으로 300킬로 진군하여 데르비시제국의 수도에서 전 병력과 결전을 벌이는 일만 남아 있었다.

허버트 키치너

나도 이 원정에 꼭 참가하고 싶었다. 그런데 뜻밖에도 가공할 만한 인물의 반대에 부딪혔다. 내가 처음 군대에 들어와서 실전에 참가하기를 원했을 때 거의 모든 사람들이 내게 호의를 보이며 격려해 주었다.

\* 허버트 키치너(Horatio Herbert Kitchener)는 영국 육군 원수이자 식민지 총독이었다. 1898년 아프리카 수단의 옴두르만 전투를 승리로 이끌어 명성을 얻었다. 1차 세계 대전 중 협상을 하기 위해 러시아로 가던 중 그가 승선한 전함이 U보트의 공격을 받고 침몰하여 사망했다.

… 모든 세계가 내게 친절해 보였다.

(처음 볼 때엔 그렇게 보였다. 젊은이는 마음에 담아둘 만한 행동을 저지르지 않기 때문에….)

이제는 나를 보는 시선이 따갑게 느껴졌다. 나의 활동을 달갑게 여기지 않을 뿐더러 그릇된 정보를 알고 있는 사람들도 많다는 것을 깨달았다. 어떤 이는 단지 반대에 그치지 않고 나아가 적대적인 태도로 발전했다. 사람들은 이런 말을 하기 시작했다.

"도대체 뭐하는 녀석이지? 무슨 수로 이처럼 다양한 작전에 참가할 수 있는 거야? 신문에 글을 쓰면서 어떻게 장교로 복무할 수 있는 거지? 하급 장교 주제에 상관을 칭찬하고 비판하다니! 왜 장군들은 처칠에게 호의를 베푸는 거야? 어째서 연대는 그렇게 오래 자리를 비울 수 있게 해주는 거야? 쳇바퀴처럼 돌아가는 일상에 한 치도 어긋남 없이 자신의 임무를 위해 열심히 뛰는 저 병사들을 봐. 우리도 이미 충분히 겪을 만큼 겪은 거야. 하지만 그는 아직 어려. 나중에 해도 충분해. 처칠 소위에게 지금 당장 필요한 것은 오랜 훈련과 일상적인 근무라고."

다른 사람들은 실제로 이렇게 욕했다. 이따금씩 군 내부에서도 직위 고하를 막론하고 '훈장 사냥꾼' '관심종자'라는 표현을 사용했는데, 이런 말들이 독자들을 놀라게 하거나 눈살을 찌푸리게 할지 모르겠다. 뜻하지 않은 우연의 일치로 내가 걸어온 떳떳한 발자취와 앞으로 내가 가고자 하는 길에서 늘 나타났던 인간 본성의 악한 면을 이런 식으로 기록할 수밖에 없다는 사실이 우울하다.

어쨌든 수단 원정에 참가하기 위해 준비하는 과정에서 이집트군 총사령관(Sirdar)인 허버트 키치너 경의 노골적인 반대와 적대감에 직면하게 되었다. 내가 그의 부대에 합류하려고 신청하면 육군성의 승인에도 불구하고 거부되었는데, 반면에 나와 같은 병과와 계급의 몇몇 장교들은 승인을 얻었다. 여러 경로를 통해 알아본 결과, 가장 높은 데서 거부했다는 것을 알 수 있었다. 내가 방갈로르 주둔지에만 웅크리고 있다면 이러한 장애물을 극복할 수 없다는 것을 깨달았다. 마침 티라 원정군이 해체되고 원대 복귀하면서 휴가 신청 자격이 생겼기 때문에 지체 없이 제국의 중심부인 런던으로 돌아와 이 문제를 담판 짓기로 결심했다.

런던에 도착하자마자 가능한 모든 수단을 동원했다. 어머니 또한 나를 돕기 위해 모든 영향력을 발휘했다. 환영 오찬이나 만찬을 베풀어 유력자들을 초청하면서 두 달 동안 불굴의 의지로 협상을 진행했다. 그러나 모두 헛수고였다. 어머니의 힘이 미치기에는 너무 강력하고 멀리 떨어져 있어서 이집트행을 가로막고 있었다. 게다가 어머니는 허버트 키치너 경을 잘 알고 있었기 때문에 손수 편지를 보냈다. 키치너 경에게서 매우 정중한 답장이 왔다. 이번 원정에 필요한 장교는 이미 충분하고 나보다 더 뛰어난 자격을 갖춘 사람들로부터 많은 요청이 있어서 곤란할 정도라는 것이다. 그리고 만약 앞으로 기회가 있다면 기쁘게 받아들이겠다는 등의 내용이었다.

이때가 벌써 6월말이었다. 군대의 진격이 8월 초에 시작된다면 앞으로 몇 주가 아니라 며칠 안에 결판을 내야 했다. 그런데 아주 뜻밖의 사건이 일어났다. 아버지와 정치적 갈등 관계로 다소 소원했던 솔즈베리 총리가 우연히 『말라칸드 야전군』을 읽은 것이다. 그는 이 책에 흥미를 느꼈을 뿐 아니라 매료되었던 것 같다. 총리는 '난데없이' 즉흥적으로 작가를 만나보고 싶다는 생각이 떠올랐다고 했다.

7월 초 어느 날 아침, 총리의 개인 비서인 숌버그 맥도널(Schomberg Kerr McDonnell) 경으로부터 총리가 내 책을 매우 재미있게 읽었으며, 일부 내용에 관해 의논하고 싶다는 연락을 받았다. 또 다음 주 화요일 오후

4시에 외무성에서 면담을 하면 좋겠다고도 했다. 독자들도 예상했듯이 '당연하지!'라고 소리치며 기꺼이 찾아뵙겠다는 답장을 보냈다. 그는 대영제국의 지도자이자 위대한 인물이며 확고부동한 보수당의 거두였다. 또 오랜 시간 권력의 정점에서 세 번이나 총리를 역임했으며, 이제는 외무장관도 겸하고 있었다. 총리는 제시간에 맞춰 나를 맞이해 주었다. 난생 처음으로 기병 근위대 교대식을 내려다볼 수 있는 넓은 방으로 들어갔다. 나중에 나는 이 방에서 평시나 전시에 수많은 중요한 사건들을 처리하게 된다.

이 늙고 현명한 정치인에게서 대단한 분위기가 감돌았다. 솔즈베리 총리는 현대 사상에 저항한 구시대의 인물이었다. 그리고 아무도 예견할 수 없고 쉽사리 판단할 수 없었던 혼란의 시대에 대영제국의 힘을 하나로 모아 시련을 극복하는 데 큰 역할을 했다는 점에서 어떤 역사적 인물도 그에게 미치지 못했다. 나는 아직도 총리가 문 앞에서 매혹적인 환영의 제스처와 함께 넓은 방 한가운데 있는 작은 소파로 안내하는 옛날식 환영 인사를 하던 모습을 생생하게 기억하고 있다.

"나는 줄곧 당신의 책에 관심을 가지고 있었습니다. 아주 재미있게 읽었고, 책에서 다룬 문제의식뿐만 아니라 문체에 매우 감탄했습니다. 인도에 대한 정부의 국경 정책은 의회 양원에서 신랄한 논쟁이 있었고, 많은 오해가 있었기 때문에 큰 혼란이 벌어졌습니다. 나 자신도 업무상 보았던 어떤 문서보다 국경 계곡에서 벌어진 전투에 대한 실상을 당신 책에서 자세히 알게 되었습니다."

이런 만남은 기껏해야 20분 정도에 불과할 것이라 생각해서 도망치는 것은 아니지만 어느 정도 시간이 되자 자리를 뜨려고 했다. 그러나 총리는 30분 이상 나를 붙잡더니 이야기하다가 직접 융단이 깔린 넓은 방을 걸어서 문까지 배웅해 주고 다음과 같이 말했다.

"당신을 보니 내 정치 역정에서 중요한 시기를 함께했던 당신 아버님이 생각납니다. 만약 도움이 필요하다면 언제든지 연락 주십시오."

집으로 돌아가는 길에 그의 작별 인사에 대해 곰곰이 생각했다. 사소한 문제로 늙은 총리를 번거롭게 하고 싶지는 않았다. 한편으로 그의 말 한마디가 내가 세상에서 가장 원하는 것을 이루어 줄 수 있다는 것을 깨달았다. 키치너 장군의 강력한 후원자인 총리의 한마디는 확실히 내 소박한 희망에 대한 불합리한 반대를 물리칠 수 있을 것이다. 나중에 내가 직접 이런 식으로 엄청난 수의 청탁에 맞닥뜨리게 되자 젊은이들이 실전에 참가하고 싶다고 부탁하면 고집불통 관료들이 반대할지라도 나는 반대를 물리치면서 이렇게 말했다.

"결국 총알을 맞겠다고 자기 스스로 나서는 것 아닌가? 마음대로 하게 내버려 둬."

며칠간 고민 끝에 어릴 때부터 사교계에서 만난 적 있는 숌버그 맥도널 경에게 부탁했다. 그때가 7월 셋째 주였다. 하르툼 공격이 시작되기 전에 아트바라에 있는 원정군에 합류하기 위한 다른 방법은 없을 것 같았다.

어느 날 저녁 늦게 비서를 찾아갔더니 만찬에 참가하기 위해 옷을 갈아입는 중이었다. 그에게 부탁했다.

"총리께서 허버트 키치너 장군에게 전보를 보내 주실 수 있습니까? 육군성에서 저를 추천했고 연대에서도 허락했습니다. 제21창기병연대는 기꺼이 받아들여 줄 것입니다. 너무 무리한 부탁이라고 생각되지 않는데, 총리께서 어떻게 생각하시는지 알 수 있지 않을까요?"

"총리는 최선을 다해 도와주실 겁니다. 그분은 당신을 아주 맘에 들어 하신 듯합니다. 하지만 어느 선을 넘지는 않을 겁니다. 아마 총리는 장군에게 어떻게 할지 질문하는 식으로 암시하실 것입니다. 하지만 부정적인 답변이 오더라도 그 말을 믿을 필요는 없습니다."

나는 그것만으로 만족한다고 말했다.

"그럼 당장 해봅시다."

이 용감한 사내는 솔즈베리 경의 곁에서 오랫동안 측근으로 지냈다. 후에 제1차 세계 대전에서 고령에도 불구하고 참호전에 참전하겠다고 고집을 부렸으며 포탄 파편에 치명상을 입고 전사했다.

그는 파티를 포기하고 총리를 찾으러 떠났다. 어둠이 채 걷히기도 전에 한 통의 전보가 이집트군 총사령관에게 발송되었다. 솔즈베리 총리는 이집트 총사령관의 행동이나 재량권에 간섭할 뜻은 없으나 공무 수행에 큰 지장이 없다면 곧 임박한 작전에 참가하고 싶다는 나의 희망을 들어주는 것이 총리로서 개인적으로 매우 기쁘게 생각할 것이라는 내용이었다. 즉각 답신이 왔다. 허버트 키치너 장군은 이미 필요한 모든 장교가 있으며, 만약 빈자리가 생기더라도 문제의 그 젊은 장교보다 우선순위에 놓아둔 장교들이 있다는 내용이었다.

이 심술궂은 내용은 당연히 내게도 전달되었다. 만약 내가 조금이라도 인내심이 부족했더라면 옴두르만 전투에서의 감동적인 에피소드를 나누지 못했을 것이다. 하지만 그 사이에 한 가닥 소식이 들어와서 마지막 희망을 걸어보기로 했다.

판사로 유명한 프랜시스 준(Francis Jeune) 경은 항상 우리 집안과 막역한 사이였다. 지금은 세인트헬리어(Saint Helier) 남작부인이라고 불리는 그의 아내는 당시 군부에 인맥이 많았고, 특히 육군성 부관 참모인 에벌린 우드 경을 종종 만났다. 부인이 인사 문제를 다루는 데 있어 보여준 탁월한 솜씨와 영향력은 훗날 런던시의회에서 거둔 업적에서도 볼 수 있다. 부인은 에벌린 우드 경이 어느 만찬장에서 허버트 키치너 장군은 육군성에서 추천한 장교들을 뽑는 데 지나치게 편파적이라고 불만을 터트린 적 있다고 내게 귀띔해 주었다.

에벌린 우드 경에 따르면 일개 야전군 총사령관이 육군성을 완전히 무시하는 것을 더 이상 볼 수 없다고 했다. 또 이집트군에 대해서는 물론 총사령관의 의사가 중요하지만, 영국 파견군(보병 1개 사단, 포병 1개 여단, 기병 1개 연대 – 제21창기병연대)이 원정군의 일부로 참가한 이상 그에 대한 편성 권한은 육군성이 전담해야 한다고 말했다는 것이다. 그래서 부인은 에벌린 우드 경이 이 문제에 대해 몹시 분개해 있다고 전해 주었다. 그래서 부인에게 물었다.

"총리가 저를 대신해 개인적으로 전보를 보낸 사실을 장군께 말씀하셨습니까?"

부인은 그 말을 하지 않았다고 했다.

"그럼 그렇게 해 주시면 감사하겠습니다."

내가 말했다.

"장군이 어디까지 자신의 권한을 지킬 수 있을지 두고 보십시오."

이틀 뒤 육군성에서 다음과 같은 통지가 날아왔다.

귀관은 수단 작전에 출동하는 제21창기병연대의 정원 외 장교로 임명되었음. 신속하게 카이로의 아바시예(Abassiyeh) 기지에 있는 연대 본부로 이동하여 보고할 것. 단 귀관의 여비는 자비 부담이며, 이번 작전이나 기타 이유로 인해 전사나 부상을 입더라도 영국육군공제회에서는 연금을 지급하지 않을 것임을 사전에 알리는 바임.

올리버 보스윅(Oliver Borthwick)은 「모닝포스트」 신문사 사주의 아들이며, 신문사 운영에 큰 영향력을 행사하고 있었다. 또한 나와 같은 연배로서 매우 가까운 친구 사이이기도 했다. "전쟁은 전쟁을 지지해야 한다"

라는 나폴레옹의 격언에서 흘러나오는 강력한 힘을 느꼈던 올리버는 그날 밤 「모닝포스트」와 기사당 15파운드를 받을 수 있도록 주선해 주었다.

심령술연구회 회장은 저녁 식사 후 만약 불행한 일이 생기면 자신에게 '통신'을 보내달라는 다소 때 이른 부탁을 하기도 했다. 다음날 11시 마르세유행 열차를 탔다. 어머니는 씩씩하게 손을 흔들어 주었고, 6일 후 나는 카이로에 도착했다.

*\*\*\**

카이로의 아바시예 병영은 매우 활기찼고 흥분으로 가득 차 있었다. 제21창기병연대의 2개 대대는 이미 출발하여 나일강을 거슬러 올라가고 있었고, 나머지 2개 대대는 다음날 아침에 출발할 예정이었다. 제21창기병연대에는 전시 편성으로 일곱 명의 장교가 다른 연대에서 파견되었는데, 이 장교들은 각 대대에 배속되어 중대 지휘를 맡도록 되어 있었다. 나도 선발 대대에서 한 중대를 맡도록 되어 있었지만, 내가 언제 도착할지 불확실했기 때문에 다른 장교에게 지휘권이 넘어갔다. 이 자리는 로버트 그린펠 소위가 맡아 아주 의기양양하게 출발했다. 기지에 있는 모든 사람들은 우리가 전투에 제때 참가하지 못할 것이라고 말했다. 아마 일찍 출발한 두 개 대대만 제때 도착할지 모르지만 확실한 것은 아무것도 없었다. 그린펠은 가족에게 쓴 편지에서 이렇게 말했다.

"내가 얼마나 운이 좋은지 상상해 보십시오. 윈스턴이 지휘하기로 한 중대를 맡게 되어 1진으로 출발합니다."

운명의 장난이라는 것이 우리 삶에 끊임없이 간섭하지만 그것이 언제 어떻게 작용하는지는 분명하게 알 수 없다. 나중에 알고 보니 이 중대는 9월 2일 연대 돌격으로 인해 산산조각이 났고, 그 용감하고 젊은 중대장도 전사하고 말았다. 그린펠 소위는 대영제국에 목숨을 바친 그린펠 가문의 고귀한 혈통 중 최초로 기록되었으며, 이후 두 명의 남동생도 제1차 세계 대전 중에 목숨을 잃었다. 그 중 한 명은 사후 빅토리아 십자무공훈장이 추서되었다. 그러나 그린펠의 고귀한 정신은 자기 동생들에 못지않았다.

아프리카 중심부까지 2,000킬로에 걸친 연대의 이동은 당시 키치너의 계획이라고 불릴 만큼 신속하고 원활하고 꼼꼼하게 이루어졌다. 우리는 기차를 타고 아시우트(Assiout)로 이동한 후, 그곳에서 외륜 증기선을 타고 아스완(Assouan)으로 갔다. 말을 끌고 필라에(Philae)에서 폭포를 우회하고, 셸랄(Shellal)에서 다른 증기선을 타고 4일간의 항해 끝에 와디할파(Wady Halfa)에 도착했다. 그리고 그곳에서 약 600킬로의 사막을 가로지르며 새롭게 개통한 철도를 따라 열차를 타고 갔는데, 이 철도의 완공이 데르비시군의 운명을 결정지었다. 카이로를 떠난 지 정확히 2주 만에 우리는 아트바라강이 거대한 나일강과 합쳐지는 철도 기지에 도착했는데, 이곳에는 군사령부가 위치해 있었다.

여행은 즐거웠다. 편리하고 안락하게 준비된 시설, 쾌활한 전우들, 스쳐 지나가는 신기하고 생생한 풍경들은 더할 나위 없었다. 여기에 더해 모두가 기대하고 있으며 곧 다가올 전투와 그 전투에서 유일한 기병연대를 맡게 된 책임감으로 인한 흥분과 무심한 듯 새어나오는 환희가 결합되어 더욱 즐겁게 했다.

그럼에도 나는 깊고 참을 수 없는 불안감에 시달렸다. 육군성이 키치너 장군의 의사를 묵살하고 나의 임명을 강행했다는 것에 대해 장군이 어떻게 받아들였는지에 대해 카이로에서 한마디도 듣지 못했기 때문이다. 심지어 나는 장군이 항의 전문을 육군성에 보내는 장면을 상상하기도 했다. 불안하면 과장하기 마련이라 총사령관의 엄중한 항의 또는 완강한 반대에 의해 육군성의 부관 참모장이 심각하게 곤란해 하는 모습도 떠올려 보았다.

당장 소환 명령이 내려오지 않을까 두려웠다. 게다가 지금은 이집트군 총사령관의 휘하에 있다. 키치너는 아무렇지도 않게 "그 녀석을 당장 기지로 돌려보내고 전투가 끝나면 보충병이나 끌고 오게 하라"며 이와 비슷한 끔찍한 명령을 내릴 수도 있을 것이다. 기차가 역에 설 때마다, 증기선이 정박지에 접근할 때마다 나는 매의 눈으로 그곳에 모인 사람들을 무섭게 훑어보다가 참모 장교의 휘장이 보이면 이제 틀렸구나 하면서 낙심했다. 경찰에게 쫓기는 범죄자가 검문소에서 느끼는 감정과 비슷하다고 생각했다. 다행스럽게도 그 시절에는 무전기가 없었고, 만약 있었다면 단 한순간도 마음을 놓을 수 없었을 것이다.

그러나 전보를 보낼 수 있는 일반 전신에서 벗어날 순 없었다. 그때까지도 그 긴 전선은 우리를 칭칭 휘감고 있었다. 다만 그 거대한 강을 평화롭게 거슬러 올라가는 사오 일 동안에는 비정한 세계와 모든 연결을 끊을 수 있었다.

여정이 계속될수록 어떠한 재앙도 없이 무사히 이어지자 가슴 속에서 점차 희망이 자라났다. 와디할파에 도착했을 때에는 좀 더 자신에 차서 곰곰이 그 이유를 따져보았다. 키치너 장군은 가장 중요하고 결정적인 전투를 앞두고 복잡한 문제부터 아주 사소한 일까지 꼼꼼하게 챙기는 것으로 유명했다. 아마도 총사령관으로서 다른 무언가에 몰두하느라 일개 하급 장교 따위는 신경 쓸 겨를이 없을지도 모른다. 또한 장군은 암호 전보로 육군성과 씨름을 벌일 시간이나 인내심이 없었을지도 모른다. 어쩌면 잊어버렸거나 무엇보다 아직 보고가 안 됐을 수도 있다!

8월 14일 저녁 우리는 데르비시의 수도로 가는 약 300킬로에 걸친 마지막 진격을 준비하기 위해 아트바라 캠프에서 나와 나일강 좌안으로 건너갔다. 나는 아말렉의 왕 아각(Agag)처럼 "사망의 괴로움이 지났도다" (사무엘상 15:32)라고 말할 자격이 있다고 느꼈다.

　이런 노력은 결코 헛된 것이 아니었다. 후에 알게 된 사실에 의하면 키치너 장군은 육군성이 나를 임명했다는 소식을 듣게 되자 그저 어깨를 조금 으쓱해 보일 뿐 더 중요한 문제로 관심을 돌렸다고 한다.

# 14장

## 옴두르만 전투 전야

이제는 두 번 다시 옴두르만 같은 전투는 볼 수 없을 것이다. 이 전투는 사람과 사람이 직접 부딪혀 싸우면서 장관을 이루는 전쟁의 대미를 장식했다. 그처럼 생생하고 장엄한 광경은 전쟁이 가진 매력에 흠뻑 빠져들게 만들었다. 나는 옴두르만 전투의 모든 것을 이 두 눈으로 생생하게 목격했다.

부대는 나일강이 강철이나 구릿빛으로 유유히 가로지르는 딱딱한 사막의 평원 한가운데서 행군과 기동 훈련을 시작했다. 기병대가 밀집 대형을 갖춘 채 전속력으로 돌진하면 보병이나 창병은 이를 저지하기 위해 횡대로 늘어서거나 방진을 만들었다. 거대한 강 옆 여기저기에 있는 바위 언덕에 올라가서 보고 있으면 모든 광경이 생생하게 펼쳐졌다.

그 풍경은 신기루가 만든 허상의 강물과 흐릿하게 섞이면서 묘하게 뒤틀렸다. 유한하고 구체적인 것은 날카롭고 윤곽이 뚜렷한 형태로 보이다가 곧바로 환상 속 비현실적인 빛에 섞이며 점차 사라졌다. 반짝이는 물줄기가 길게 흐르는 것처럼 보이는 곳에는 사실 사막밖에 없다는 것을 알고 있지만 행군하는 부대의 사기에 영향을 끼쳤다. 흐릿한 수정으로 덮여 있는 세계에서 갑자기 포병대나 기병의 종대가 단단한 황톳빛 모래 위로 나타나더니 울퉁불퉁한 검붉은 바위 사이로 짙은 보랏빛 그림자가 드리워졌다. 하늘은 회갈색에서 이내 가장 진한 청록색으로 바뀌면서 이글대는 태양빛이 뚫고 내려와 행군하는 병사들의 목과 어깨에 무겁게 내려앉았다.

제21창기병연대는 8월 15일 저녁 아트바라강 교차점에서 나일강 좌안으로 건너간 뒤, 9일간의 행군 끝에 샤블루카 폭포 북쪽에 있는 전진

기지에 이르렀다. 이곳의 지형은 독특했다. 자연은 6,000킬로에 걸쳐 지중해로 향하는 나일강의 여정을 가로막기 위해 이곳에 높은 암벽을 세워 놓았다. 나일강은 이곳을 피해 서쪽으로 15킬로 정도를 돌아가는 대신, 정면 공격을 시도하여 앞을 가로막는 장애물의 한복판을 뚫고 자신이 지나갈 길을 만들었다. 예로부터 샤블루카 지방은 위험천만한 곳으로 여겨졌다. 보트나 증기선이 병력을 태운 채 폭포를 넘는 것은 불가능했기 때문에 사막으로 우회하여 이 넓은 구릉 지역을 지나갈 수밖에 없었다. 이처럼 불가피한 우회 기동은 샤블루카 언덕 뒤에 숨어 있는 데르비시군에게 훌륭한 전술적 기회가 될 수 있다. 따라서 허버트 키치너 장군은 기병대와 정찰대 그리고 첩보원을 보내어 그 중요한 위치에 적이 없다는 것을 확인한 뒤에야 크게 안도했다.

그럼에도 불구하고 언덕 끝을 돌아 사막을 지나는 동안 부대는 전투태세를 갖추며 행군했고, 기병대는 외곽에서 크게 우회했다. 우리 부대는 비록 안쪽 측면을 담당했지만 아침에 샤블루카 북쪽의 나일강변에서 출발하여 옴두르만 성벽이 있는 남쪽 야영지의 강가까지 대략 40킬로를 달려야 하는 거리였다. 우리 부대처럼 맨 앞에서 첨병 임무를 띤 사람들은 가시덤불 숲에 적들이 매복해 있으리라 생각하고 잔뜩 긴장한 채로 머스킷총의 달그락거리는 소리가 나기만을 기다렸다. 그러나 깃발을 든 몇몇 데르비시군 기수들이 도망가는 것을 제외하고는 행군을 방해하는 어떤 적대적인 행위나 소음은 없었고 심지어 행군 대형도 바꾸지 않았다. 그리고 해질녘이 되어 광활한 평원이 붉게 물들자 우리는 갈증을 참으면서 평화롭게 길게 드리워지는 그림자를 쫓아 달콤한 물이 흐르는 강가에 도착했다.

그러는 동안 평평한 바닥의 포함(砲艦)과 증기선은 보급품을 실은 범선들을 줄줄이 끌고 무사히 폭포 지역을 통과했다. 27일이 되자 사막과 강에 있던 아군들도 모두 샤블루카 언덕을 통과하여 남쪽 지역에 집결했다. 이제 이 넓은 평원을 5일만 행군하면 우리의 목적지에 도착할 수 있을 것이다.

8월 28일 군은 마지막 진격을 개시했다. 언제라도 적에게 기습당할 수 있기 때문에 완벽한 전투 대형을 갖추고 하루에 15킬로 정도씩 천천히 이동했다. 꼭 필요한 장비만 휴대했으며, 물과 식량은 매일 밤 나일강에 있는 함대를 통해 보급받았다. 아프리카에서 옴두르만 지역은 이맘때면 더위가 한창 극심할 시기였다. 열대용 두꺼운 옷과 척추 보호대, 테가 넓은 열대용 헬멧에도 불구하고 태양은 사람들의 머리 위에 내려앉아 뜨거운 빛으로 몸을 찌르는 것 같았다. 안장에 달린 캔버스 천으로 만든 물주머니는 자연스레 증발해서 기분 좋게 시원했지만 오후가 되기도 전에 텅텅 비어 버렸다. 저녁이 되어 보병들이 야영지에 도착하면 기병은 드디어 엄호 임무에서 해제되었다. 저녁놀이 금빛과 자줏빛으로 빛나는 나일강으로 달려 내려가 마시고 또 마시는 물맛이란 얼마나 달콤한지!

물론 이때쯤이면 영국 기병대의 어느 누구도 전투는 없을 것이라고 굳게 믿었다. 모든 게 사기가 아닐까? 데르비시는 과연 있는 것일까? 아니면 단지 이집트군 총사령관과 이집트인 측근이 만들어 낸 신화가 아닐까? 정확한 소식통에 의하면 옴두르만에는 많은 데르비시군이 모여들었지만, 전투를 포기하기로 결정하고 이미 수백 킬로 떨어진 코르도판(Kordofan)으로 퇴각했다는 것이다.

어쩌면 우리는 이렇게 몇 달 동안 적도를 향해 진격할 수도 있다. 뭐 괜찮다. 그것도 재미있는 일이고 생활 환경도 나쁘지 않았다. 건강도 괜찮고 훈련도 아주 재미있었다. 식량은 충분했고 물도 최소한 저녁에서 새벽까지는 무제한이었다. 우리는 이 낯선 땅을 실컷 구경할 수 있으며, 아마도 며칠 후에는 다른 지역을 볼 수 있을 것이다.

그러나 31일 저녁 수단인 대대의 영국 장교들과 저녁 식사를 할 때들은 이야기는 사뭇 달랐다.

"적은 그곳에 모두 모여 있을 거야."

10년 동안 데르비시군과 싸워 온 사람이 말했다. 적군은 분명 자신들의 제국 수도를 지키기 위해 '결전'을 벌이려 들 것이고 일전을 앞두고 결코 도망칠 자들이 아니라고 했다. 아마도 도시 밖에서 진을 치고 있을 것이라며 예상했다. 이제 그곳까지는 30킬로밖에 남지 않았다.

9월 1일 행군은 평상시처럼 완벽하고 차분하게 시작되었다. 하지만 9시가 되자 정찰을 하던 척후병이 이상한 징후를 관측했다. 남쪽 지평선에서 이글거리는 신기루 속에 흰 반점과 반짝이는 빛이 나타났다는 보고가 들어왔다. 당시 우리 대대가 아군 정찰대를 지원하는 임무를 맡고 있었기 때문에 커져가는 흥분을 억누르며 천천히 앞으로 나아갔다. 10시 30분경 우리 대대는 넓게 펼쳐진 사구 정상에 이르자 전방 1킬로도 채 되지 않은 곳에 첨병부대가 긴 열을 지으며 멈춰 있는 것을 보았다. 분명 그들은 무엇인가 관측한 것 같았다. 우리 또한 이내 정지 명령을 받았다. 정찰을 나갔던 친한 장교가 돌아와 결정적인 소식을 전했다.

"적 발견."

그는 밝은 얼굴로 말했다.

"어디지?"

"저기 긴 갈색 얼룩들 보이지? 저게 적이야. 결국 도망치지 않았군."

이렇게 말하고는 곧 가 버렸다. 우리 모두 먼 지평선에서 갈색 반점이 보이는 것을 알아차렸지만 가시덤불처럼 보였다. 가장 좋은 망원경으로도 우리가 있는 지점에서는 정확하게 보이지 않았다. 얼마 후 연대 선임하사가 외곽 전초선에서 돌아왔다.

"적은 얼마나 있나?"

"상당한 병력입니다. 정말 많습니다."

이렇게 말하고는 달려가 버렸다. 곧 말이 지치지 않은 장교 한 명을 전초선으로 보내라는 대령의 명령이 내려왔다.

"처칠 군."

대대장이 부르자 빠르게 말을 몰아 달려갔다. 하나의 사구를 넘자 다른 사구 앞 움푹 패인 곳에 있는 전초선에서 마틴 대령이 보였다.

"좋은 아침입니다. 대령님."

그러자 대령이 말했다.

"적이 막 진격하기 시작했다. 상당히 빠르게 다가오고 있다. 자네 눈으로 상황을 보고 잘 판단해 말이 쓰러지지 않을 정도로 최대한 빨리 돌아가 총사령관에게 직접 보고하게 장군은 보병과 함께 오고 있을 것이다."

드디어 나는 키치너를 만나게 되었다! 그는 나를 보고 놀랄 것인가, 화를 낼 것인가? "도대체 여기서 무슨 짓을 하고 있나? 오지 말라고 한 줄

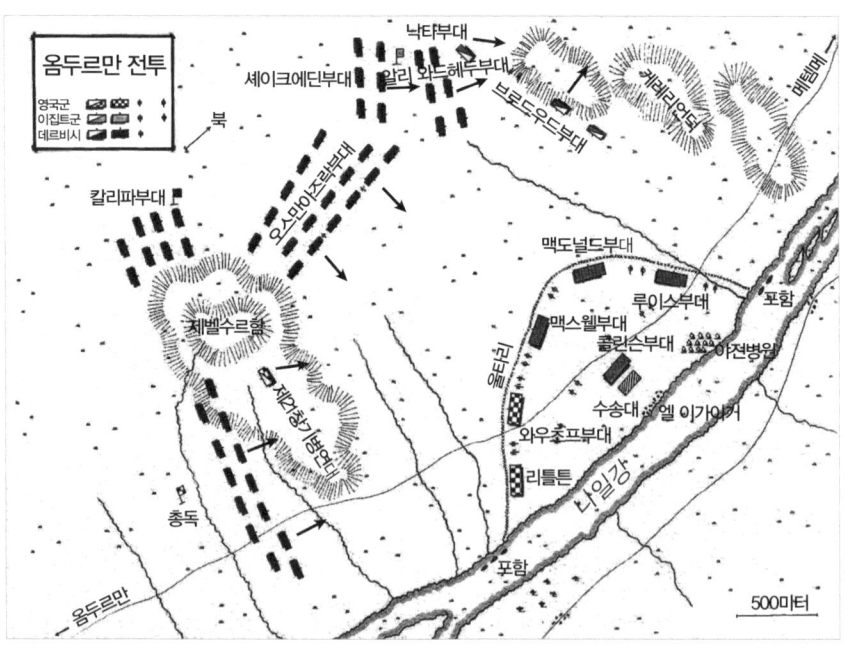

알았는데"라고 할까? 아니면 나를 경멸할 정도로 무관심한 척할까? 혹시 그냥 보고만 받고 귀찮게 장교 이름 따위는 물어보지도 않으려나? 어찌 되었든 이 위대한 사람을 직접 만나는 데 적군이 진격하고 있다는 소식만큼 괜찮은 이유는 없을 것이다. 그러한 생각은 코앞에 닥친 전투만큼이나 나를 흥분시켰으며, 후방에 있는 문제가 전방의 적보다 더 신경 쓰이고 두렵다는 생각마저 들었다.

적의 동태를 낱낱이 파악하고 전초선에서 전하려는 정보를 모두 들은 후 선두 기병대와 주력 부대 사이의 10킬로에 걸친 사막을 빠르게 달려갔다. 열기는 타들어 갔고, 오후 내내 말을 타고 싸워야 할 수 있기 때문에 말이 지치지 않게 신경 쓰면서 달려갔다. 그 결과, 약 40분이 지난 뒤에 보병 행렬에 도착했다. 나는 잠시 말을 쉬게 하면서 아군이 잘 보이는 검은 바위 언덕 위에서 그 웅장한 광경을 지켜보았다. 영국군과 이집트군은 전열을 갖추어 전진하고 있었다. 각기 서너 개의 보병 대대로 편성된 다섯 개의 중무장한 여단이 넓게 펼친 사다리꼴 대형으로 나일강을 따라 진군하는 중이었다. 이 거대한 집단 뒤에는 포병대가 길게 늘어서서 따라갔고, 그 뒤에는 보급품을 가득 실은 낙타 대열이 무수히 줄지어 있었다.

선두 여단 옆 나일강에는 약 20척 가량의 외륜 증기선과 짐이 가득 적재된 수많은 범선들이 증기선에 견인된 채 떼를 지어 따라오고 있었다. 그 선단 사이로 전투 준비를 갖춘 7~8척의 흰색 포함이 음산한 모습을 드러냈다. 사막 쪽 측면은 넓은 간격을 두고 이집트 기병 열두 개 대대가 본대를 엄호하고 있는 것이 보였다. 더 먼 내륙에는 낙타 부대가 회색과 초콜릿색의 종대를 이루며 끊임없이 이어졌다.

나는 허둥지둥 도착한 것처럼 보이고 싶지 않았기 때문에 보병 집단 한가운데로 말을 천천히 몰아갔다. 이내 빛나는 붉은 깃발을 따라 상당수의 기마 대열이 이동하고 있는 것을 보았다. 가까이서 보니 이집트 국기와 나란히 있는 유니언 잭이었다. 키치너 장군은 참모진들 앞에서 말 두 세 마리 정도의 거리를 두고 말을 타고 가고 있었다. 장군의 바로 뒤에는 두 명의 기수가 바싹 쫓아가고 있었고, 그 뒤에는 영국-이집트군 참모진의 주요 장교들이 그림책에서 본 것처럼 따라가고 있었다.

나는 비스듬히 다가가 살짝 반원을 그리며 말을 나란히 한 후 장군 옆 약간 뒤처진 곳에서 경례를 했다. 너무나 유명하고 몇 세대에 걸쳐 전 세계가 주목하는 그의 비범한 얼굴을 본 것은 이때가 처음이었다. 장군은 나에게 고개를 돌렸다. 두터운 콧수염, 괴상하게 구르는 눈매, 햇볕에 그을려 거의 보랏빛으로 변한 뺨과 턱 주름이 매우 또렷한 인상을 주었다. 장군에게 보고했다.

"각하, 제21창기병연대에서 보고 드립니다."

장군은 계속하라는 뜻으로 고개를 가볍게 끄덕였다. 나는 가능한 현 상황을 간결하게 전달하고자 오면서 준비한 말로 보고를 했다. 적군이 목격되었고 분명히 상당한 병력이며, 적의 주력은 우리의 현재 위치와 옴두르만시 사이 약 11킬로 떨어진 지점에 있다고 했다. 11시까지 적들은 꼼작 않고 있다가 11시 5분 쯤 이동을 시작했고, 40분 전쯤 전초선에서 떠났을 때 적들은 빠르게 전진하고 있었다고 보고했다.

장군은 아무런 말없이 보고를 듣고 있었다. 나란히 걸어가는 두 말의 말발굽에 모래가 밟히는 소리만 들렸다. 한참 뜸을 들인 후 그가 말했다.

"데르비시군이 진격하고 있단 말이지? 얼마나 걸릴 것 같은가?"

"적군이 현재의 속도로 전진하고 있다면 적어도 한 시간 내지 한 시간 반 정도 걸릴 것 같습니다."

빠르게 대답했다. 내 추측을 받아들였는지 아닌지 잘 모르겠지만 그가 가볍게 고개를 숙이자 드디어 내 임무가 끝났다고 생각했다. 나는 경례를 하고 말고삐를 잡아당겨 장군 일행과 멀어졌다.

내 섣부른 판단이 합리적인지 다소 걱정되어 다시 속도와 거리를 계산했다. 그 결과, 시간당 6킬로의 속도로 데르비시군이 진격한다면 11킬로 정도 거리는 최대 속도로 1시간 30분 정도면 충분할 것이라고 생각되었다. 이렇게 혼자 골똘히 생각하는 동안 갑자기 친근한 목소리가 들렸다.

"이리 와서 함께 점심을 들지 않겠나?"

정보국장인 레지널드 윈게이트(Reginald Wingate) 경의 참모 장교였다. 참모가 자신의 상관에게 나를 소개하자 윈게이트 장군은 친절하게 맞아 주었다. 말할 필요도 없이 풍족한 식사를 먹으며 새로운 친구를 사귀고 다가올 사태에 대한 최신 정보를 들을 수 있는 일석삼조의 기회였다. 그 사이에 사방의 보병 부대는 나일강을 향해 둥그렇게 활 모양을 그리며 정렬하고 있었고, 선두 여단의 전면에서는 가시덤불을 베어 방책을 만들고 있는 것이 보였다.

곧 우리 앞에 얕은 벽 모양으로 비스킷 박스가 쌓였고 그 위에 기름천으로 만든 흰색 식탁포가 덮였다. 그리고 보기만 해도 군침이 도는 다양한 종류의 술병과 큰 쟁반에는 피클을 섞은 쇠고기 통조림이 담겨 있었다. 전투 직전 황야에서 벌어진 이 마법 같은 광경에 마음속에는 일상적인 식전 감사기도를 가뿐히 뛰어넘을 정도로 감사함이 가득했다.

모두 말에서 내리자 당번병이 몰려들어 말을 끌고 갔다. 식사에 정신 팔려 있는 사이 키치너의 모습은 보이지 않았다. 그는 참모들과 조금 떨어져 있는 것 같았다. 따로 비스킷 박스를 쌓아 둔 곳에서 점심을 먹었는지 안 먹었는지 알 수 없었지만 관심도 없었다. 나의 관심은 오로지 쇠고기 통조림과 찬 음료였다. 모두들 기분이 최고조에 달해 있었다. 마치 더비 경마 전 오찬 같았다. 나는 독일 참모본부에서 대표로 온 폰 티데만(von Tiedemann) 남작 옆에 앉았던 것으로 기억한다. 남작이 말했다.

"오늘은 9월 1일입니다. 스당—1870년 9월 1일 보불 전쟁 당시 프랑스의 나폴레옹 3세가 프로이센에게 항복한 곳—과 수단에서 우리의 위대한 날이자 곧 여러분의 위대한 날이 될 것입니다."

남작은 이 말이 마음에 들었는지 주변 동료들에게 몇 번이나 되풀이했는데, 그들 중 일부는 남작이 빈정거리는 것으로 생각했다.

"정말 전투가 일어날까요?"

윈게이트 장군에게 물었다.

"물론이지."

"언제일까요? 내일일까요?"

내가 다시 물었다.

"아니, 여기서 한두 시간 후에."

살면서 이렇게 기분 좋은 순간은 없었던 것 같다. 키치너에게 쫓겨날 것 같은 불쌍한 하급 장교 처지에서 이제는 한껏 고조되어 높으신 양반들 가운데서 열심히 포크와 나이프질을 하고 있자니 정말 만족스러웠다.

그동안 보병은 전투 대형으로 신속하게 배치되었고, 그 앞에는 가시나무로 방책이 시시각각 세워졌다. 앞에는 초승달이 부드럽게 솟아오르듯 텅 빈 모래벌판이 강에서 쏠려 올라와 있고, 너머에는 기병대의 전초기지가 있으며, 그 너머로 아마도 적이 서서히 다가오고 있을 것이다. 한 시간 안에 이 전장은 돌격하는 데르비시 무리들로 가득 차게 될 것이다. 그리고 방책 뒤에서 보병대의 일제 사격과 함께 모든 대포가 불을 뿜게 되면 광신자들의 시체가 산더미처럼 쌓일 것이다. 우리가 그들을 휩쓸어 버리고 승리하리라는 것은 두 말 할 필요도 없었다.

그럼에도 불구하고 데르비시군은 현대 무기의 정밀성을 극복하고 아부클레아나 타마이(Tamai)에서 영국군의 방어망을 무너뜨렸다. 또 이집트군이 수비하고 있는 전선을 차례차례 돌파하면서 압도했다. 이 평원에서 펼칠 전투가 어떻게 전개될지 머릿속으로 상상해 보고 있을 때 마치 전쟁 개시를 선언하듯 쿵쿵거리며 어느 섬에서 곡사포가 옴두르만에 있는 마흐디의 무덤을 향해 발사되었다.

그러나 9월 1일에는 전투가 벌어지지 않았다. 전초선에 있는 우리 대대로 다시 복귀하기 전에 데르비시군은 전진을 멈추고 요란하게 축포를 쏜 뒤, 그 자리에서 밤을 지내기로 한 모양이었다. 우리는 그날 오후부터 저녁 내내 적들을 감시했고, 아군 정찰대는 적들과 소규모 교전을 벌이면서 돌아다녔다. 어두컴컴해지자 우리 대대는 나일강 연안으로 돌아와 가파른 강둑 아래 가시나무 방책 안으로 들어오라는 명령을 받았다.

그 방책 뒤 숙영지에서 적이 야습을 해 올 것이라는 믿을 만한 정보가 전해졌다. 그렇다면 기병으로서는 속수무책일 수밖에 없다. 그런데 방책 안에서 생명의 위협이 있더라도 권총이나 소총을 쏘는 자는 엄벌에 처할 것이라는 군령이 내려왔다. 만약 데르비시군이 방어선을 뚫고 막사로 쳐들어온다면 우리는 창이나 칼을 들고 보병처럼 싸울 수밖에 없었다. 그나마 근위보병연대 제1대대와 소총여단 한 개 대대가 방책 밖 100미터 지점에서 우리의 바로 위쪽을 지키고 있다는 사실에 안도했다. 이 뛰어난 부대에게 우리의 안전을 맡기고 저녁 식사 준비를 시작했다.

이쯤에서 한 가지 즐거운 일이 생겼다. 나는 동료 장교와 강둑을 산책하고 있었는데, 강가로부터 20~30미터 떨어진 포함에서 우리를 부르는 소리가 들렸다. 이 배에는 나일강 소함대에서 오랫동안 복무했으며, 나중에 대양함대를 지휘하며 큰 명성을 떨치게 될 비티라는 해군 대위가 지휘하고 있었다. 한 점의 티끌도 없는 새하얀 제복을 입은 포함 장교들은 우리 기병대가 본 것에 대해 알고 싶어 했고, 알려 주지 못할 이유도 없었다. 해가 질 때까지 강물을 사이에 두고 즐겁게 이야기했다.

특히 방책 안에서 총기 사용 금지라는 명령을 듣고는 재미있어 하면서 우리의 희생이 클 것이라며 터무니없는 농담을 했다. 최악의 상황이 닥치면 포함은 언제든지 우리를 환영하겠다는 말도 덧붙였다. 우리는 그 제안을 완곡하게 거절하면서 창과 칼을 들고 뛰어다니는 데르비시 폭도들쯤이야 칠흑 같은 어둠 속에서도 충분하다고 자신만만해 했다.

잠시 시시한 농담이 오고 간 뒤 행운이 찾아왔다.

"자네들 술은 있나? 이곳에는 온갖 것들이 있지. 잡을 수 있나?"

그 말과 동시에 커다란 샴페인 병이 배에서 날아왔다. 병은 나일강가 얕은 물속에 떨어졌지만 자비로운 하느님의 가호로 바닥이 얕고 부드러운 모래로 된 곳이었다. 나는 무릎까지 차오르는 물속에 들어가 이 소중한 선물을 집어 들고 의기양양하게 우리 식탁으로 돌아왔다.

당시 전쟁은 이러한 종류의 매력적인 스릴로 가득 차 있었다. 제1차 세계 대전과는 너무도 달랐다. 아무도 자신이 죽을 것이라고 생각하지 않았다. 모든 연대나 대대에서는 대략 6~20명, 최악의 경우 30~40명의 희생자가 나오기도 했다. 하지만 이제는 사라져 버린 영광의 시대에 영국이 벌인 조그마한 전쟁에 참가한 많은 사람들은 화려한 경기에서 일종의 스포츠적인 것이라고 여겼다. 우리 중 대부분이 살아남았지만 이제 죽음은 당연한 것이 되었고, 심각한 부상은 오히려 행운의 탈출로 여겨지는 전쟁을 맞이하게 될 운명이었다. 여단 전체가 우박처럼 쏟아져 내리는 대포와 기관총으로 산산조각이 나고 참화의 생존자들도 지금 당장이 아니면 다음, 아니면 그 다음에는 확실히 자기 차례가 될 것이라고 생각했다.

모든 것은 사건의 규모에 달려 있었다. 그날 밤 완전 무장한 6만 명의 데르비시 광신도들과 불과 5킬로의 거리에서 자려고 누워 있는 우리 젊은이들은 당장이라도 적군이 야습을 벌일까 걱정하면서도 적어도 새벽이 되면 전투가 벌어질 것이라 생각하고 있었다. 어쩌면 드디어 진정한 전쟁을 경험하게 되었다고 믿고 있더라도 지나친 일은 아니었다.

# 최후의 기병 돌격

제21창기병연대는 동이 트기 훨씬 전에 기상해 5시경 방책 밖에서 말을 탄 채 출동 준비를 마쳤다. 대대장인 핀 소령은 때가 되면 나에게 '기회'를 잡게 해 주겠다고 약속했었다. 전날 키치너 장군에게 나를 보낸 것으로 약속을 지켰다고 여기지 않을까 걱정했지만, 다행히도 내 병사들을 이끌고 나일강 사이 제벨수르함(Jebel Surgham)에 있는 바위 봉우리의 능선을 정찰하라고 명령했다. 우리와 함께 다른 이집트 기병정찰대가 어둠을 향해 서둘러 달려 나갔다.

나는 6명 병사와 한 명의 하사를 데리고 평지를 빠르게 달려 이름 없는 바위산을 오르기 시작했다. 이날 새벽은 평소와 매우 달랐다. 한 치 앞도 알 수 없는 상황에서 막이 오르기 15분 전은 전쟁의 강렬한 경험이었다. 적이 산 정상을 점령하고 있을까? 어둠을 뚫고 달려간 곳에 수천 명의 흉포한 야만인이 있지 않을까? 매 순간순간이 위험할 수 있었다. 그러나 조심하면서 나아갈 시간이 없다. 본대는 우리 뒤를 따르고 있고 하늘에는 동이 트고 있었다. 비탈길을 따라 오르니 벌써 날이 환하게 밝아오고 있었다. 정상에 오르면 무엇을 찾아야 할까? 차갑고 격렬한 흥분은 바로 이런 순간일 것이다.

이제 우리는 산등성이 정상과 가까워졌다. 병사 한 명을 백 미터 뒤에서 따라오게 했다. 무슨 일이 생기더라도 그 병사가 달아나 보고할 수 있도록 했다. 말발굽이 달각거리는 소리 외에 아무것도 들리지 않았다. 정상에서 가까운 능선에 도착했다. 말고삐를 당기고 주변을 둘러보니 200미터 정도 보이던 시야는 지평선이 점차 환해지면서 이제 400미터까지 보였다. 모든 것은 조용했고, 산 정상의 바위와 능선의 모래 언덕에서는 우리의 숨소리밖에 들리지 않았다. 매복도 없었고 적이 점령한 것도 아니었다! 우리 아래에 펼쳐진 평원을 이제는 1킬로 이상 볼 수 있었다.

적들은 이미 모두 철수했다! 우리가 예상한 대로다! 모두 코르도판으로 달아난 것이다. 이제 전투는 없다! 어, 잠깐만! 하늘이 환하게 밝아오자 밤의 장막이 걷히며 사물이 뚜렷해졌다. 저 멀리 평원에서 희미하게 반짝이는 것은 무엇일까? 좀 더 밝아졌다. 저 반짝이는 것 아래 검은 반점들은 뭐지?

적이었다! 무수한 검은 얼룩들은 수천 명의 적군이며 반짝이는 것은 무기였다. 이제 완전히 날이 밝았다. 나는 수첩을 꺼내 "데르비시군은 아직 제벨수르함 남서쪽 2.5킬로 지점에 위치하고 있음"이라고 적은 다음, 메시지를 하사에게 넘겨주면서 총사령관에게 직접 전달하라고 명령했다. 그리고는 'XXX'를 표시했다. 이는 훈련 교범 용어로 '긴급 전달'을 뜻하는데, 다른 의미로 '죽어라고 달려가라'는 말이기도 했다.

영광스러운 아침 해가 우리 뒤에서 솟아오르고 있었다. 그러나 우리는 다른 것에 정신이 팔려 있었다. 이제 망원경으로 볼 수 있을 정도로 밝아졌다. 어둡게 보이던 검은 무리는 날이 점점 밝아지면서 엷은 황갈색으로 변했고, 날이 완전히 밝아지자 대지가 진한 갈색으로 바뀌는 동안 그들은 언뜻 하얀색이 되었다.

우리 앞에는 약 6~8킬로에 걸쳐 거대한 적의 행렬이 진을 치고 있었다. 이 무리는 톱니 모양을 한 우측 수르함 정상의 실루엣에 의해 가려질 때까지 지평선을 가득 채웠다. 실로 생생한 광경이었다.

우리가 다시 말에 올랐을 때 갑자기 새로운 광경이 눈과 뇌리를 스쳤다. 이 무리는 멈춰 있지 않았다. 그들은 전진하고 있으며, 그것도 아주 빠르게 조수가 밀려오듯 전진하고 있었다. 그런데 저기서 들리는 파도처럼 나직이 읊조리는 함성은 무엇인가? 적들은 신과 예언자 그리고 신성한 칼리프를 찬양하고 있었는데, 자신들이 승리할 것이라고 믿고 있었다. 하지만 곧 우리가 알게 해 줄 것이다. 그래도 비탈길을 내려오기 전에 산 정상에서 말을 세우고 잠시 그 기도에 귀를 기울였다는 것을 밝힌다.

날은 완전히 밝았고, 비스듬하게 비추며 떠오르는 태양은 적들의 모습을 더욱 생생하게 했다. 번쩍이는 무기를 든 거대한 적의 무리가 앞에 서서 정렬했고 그 뒤에는 화려한 깃발들이 펄럭이고 있었다. 그 옛날 십자군들이 보았던 광경을 내 눈으로 직접 본 것이다. 그렇다면 똑똑히 봐 둬야겠다고 생각했다.

나는 전날 제21창기병연대가 멈췄던 모래 언덕 근처로 달려갔다. 여기서 적이 있는 곳까지 400미터도 채 안 되는 거리였다. 우리는 잠시 멈춰서 네 명의 부하에게 사격을 명령하고, 사격을 하는 동안 다른 두 명은 말을 붙들고 있게 했다. 적이 바다처럼 밀고 들어왔다. 우리 정면과 좌측에서도 머스킷 총소리가 들렸고, 모래 언덕 사이에서 먼지가 솟아올랐다. 이곳은 기독교도가 있을 곳이 아니었다. 우리는 서둘러 그곳에서 도망쳤고 다행스럽게도 아무도 다치지 않았다. 다시 원래 있던 산등성이로 오르자 마침 키치너 장군에게 갔던 하사가 참모장이 직접 서명한 명령서를 들고 헐떡거리는 말과 함께 돌아왔다.

가능한 현재 위치를 사수하면서 적군의 동정을 보고하라.

농담이 아니었다! 어디서 한단 말인가! 날은 환하고 말을 탄 채 적의 사정거리 안에서 모든 상황을 지켜보면서 어떻게 본부에 보고한단 말인가? 그래도 거의 30분가량 산등성이에 머물면서 다른 사람들이 볼 수 없는 광경을 목격했다. 일부를 제외한 모든 적군이 수르함 정상에 있는 우리 시야에서 사라졌다. 그러나 분명히 6천 명 정도의 대부대가 우리 쪽 산등성이를 넘어가기 위해 전진하고 있었다. 이미 그들은 앞쪽 비탈을 오르기 시작했다.

우리가 있는 곳에서는 아군과 적군 모두를 관측할 수 있었다. 아군은 강변에서 서둘러 대형을 갖추고 집결해 있었다. 강에는 포함이 뱃전을 나란히 한 채 정박하고 있었으며, 모든 포대가 발사를 준비하고 있었다.

반대편에는 상당히 질서정연하게 대열을 갖추고 커다란 사각형의 방진을 유지한 채 다채로운 색깔을 띤 적들이 빠르게 정상을 향해 올라오고 있었다. 우리는 아군 포병대로부터 약 2,500미터나 떨어져 있었지만 접근하는 적으로부터 200미터도 채 떨어져 있지 않았다. 나는 이곳으로 몰려오는 데르비시군을 '하얀 깃발 부대'라고 불렀다. 하얀색과 노란색의 깃발을 세우고 밀려오는 적의 모습은 마치 바이외 태피스트리(Bayeux tapestries)*에 나오는 군대를 연상시켰다. 이윽고 저 멀리 평원에서 데르비시군 본진이 대포 사정거리로 들어오자 영국군과 이집트군 포병대가 불을 뿜기 시작했다.

그보다 나는 가까운 곳에서 벌어지고 있는 광경에 더 신경이 쓰였다. 언덕 위에서 하얀 깃발 부대가 대열을 재정비하기 위해 잠시 멈췄다가 능선을 따라 길고 견고하게 늘어섰다. 그러자 포병 사격이 그곳으로 집중되기 시작했다. 두세 개의 포대와 모든 포함에서는 적어도 30문의 대포가 불을 뿜었다. 포탄이 날카로운 소리를 내며 머리 위를 지나 우리와 하얀 깃발 부대 사이에서 터졌다. 우리도 말을 탄 채 있었기 때문에 포격의 위험에 노출되어 있었다.

* 노르만인의 잉글랜드 정복을 그림으로 묘사한 자수 작품.

포격으로 인해 죽음의 폭발이 인간 장벽을 쓸어버리는 모습을 지켜보았다. 수십 개의 깃발과 수백 명의 적병이 쓰러졌다. 적의 대열 사이에 넓은 틈이 벌어졌고 형체를 알 수 없는 살덩어리가 뒹굴었다. 파편탄이 폭발하자 사람들이 뛰어오르고 굴러다니는 모습도 보였다. 그러나 아무도 물러서지 않았다. 여전히 굳건하게 열을 지으며 능선을 넘어 아군의 방어선으로 전진하더니 맹렬하게 소총을 발사했고, 연기의 소용돌이에 휩싸였다.

이때까지도 적군은 우리를 알아채지 못했다. 그런데 두세 명의 바가라족(Baggara) 기병이 평원을 가로질러 우리가 있는 산 정상을 향해 달려오는 것이 보였다. 그들 중 한 명이 권총의 사정거리에 들어왔다. 바가라족 기병은 검은 옷에 두건을 쓰고 말을 탄 수도승처럼 보였으며, 긴 창을 든 험악하고 사악한 짐승 같았다. 내가 말 위에서 그들에게 몇 발을 발사하자 곧 도망가 버렸다. 나는 산 정상에 남아 계속 공격해야 한다고 생각했다. 위험해지면 나일강 쪽으로 잽싸게 후퇴할 수 있고 양측을 관측하기에도 유리하기 때문이었다. 그런데 위치를 사수하라는 총사령관의 연락을 미처 알지 못한 핀 소령이 전갈을 보내왔다.

'보병 부대가 사격을 개시하기 전에 즉시 방어선 안으로 돌아오라'는 명령이었다. 사실 우리로서는 산 정상에 있는 게 더 안전했을지 모른다. 복귀하여 아군의 보병 방어선 안으로 들어가자 소총의 일제 사격이 시작되었다.

\*\*\*

이 기록은 당시 나의 관점으로 옴두르만 전투에 대해 대략적으로 설명을 하려는 게 아니다. 옴두르만 전투 이야기는 이미 다양한 자료에서 자주 언급되었고 세세한 군사적 상황이 상세히 알려져 있기 때문에 관심이 있는 사람이라면 당시 무슨 일이 일어났는지 잘 알고 있을 것이다. 따라서 내 자신의 체험을 기초로 전투 경과를 간략하게 요약하겠다.

약 6만 명의 칼리프군은 전날 밤 야영지에서 전투 대형을 갖추고 전진을 시작했고, 양측을 서로 숨겨 주고 있는 언덕을 넘어 전장을 향해 완만하게 경사진 길을 내려왔다. 그곳에는 나일강을 뒤로한 채 키치너 휘하에 있는 약 2만 명의 군대가 어깨를 맞대고 그들을 기다리고 있었다. 이것은 중세의 무기와 전술에다 시대착오적인 광신주의가 결합한 고대 문명과 19세기의 조직과 발명품으로 무장한 현대 문명이 맞붙은 가공할 만한 충돌이었다.

결과는 그리 놀랄 만한 것이 되지 못했다. 사라센(Saracen)의 후예들이 나일강을 향해 완만한 비탈길을 내려오자 강둑과 포함에서 약 70문의 대포가 지원하는 가운데 잘 훈련된 두 개 사단 반 정도의 병력이 2열의 촘촘한 대형으로 늘어서서 쏘아대는 신속하고 효율적인 소총 사격과 맞닥뜨리게 되었다. 이처럼 강력한 화망 사격 아래 적은 주춤해졌고, 영국 – 이집트군의 연합 방어선 전방 700미터 지점에서 약 6~7천 명이 쓰러졌다. 그러나 데르비시군에도 구식에서 최신식까지 2만여 정이나 되는 다양한 종류의 소총을 가지고 있었다. 적의 창병부대 돌격이 저지되자 소총부대는 평지에 엎드려 가시나무 방책의 어두운 방어선을 향해 닥치는 대로 사격하기 시작했다. 그러자 아군의 피해도 생겨났고, 순식간에 200명 정도의 사상자가 발생했다.

적의 공격은 엄청난 희생을 남긴 채 격퇴되었다. 이제 아군이 데르비시군보다 옴두르만시에 더 가까이 있다는 것을 안 키치너 장군은 도시를 향해 즉각 다섯 개 여단을 사선 대형으로 선회시키면서 강 좌안을 따라 남쪽으로 진격하도록 명령했다. 또한 장군은 데르비시군 패잔병들을 그들의 수도와 단절시켜서 식량과 물 공급을 막은 채 광활한 사막으로 몰아낼 작정이었다. 그러나 데르비시군은 완전히 격파된 게 아니었다. 그들의 좌익에 있는 부대는 과장을 좀 보태자면 아직 한 발의 총격도 받지 않았다. 게다가 15,000명의 칼리프군 예비대 역시 아직 건재했다.

이 병력들은 잘 방어된 방어진에서 나와 사막을 행군하는 영국 – 이집트군을 향해 불굴의 용기로 달려들었다. 이 두 번째 공격은 첫 번째 공격보다 훨씬 더 치명적이었다. 데르비시군은 아군의 전방 100~200미터까지 접근하는 데 성공했다. 그리고 후방을 수비하고 있던 수단군 여단은 두 방향에서 협공을 당했다. 만일 여단장인 헥터 맥도널드(Hector Macdonald) 장군의 단호하고 노련한 지휘가 없었다면 무너졌을지도 모른다.

그러나 잘 훈련된 군대와 기계 문명이 불굴의 용기를 이겨냈다. 거대한 대학살이 벌어졌고 약 2만 명이 넘는 데르비시군은 눈 더미처럼 땅에 겹겹이 쌓인 채 사막의 신기루처럼 사라져 버렸다.

적의 첫 번째 공격 당시 이집트 기병대와 낙타 부대는 아군의 오른쪽 측면을 방어했고, 따라서 우리 제21창기병연대는 옴두르만과 가장 가까운 왼쪽 측면을 지키는 유일한 기병대였다. 첫 번째 공격을 격퇴한 직후 우리는 방어선에서 나와 아군과 도시 사이에 있는 적의 잔존 병력을 확인한 뒤, 가능하면 그들을 몰아내고 아군의 공격로를 열어 놓으라는 명령을 받았다. 물론 나는 일개 장교에 불과했기 때문에 전장에서 일어나고 있는 상황에 대해 거의 알지 못했다. 우리 연대는 첫 번째 공격에서 말을 끌고 강가로 내려가 가파른 나일강둑에서 머리 위로 빗발치는 총알을 피하며 기다리고 있었다. 사격은 이내 누그러지기 시작했고 여기저기에서 적이 격퇴되었다는 소리가 들렸다. 한 장군과 참모가 말을 타고 전속력으로 달려와 진격 준비를 하라고 명령했다.

2분 안에 네 개 대대가 말을 타고 남쪽을 향해 가시나무 방책 밖으로 달려나갔다. 우리는 전투 발발 첫 단계에서 제 역할을 다했던 제벨수르함 언덕을 다시 올랐다. 그곳 정상에 이르자 10킬로 떨어진 곳에 첨탑과 돔이 보였고 진흙으로 지어진 광활한 도시와 옴두르만 평야가 펼쳐져 있었다. 여러 번 멈춰서 정찰을 되풀이한 후 우리는 어느새 종대 대형으로 전진하고 있었다. 1개 대대에는 4개의 중대가 있고, 4개 대대가 1개의 연대를 구성했다. 각 부대는 종대로 전진하면서 중대 뒤에 다른 중대가 따라가고 있었다. 나는 대열 후미에서 두 번째로 따라갔으며, 20~25명으로 구성된 중대를 지휘했다.

카이로를 출발한 이후 모든 대원들의 머릿속에는 줄곧 '돌격'밖에 없었다. 물론 언젠가 돌격 명령이 떨어질 것이라고 예상했다. 보어 전쟁 이전에 영국 기병대는 돌격 이외에 어떠한 것도 배우지 못했다. 그리고 마침내 우리가 고대하던 기회가 찾아온 것이다. 그러나 적의 어느 부대, 어느 지점을 향해, 어떤 방향에서, 어떠한 목적으로 돌격하는가 따위의 문제는 사병들에게 알려 주지 않았다. 우리는 흥분을 억누르고 신기루에 일그러진 황야를 주시하면서 단단한 모래 위를 나아갔다.

곧 우리가 달리는 방향 우측 300미터 떨어진 지점에서 우리 부대와 나란히 달리고 있는 검푸른 형상들이 2~3미터 간격을 두고 길게 뻗어 있는 것을 보았다. 얼핏 보기에 150명 정도 될 것 같았다. 적군이 분명했다. 그들은 우리를 보자마자 땅바닥에 엎드렸다. 거의 동시에 '속보' 나팔이 울렸다. 기병대의 긴 대열은 숨어 있는 적들의 앞을 가로막기 위해 박차와 말발굽 소리를 내며 달리기 시작했다. 전투가 시작되기 전 숨막히는 침묵 속에 있었다. 곧 검푸른 반점에서 흰 연기가 뿜어져 나오며 머스킷총의 총성이 기묘한 정적을 깨뜨렸다. 그 정도 거리에 있는 표적이라면 거의 놓칠 리 없었고, 대열 여기저기서 말들이 날뛰며 몇 명의 병사가 쓰러졌다.

연대장의 본래 의도는 우리를 공격하고 있는 소총 부대의 뒤편에 있다가 위치가 노출되어 땅바닥에 숨어 있는 데르비시군 본대의 측면으로 돌아가 더 유리한 방향에서 공격하려던 것이었다. 그러나 일단 적의 사격으로 인해 피해가 발생하고 더 이상 엄폐물이 없는 곳에서 기병대를 진격하는 것은 위험하다고 판단한 것 같았다. '우측 횡대로 정렬'이라는 나팔 소리가 들리고 16개 중대 전체가 검푸른 적군의 머스킷 소총 부대를 향해 말을 돌렸다. 거의 동시에 전 연대가 전속력으로 뛰쳐나갔다. 드디어 제21창기병연대는 전쟁 최초로 기병 돌격을 개시한 것이다!

당시 내가 보고 느낀 것을 정확하게 묘사하려고 한다. 그 기억은 25년이 지난 지금에도 선명하고 생생하다. 내가 지휘하는 중대는 이제 횡대의 제일 오른쪽에서 두 번째에 위치했다. 또 내가 타고 있는 말은 다루기 쉽고 튼튼한 발을 가진 아라비아산 조랑말이었다. 장교들은 이미 질주하기도 전에 검을 뽑아 들고 있었다. 나는 어깨를 다친 적이 있기 때문에 백병전이 벌어지면 권총을 사용하리라 마음먹었다.

런던에서 당시로서는 최신식이었던 마우저 연발 권총을 구입했고, 나일강을 거슬러 올라가는 동안 꾸준히 사격을 연습했다. 그때부터 이 무기로 싸우리라 마음먹었다. 그러기 위해서는 우선 검을 칼집에 도로 넣어야 하는데 말을 타고 질주하면서 넣는 것이 쉬운 게 아니었다. 그와 동시에 목재 권총 케이스에서 권총을 꺼내 공이를 완전히 당겨야 했다. 이 두 가지 동작을 하는 데 다소 시간이 걸렸고, 적의 사격이 어떤지 왼쪽을 힐끗 본 것 말고는 전체적인 상황을 살필 겨를이 없었다.

그때 폴로 경기장 반 정도 밖에 떨어지지 않은 거리에서 흰 연기에 휩싸인 푸른색 형체가 미친 듯이 총을 쏘고 있는 게 보였다. 양 옆에는 인접 중대의 중대장들이 대형을 잘 유지하며 달리고 있었고, 그 뒤에는 돌격 자세로 길게 앞으로 늘어선 창들의 열이 춤을 추고 있었다. 빠르지만 대형을 유지한 채 달리고 있었다. 요란한 말발굽 소리와 총소리에 묻혀 총알이 지나가는 소리는 들리지 않았다. 오른쪽과 왼쪽 그리고 등 뒤에 있는 나의 부대를 힐끗 본 후 다시 적을 바라보았다.

상황이 갑자기 바뀌었다. 검푸른 적들은 여전히 사격을 계속하고 있고, 그들 뒤에 움푹 패어져서 길처럼 보이는 마른 수로가 나 있는 게 보였다. 그곳에서 적의 대군이 엎드려 숨어 있다가 우리가 나타나자 일제히 일어선 것이다. 마법이라도 부린 듯 원색의 깃발들이 세워지고, 어느샌가 말을 탄 지휘관인 에미르(Emir)들이 나타나 적의 무리 주위를 돌아다니고 있었다. 데르비시군 대열의 가장 두터운 부분은 10~12열이나 되었으며, 강철로 번쩍이는 거대한 회색 덩어리들이 수로를 가득 채우고 있었다. 눈 깜짝할 사이에 아군 우익이 적의 좌익과 겹쳐지고 적의 대열 가장 끝으로 우리 중대가 돌격하게 되자 우리 오른쪽 중대는 빈 곳으로 돌격하게 된 것이었다. 오른쪽 중대를 지휘하고 있는 제7경기병연대의 워멀드(Wormald)도 이 상황을 간파하고는 우리 둘 다 돌격 속도를 더해 대형을 소의 뿔처럼 안쪽으로 구부러지게 했다. 이처럼 돌격 대형을 유지하는데 모든 주의를 집중하느라 다른 생각을 하거나 겁먹을 겨를도 없었다.

충돌이 이제 코앞으로 다가왔다. 나는 10미터도 채 떨어지지 않은 곳에서 푸른 옷의 적 두 명이 엎드려 있는 것을 보았다. 이들의 간격은 2미터쯤 되었는데, 그들 사이를 내달렸다. 둘 다 나를 향해 발사했으나 맞지 않았다는 것을 느끼며 연기 속을 지나갔다. 내 뒤를 따르던 부하 한 명이 이곳에서 전사했는데, 나를 조준한 탄환에 맞았는지는 알 수 없었다. 바닥에 얕은 내리막이 있었기 때문에 말고삐를 당겼다. 이 영리한 동물은 마치 고양이처럼 1.5미터 아래 모래 바닥으로 된 마른 수로로 뛰어내렸고, 이곳에는 적 수십 명이 모여 있었다. 그들은 나와 직접적으로 충돌할 만큼 밀집해 있지 않았다. 내 좌측에 있던 그렌펠의 중대는 여기에서 완전히 저지되어 막대한 피해를 입었다. 우리는 기마경찰이 군중을 해산시키는 것처럼 적들을 헤쳐 나갔다. 그동안 나는 말을 타고 도랑 반대편으로 올라가 주위를 둘러보았다.

다시 한 번 나는 딱딱하고 거친 사막을 내달렸다. 내가 보기에 데르비시군은 사방으로 흩어져 도망치는 것처럼 보였다. 그때 눈앞에서 한 사내가 몸을 내던지며 달려들었다. 독자들은 내가 기병으로서 훈련 받은 것을 기억해 주기 바란다. 기병대가 보병의 방진을 돌파한다면 그 후에는 기병 마음대로 전장의 주도권을 쥐게 된다는 게 바로 그것이다. 즉 처음 든 생각은 그 사내가 겁에 질렸다고 보았다. 그러나 동시에 그는 검을 빼들고 내 넓적다리를 겨누면서 구부러진 검을 휘둘렀다. 나는 그 검을 피하면서 말을 돌릴 수 있는 공간과 여유가 있었고, 약 3미터 정도의 거리에서 몸을 오른쪽으로 숙인 채 두 발을 쏘았다. 안장에서 다시 몸을 일으켜 세우자 다른 한 사람이 검을 치켜든 채 달려들었다.

지체 없이 권총을 조준하고 발사했다. 거리가 너무 가까워 총구가 몸에 닿았다. 이내 검을 든 사내는 아래로 사라졌다. 왼쪽 10미터 떨어진 곳에서 밝은 겉옷에 사슬이 달린 강철 투구를 쓴 기병이 보였다. 그 사내를 향해서도 총을 쏘았으나 몸을 돌려 달아나 버렸다. 말고삐를 당겨 말을 걷게 하면서 주위를 둘러보았다.

기병 돌격은 한 가지 측면에서 일상생활과 비슷하다. 기병이 안장 위에 단단히 매달린 채 말을 잘 다루면서 제대로 무장하고 있고 부상도 입지 않았다면 적들은 달아날 것이다. 그러나 등자나 고삐가 잘리거나 무기를 떨어뜨렸거나 부상을 입거나 말이 다치는 순간 적은 사방에서 달려들게 된다. 이것이 내 왼쪽에 있던 중대원들이 당한 운명이었다. 적진 한가운데서 가로막히고 사방이 에워싸인 채 창과 칼에 찔리고 베이며, 말에서 끌어내려져 격분한 적에게 갈기갈기 찢겨졌다. 하지만 당시 나는 이러한 광경을 보지 못했고 미처 생각할 겨를도 없었다. 나는 당시의 상황에 대해 계속 낙관적이었다. 우리가 전황을 주도하고 있었으며, 적을 짓밟아 흐트러뜨려서 물리쳤다고 생각했다. 말을 잠시 멈추고 주위를 둘러보았다. 왼쪽 40~50미터 떨어진 곳에 한 무리의 데르비시군이 모여 있었다. 그들은 한 덩이로 뭉쳐서 서로를 지키기 위한 밀집 대형을 만들고 있었다. 그들 중 일부는 흥분한 나머지 창을 위아래로 흔들며 날뛰고 있는 것 같았다.

이 모든 광경이 흘깃 눈에 들어왔지만 너무 순간적이어서 분명하지 않았다. 하지만 갈색 제복의 창기병들이 밀려오는 적의 무리 한가운데에서 여기저기 흩뿌려져 있는 것 같았다. 주위에 흩어져 있던 적들이 나를 공격하진 않았다. 내 중대는 어떻게 됐지? 다른 중대는 어디에 있지? 100미터 이내에는 장교나 병사를 한 명도 볼 수 없었다. 나는 왼쪽의 데르비

제21창기병대의 돌격

시군 무리를 다시 돌아보았다. 소총을 든 두세 명의 적병이 가장자리에 웅크리고 앉아 나를 향해 겨누고 있었다.

이날 아침 처음으로 공포에 사로잡혔다. 나는 혼자 남겨졌고, 저 소총수들이 나를 쓰러뜨리면 나머지 적들이 늑대처럼 집어삼킬 것이다. 적 한가운데서 어슬렁거리며 돌아다니다니! 이 얼마나 멍청한 짓인가! 안장에 잔뜩 웅크린 채 말을 쏜살같이 몰아 혼돈 속에서 도망쳤다.

후방 2~3백 미터 떨어진 곳에서 우리 중대가 다시 정렬하고 있는 것이 보였다. 다른 두세 중대의 병력들도 근처에서 재편성하고 있었다. 그때 갑자기 한 데르비시 병사가 중대 한복판으로 뛰쳐나왔다. 어디서 나타났는지는 알 수 없었다. 아마도 수풀이나 구멍에 숨어 있던 것이 틀림없다. 모든 부대원이 그에게 창을 찌르며 덤벼들었다. 그는 여기저기로 뛰어다니며 잠시 동안 미친 듯이 소란을 일으켰다. 여러 군데 부상을 입었음에도 창을 겨누고 나를 향해 비틀거리며 달려들었다. 나는 1미터가 채 안 되는 거리에서 권총을 쏘았고, 그는 모래 위에 쓰러져 죽었다. 아! 사람을 죽이기란 얼마나 쉬운 일인가! 하지만 그것에 연연하지 않았다. 마우저 권총의 탄환을 전부 쏴 버렸다는 사실을 알게 되자 아무 생각 없이 10연발 클립을 탄창에 갈아 끼웠다.

이때까지만 해도 우리는 적에게 큰 손해를 입히고 아군의 피해는 미미하다고 생각했다. 그러나 인원 점검을 해 보니 우리 중대에서도 서너 명이 실종되었고, 6명의 병사와 대략 10마리의 말이 창에 찔리거나 칼에 베어서 피를 흘리고 있었다. 우리는 두 번째 돌격 명령이 내려올 것이라고 예상했다. 병사들은 모두 굳은 얼굴로 단단히 준비하고 있었다. 일부 병사들은 창을 버리고 검을 쓰게 해달라고 요청했다. 우리 중대의 주임상사에게 재미있냐고 물어봤다.

"글쎄, 딱히 재미있다고 말할 순 없지만 다음에는 좀 더 익숙해질 것 같습니다."

이 대답에 모든 중대원들이 웃었다.

그러나 적군이 있는 쪽에서는 처참한 광경이 이어졌다. 피를 흘리며 세 다리만으로 절뚝거리는 말과 복부에 치명적인 부상을 입은 채 피를 흘리며 걸어오는 사람이 있었다. 그 사람은 창에 찔려 팔과 얼굴이 찢어지고 복부에는 창자가 튀어나온 채로 헐떡거리며 울다 쓰러지더니 결국 숨이 끊어졌다. 우리가 먼저 해야 할 임무는 부상자를 구하는 것이었다. 그동안 지휘관들은 냉정을 되찾았다. 그들은 우리가 카빈총을 가지고 있다는 것을 기억했다.

여전히 모든 것이 큰 혼란에 빠져 있었다. 그러나 나팔 소리가 울리며 진격 명령이 떨어지자 우리는 적의 측면을 향해 빠르게 달려나갔다. 적들이 모여 있는 마른 수로를 사격할 수 있는 위치에 이르자 2개 대대가 말에서 내린 후 300미터 거리에서 사격을 시작했고, 이에 데르비시군은 후퇴할 수밖에 없었다. 전황은 여전히 우리 손아귀에 있었다. 연대가 돌격한 지 20분도 안 되어 수로에서 잠시 쉬면서 아침을 먹었다. 하마터면 여기서 실패할 뻔했다. 한 시대를 구가한 냉병기(a l'arme blanche)의 무력함을 다시금 알 수 있었다. 데르비시군이 부상자들을 모두 거두어 갔기 때문에 땅 위에는 30~40여 구의 시체만 보일 뿐이었다.

이중에는 20여 구가 넘는 창기병들의 시체가 분간할 수 없을 정도로 난도질당하고 훼손된 채로 있었다. 310여 명의 장교와 병사 중 불과 2~3분 사이에 장교 5명과 병사 65명의 사상자를 내고 120여 필의 말을 잃었다. 연대의 4분의 1에 해당하는 병력을 상실한 것이다.

여기까지가 그 유명한 사건에서 내가 겪은 이야기다. 기병과 보병이 직접 충돌하여 난전을 벌이는 것은 매우 드문 일이다. 보병은 서로 머리를 맞대고 기병을 쏘아 쓰러뜨리든지 혼란에 빠져 도망치다가 칼에 베이거나 창에 찔리든지 둘 중 하나가 된다. 그러나 옴두르만의 마른 수로에서 제21창기병연대와 맞닥뜨린 2~3천 명의 데르비시군은 전투의 압박감이나 기병에 대한 공포에 조금도 굴하지 않았다. 자신들이 가진 화기는 기병의 돌격을 저지할 만큼 위력적이지 않았다. 그러나 에티오피아의 아비시니아(Abyssinia) 전쟁에서 여러 번 기병대를 상대해 본 것이 틀림없는 듯했다. 그들은 기병대를 어떻게 상대해야 하는지 잘 알고 있었으며, 그러한 전투에 더 익숙했다. 게다가 영국군도 검과 창 같은 동등한 무기를 들고 옛날 방식으로 싸웠기 때문이다.

\*\*\*

우리의 첫 돌격을 본 백색의 포함이 지원을 위해 서둘러 강을 거슬러 올라왔다. 돛대 망루에서 지휘관인 비티가 모든 전황을 숨죽이며 지켜보고 있었다. 많은 세월이 흘러 나는 해군 장관이 되고 비티는 영국에서 가장 젊은 제독이 되어 다시 만났을 때 그가 돌격 장면을 목격했다는 것을 알게 되었다. 그래서 내가 물었다.

"어떻게 보았습니까? 특히 가장 인상 깊었던 것은 무엇이었습니까?"

그러자 비티 제독이 말했다.

"내가 보기에는 건포도가 든 푸딩 같았습니다. 마치 커다란 쇠기름 덩어리에 흩뿌려진 갈색 건포도 같았습니다."

다소 투박하지만 인상적인 표현이었다. 내 모험담은 여기에서 마치도록 하겠다.

# 16장

## 군을 떠나 정계로

데르비시군은 철저하게 패배했고, 검소한 키치너는 돈이 많이 드는 기병 1개 연대를 즉시 귀환시키기로 했다. 전투가 끝난 지 사흘 후 제21창기병연대는 북쪽을 향해 집으로 돌아가는 여정에 올랐다. 나도 근위연대를 실은 큰 범선을 타고 나일강을 따라 내려가도록 허락이 떨어졌다. 카이로에 이르자 같이 제21창기병연대에 근무하면서 친해진 근위기병연대 소속 장교인 딕 몰리뉴(Dick Molyneux)가 타고 있다는 것을 알았다. 그는 오른쪽 손목에 칼을 맞아 중상을 입은 상태로 근육이 절단되는 바람에 권총을 떨어뜨렸고, 동시에 말도 가까운 거리에서 총에 맞았다고 했다. 몰리뉴는 부하의 영웅적인 활약 덕택에 죽음의 문턱에서 간신히 목숨을 건졌다. 지금은 병원 간호사의 도움을 받으며 영국으로 후송되고 있었다.

나도 몰리뉴와 함께 가기로 했다. 한참 이야기를 나누고 있을 때 의사가 상처에 붕대를 갈기 위해 들어왔다. 굉장히 심한 상처였기 때문에 가능한 빨리 피부를 이식하지 않으면 안 된다고 했다. 의사가 낮은 목소리로 간호사를 부르자 한쪽 구석에서 간호사는 팔을 걷어 올렸다. 의사는 몰리뉴의 상처에 이식하기 위해 간호사의 팔에서 피부를 베어내기 시작했고, 불쌍한 간호사의 안색은 창백해졌다. 키가 크고 비쩍 마른 아일랜드인 의사는 나에게 몸을 돌렸다.

"당신 것도 좀 얻어야겠군요."

도망칠 방법은 없었다. 소매를 걷어 올리자 의사는 정중하게 덧붙였다.

"사람의 생가죽을 벗긴다는 이야기를 들은 적 있나요? 뭐 그것과 비숫한 느낌일 겁니다."

그리고는 팔뚝 안쪽에서 1실링 동전 크기로 살점을 잘라내기 시작했다. 면도날이 천천히 움직이면서 피부를 베어내는 느낌은 그가 말한 그대로였다. 그럼에도 얇은 살덩이가 붙어 있는 피부 조각을 멋지게 떼어낼 때까지 그럭저럭 참을 수 있었다. 이 귀중한 조각은 친구의 상처에 이식되어 오늘날까지 그곳에 남아 여러모로 도움이 되었고, 나 또한 그때의 상처를 기념으로 간직하고 있다.

＊＊＊

부모님은 런던 상류 사회의 중심에서 적당히 누리면서 살 수 있었다. 그러나 결코 부자였던 적은 없었으며, 하물며 저축 같은 것도 거의 없었다. 반대로 공직 생활과 사생활이 더 활발해질수록 부채 부담은 꾸준히 늘어만 갔다. 그런데 1891년 아버지가 남아프리카 여행을 하면서 매우 값진 금광의 지분을 주식으로 손에 넣게 되었다. 여러 금광 중에서 랜드 금광의 주식 5,000여 주를 거의 액면가로 얻을 수 있었다.

이 주식은 아버지의 만년에 이르자 주식시장에서 거의 매일 상종가를 치기 시작했고, 아버지가 돌아가셨을 때에는 산 가격의 거의 20배가 되었다. 얼마 되지 않아 거의 50~60배로 올랐으므로 아버지가 일 년만 더 살아계셨더라면 상당한 재산을 손에 넣을 수 있었을 것이다. 당시에는 이렇다 할 세금이 없었고 돈의 가치는 적어도 지금보다 두 배 이상이었기 때문에 25만 파운드라는 돈은 엄청난 재산이었다. 그러나 아버지는 새로운 재산이 부채와 거의 같아질 무렵에 돌아가셨다. 당연히 그 주식을 팔았고, 모든 빚이 청산되자 어머니가 결혼 전에 받은 한정 상속 재산만 남아 있었다. 물론 어머니는 그것만으로도 평안하고 안락한 여생을 살기에 충분했다.

　나는 어떤 식으로든 어머니에게 경제적으로 짐이 되지 않기를 간절히 바랐다. 그리고 전쟁 참가를 위한 로비와 폴로 시합의 흥분을 누리기 위한 군 생활의 경제적 측면에 대해 진지하게 고민했다. 집에서 1년 동안 보내주는 500파운드의 돈으로 폴로 경기에 참가하고 경기병으로서 품위를 유지하기에는 턱없이 부족했다. 매년 적자가 쌓이는 것을 지켜볼 수밖에 없었다. 많은 금액은 아니지만 어찌되었든 적자는 적자였다.

　내가 가진 직업은 빚지지 않을 만큼 충분한 돈을 벌 수 없으며, 집에서 보내주는 지원을 끊으면 경제적 독립을 이룰 수 없다는 것을 깨달았다. 하루 14실링을 받기 위해 귀중한 시간의 대부분을 바치고 두 마리의 말을 유지하면서 가장 비싼 제복을 입는 것은 도무지 현명한 일이 아니었다. 이런 식으로 군 생활을 몇 년 더 하다가는 더욱 어려워질 것이고, 나와 관련된 모든 사람들이 곤란해질 것이 뻔했다.

　반면에 내가 쓴 두 권의 책과 「데일리 텔레그래프」에 기고한 기사는 지난 3년 동안 부지런히, 때로는 위험을 무릅쓰고 복무하여 여왕 폐하로부터 받은 급여보다 5배 이상을 안겨 주었다. 여왕 폐하는 의회의 재정 압박으로 인해 나에게 생활비조차 제대로 지불해 줄 수 없었다. 아쉽지만 더 늦기 전에 군 복무를 그만두기로 결심했다.

　옴두르만 전투에 대해 「모닝포스트」에 기고한 기사들은 비록 내 이름으로 실리진 않았지만 300파운드를 벌게 해 주었다. 어머니와 함께 생활한다면 경비는 줄어들 것이고, 수단 원정에 관한 내용을 담아 『강의 전쟁』이라고 제목을 붙인 책을 쓴다면 적어도 2년 동안은 수중에 돈이 궁하지 않을 것이다. 이외에도 「파이어니어」와 계약을 맺고 회당 3파운드에 매주 연재 기사를 쓰는 것도 계획하고 있었다. 「파이어니어」가 나중에 금액을 더 올려주긴 했지만, 당시 이 정도 금액만으로도 내가 장교로서 받는 급여와 거의 맞먹을 정도였다.

나는 1899년의 일정 계획을 다음과 같이 잡았다.

- 인도로 돌아가 폴로 시합에서 우승하기
- 군대 제대하기
- 어머니로부터 더 이상 경제적 지원 안 받기
- 새로운 책 집필과 「파이어니어」에 기사 쓰기
- 의회에 입성할 수 있는 기회 모색하기

이 계획은 대체로 실현되었다. 사실 그해부터 1919년—벌써 오래 전에 돌아가신 증조할머니 프랜시스 앤(Frances Anne) 런던데리(Londonderry) 후작 부인의 유언으로 뜻하지 않게 유산을 상속받게 된—까지 전적으로 스스로의 힘으로 살았다. 그 20년 동안 어떠한 부족함이나 불편함 없이 건강하고 행복하게 가족을 부양할 수 있었다. 나는 이 점에서 자랑스럽고 자식들에게도 귀감이 되었다고 생각한다.

***

나는 2월에 열리는 폴로 토너먼트를 준비하기 위해 11월 말 서둘러 인도로 돌아가기로 했다. 그 사이 런던에서는 유명인사로 대접받았다. 「모닝포스트」에 연재된 기사가 큰 주목을 받은 것이다. 사람들은 수단 원정, 옴두르만 그리고 기병대의 돌격에 관한 이야기를 듣고 싶어 했다. 따라서 각종 만찬장이나 당시 자주 출입하던 뉴마켓의 클럽에 초대되면 나보다 훨씬 나이 많은 청중들에게 둘러싸이곤 했다. 또 거기에는 나의 실없는 이야기와 신상에 관심을 가진 젊은 아가씨들도 많았다. 그런 까닭에 몇 주 동안은 유쾌하게 지냈다.

나중에 교류를 맺게 된 보수당 초선 의원 모임을 알게 된 것도 이때였다. 이언 말콤(Ian Malcolm)이 주최한 오찬에 참석했는데, 이때 손님으로 휴 세실(Hugh Cecil) 경과 고인이 된 노섬벌랜드 공작의 형인 퍼시(Percy) 경과 발카스(Balcarres) 경이 자리했다. 이들은 모두 보수당에서 떠오르는 정치 신인들이었는데, 의회 내에서 직위 고하에 상관없이 만났다. 그들 모두 나의 활약상과 아버지의 명성 탓에 관심을 보여 주었다. 당시 나도 패기에 차 있었지만 금수저를 입에 물고 태어나 옥스퍼드나 케임브리지에서 이름을 날리다가 이제는 보수당 선거구에서 안락하게 자리 잡은 겨우 두세 살 위의 젊은이들이 부럽지 않다면 거짓말이었다. 나는 금수저 사이에 낀 흙수저였다.

휴 세실 경의 지적인 능력은 청년 시절에 한껏 발휘되었다. 거의 20년 동안 총리와 당 대표의 집에서 자랐고, 어린 시절부터 국정의 대소사를 담당하는 책임자 관점에서 논의하는 것을 보고 들으며 자랐다. 세실 가문의 사람들이 서로 스스럼없이 대화하며 솔직하고 자유롭게 논쟁하는 모습은 놀랄 만한 것이었다. 의견 차이를 서로 인정해 주었는데, 아버지와 자식, 형제와 자매, 삼촌과 조카, 나이든 사람들과 젊은 사람들 사이에서 서로 의견이 엇갈리더라도 동등하게 대했다. 휴 경이 영국국교회 정부, 에라스투스파(Erastians)와 고교회파의 차이에 대해 논하는 한 시간 동안 하원은 쥐 죽은 듯 조용했다. 그는 대화에서 각종 미사여구와 변증법을 능수능란하게 구사했고, 연설을 할 때면 머리 회전이 빠른 데다 재치 있는 답변으로 좌중을 즐겁게 만들었다.

퍼시 경은 사려 깊고 로맨틱한 청년으로 어빙파(Irvingite) 신자였다. 2년 전 옥스퍼드에서 지은 시가 올해의 시로 선정되어 뉴디게이트(Newdigate) 상을 수상할 정도로 매력적이고 문학적 실력도 탁월했다. 그는 또 소아시아와 코카서스 고원지대를 비롯한 여러 곳을 여행하며 현지 영주들과 파티를 벌이거나 광신도들과 단식을 하기도 했다. 그에게 있어 동양은 디즈레일리 이상의 마법을 발휘했다. 마치 『탱크레드(Tancred)』나 『코닝스비(Coningsby)』 같은 책에서 뛰쳐나온 인물 같았다.

우리의 대화는 사람이 스스로 다스릴 권리를 가지고 있는지, 아니면 단지 선한 통치를 받을 권리를 가지고 있는지에 대한 문제로 흘러갔다. 인간의 고유한 권리는 무엇이고 무엇을 근거로 얻어지는 것인가? 이 논의가 노예제도 문제에 이르게 되자 참석자들이 노예제도에 관해 태연하게도 인기 없는 쪽을 옹호하는 것에 매우 놀랐다. 하지만 더욱 화나는 것은 그들의 그릇되고 교묘한 주장에 대해 내가 정당한 반박을 하는 데 어려움을 겪었다는 사실이다. 그들은 이러한 문제에서 논쟁의 소지가 되는 부분을 잘 알고 있었기 때문에 자유·평등·박애에 대한 대담하지만 엉성한 나의 일반론 따위는 박살을 내버렸다.

'유니언 잭 밑에 노예는 없다'라는 슬로건으로 내 주장을 단단히 굳혔다. 그러자 그들은 "노예제도는 옳거나 나쁜 것일지 모른다. 허나 유니언 잭은 확실히 좋은 깃발이다. 하지만 그 둘에서 윤리적 연관성은 무엇인가"라고 물었다. 나는 마치 태양은 상상력의 산물이라고 주장하는 사람들과 논쟁하는 것처럼 내 주장의 근거를 찾는 데 어려움을 겪었다.

실제로 시작할 때는 내게 유리한 상황이었음에도 불구하고 세인트제임스(St. James)가나 피커딜리(Piccadilly)가로 나가 바리케이드도 제대로 세우지 않은 채 자유·정의·민주주의를 수호하자며 민중을 선동하는 것 같았다. 그러다 마지막 무렵에 휴 경은 이런 논의를 너무 진지하게 받아들여서는 안 된다고 했다. 다만 그러한 감정이 아무리 정당하더라도 면밀히 살필 필요가 있으며, 여기 있는 자신들 누구도 내가 생각한 것만큼 노예제도를 좋아하지 않는다고 말했다. 즉 그들은 나를 놀림감으로 삼아 자신들이 잘 아는 함정이나 속임수가 널려 있는 곳으로 질주하게 만든 것이다.

이 만남이 있은 후 폴로 시합이 끝나면 무슨 일이 있어도 옥스퍼드에 들어가겠다고 다짐했다. 옥스퍼드에서의 공부가 나에게 큰 도움과 기쁨을 줄 수 있을 것이라 기대했기에 어떻게 하면 입학할 수 있는지 알아보기 시작했다. 나같이 나이든 사람에게도 입학시험이 있었고, 그러한 절차를 반드시 거쳐야만 들어갈 수 있었다. 어떻게 해야 그곳에 수업료를 지불하고, 강의를 듣고, 교수들과 토론하고, 추천 도서를 읽을 수 있는지 도무지 알 수 없었다. 입학시험을 거치지 않고는 불가능했다. 게다가 라틴어뿐만 아니라 그리스어 시험도 합격해야만 했다. 영국 정규군을 지휘한 내가 그리스어의 불규칙 동사 따위로 고심할 수는 없었다. 그래서 곰곰이 생각해 본 끝에 유감스럽지만 그 계획을 단념키로 했다.

11월 초에 성 스티븐 상공회의소(St. Stephen's Chambers)에 있는 보수당 중앙당사로 찾아가서 출마할 만한 지역구가 있는지 문의했다. 먼 친척뻘인 피츠 로이 스튜어트가 그곳에서 오랫동안 명예직으로 근무하고 있었다. 스튜어트는 나를 보수당의 간사이자 '스키퍼(선거 후보자의 정치 캠페인 수행을 법적으로 책임지는 사람)'라고 부르던 미들턴(Richard Middleton) 씨를 소개시켜 주었다. 미들턴 씨는 1895년 총선에서 승리했기 때문에 평판이 상당히 좋았다. 대개 정당들은 잘못된 리더십과 어리석은 정책으로 선거에서 지더라도 여론의 눈치를 보면서 단지 사소한 이유로 당 책임자들을 쫓아내기 마련이다. 반면에 선거에서 이긴다면 이들이 모든 영예를 독차지하는 것은 당연한 일이었다.

'스키퍼'는 매우 친절하고 싹싹했다. 당은 틀림없이 나를 위해 적당한 지역구를 찾아 줄 것이며, 빠른 시일 내에 의회에서 만나기를 바란다고 말했다. 그리고 은근히 돈 문제를 내비쳤다. 비용을 얼마나 지불할 수 있는지, 자신의 지역구에 얼마나 기부할 수 있는지를 궁금해했다. 나는 기꺼이 전투에 임하겠지만, 개인 비용 이외에 아무것도 지불할 수 없다고 시인했다. 그러자 다소 김이 빠진 듯 가장 확실한 지역구는 항상 의원들로부터 많은 기부를 받는 것을 좋아한다고 조언했다. 또 어떤 의원은 지역구에서 당선에 대한 보답으로 1년에 1천 파운드 이상을 각종 자선 단체에 기부금을 낸다고 했다. 다시 말해 위태로운 지역구는 그렇게까지 지불할 필요는 없으며, '절망적인' 지역구는 아주 저렴했다. 하지만 미들턴 씨는 아버지의 명성과 나의 전쟁 경험담 때문에 보수당을 지지하는 노동자층들에게 인기가 높을 것이라며 자신이 도울 수 있는 건 다해 주겠다고 했다.

나가는 길에 피츠 로이 스튜어트와 다시 한 번 이야기를 나누는데, 그의 책상에 "연설자 구인 명단"이라고 적힌 커다란 장부가 눈에 띄었다. 나는 경이로운 눈으로 그것을 바라보았다. 참으로 놀라운 일이 아닌가! 연설자를 구하는 방대한 양의 신청서가 있다니! 나는 항상 연설에 목말라 있었다. 하지만 크든 작든 어떤 행사에도 초청받은 적이 없었다. 물론 이제는 나와 관계가 없는 한 가지 사건을 제외한다면 제4경기병연대나 샌드허스트에서도 연설을 해본 적이 없었다. 그래서 피츠 로이 스튜어트에게 물었다.

"이게 뭔가요? 연설자를 요청하는 집회가 이토록 많다는 겁니까?"

"그래. '스키퍼'는 자네가 뭔가 보여주지 못하면 내보내지 않을 거라고 했지만, 어때? 한 번 해 보지 않을래?"

고민이 되었다. 한편으로 꼭 해 보고 싶다는 생각이 들었지만 다른 한편으로는 불안해서 견딜 수 없었다. 그러나 인생은 장애물 경주와 같은데, 이제는 장애물이 나타나면 뛰어넘어야 할 때가 온 것이다. 나는 최대한 침착하고 무관심한 듯 조건이 맞고 내 연설을 정말 듣고 싶다는 곳이 있다면 기꺼이 응하겠다고 했다. 그는 커다란 장부를 펼쳤다.

수백여 개의 실내 모임, 야외 축제, 바자회, 대규모 집회 등 모두 연설자를 구하기 위해 아우성이었다. 나는 마치 거리의 부랑자가 창문으로 과자 가게를 훔쳐보듯 쳐다보았다. 결국 배스(Bath)를 공식적인 첫 데뷔 무대로 선택했다. 열흘 뒤 오래된 도시를 내려다보는 언덕에 위치한 공원에서 열리는 프림로즈 리그(Primrose League; 디즈레일리를 추모하기 위해 결성된 보수당원 단체)에서 연설하기로 했다. 이곳은 H. D. 스크라인 씨의 개인 사유지였다. 나는 두근거리는 가슴을 안고 중앙 당사를 나왔다.

그로부터 며칠 동안 그 계획이 무산될까 걱정했다. 아마도 스크라인 씨나 그 지역 유지들이 나를 부르고 싶지 않을 수도 있고, 더 좋은 연설자를 찾을 수도 있다. 그러나 다행히도 정식으로 초청장이 왔고, 집회의 연사로 「모닝포스트」에도 이름이 실렸다.

「모닝포스트」의 올리버 보스윅은 특별히 기자를 보내 나의 연설을 하나하나 상세히 기록해 신문에 대서특필하겠다는 편지를 보냈다. 이 편지는 열정과 초조함을 배가시켰다. 나는 오랜 시간에 걸쳐 원고를 작성하고 철저하게 암기했다. 잠결에도 거꾸로 외울 수 있을 정도였다. 나는 여왕 폐하의 정부를 옹호하는 입장에서 공격적이고 격한 어조로 연설하기로 결심했다. 특히 내가 쓴 한 구절이 마음에 들었다.

"영국은 급진주의라는 말라비틀어진 배수관보다 토리 민주주의가 샘솟는 물결에서 더 많은 것을 얻을 것이다."

나는 이밖에도 사람들이 좋아할 만한 문장들을 지어놓고 혼자 입맛을 다셨다. 일단 괜찮은 아이디어가 한 번 떠오르기 시작하면 나머지는 아주 자연스럽게 이어졌다. 사실 연설을 몇 번 더 할 수 있을 정도였다.

그러나 연설 시간이 25분 정도면 적당하다는 말을 듣고 정확하게 25분 내에 마치기로 했다. 스톱워치로 몇 번 실험을 해 본 결과, 20분 안에 연설을 마칠 수 있다는 것을 알았다. 이 정도면 약간 지체되더라도 충분했다. 무엇보다 서두르거나 허둥대지 말아야 한다. 청중에게 쉽게 약점을 노출시켜서는 안 된다. 청중은 그냥 청중일 뿐이고, 그들이 듣는 것 말고 무엇을 할 수 있겠는가? 이것은 그들이 원한 일이고, 따라서 그냥 듣고 있기만 하면 된다.

마침내 그날이 왔다. 패딩턴(Paddington)에서 기차를 탔는데, 기차에서 「모닝포스트」의 기자를 만났다. 그는 회색 프록코트를 입었는데, 붙임성이 좋은 사람이었다. 객실에는 기자와 나밖에 없었다. 나는 대화 중 무심코 생각난 것처럼 그에게 한두 가지 가십거리를 던져 주었다. 역에 도착하자 우리는 마차를 타고 배스의 언덕으로 올라갔다.

스크라인 씨와 가족들이 나를 친절하게 맞이해 주었다. 축제는 공원 이곳저곳에서 진행되고 있었는데, 코코넛 던지기, 달리기, 다양한 종류의 볼거리들이 있었다. 날씨도 좋고 모두 즐거워 보였다. 이전의 기억 때문에 이 집회의 성격에 대해 걱정스럽게 물었다. 괜찮다고 했다. 다섯 시가 되면 종이 울리고 흥겹게 놀던 사람들이 연단이 세워져 있는 천막 입구에 모일 것이다. 그리고 그 지역 당 대표가 나를 소개할 것이다. 축사를 하는 사람과 별도로 내가 유일한 연설자였으니까.

종이 울리자 나는 천막에 있는 연단 위로 올라섰다. 연단은 작은 술통 위에 널빤지 네 개 정도를 깔아 놓은 것으로 테이블이나 의자도 없다. 그러자 백여 명 정도의 사람들이 공원에서 어린애들 같은 놀이를 멈추고 마지못해 모이는 것 같았다. 지부장이 일어나 간단하게 나를 소개했다.

샌드허스트나 군대에서는 사람을 칭찬하는 일이 거의 없다. 특히 일개 하급 장교에게 아첨을 하지도 않는다. 만약 어떤 사람이 빅토리아 십자무공훈장이나 그랜드내셔널 경마대회, 육군 헤비급 복싱대회에서 수상을 했더라도 너무 우쭐대지 말라고 경고를 받는 것이 고작이었다.

정치계는 분명히 달랐다. 이곳은 과장되게 아첨을 떠는 곳이었다. 지부장은 그토록 비참하게 퇴물 취급을 당했던 아버지도 보수당이 낳은 가장 위대한 지도자 중 한 명이라고 극찬했다. 쿠바에서, 인도 국경에서, 나일강에서의 모험에 대해 극찬한 나에 대한 소개가 제발 연대장 귀에 들어가지 않도록 기도할 뿐이었다. 그가 나를 "검으로 빛나는 용기와, 펜으로 빛나는 재능"이라고 소리 높여 외쳤을 때 청중들이 "이 쥐새끼 같은 놈"이라고 할까봐 겁이 났다. 청중들이 마치 복음인 양 열심히 경청하는 것을 보고 놀라면서도 안심이 됐다.

드디어 내 차례가 왔다. 마음을 굳게 먹고 결의를 다지며 연설을 시작했다. 익숙해진 노랫말처럼 이 단계에서 저 단계로 차례차례 넘어갔다. 이만하면 꽤 괜찮은 것 같았다. 청중은 점점 늘었고 모두들 즐거운 듯 보였다. 일부러 연설을 잠시 끊었을 때 청중들은 크게 박수를 쳤다. 그리고 예상하지 못한 곳에서도 큰 환호를 보냈다. 연설이 끝나자 더 크게, 그리고 오랫동안 박수가 터져 나왔다. 결국 해냈다! 그것도 아주 손쉽게 해냈다.

기자와 함께 집으로 돌아왔다. 그는 내 앞에서 연설문을 꼼꼼하게 받아 적고 있었다. 기자는 내게 따뜻한 축하 인사를 건넸다. 다음날 「모닝포스트」는 신문 한 면을 내 연설에 할애했고, 게다가 고맙게도 "주목하라! 정계에 새로운 신인의 등장"이라는 제목의 짤막한 사설까지 실었다. 스스로가 대견스럽고 세상이 아름다워 보였다. 이처럼 뿌듯한 가슴을 안고 인도를 향해 떠났다.

\*\*\*

이제 좀 더 중요한 문제로 눈을 돌려야 했다. 연대 장교들은 메루트에서 진행되는 폴로 경기에 참가 신청을 냈다. 선임하사관의 지휘 아래 서른 마리의 조랑말이 특별 열차편으로 2,200킬로 떨어진 메루트로 출발했다. 마부와 말 관리 하사관 외에 믿음직한 하사관 몇 명을 같이 보냈다. 하루 320킬로씩 가는 동안 말들이 목적지에 도착했을 때도 출발할 때의 컨디션을 유지하도록 매일 저녁마다 기차에서 말을 내려 쉬게 하고 운동을 시켰다. 따라서 우리가 조금 늦게 출발했음에도 비슷하게 도착했다.

메루트로 출발하기 전 2주 동안 조드푸르에서 시범경기를 치렀다. 여기에서 우리는 유명한 프라탑 싱(Partab Singh) 경의 손님으로 머물렀다. 프라탑 경은 조카인 마하라자가 아직 성년이 아니었기 때문에 조드푸르의 신뢰할 만한 섭정이었다. 프라탑 경은 시원한 석조 저택에서 우리를 융숭하게 대접해 주었다. 그의 젊은 친척이자 인도가 배출한 뛰어난 폴로 선수인 허지 싱과 도칼 싱은 다른 조드푸르 귀족들과 함께 매일 저녁마다 신중하게 시범경기를 펼치면서 우리를 지도했다. 전쟁 다음으로 폴로를 사랑한다는 프라탑 경은 게임을 계속 중단시키면서 우리의 플레이나 콤비네이션에서 결점과 개선할 점을 지적해 주었다.

"빨리! 더 빨리! 파리처럼 빨리!"

프라탑 경은 스피드를 더 높이라고 소리쳤다.

조드푸르 폴로 경기장에서 경기를 벌이면 붉은 먼지가 구름처럼 솟아오른다. 이것이 강한 바람에 날리면서 경기를 방해하고 종종 위험한 상황이 연출되기도 했다. 먼지 구름 속에서 터번을 쓴 커다란 형체가 전속력으로 달려오거나 갑자기 공이 소리를 내며 날아오기도 했다. 경기를 제대로 진행하기 어려웠고, 종종 먼지 구름을 피해 경기를 해야 했다. 하지만 라지푸트인들은 꽤 익숙한 것 같았고, 점차 우리도 익숙해지게 되었다.

조드푸르를 떠나 메루트로 가기 전날 밤 나에게 불행이 닥쳤다. 저녁 식사를 하러 돌계단을 내려오다 미끄러져 넘어지면서 어깨가 빠져 버린 것이다. 어깨는 다시 맞췄지만, 근육 전체가 쑤시고 아프기 시작했다. 다음날 아침이 되자 오른팔을 거의 쓸 수 없을 정도였다. 지금까지의 경험으로 볼 때 폴로 공을 제대로 치기까지 3주 이상 걸릴 것이며, 그때까지는 팔꿈치를 옆구리에서 떨어지지 않도록 끈으로 단단히 동여매야만 했다. 시합은 나흘 뒤에 시작되는데, 독자 여러분은 내가 얼마나 크게 상심했는지 상상할 수 없을 것이다. 당시 내 팔은 꽤 튼튼해서 최전방 1번 공격수를 맡고 있었다.

그러나 이제 부상자가 된 것이다. 다행스럽게도 후보 선수가 있었다. 그런데도 동료들이 나를 선수로 뽑았을 때 팀에서 제외시켜 달라고 요청했다. 이에 하루 종일 심사숙고한 주장은 위험을 무릅쓰고 나를 무조건 경기에 참가시키기로 결정했다. 비록 공을 치지 않고 폴로 스틱만 들고 있더라도 내 경험과 실력이 팀 경기력에 도움이 될 것이라고 말했다. 나 또한 팀이 동정해서가 아니라 내 실력이 꼭 필요해서 이러한 결정을 내린 것으로 여기고 최선을 다하기로 다짐했다.

당시 폴로 경기에는 오프사이드 룰이 있었다. 최전방에 있는 1번 공격수는 상대편 진영에서 계속 말을 이리저리 돌리면서 상대편 수비수가 만드는 오프사이드 함정에 빠지지 않도록 주의해야만 했다. 만약 1번 선수가 상대 수비수를 압도해 플레이에 제때 합류하지 못하도록 막고 중요한 순간에 견제하는 것도 그냥 공을 때리고 마구 내달리는 것보다 경기 운영에 더 도움이 될 수 있었다. 내가 마크해야 할 상대는 나중에 미국에서 국제적인 선수로 이름을 날린 하드레스 로이드(Hardress Lloyd) 대위였는데, 우리 팀의 강력한 라이벌인 제4용기병연대에서 가장 뛰어난 수비수였다. 나는 첫 두 경기에서 팔꿈치를 옆구리에 단단히 묶고 고통과 경련을 참으면서 출전했다. 내 활약은 미미했지만 다행히 승리했고 동료들도 만족하는 것 같았다. 우리 팀 2번 선수인 앨버트 세이버리(Albert Savory)는 뛰어난 히터(hitter)였고, 나는 그의 길을 열어 주기 위해 열심히 달렸다.

폴로는 모든 구기 종목의 왕자다. 왜냐하면 모든 오락 경기의 토대가 되는 공을 치는 즐거움과 승마술이 결합되고 여기에 다소 복잡하지만 축구나 야구의 본질인 팀워크를 더해 다른 구기 종목들보다 더 우월하고 진정한 조화를 이루는 경기라고 할 수 있다.

마침내 대망의 결승전이 시작되었다. 우리 예상대로 결승전에서 제4 용기병연대와 맞붙게 되었다. 시합은 시작부터 격렬하고 팽팽하게 맞섰다. 인도 폴로 경기장은 단단하고 매끄럽기 때문에 볼이 빗맞는 일도 드물었고, 경기장 이곳저곳을 내달리는 선수들은 어디에서 볼을 쳐야 하는지 쉽게 알 수 있었다. 경기가 시작된 지 얼마 지나지 않아 우리가 한 골, 상대방이 두 골을 넣었고 그 후 한동안은 혼전을 거듭했다. 내가 맡은 수비수 근처에서 말을 돌리면서 계속 그를 귀찮게 했다. 그러다가 갑자기 상대방 골대 근처에서 혼전이 벌어지면서 공이 내게로 굴러오는 것이 보였다. 공이 근처에 오자 가볍게 스틱을 휘둘렀다. 공은 골대를 가로지르며 굴러갔다.

2 대 2!

부상 중인 1번을 제외하고 우리 팀은 정말 잘하고 있었다. 3번은 우리 팀의 주장인 레지널드 호어(Reginald Hoare)인데, 인도에서 그와 맞설 자는 없었다. 쿠바의 동료이자 수비수 반스는 바위처럼 단단하게 지켰고, 강력한 백핸드로 나와 세이버리가 있는 곳으로 공을 정확하게 보내 주었다. 지난 3년 동안 우리는 오직 이 경기만을 위해 모든 열정과 노력을 아낌없이 쏟아부었던 것이다.

또 다시 나에게 기회가 찾아왔다. 이번에도 공이 상대방 골대 근처에서 내게로 굴러왔다. 조금 빠르게 굴러왔기 때문에 스틱을 살짝 갖다 대자 공은 그대로 골대 사이로 굴러 들어갔다.

이제 3 대 2다!

그러자 상대편도 전력을 다해 우리 수비진을 무너뜨리고 한 골을 만회했다.

3 대 3!

당시 인도의 폴로 규칙을 설명하자면 무승부를 피하기 위해 보조 득점이라는 룰이 있었다. 골대 양쪽에 골대 절반 정도 넓이로 깃발을 세우고 그 사이로 들어가는 공을 보조 득점으로 인정하는 것이다. 다만 보조 득점이 아무리 많아도 1점을 이기지 못하지만, 동점일 때는 보조 득점으로 승패가 갈렸다. 유감스럽게도 상대편은 보조 득점에서 우리를 이기고 있었다. 만약 점수를 내지 못하고 비긴다면 우리가 지게 될 상황이었다.

다시 한 번 내게 기회가 찾아왔다. 조랑말의 말발굽 사이로 약하게 친 공이 세 번째로 골문을 통과했다. 이로써 7회가 끝나고 마지막 회가 되었다. 우리는 4점에 보조 득점 3점, 상대편은 3점에 보조 득점 4점이었다. 따라서 만약 상대가 한 골을 더 넣으면 동점이 아니라 이 대회에서 당당히 우승하게 된다. 양 팀은 긴장된 표정으로 경기에 몰두했다. 이것은 단순한 게임이 아니라 생사가 달린 문제였다. 극도로 위기의 순간이 되면 그 긴장과 흥분은 더욱 고조되어 마지막 회가 어떻게 흘러갔는지 기억나지 않을 정도였다. 단지 생각나는 것은 경기장을 미친 듯이 뛰어다니며 필사적인 공격과 수비 그리고 반격을 계속하면서 속으로 '신이여, 제발 밤을 보내 주시든지 블뤼허*를 보내주십시오'라고 기도했던 기억밖에 없다. 마침내 이때까지 들어 본 것 중 가장 반가운 시합 종료 휘슬이 울렸다. 우리는 땀에 흠뻑 젖고 완전히 녹초가 된 채로 말 위에 앉아 자랑스럽게 외쳤다.

"우리가 1899년 연대 토너먼트에서 우승했다!"

오랫동안 계속된 기쁨과 강렬한 성취감 그리고 끝없이 흘러내리는 와인이 가득한 밤의 축제로 이 승리를 기념했다.

단지 오락과 스포츠를 위해 많은 부대의 젊은이들이 한 자리에 모인 것에 대해 유감스럽게 생각하지 마시길 바란다. 스포츠를 즐겼던 젊은이들 중 노년을 누릴 수 있는 친구들은 그리 많지 않았다. 우리 팀도 이 경기가 마지막이었다. 불과 1년 후 우리 팀에서 가장 뛰어난 히터인 앨버트 세이버리가 트란스발에서 전사했고, 친구 반스는 나탈(Natal)에서 심각한 부상을 입었으며, 나도 어깨 부상이 더욱 심해져서 결국 의자에만 앉아 있는 정치인이 되었다. 그러한 영광의 순간은 다시 찾아오지 않았고, 그날 이후로 인도 남부의 기병연대가 우승을 차지한 적도 없었다.

마침내 집으로 향할 시간이 되자 연대는 따뜻하게 환송해 주었다. 마지막 만찬에서 전우들과 함께 모여 특별히 건강을 위해 축배를 들었다. 전우들과 얼마나 행복한 시간을 보냈으며, 얼마나 든든한 친구를 사귀게 되었는지! 그곳은 훌륭한 학교였다. 규율과 전우애, 이것이 군대에서 배운 교훈이었다. 이 모든 것은 대학에서 가르쳐 주는 지식만큼이나 가치 있는 것이었다. 그래도 여전히 둘 다 갖고 싶긴 하다.

***

---

\* 블뤼허(Gebhard Leberecht von Blücher)는 프로이센의 군인으로 프로이센-프랑스 전쟁에서 전공을 세우고 예나전투(Batle of Jena)에서는 후방 사령관이 되어 군을 지휘했다. 워털루 전투 후반에 그가 지휘하는 프로이센 군대가 합류하여 프랑스군의 측면을 공격하자 나폴레옹의 프랑스군은 승기를 잃고 무너졌다.

그동안에도 나는 『강의 전쟁』을 계속 집필하고 있었다. 작품의 규모는 나날이 방대해지고 있었는데, 옴두르만 원정의 단순한 연대기에서 시작하여 수단의 파멸과 해방의 역사로 범위가 확대되었다. 책을 쓰기 위해 그 주제와 관련된 모든 책들을 섭렵했다. 두 권 분량의 두꺼운 책으로 나올 예정이었다. 문체는 매콜리와 기번의 스타일을 섞은 방식이었는데, 매콜리의 스타카토처럼 대조를 이루며 짧고 날카롭게 끊는 스타일에다 기번의 물 흐르듯 유려한 문장과 관형격 어미로 마무리 짓는 방식을 섞은 다음, 군데군데 나만의 독창적인 스타일을 넣었다. 특히 서술에 있어서는 문장이 중요한 게 아니라 문단이 문제라는 것을 알게 되었다. 실제로 나는 문장 못지않게 문단이 더 중요하다고 생각한다.

매콜리는 문단을 나누는 데 달인이었다. 그의 방식을 따라 문장 전체가 하나의 생각을 담고 있는 것처럼 문단에는 뚜렷하게 하나의 에피소드를 포함시켰다. 그리고 각 문장이 서로 조화롭게 순서대로 따라가기 위해서 문단들도 열차의 자동 연결 장치처럼 잘 맞물리게 했다.

또 장을 나누는 법도 차츰 터득하기 시작했다. 각 장은 각기 독립된 주제를 다뤄야 한다. 장 구성에서 중요한 것은 서로 동등한 무게를 주면서 길이도 엇비슷해야만 한다. 어떤 장은 자연스럽고 명확하게 규정할 수 있지만 생략할 수 없는 많은 다른 사건들을 꼭 필요한 주제와 엮어 넣을

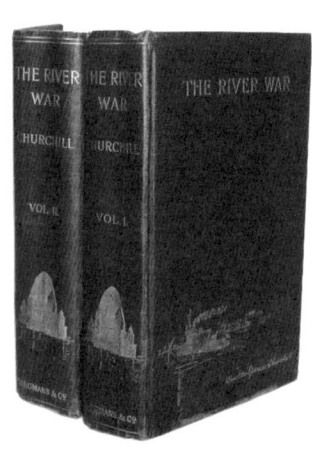

『강의 전쟁(The River War)』

땐 난관에 봉착하기도 했다. 결국 이런 작업은 처음부터 끝까지 적당한 비율과 엄격한 규칙을 통해 전체적인 관점에서 살펴봐야 했다.

무엇보다 시간 순으로 쓰는 것이 이야기를 진행시키는 열쇠였다. 또한 '좋은 센스는 좋은 글쓰기의 기초'라는 것도 명심할 필요가 있었다. 이야기를 시작할 때에도 일부 어리석은 사람들이 '대홍수 4,000년 뒤'처럼 이런 식으로 시작하는 실수를 범하지 않도록 주의했다. 그리고 내가 가장 좋아하는 프랑스 속담인 "지루하게 만드는 비결은 모든 것을 다 말하는 것이다"를 여기에 다시 한 번 쓰도록 하겠다.

글을 쓰는 것은 큰 기쁨이다. 글을 쓰며 살다 보니 이제는 동반자가 되었다. 글쓰기는 때가 타지 않은 관심과 사상이 담긴 수정구를 만드는 것으로, 어떤 의미에서는 어항 속의 금붕어가 자신만의 어항을 만드는 일과 같다. 이 작업은 언제 어디든지 나와 함께했다. 여행 중에도 결코 멈추는 법이 없었다. 그리고 글쓰기만큼 만족스러운 직업은 없었다. 인생을 살면서 유리를 닦고 건물을 확장하거나 축소하고 벽을 단단하게 만드는 여러 가지 일들이 글쓰기와 아주 흡사하다는 것을 깨달았다.

글을 쓰는 것도 집을 짓거나 전투를 계획하거나 그림을 그리는 것과 별반 다르지 않다. 기법이 다르고 재료도 다르지만 원리는 같다. 기초를 단단히 하고 자재를 세우고 전제는 결론의 무게를 견딜 수 있어야 한다. 이어서 장식을 하고 수선의 과정을 거친다. 이렇게 완성되더라도 오직 하나의 주제가 구현되었을 뿐이다. 전투와 마찬가지로 다른 사람들이 끊임없이 여기에 간섭하여 망쳐 버린다. 뛰어난 장군이란 계획에 얽매이지 않고 원래의 목표에 도달하는 사람을 말한다.

귀국하는 증기선에서 언론계의 가장 뛰어난 사람과 친해졌다. 스티븐스(G. W. Steevens) 씨는 함즈워스(Harmsworth)가 새로 발간한 타블로이드 신문인 「데일리 메일(Daily Mail)」의 뛰어난 '스타' 작가로 세상을 떠들썩하게 했다. 따라서 정론지인 「데일리 텔레그래프」가 빅토리아 시대의 구닥다리 언론에 한 걸음 더 다가가게 만들 정도로 큰 인기를 구가하고 있었다. 함즈워스는 초창기 중요한 시기에 스티븐스에게 상당히 의존했는데, 내게도 호의를 가지고 있어서 나중에는 자신만의 방식으로 나를 띄워주는 기사를 내주기도 했다.

"유명인은 더욱 부추겨라"가 당시 함즈워스의 신문 모토였고, 이러한 이유로 나는 그들의 편애를 받았다. 물론 이것은 어디까지나 내 상상에 불과하다. 나는 인도 무역선의 살롱에서 작업을 계속했고, 어느새 이야기는 절정을 향하고 있었다. 나일강을 거슬러 올라가는 군대가 아부하마드(Abu Hamed)에서 공격을 준비하는 장면에 이르렀다. 그 장면은 상당히 격식을 차린 문체로 묘사하고 싶었다.

강에서 피어오르던 옅은 안개는 해가 솟아오를수록 새벽과 함께 점점 흩어져가고 데르비시 마을의 희미한 윤곽과 그 뒤에 있는 반원형 바위 언덕이 차츰 모습을 드러냈다. 이 장엄한 원형 극장에서 전쟁이라는 짧은 단막극이 마침내 상연되려 하고 있었다.

"하하!"
갑자기 내 뒤 어깨 너머에서 스티븐스의 웃음소리가 들렸다.
"그러면 당신이 마무리해 주세요."
일어서면서 이렇게 내뱉고 갑판으로 나와 버렸다. 한편으로는 스티븐스가 어떻게 쓸지 궁금했고, 그의 솜씨도 보고 싶었다. 다시 돌아와서 원고를 보니 '탕, 탕, 탕, 탕, 탕!'이라고 쓴 작은 글씨 하단에 큰 글씨로 '펑!'이라고 써 놓은 게 전부였다. 이런 경박한 글에 진저리가 났다. 다만 스티븐스에게는 「데일리 메일」에 쓰는 경쾌하고 활기차며 수박 겉핥기식의 기사 외에 여러 가지 많은 스타일이 있었다. '뉴 기번'이라는 익명으로 대영제국의 미래에 관한 사설이 나왔는데, 저 유명한 로마 역사가의 글을 그대로 베껴왔다고 생각될 정도였다. 나중에 스티븐스가 그 글을 자신이 썼다고 고백했을 때 깜짝 놀랐다. 이후 스티븐스는 친절하게도 직접 내 글의 교정을 봐 주었고, 여러 가지 귀중한 조언도 해 주었다. 그것을 여기에 옮겨 적도록 하겠다.

> 내가 읽은 부분들은 앞으로 G. W. 스티븐스의 작품을 보완해 주는 귀중한 자료가 될 수 있을 것 같습니다. 게다가 이것은 전체적으로 꽤 훌륭한 작품이라고 생각합니다. 잘 짜인 구성과 함께 대부분의 페이지들은 쉽게 이해할 수 있는 묘사들로 가득합니다. 한 가지 아쉬운 점은 종종 예리하면서도 진실인 것 같은 철학적인 고찰을 일반적으로 잘 표현하긴 했지만 너무 과다한 듯합니다. 만약 내가 당신이라면 1898년 1월경에 있는 철학적인 내용들은 삭제해 버리고 마지막에 짧게 넣을 것입니다. 그 부분은 독자들을 지루하게 만들 뿐이며, 그러한 고찰은 독자 스스로 할 수 있을 것입니다.

1899년 여름, 놀리는 듯하나 밝고 재치 있는 성격 때문에 스티븐스는 이 여행의 즐거운 동반자가 되어 우정을 나누는 친구가 되었다. 그러나 그 해는 스티븐스의 마지막 여름이 되었다. 이듬해 2월 레이디스미스(Ladysmith)에서 티푸스로 사망했다.

＊＊＊

나는 카이로에서 2주간 머무르면서 책을 쓰기 위한 자료를 모았고 동시에 수단 전쟁의 주요 인물들을 인터뷰했다. 이때 만난 인물들로는 영국 공병대 소속의 젊은 캐나다인이자 사막 철도를 만든 지로워드(Girouard), 10년 간 칼리프의 포로였고 이미 고전이 된 『수단에서의 불과 검』이라는 책을 쓴 작은 키의 오스트리아 장교 슬라틴 파샤(Slatin Pasha), 그리고 원정군 정보부 장군이자 전에 한 번 식사를 신세진 적이 있는 레지널드 윈게이트 경, 이집트 관개국장인 가스틴과 수많은 이집트의 주요 정치가 및 명사들이었다.

이들은 모두 유능한 사람들로 파산과 패배로 무정부 상태에 빠진 이집트를 20년 만에 승리와 번영으로 이끌었고, 전쟁과 여러 정책에서 활약한 사람들이었다. 이 사람들의 상관인 크로머(Cromer) 경은 나를 영국 총영사관으로 초대했고, 이미 탈고한 수단의 해방과 고든의 죽음에 관한 장을 흔쾌히 검토해 보겠다고 했다. 그래서 나는 타이프를 친 두툼한 원고 뭉치를 보냈고, 며칠 후 돌려받았다. 원고에는 해로우에서 내 라틴어 숙제 검사처럼 파란색 연필로 여기저기 빼곡하게 적혀 있는 것을 보고 기쁘면서도 한편으로는 깜짝 놀랐다. 크로머 경이 내 글을 검토하는 데 엄청난 수고를 들였다는 것을 알기 때문에 그의 지적과 비평을 따르기로 했지만, 너무 지나치다고 생각되는 부분도 있었다.

이를테면 고든 장군의 경력 중 리펀(Ripon) 경의 비서가 되었던 시기에 대해 "찬란한 태양이 한 푼짜리 양초의 위성이 되었다"고 표현했다. 그에 대해 크로머 경은 "찬란한 태양은 너무 지나친 칭찬이며, 한 푼짜리 양초는 총독까지 역임한 리폰 경을 부당하게 깎아내리는 것이다. 리폰 경은 개의치 않겠지만 그의 친구들은 화낼지도 모르고, 대부분 사람들도 당신을 비웃을 것이다"라고 썼다. 그래서 이 주옥같은 표현을 삭제하고 그밖에 다른 비판도 겸허히 받겠다는 답장을 보냈다. 이에 다소 기분이 누그러진 크로머 경은 계속 나의 일에 관심을 가져 주었다. 그는 다음과 같이 써 보냈다.

내 말이 가혹하다는 것은 물론 알고 있지만, 그 속에 의도한 생각을 받아들이는 자세는 매우 분별 있는 행동이네. 설령 순전히 자네의 우정에 의한 것일지라도 말이야. 자네를 매몰차게 비판한 일은 이전부터 다른 사람들에게 나를 향해서도 부탁하던 것들이네. 나는 항상 글을 쓰거나 중요한 일을 하기 전 친구들에게 혹독한 비판을 해달라고 부탁하지. 어떤 일을 하기 전 친구에게 약점을 지적당하는 것이 나중에 적대적인 비평가들에게 공격 받는 것보다 훨씬 낫기 때문이야.

자네 책의 성공을 기원하네. 아니 꼭 성공할 걸세.

내 유일한 낙은 전도유망한 청년이 성공하는 모습을 보는 거라네.

나는 2주에 걸쳐 크로머 경을 종종 만났고, 그의 뛰어난 식견과 지혜에 많은 도움을 받았다. 그는 동양에 파견된 영국의 고위 관리들이 그러하듯 고도의 냉정함과 침착함을 가지고 있었다. 항상 내가 즐겨 인용하는 프랑스 격언 "침착하고 자신감에 차 있어야만 다른 사람에게 권위를 강요할 수 있다"는 말처럼 그는 결코 서두르는 법이 없었고 결과나 평판을 얻는 데 조급하지 않았다. 크로머 경에게는 그냥 가만히 앉아 있어도 사람들이 다가왔다. 그는 늘 결정적인 계기가 마련되기까지 조용히 사건을 지켜보면서 기다렸다. 그리고 자신이 나설 때가 될 때까지 1년을 일주일처럼 기다리거나 종종 4~5년을 기다린 적도 있었다.

크로머 경은 거의 16년 동안 이집트를 통치했다. 거창한 칭호는 모두 사양했고, 오직 영국 총영사로 남아 있었다. 그 지위는 막연하고 아무것도 아닌 것 같지만 실상 모든 것이었다. 이곳에서 그의 말은 곧 법이었기 때문이다. 크로머는 대부분 젊고 유능한 부관들과 함께 일했는데, 그들의 상관처럼 뒤에서 인내심을 갖고 지켜보도록 훈련 받은 정예들이었고, 이집트 행정의 모든 부서와 정책을 세심하게 통제했다. 그동안 영국과 이집트의 정권은 여러 번 바뀌었고, 크로머 경은 수단을 잃었다가 다시 점령하는 과정을 목격했다. 그는 돈줄을 꽉 쥐고 이집트 정계를 교묘하게 움직였다. 자신의 일생일대의 업적에 둘러싸여 허식이나 남들에게 보여주기 위한 노력 같은 것을 하지 않는, 무소불위의 권력의 전형을 지켜본다는 것은 즐거운 일이었다.

크로머 경의 배려는 나에게 큰 영광이었고, 그와 같은 사람이 더욱 필요한 오늘날에 그런 걸출한 인물을 만나기란 더욱 힘들어졌다.

## 올덤 선거에서 낙선하다

1899년 봄 책을 쓴 또 다른 윈스턴 처칠이 있다는 사실을 알게 되었다. 그는 매우 훌륭한 소설을 썼으며, 미국에서 큰 인기를 끌고 있었다. 이로 인해 내가 각계각층의 사람들로부터 소설가로 성공한 것에 대해 축하 인사를 받았다. 처음에는 『사브롤라』의 진가가 뒤늦게 발견되었기 때문이라고 생각하면서 기뻐했다. 이윽고 '뜻밖에 만난 호적수'가 있다는 사실을 알게 되었다. 그는 대서양 반대편에 있는 사람이었다. 그래서 그에게 대서양을 가로질러 두 통의 편지를 보냈는데, 그가 보낸 답장은 아마 문학적 호기심에서 비롯되었을 것이다.

저 윈스턴 처칠은 윈스턴 처칠 씨에게 찬사를 보내며, 다음과 같은 문제에 관심을 가져 주시기를 부탁드립니다. 신문을 보고 윈스턴 처칠 씨의 신작 『리처드 카빌』이 출판되었다는 것을 알게 되었습니다. 이 작품은 영국과 미국에서 선풍적인 인기를 얻을 것으로 생각됩니다.

저 윈스턴 처칠도 현재 「맥밀런 매거진」에서 소설을 연재하고 있는 작가인데, 영국과 미국에서 판매되리라 예상합니다. 또한 10월 1일에는 수단 전쟁에 대한 역사서를 출판할 예정입니다. 확실히 윈스턴 처칠 씨의 작품이 저 윈스턴 처칠의 작품으로 오인될 만한 위험이 있다고 생각합니다. 그런 일은 저 윈스턴 처칠만큼 윈스턴 처칠 씨도 원하지 않는다고 생각합니다. 따라서 앞으로 발생하는 오해를 피하기 위해 저 윈스턴 처칠은 이전 작품에서 쓴 '윈스턴 처칠'이 아니라 이후 출판하는 모든 기사, 소설, 기타 작품에 '윈스턴 스펜서 처칠'이라는 작가명을 쓰기로 결정했습니다.

이러한 제안을 윈스턴 처칠 씨도 동의하리라 생각합니다. 특별히 우연의 일치로 인한 더 이상의 혼란을 막기 위해 두 윈스턴 처칠은 간단한 기호로 서로의 출판물을 구분하면 어떨지 제안 드립니다. 윈스턴 처칠 씨가 본 윈스턴 처칠의 제안에 동의하신다면 추후 그 기호에 대해 논의 드리겠습니다.

저 윈스턴 처칠은 이 자리를 빌려 윈스턴 처칠 씨의 작품과 성공에 경의를 표하고, 앞으로 잡지나 책에서 발표되는 작품에도 관심을 가질 것입니다. 또한 윈스턴 처칠 씨도 저 윈스턴 처칠의 작품에 대해 마찬가지 마음일 것으로 믿습니다.

런던,

1899년 6월 7일

저 윈스턴 처칠은 윈스턴 처칠 씨에게 많은 걱정을 끼친 문제를 두고 여러 가지 제안을 해 주신 것에 깊이 감사드립니다. 또한 저 윈스턴 처칠은 윈스턴 처칠 씨가 자신의 저서나 기사 등에서 '윈스턴 스펜서 처칠'이라는 이름을 쓰신다는 것에 대해서도 감사드립니다. 저 윈스턴 처칠도 적당한 다른 이름이 있다면 분명 채택했을 것입니다. 윈스턴 스펜서 처칠 씨의 첫 작품이 「센추리」에 실린 이후 저 윈스턴 처칠은 익히 알고 있었으며 많은 관심을 두고 있었습니다. 그러나 저 윈스턴 처칠은 윈스턴 스펜서 처칠 씨의 작품과 혼동되리라 생각하지 못했습니다.

그래서 윈스턴 스펜서 처칠 씨와 저 윈스턴 처칠의 작품에 간단한 기호를 넣자는 윈스턴 스펜서 처칠 씨의 제안에 기꺼이 동의합니다. 윈스턴 스펜서 처칠 씨가 그 기호를 정해 주신다면 저 윈스턴 처칠은 전적으로 따를 것입니다.

게다가 저 윈스턴 처칠은 책의 표제지에 '미국인'이라는 단어를 삽입

하는 것이 바람직한지 친구들과 출판사의 의견을 물어보려고 합니다. 또한 그들이 괜찮다고 한다면 출판사에 요청하여 개정판부터 반영시키도록 하겠습니다.

저 윈스턴 처칠은 실례를 무릅쓰고 윈스턴 스펜서 처칠 씨에게 두 권의 소설을 보내드립니다. 또한 윈스턴 스펜서 처칠 씨의 작품에 찬사를 보내며 조만간 『사브롤라』를 보게 되기를 기대합니다.

버몬트주 윈저,
1899년 6월 21일

모든 문제가 원만하게 해결되었다. 독자들은 문학적 배경이 다른 동명이인이 동시에 문학계에 나타났으며, 필요하다면 정치적 협상이 될 것이라는 사실에 익숙해졌다. 1년 후 내가 보스턴을 방문했을 때 가장 먼저 찾아와 환영해 준 사람이 윈스턴 처칠이었다. 그는 젊은 사람을 위한 화려한 연회를 베풀어 주었고, 서로를 칭찬하는 연설을 했다. 그러나 얼마간의 혼동은 계속되었다. 내 우편물이 그의 주소로 배달되었고, 저녁식사 청구서가 내게로 왔다. 물론 이 해프닝들은 금방 바로잡혔다.

\*\*\*

어느 날 올덤(Oldham)을 지역구로 둔 보수당 의원 로버트 애스크로프트(Robert Ascroft) 씨로부터 하원으로 나와 달라는 연락을 받았다. 그는 나를 흡연실로 데려가서 중요한 계획을 설명해 주었다. 올덤은 2명의 의원을 뽑는 선거구인데, 당시에는 보수당이 두 석 모두 장악하고 있었다. 원로 의원인 애스크로프트 씨는 보수당 선거인단의 지지뿐만 아니라 올덤 면화 사업소 노동조합의 자문 변호사로 확실한 신용을 얻고 있었기 때문에 지역구 내에 강력한 지지 기반을 가지고 있었다. 그런데 지역구의 파트너였던 의원이 얼마 전에 중병에 걸리자 애스크로프트 씨는 자신과 손잡고 함께 출마할 파트너로 나를 점찍은 것이다.

"젊은 사람은 나이든 사람만큼 돈이 많지 않으니까"라며 분별 있게 말해 주었다. 나는 이 고통스러운 사실에 대해 반박할 수 없었다. 그는 어떠한 장애물도 극복할 수 있다고 생각하는 것 같았고, 나도 되도록 빨리 올덤으로 가서 그의 후원회에 참석하기로 했다.

몇 주가 지나고 후원회 날짜가 정해졌다. 하지만 유감스럽게도 얼마 후 신문에는 애스크로프트 씨가 돌연 사망했다는 부고가 실렸다. 강인하고 정력적이었던 그가 돌연 사망하고 중병에 걸렸다던 동료 의원이 무사히 건강을 회복했다는 점은 꽤 이상하게 보였다. 로버트 애스크로프트는 올덤의 노동자들로부터 많은 존경을 받고 있었다. 노동자들은 '노동자의 친구'라는 그의 동상을 세우기 위해 십시일반으로 2천 파운드라는 거금을 모았는데, 랭커셔(Lancashire) 지방 노동자들의 특징이라고 생각되었다. 그들은 그 기금이 더 유용한 다른 어떤 목적에도 쓰이지 않도록 못 박았다. 병원의 병상을 늘리거나, 도서관의 책을 사거나, 분수를 만들려고 하지 않았다. 그들은 자신들에게 선물을 주고 싶지 않다는 명분으로 오로지 동상 건립 비용에만 사용했다.

공석이 된 자리는 빨리 채워져야 했고, 후보자로 내가 추대되었다. 사실 고인이 된 애스크로프트 씨가 나를 적극적으로 추천했다는 말을 들었다. 지역 정당 연설회 광고판에 내 이름이 걸리고 여기에 아버지의 이름을 더하기만 한다면 모든 것이 완벽해 보였다. 나는 이의를 제기하는 공소장이나 청원서, 위원회의 출두요구서 없이 공식적으로 지역구 초청 후보로 추대되었고, 그 자리에서 후보직을 수락했다. 보수당 중앙 당사의 '스키퍼'들은 지역구 결정에 만족한 듯 보였다. 하지만 두 곳을 공석으로 남겨두고, 그 다음 보궐 선거에서 동시에 의석을 차지하는 것이 더 유리하다고 권고했다.

스키퍼의 말에 따르면 현 정부는 랭커셔 주 보궐 선거에서 유리한 고지에 있지 않으며, 몇 달 만에 올덤 선거구에서 두 번의 선거를 치르는 것도 원하지 않는다고 했다. 솔즈베리 총리는 당장 두 자리의 의석을 잃는다 해도 크게 상관하지 않을 것이다. 차라리 지금 두 석을 다 잃어도 다음 총선에서 되찾으면 그만이라는 생각이기 때문이다. 이러한 당의 태도가 뜻하는 바를 모르지는 않으나, 당시에는 어떤 상황이 오더라도 정치적 일전을 치르는 편이 아무것도 하지 않는 것보다 나을 것 같았다. 결국 나는 깃발을 휘날리며 전쟁터를 향해 전진했다.

여러 에피소드들로 인해 전폭적인 홍보가 된 가운데 나는 보궐 선거에 뛰어들었다. 대개 한 번의 선거를 치르는 데 약 한 달 정도 수명을 갉아먹는다고 하는데, 나는 지금까지 14번이나 치렀다. 인간의 짧은 수명에서 귀중한 14개월을 이 고달픈 난장판에서 허비했다고 생각하면 우울하다. 게다가 보궐 선거는 다섯 번이나 치렀는데, 이것은 보통의 선거보다 더 최악이었다. 왜냐하면 국내의 모든 사기꾼과 협잡꾼들 그리고 그런 자들을 한 데 모은 단체들과 소위 '후원' 조직들이 모여들어 가엾은 후보에게 빌붙어 뜯어먹으려고 달려들기 때문이었다. 만약 여당 후보라면 세상의 모든 괴로움과 인간 사회의 온갖 결점을 모두 후보의 탓으로 돌리면서 도대체 자신들을 어떻게 할 것이냐고 큰 소란을 피웠을 것이다.

당시 보수당 연립 정부의 인기는 나날이 떨어지고 있었다. 자유당도 이제는 유권자들이 커다란 변화를 바랄 정도로 충분히 오랫동안 정권과 떨어져 있었다. 민주주의는 연속성이라는 것을 별로 좋아하지 않았다. 영국인들은 중대한 시기를 제외하고 그들이 누구든 각료를 쫓아내거나 정책을 뒤집어 버리는 일쯤은 대수롭지 않게 여겼다.

따라서 나는 역류가 흐르는 곳에 배를 띄운 꼴이 된 것이다. 게다가 당시 보수당은 영국국교회 소속 가난한 성직자들의 생계를 보조해 주기 위해 교구세를 더 걷는 「십일조 법안(Tithes Bill)」을 하원에 제출한 상태였다. 랭커셔 지방에서 막대한 영향력을 행사하고 있는 웨슬리교파(Wesleyan)를 비롯한 비국교도주의자들이 이러한 일에 찬성할 리가 없었다. 급진주의자들은 뻔뻔스럽게도 이 은혜로운 법안을 '성직자 구호 법안'이라고 조롱하기에 이르렀다. 올덤에 오기 전에 나는 이러한 문제에 대해 한 번도 관심을 가져본 적이 없었다. 내가 받은 교육이나 군대 경험도 이러한 문제가 불러일으킨 격렬한 반발에 대해 전혀 예상하지 못했다. 그래서 이 문제에 대해 지지자들의 의견을 물었고, 대부분은 '성직자 구호 법안'이 가장 심각한 문제라고 주장하는 급진주의자들의 의견에 동의했다. 나는 그 문제를 듣자마자 바로 해결책을 생각해냈다.

물론 성직자들의 생계를 적절히 보장해 주는 것도 필요하다. 만약 그렇지 않다면 어떻게 자신의 지위를 유지할 수 있단 말인가? 하지만 군대처럼 모두에게 공평하게 나눠 주는 방법은 어떨까? 종파에 상관없이 신도 수에 비례하여 돈을 균등하게 분배하는 것이다! 이 방법이야 말로 공평하고 논리적이며 경건하고 회유적인 해결책이다. 그런데 아무도 이러한 방법을 생각하지 않았다는 것이 놀라웠다. 게다가 일부 위원들에게 내 아이디어를 제시하자 아무도 납득하지 못하는 것 같았고, 심지어 좋은 방법이 아니라고 말했다. 모두가 그렇게 생각한다면 그건 확실히 아니었다. 그래서 나는 균등 분배를 통한 중재안을 접고 당시 영국에서 가장 큰 선거구에서 지지를 얻을 만한 다른 주제를 찾아보기로 했다.

이때 새로운 동료가 선거전에 합류했다. 그의 임명은 중앙당의 역작으로 여겨졌다. 다름 아닌 제임스 모들리(James Mawdsley) 씨로 사회주의자이자 영국방직공협회의 총무로 많은 존경을 받고 있는 사람이었다. 모들리는 보수당 내 노동자 후보로서 전형적인 인물이었다. 그는 대담하게도 토리 민주주의를 찬양하며 심지어 토리 사회주의로 나아가자고 선언했다. 모들리에 의하면, 양당은 모두 위선적이지만 자유당이 더 나쁘다고 했다. 또 자신을 잘 알고 지지해 주는 노동자들을 위해 고대 영국 귀족의 '후예'와 함께 연단에 서는 것을 자랑스럽게 여겼다.

나는 판세가 바뀐 것에 대해 매우 흡족했고, 얼마 동안 성공한 것처럼 보였다. '귀족의 후예와 사회주의자.' 이러한 파트너십은 영국 정치의 새로운 방향으로 삼기에 꽤 괜찮아 보였다. 불행하게도 공격직이고 무례한 급진주의자들이 우리의 좋은 이미지를 망쳐 버렸다. 급진주의자들은 노동조합원들 가운데 자신들에게 동조하는 동료들의 상당한 지지를 얻어내는 데 성공했다. 그들은 불쌍한 모들리 씨가 자신들의 계급을 버렸다면서 보수당을 비난하고 무례하게 굴었다. 또한 솔즈베리 경에 대해서도 진보적이 않으며 현대 민주주의의 정신에 부합하지 않는다고 비난했다.

우리는 물론 이러한 흑색선전에 대해 부인했다. 그러나 결국 자유당과 급진적인 노동조합원들은 모두 뿔뿔이 흩어져 각자의 정당에 투표했다. 우리의 연단에서는 사악한 사회주의자가 나타난 사실에 다소 혼란스러워하는 열렬한 보수당 지지자들과 우리만 남게 되었다.

한편 경쟁 상대였던 자유당의 두 후보 모두 뛰어난 명성과 재능을 가지고 있었다. 연장자인 에모트(Emmott) 씨는 올덤에서 몇 대에 걸쳐 실을 뽑는 방추(紡錘)를 수천여 개 돌렸던 집안 출신이었다. 부유하고 경험도 많고, 한창 나이임에도 지역에 자연스럽게 녹아드는 발군의 능력으로 나중에 고위 공직자로 출세하여 정부를 반대하는 가장 인기 있는 정당 지도자가 될 만한 역량을 갖추고 있었다. 그는 결코 만만한 상대가 아니었다. 연하인 런시먼(Runciman) 씨는 당시 젊고 매력적인 인물인 데다 유능하고 흠잡을 데 없으며, 특히 후보자로서는 매우 뛰어난 장점인 큰 부자였다. 거기에 비해 노동조합 동지와 나는 5백 파운드를 마련하는 데에도 큰 어려움을 겪었음에도 이 사회의 기득권층을 대변한다는 비난을 받아야 했다. 반면 25만 파운드 정도는 쉽게 내놓을 수 있는 우리의 상대들은 가난하고 궁핍한 서민의 대표로서 승리를 위해 투쟁하겠다고 선언했다. 참으로 기묘한 반전이었다.

싸움은 길고 격렬했다. 나는 현 정부의 장점과 기존의 사회 제도, 영국국교회와 제국의 통일을 주장했다. "영국에 이처럼 많은 인구와 식량이 넘쳐났던 적은 결코 없었다"고 강하게 주장했다. 또 영국의 활력과 강대함 그리고 수단의 해방, 죄수가 만든 외국 상품을 배척해야 할 필요성에 대해서도 연설했다. 모들리가 내 뒤를 이었다. 우리의 상대는 노동 계급의 비참한 처지와 빈민가의 열악함 및 현격한 빈부격차를 개탄했으며, 무엇보다 성직자 구호 법안의 부당함을 호소했다.

이러한 상태에서 승부는 이미 기울어진 것처럼 보였지만, 랭커셔 노동자들은 표를 구걸하는 사람들의 찬반의 균형을 맞추기 위한 기막힌 재주를 가지고 있었다. 그들은 어느 한쪽으로 기울어지면 온갖 수정을 가해 다시 반대편으로 무게 중심을 맞췄다. 나는 아침부터 밤까지 끊임없이 열변을 토했고, 모들리는 끊임없이 자유당이 보수당보다 더 위선적이라는 슬로건을 되풀이했다.

올덤은 순전히 노동자 계층으로 이루어진 선거구로 이전에는 대단히 번창한 지역이었다. 면화를 직접 돌려 실을 뽑아 아시아 국가들에 수출할 뿐만 아니라 아사 리즈(Asa Lees)의 거대한 공장에서 방적기를 만들어 인도, 중국, 일본에 수출했다. 하지만 이로 인해 그 나라들에서 직접 면직물을 짤 수 있게 되는 원인이 되었다. 마을에는 호텔도 없었고 부유한 집도 거의 없었다. 그러나 반세기 동안 상황은 차츰 나아지고 있었다. 노동자를 위한 수천 채의 집이 생겼고, 소녀들은 머리에 모직 숄을 둘렀고 발에는 나막신을 신었다. 아직 맨발인 아이들이 더러 있었지만 그래도 번영하고 있다고 인정할 정도로 발전하고 있었다.

이후 세계정세가 변화함에 따라 올덤도 서서히 쇠퇴하는 것을 지켜보았다. 하지만 여전히 당시보다는 훨씬 나은 수준이었다. 당시 속담에는 "4대 째 다시 나막신"이라는 게 있었다. 즉 1대는 돈을 벌고, 2대째 돈을 늘리고, 3대에는 돈을 탕진해 4대가 되면 다시 오두막으로 돌아온다는 것이었다. 당시 실크 스타킹에 부유세를 매김으로써 그들이 타격을 입는 것을 보았고, 이는 내가 어릴 적에는 결코 상상할 수 없는 생활 방식이었다. 수출의 쇠퇴로 인해 침체의 늪에 빠지게 되고 시장에서의 지배적인 위치가 사라지자 간신히 버티는 형국이 되었다. 그러나 일단 랭커셔의 노동자들과 가까워지면 그들이 잘 지내기를 바라지 않는 사람은 없었다.

선거는 중반을 달리고 있었는데, 주요 지지자들은 성직자 구호 법안을 포기하라고 압박했다. 사실 나는 이 법안이 필요하게 된 이유와 그것이 불러일으킨 여파에 대해 무지했기 때문에 지지자들의 손을 들어주고 싶은 유혹에 시달렸다. 결국 유혹에 굴복한 나는 지지자들의 열렬한 환호 속에서 내가 만약 당선된다면 이 법안에 찬성하지 않을 것이라고 발표해 버렸다.

이것은 치명적인 실수였다. 만약 정부와 정당이 심하게 공격 받고 있는 문제를 방어해 주지 않는다면 그들을 옹호하는 것은 아무 의미가 없게 된다. 이 법안에 대해 격렬한 논쟁이 벌어지고 있는 와중에 내가 지지 철회 선언을 해버린 것이다. 웨스트민스터(Westminster)에서 정부는 자신들이 내보낸 후보조차 이 문제로 인해 랭커셔 유권자들에게 얼굴을 들 수 없을 정도가 아니냐는 조롱을 받았다. 한편 내 선언에 더욱 자극을 받은 의회에서는 법안에 대한 공격이 가중되었다. 역시 사람은 살면서 배워야 한다!

나는 스스로 꽤 괜찮은 후보였다고 자신할 수 있다. 이것은 자만이 아니었다. 우리는 열정이 있었고, 물질적인 이득이 없음에도 대영제국에 대한 자부심과 영국의 오랜 전통을 사랑한다고 주장하는 수많은 노동자들을 보고 진심으로 기뻤다. 그러나 투표가 집계되자 결국 패배를 인정할 수밖에 없었다. 약 23,000표―영국에서 가장 큰 편에 속했다― 중 나는 1,300표가 뒤졌고 모들리도 30표가 더 적었다.

모든 패배에는 비난이 따르기 마련이다. 사람들은 항상 그렇듯이 모든 책임을 나에게 떠넘겼다. 아마도 내가 젊으니까 잘 견딜 수 있다고 생각했는지 모른다. 보수당 수뇌부와 칼튼 클럽에서는 "그래도 싸지! 사회주의자와 손을 잡다니! 원칙을 가진 사람이라면 절대 그런 짓은 하지 않을 거야!"라는 비판이 나왔다. 당시 하원의장인 밸푸어 씨는 내가 성직자를 위한 「십일조 법안」을 반대한다는 소식을 듣고 의회 로비에서 이렇게 말했다고 한다.

"약속된 청년이라고 생각했는데, 그냥 약속만 하는 청년이군."

당연한 평가라고 생각했다. 당 기관지에서는 가장 큰 노동자 계급의 선거구에 젊고 경험 없는 후보들을 내보낸 것이 얼마나 큰 실수였는지를 머리기사로 내보냈다. 모두들 이 참사에서 헤어 나오기 위해 애를 썼다. 나는 반만 마신 샴페인이나 소다에 마개를 닫아 놓지 않은 것처럼 김이 빠진 채 런던으로 돌아왔다.

어머니 집으로 들어갔지만 아무도 만나러 오지 않았다. 언제나 이해심 많고 따뜻하게 대해 준 밸푸어 씨가 자필로 써서 보내준 편지를 마침 기록보관소에서 발견해 여기에 옮긴다.

당신의 아버지와 나란히 보기 좋게 일전을 벌이던 하원에서 되도록 빨리 만나게 되기를 바랐지만 올덤에서의 패배는 참으로 아쉽습니다. 그러나 이번 일로 결코 실망하지 않기를 바랍니다. 지금은 여러 이유로 보궐 선거에서 불리한 시기입니다. 이번 재보궐 선거에서 야당은 정부안에 맞서는 자신들의 정책을 굳이 내놓을 필요가 없었기 때문입니다.

이런 경우에는 항상 야당이 유리합니다. 상대편 정책이「아일랜드 자치 법안」처럼 인기 없는 안들을 내놓을 필요가 없으니 두 배로 유리합니다. 게다가 지금은 정부에 대한 야당의 목소리에 국민들이 더 귀를 기울이는 시기입니다. 고용주는 보상 법안을 싫어하고 의사는 예방 접종 법안을 싫어하며, 대중은 성직자를 싫어하기 때문에 그러한 과세 법안이 인기가 없는 것입니다.

성직자들은 당신이 반대한 것에 대해 분개해 하고, 북아일랜드의 통합을 주장하던 오렌지 당원들은 토라져서 리버풀 제안(Liverpool proposals)에 찬성표를 던지기로 한 약속을 깨뜨리고 타협하는 것조차 거절하고 있습니다. 물론 우리 당의 정책으로 인해 혜택을 받은 사람들은 감사해 하지 않겠지만, 스스로 피해를 입었다고 생각하는 사람들이 원망하는 것은 당연합니다. 랭커셔에서 의석을 다투는 것 자체가 정말로 가망이 없는 상태였다는 것을 염두에 두시기 바랍니다.

결코 걱정하지 마십시오. 모든 일이 잘될 것입니다. 이런 자그마한 역경은 당신의 정치적 미래에 어떤 영향도 미치지 못할 것입니다.

1899년 7월 10일

그 해 7월 말 나는 체임벌린과 오랫동안 이야기할 기회를 얻었다. 예전에 아버지 집에서 만난 적이 있었고 그 후로도 여러 번 만나 인사를 했지만, 그와 깊은 대화를 나눈 것은 이때가 처음이었다. 우리 둘 다 친구인 준(Jeune) 부인의 손님으로서 템스강변에 자리 잡은 쾌적한 저택으로 초대 받았다. 오후에는 강에서 배를 탔다. 업무 시간 외에는 절대로 일에 대한 이야기를 꺼내지 않는 애스퀴스와 달리, 체임벌린은 언제나 정치 이야기를 즐겨했다. 그는 매우 직설적이고 놀라울 정도로 솔직하게 말했다. 그와 이야기하는 것 자체가 현실 정치에 대한 수업이었다.

체임벌린은 온갖 세세한 것에 대해서도 우여곡절을 훤히 알고 있었으며, 거대 양당에서 가장 적극적인 열정을 가진 투사였기 때문에 그들을 움직이는 힘에 대해서도 잘 알고 있었다. 배에서 열리는 저녁 만찬에서도 우리 둘 사이의 대화가 이어졌다. 남아프리카 문제가 다시 떠오르는 주제였다. 크루거 대통령의 미묘하지만 종주권 문제에 대한 심각한 협상은 점차 국내 문제에서 발전해 이제는 세계적인 관심사가 되었다. 독자들은 내가 강경론을 주장했다고 생각하겠지만, 오히려 체임벌린이 말한 것으로 기억된다.

"돌격 나팔을 불고 달려 나갔을 때 주위에 아무도 따라오지 않으면 소용이 없다네."

나중에 강가 잔디밭 의자에 꼿꼿하게 앉아 있는 노인을 지나쳤다. 준 부인이 말했다.

"저기 봐! 라브셰르(Henry Labouchère)가 있어요."

"오래된 누더기 조각 같군."

체임벌린이 앙심에 차 있던 오랜 정적에게서 고개를 돌리며 말했다. 나는 그의 얼굴에 강하게 스쳐지나가는 경멸과 혐오의 표정을 보면서 깜짝 놀랐다. 이 유명하고 상냥하며 쾌활한 정치인이 자유당 및 글래드스턴과의 정쟁에서 얻은 증오가 얼마나 심하게 응어리져 있으며, 어떻게 철저하게 되갚아 줬는지가 번개처럼 스쳐지나갔다.

나머지 기간 동안 나는 『강의 전쟁』 집필에 몰두했다. 힘든 작업은 거의 끝나고 이제 교정을 보는 즐거운 일에 열중하고 있었다. 이미 군대의 규율에서 해방된 나는 키치너 경에 대한 생각을 스스럼없이 쓸 수 있었고, 또 그렇게 썼다. 키치너가 마흐디의 무덤을 모독하고 마흐디의 머리를 등유통에 담아 전리품으로 가져간 야만스러운 행위에 수치심을 느꼈다.

그 사건에 대해 의회에서는 이미 열띤 논쟁이 벌어졌으며, 언론에서 존 몰리와 「맨체스터 가디언」의 고지식한 편집장인 C. P. 스콧이 장군을 상대로 가한 공격에 공감하고 있었다. 마흐디의 머리는 하찮은 문제들 중 하나일지 몰라도 감정을 확산시켜 거대한 몸통으로 발전할 수도 있었다. 자유당은 훈족 또는 반달족이나 할 짓으로 보이는 그러한 행동에 격분했다. 보수당은 그저 하찮은 장난이라고 생각했다. 그때부터 이미 나는 보수당과 생각을 달리하고 있었다.

10월 중순 쯤 출간할 계획이었고, 내 생애 가운데 1년을 할애한 대표작―신간―이 시중에 나오기만을 손꼽아 기다렸다. 그러나 10월 중순이 되자 우리의 관심은 모두 다른 곳에 쏠려 있었다.

## 불러 장군을 따라 남아프리카로

커다란 싸움은 흔히 사소한 사건에서 비롯되지만 그 원인을 따져 보면 결코 사소하지 않다. 남아프리카 전쟁 직전에 있었던 여러 사건들은 영국은 물론 전 세계의 비상한 관심을 끌었다. 마주바힐 전투 이전부터 지속되어 온 갈등을 비롯해 이후 영국과 보어의 관계에 대한 해묵은 앙금은 이미 많은 대중들에게 익숙한 이야기였다. 1899년에 벌어진 협상과 분쟁의 전 과정은 처음부터 끝까지 모든 사람들이 주목하고 있었고, 하원에서는 야당의 가장 날카로운 도전에 직면하게 되었다. 여름이 지나고 가을에 접어들자 영국 정계에는 보어공화국과의 전쟁이 필수불가결하다고 느끼는 사람들과 전쟁을 막기 위해 인내심을 갖고 상황을 예견하여 토론으로 해결하려는 사람들로 나뉘어졌다.

그 해 여름은 무더웠다. 대기가 차츰 불안정해지고 응축된 전기가 가득해지면서 폭풍의 전조를 보이고 있었다. 3년 전 제임슨 습격 사건(Jameson Raid) 이후 이제 트란스발공화국의 군사력은 나날이 막강해지고 있었다. 무장한 경찰은 외국인들을 삼엄하게 단속했고, 독일인 엔지니어들은 대포로 요하네스버그를 제압할 수 있는 요새를 세우기 위해 도면을 그리고 있었다. 네덜란드와 독일에서 흘러들어 오는 각종 대포와 탄약과 소총은 보어공화국 인구 전체와 케이프 식민지에 거주하는 모든 네덜란드인을 무장시키기에 충분한 양이었다. 전쟁과 반란의 위협을 느낀 영국 정부는 서둘러 나탈과 케이프의 수비대를 증강시켰다. 한편 다우닝가와 프리토리아 사이에는 점점 심각해지는 급보와 전문이 어두운 사슬처럼 끊임없이 이어졌다.

10월 초에 갑자기 트란스발에서 정책을 결정하는 사람이 문제를 한

번에 해결하려는 대담하고 용감한 결심을 했다. 8일에 그는 공화국 국경 지역에서 영국군이 철수하고 추가 병력을 금지하라는 최후통첩을 프리토리아에서 전보로 통보해 왔다. 그 순간 전쟁은 확실해졌다.

보어의 최후통첩이 전보 수신지에 찍힌 지 채 한 시간도 되기 전에 올리버 보스윅이 나를 찾아와 「모닝포스트」의 종군기자를 맡아달라고 제안했다. 월 250파운드의 급여에 회사가 모든 경비를 부담하며, 행동과 의견에 대한 모든 재량권을 부여할 뿐 아니라 최소 4개월간 고용을 보장해 준다는 조건이었다. 이것은 영국 저널리즘 바닥에서 유래를 찾아볼 수 없을 만큼 파격적인 조건이었다. 자기 자신 말고 책임질 게 아무것도 없는 24살의 젊은 청년에게 꽤 매력적인 제안이었다. 가장 빠른 기선인 던노타 캐슬(Dunottar Castle) 호가 11일에 출항할 예정이었으므로 서둘러 그 배를 타기로 결정했다.

얼마 남지 않은 시간을 설레는 마음으로 준비하며 보냈다. 런던은 이미 뜨거운 애국심과 격렬한 정쟁에 휩싸여 있었다. 보어인들은 순식간에 주도권을 잡았고, 그들의 군대가 케이프 식민지와 나탈을 향해 진격해 오고 있었다. 또 레드버스 불러(Redvers Buller) 장군이 영국군 총사령관에 임명되고 예비군이 소집되었으며, 영국 국내에 주둔하는 유일한 육군 군단이 남아프리카 테이블만(Table Bay)으로 이동할 것이라는 소식이 하나씩 속보로 전해졌다.

나는 떠나기 전에 체임벌린을 만나고 싶었다. 식민성 장관이라 무척 바빴지만 청사에 있는 자신의 집무실에서 만날 수 있도록 배려해 주었다. 그러나 내가 제시간에 도착할 수 없게 되자 다음날 아침 프린스가든(Prince's Garden)에 있는 자신의 집으로 오라는 전갈을 주었다. 이리하여 체임벌린의 공직 생활 중 가장 운명적이었던 순간에 이 비범한 남자를 만날 수 있었다. 그는 평상시처럼 시가를 피우며 하나를 내게 권했다. 10

분 정도 현 시국에 관해 대화를 나누다가 이내 내가 무엇을 하려는지 설명했다. 그러자 체임벌린이 말했다.

"이제 식민성 청사로 가야 할 시간이군. 나와 같이 마차를 타고 가면서 계속 이야기나 하세."

그 당시 프린스가든에서 화이트홀까지는 이륜마차로 25분 정도 걸렸는데, 그 시간이 매우 짧게 느껴졌다. 체임벌린은 전쟁에 대해 지극히 낙관적이었다.

"불러는 너무 늦었을 수도 있겠군. 서둘러 출발하는 게 현명했을지도 모르지. 이제 보어군이 나탈 지방을 침략한다면 조지 화이트 경 휘하의 16,000명의 병력이 쉽게 그들을 격파할 것 아닌가?"

"그럼 마페킹은 어떨까요?"

내가 물었다.

"아! 마페킹은 포위당할 수도 있겠군. 하지만 몇 주 동안 버티지 못한다면 무엇을 기대하겠나?"

체임벌린은 다시 신중하게 덧붙였다.

"물론 이것은 육군성의 견해에 근거한 것이라네. 육군성은 모두 자신만만해 하고 있어. 나 또한 그들의 생각에 동의하고 말이야."

당시 영국 육군성은 하원의 2대에 걸쳐 내려온 긴축 정책의 산물이었는데, 어떤 심각한 요청에도 쉽사리 꿈쩍하지 않았다. 따라서 현실과 동떨어진 생각을 하고 있었으며, 심지어 호주에서 파병 제안이 오더라도 '보병대를 선호함'이라고 간단히 회답할 뿐이었다. 그럼에도 불구하고 다른 건물에 있던 육군정보부는 보어공화국에 관한 두 권의 조사보고서 — 그 후 의회에 제출되었다 — 를 준비했다. 대부분 충실하고 정확한 정보가 담겨 있었다. 육군정보부장인 존 아르다(John Ardagh) 경은 육군성 장관인 랜즈다운 경에게 20만 명의 병력이 필요하다고 보고했다.

그러나 이 주장은 일축되었다. 불러에게 보낸 두 권의 보고서도 "나는 이미 남아프리카에 대해 모든 것을 알고 있다"는 메모와 함께 한 시간 만에 반송되었다. 어느 날 저녁 만찬자리에서 만난 육군성 차관인 조지 윈덤(George Wyndham) 씨만 그 임무의 중요성과 심각함을 잘 알고 있는 것 같았다. 그의 말에 따르면, 보어군은 철저하게 준비하고 확실한 계획을 세운 후 행동하고 있다고 했다. 많은 양의 탄약을 마련했으며, 1인치 포탄을 자동으로 발사하는 새로운 형태의 맥심 중기관총 ─나중에 폼폼포라고 알려진─을 보유한 상태라고 했다.

윈덤 씨는 썩 달가운 일은 아니지만 작전 초기에 영국군이 각개 격파를 당할 수 있고, 기동력이 뛰어난 적들에게 포위되고 저지당하는 사이에 1인치 맥심 중기관총에 의해 박살날 수 있다고 염려했다. 당시 젊은이의 열정어린 치기로 충만했던 나는 그 전쟁이 단순한 행군이나 무력시위 같은 일방적인 승리로 차츰 마무리될 게 아니라는 사실을 알고 크게 안도했다는 점을 독자들에게 고백한다. 왜냐하면 보어인들이 대영제국을 상대로 당당하게 맞서고 있으며, 스스로 위험을 초래했을망정 무방비 상태가 아니라는 것이 다행이라고 생각했기 때문이다.

여기서 우리가 배워야 할 교훈이 있다. 처음 항해에 나선 사람이 앞으로 닥칠 조류와 폭풍을 예측할 수 있다는 말처럼 전쟁이 모두 계획대로 쉽고 순조롭게 진행된다는 말은 절대로 믿지 말아야 한다. 전쟁의 뜨거운 열기에 굴복한 정치인은 일단 신호가 떨어지면 그만이다. 더 이상 정책의 주인이 아니라 예측할 수 없고 걷잡을 수 없이 벌어지는 사건들의 노예가 되기 때문이다. 낡아빠진 육군성, 나약하고 무능하고 거만한 지휘관들, 신뢰할 수 없는 동맹국과 적대적인 중립국, 악의에 찬 추악한 사건, 끔찍한 오산 등 이 모든 것이 선전포고 다음날 아침 내각회의의 의제로 올라온 것들이었다. 우리가 항상 명심해야 할 것은 이쪽이 쉽게 승리를 거둘 수 있다고 확신한다 해도 상대편도 그렇게 생각하지 않는다면 전쟁은 쉽게 일어나지 않는다는 것이다.

***

아버지의 오랜 친구인 빌리 제라드(Billy Gerard)는 몇 년 전에 레드버스 불러 경이 야전군 사령관에 임명된다면 빈든 블러드 경이 내게 한 것처럼 참모로 임명해 주겠다는 약속을 받았다고 했다. 제라드 경은 고령에도 불구하고 사교계의 명사이자 뛰어난 경주마를 소유한 마주이기도 했다. 곧 전선으로 떠나는 그를 위해 칼튼 호텔에서 어니스트 카셀(Ernest Cassel) 경이 주관하는 환송회가 열렸다. 나도 다른 사람을 대신해 참석했다. 여기에는 왕세자를 비롯하여 당대 최고의 사회 지도층 인사 사십 명이 모였다.

제라드의 역할은 총사령관의 개인적 안락함을 돌보는 것이었다. 이러한 목적으로 인해 만찬에는 런던 술 저장고가 자랑하는 수많은 최고급 샴페인과 오래된 브랜디가 기증되었다. 기부자들은 제라드 경이 괜찮다면 나도 그와 함께 나누어도 괜찮다고 했다. 사람들은 전쟁 발발 초기에 늘 그렇듯 어수선하고 들뜬 분위기였다. 참석자 중 전선으로 떠나는 한 사람이 과음한 탓에 자제력을 잃는 일이 생겼다. 그는 전에도 술주정 때문에 웃음거리가 된 적이 있었다. 그가 떠나려고 자리에서 일어섰을 때 마커스 베리스퍼드 경이 매우 진지하게 말했다.

"잘 가시오, 늙은 양반. 'VC'는 꼭 잊지 마시오."

그러자 감동을 받은 그 사람이 대답했다.

"빅토리아 십자무공훈장(Victoria Cross)을 위해 최선을 다하겠습니다."

마커스 경이 말했다.

"아! 그런 뜻이 아니오. 나는 비유 코냑(Vieux Cognac; 오래된 코냑)을 말한 것이오."

여기에 덧붙여 내 몫의 샴페인과 브랜디가 어떻게 되었는가 하면 전쟁이 늘 그렇듯 실망스럽게 끝나고 말았다. 제라드 경은 술 상자를 무사히 총사령부로 보내기 위해 상자에 '피마자유'라고 써 붙였다. 하지만 두 달 후 나탈에서 술 상자가 아직 도착하지 않은 것을 보고 더반(Durban) 기지에 자신의 피마자유를 보내라는 긴급 전문을 보냈다. 그러자 각하에게 갈 피마자유는 착오로 병원에 전달되었으며, 지금 기지에는 피마자유 재고가 충분하므로 즉시 보내도록 하겠다는 답신이 왔다.

남아프리카에서는 유사한 경험을 숱하게 겪어야 했다.

던노타 캐슬 호는 최후통첩 마지막 날인 10월 11일에 사우샘프턴에서 출항했다. 그 배에는 「모닝포스트」의 특파원과 그의 운명을 싣고 있었다. 뿐만 아니라 레드버스 불러 경과 영국 유일의 육군 군단 참모진들이 동승하고 있었다.

불러는 전형적인 영국인이었다. 그는 매사에 무신경해 보였는데, 말수도 적고 발음도 또렷하지 않았다. 문제가 발생해도 어떤 상황인지 제대로 설명하지 않았고 그럴 생각조차 하지 않았다. 중대한 문제를 논의할 때에는 대개 고개를 끄덕이거나 머리를 흔들었고, 일상적인 대화는 가능한 피하려고 했다. 젊었을 때는 용감하고 유능한 장교였지만, 이후 군 경력 20년 동안 화이트홀에서 행정 업무 책임자 위치에만 있었다. 불러는 정치적으로 자유주의적인 색채를 띠고 있었기 때문에 매우 분별 있는 군인이라고 여겨졌다. 불러의 명성은 대중들에게 익히 알려져 있었으며, 이러한 이유로 그에 대한 신뢰는 매우 깊었다. 1893년 11월 9일 솔즈베리 경은 길드홀(Guildhall)에서 이렇게 연설한 적이 있다.

"영국 군인에 대한 신뢰는 레드버스 불러 경에 대한 신뢰와 같다."

확실히 불러는 대단한 인물이었다. 거듭된 실수로 재앙을 불러일으키긴 했지만, 자신의 부대를 먹이는 일만큼은 마치 자신을 위한 일인 양 세심한 주의를 기울임으로써 국민과 자신의 부대 어느 쪽에서도 신뢰를 잃지 않았다. 불러는 한마디로 독단적이고 거들먹거리고 세상 물정에 밝으며, 무엇보다 사무적인 사람이었다. 이 당시 영국인들이 받은 느낌은 나중에 조프르(Joffre) 장군*이 프랑스 국민들에게 미친 영향과 같은 것이었다.

평화냐 전쟁이냐 하는 문제로 최후의 기로에 서서 돌이킬 수 없는 한 발의 총성이 발사되기 직전에 우리는 잿빛 폭풍을 헤치며 나아갔다. 당시에는 무선 통신이 없었기 때문에 가장 흥분되는 중요한 순간에 총사령관과 참모들 그리고 「모닝포스트」 종군기자는 세상과 완전히 단절되어 있었다. 나흘째 되는 날 마데이라(Madeira)에 도착해 새로운 소식을 기대했다. 하지만 협상이 막바지에 이르렀고 양측 군대가 이동하고 있다는 것 외에 다른 소식은 없었다. 이 긴장감 속에서 우리는 다시 미지의 땅을 향해 나아갔다.

우리는 모든 관심이 집중된 드라마에서 완전히 단절된 채 구름 한 점 없는 하늘과 잔잔한 바다에서 2주일을 보내야만 했다. 케이프행 정기 연락선은 무심한 듯 평온하게 물결을 헤치며 나아갔다. 통상적인 경제속도 이상은 내지 않았다. 아마도 그 이상의 속도를 낸다는 것은 전례가 없는 조치였을 것이다. 영국이 문명국가와 전쟁을 치른 지 거의 50년이 지났고, 이런 일에는 시간이 얼마나 중요한 역할을 하는지 배 안에 있는 사

---

* 조제프 조프르(Joseph Jacques Césaire Joffre)는 프랑스 장군으로 제1차 세계 대전 중 전쟁 초기 독일의 진격을 저지하는 데 성공했다. 그러나 전쟁의 양상이 지리한 참호전으로 바뀌자 조프르가 지휘하는 프랑스군은 막대한 희생을 내면서 독일군을 몰아내려고 했지만 결국 실패하고 말았다.

람들 모두가 망각하고 있는 듯했다. 절대적인 평온함이 배를 휘감고 있었다. 배에서는 항해 중 흔히 볼 수 있는 스포츠와 게임이 이곳저곳에서 벌어졌다.

불러는 매일 수수께끼 같은 침착함으로 갑판 위를 걸어 다녔다. 참모들 사이에서는 목적지에 도착하기도 전에 모든 일이 종료될 것이라는 의견이 지배적이었다. 같이 승선했던 뛰어난 장교들 중 일부는 보어군처럼 아마추어 비정규군이 훈련 받은 전문 군인들에게 어떻게 대항할지 도무지 상상할 수조차 없다고 했다. 만약 보어군이 나탈에 침입한다면 즉시 나탈 북쪽 끝 던디(Dundee)에 있는 펜 사이먼스(Penn Symonds) 장군 휘하의 모든 보병 여단과 1개의 기병연대 및 2개의 포병대를 상대하게 될 것이다. 참모들은 적군이 이 충돌로 인해 전의를 상실한 후 정규군과의 교전을 회피하려 든다면 그것이 가장 두려운 일이라고 했다. 나도 이 말을 듣고 매우 낙담했으며, 레드버스 불러 경이 우울해 보이는 것도 무리가 아니라고 생각했다. 침묵과 평화 그리고 추측 속에서 12일이 흘렀다.

나는 크루거가 케이프타운을 점령한 경우나 조지 화이트 경이나 심지어 펜 사이먼스 장군이 프리토리아를 점령한 경우 등 다양한 상황을 조합해 십여 가지 경우를 상상해 보았다. 어느 쪽도 확신할 만한 것이 없었다. 그러나 이틀만 지나면 우리는 보름 동안의 무아지경에서 벗어나 모든 일을 알 수 있을 것이며, 막간극은 끝나고 세계의 무대에 다시 막이 오를 것이다. 과연 무엇을 보게 될까? 불러 장군도 이 긴장감을 견디기 매우 힘들었을 것이다. 무슨 일이 벌어지고 있는지 장군이라고 어떻게 알겠는가? 정부는 왜 육지에서 닷새 정도 떨어진 지점으로 어뢰정을 보내 장군에게 모든 정보를 알려주지 않는 것인가? 그렇게 한다면 장군은 당면한 문제에 대해 마음의 준비를 하고 다음에 취할 조치를 냉정하고 천천히 생각할 수 있을 것이다. 얼마나 어리석은 정부인가!

갑판에서 갑자기 소란이 벌어졌다. 바로 앞에서 한 척의 배가 정보의 땅에서 오는 것이 보였다. 배는 빠르게 가까워지고 있었다. 보통 1킬로 정도 떨어진 곳에서 스쳐 지나갈 것으로 예상했지만 몇몇 젊은 사람들이 흥분하여 떠들어대기 시작했다.

"분명 저 배로부터 무슨 소식을 들을 수 있을 거야. 저 배를 세우면 안 돼? 분명 케이프 신문을 싣고 있을 텐데…. 절대 저 배를 그냥 지나치게 해서는 안 돼!"

이러한 웅성거림이 상부의 귀에 들어갔다. 신중한 조치가 취해졌다. 바다에서 배를 멈추게 하는 것은 매우 이례적인 일이었다. 아마도 정부에 대해 손해 배상을 청구할 가능성이 있고 충분히 위급 상황이 아님에도 비상 신호를 보낸다면 처벌을 받을 수도 있다. 따라서 임시방편으로 뉴스를 알려 달라는 대담한 신호를 보냈다. 그러자 배는 진로를 바꾸고 100미터가 채 안 되는 거리를 스쳐 지나갔다. 약 스무 명 정도 타고 있는 부정기 화물선으로 모두 이쪽을 보면서 일렬로 서서 인사 —독자들이 상상하는 그것처럼 —를 건네주었다. 우리도 마찬가지로 갑판에서 답례를 했다. 그러자 화물선 갑판에서 칠판이 올라왔는데, 거기에는 다음과 같이 굵게 쓰여 있었다.

보어군 패배

세 번의 전투

펜 사이먼스 전사

이윽고 화물선은 뒤로 사라져 버렸고, 우리는 이 수수께끼 같은 메시지를 해독하는 데 골몰했다.

참모들은 분명 당황했다. 분명히 싸움, 그것도 실전이 있었으며, 게다가 영국군 장군이 전사했다. 그러므로 전투는 격렬했을 것이다. 보어군이 세 번의 전투에서 패배했다면 그들에게 남아 있는 전력은 거의 없을 것이다. 그렇다면 보어군은 이 가망 없는 투쟁을 계속할까? 우리 모두는 낙담했다. 불러 혼자만 여전히 알 수 없는 표정이었다. 망원경을 통해 화물선의 메시지를 읽었지만 얼굴에는 아무런 표정도 보이지 않았다. 몇 분이 지나자 참모 한 명이 용기를 내어 말했다.

"장군, 다 끝날 것 같습니다."

그러자 이 위대한 사람은 다음과 같이 대답했다.

"내가 감히 말하자면, 적들은 프리토리아 밖에서 우리와 한판 붙을 만큼 남아 있을 것이다."

불러의 군사적인 직감은 틀리지 않았고 적절했다. 과연 적은 충분히 남아 있었다!

이 인상적인 발언으로 인해 우리의 사기는 다시 회복되었다. 그 말은 이곳저곳에서 전달되었고, 잠시 후 온 배 안으로 퍼져나갔다. 모두의 눈빛이 반짝거렸고, 마음은 한층 가벼워지는 것 같았다. 참모들은 서로 축하해 주었고, 부관들은 신이 나서 뛰어다니고 있었다. 다들 상황을 너무 낙관적으로 보고 있다고 생각해서 내가 소리 높여 말했다.

"그 배를 멈추게 해서 우리에게 필요한 정보를 얻는 데 10분도 채 걸리지 않았을 것입니다."

그러나 어느 누구도 돌아보지 않았고, 반대로 다음과 같은 합리적인 답변을 들을 수 있었다.

"조급하다는 것은 젊은이들의 약점이네. 레드버스 불러 장군은 케이프타운에 상륙하면 어차피 얻을 수 있는 정보를 미리 알려고 하지 않는 것은 그분 특유의 침착함 때문이지. 실질적인 전투는 우리가 프리토리아에 도착할 때까지 일어나지 않을 것이고, 프리토리아는 케이프타운에서

1,000킬로 이상 떨어져 있기 때문에 보어군 잔당을 처리하는 데 준비를 갖출 시간은 충분하다는 게 총사령관의 의중이네. 마지막으로 전시나 평시에 상관의 결정에 의문을 제기하는 것은 아무리 종군기자라 할지라도 특히 최근까지 장교복을 입었던 사람에게는 크게 후회할 만한 일이 될 걸세."

그럼에도 여전히 내가 잘못했다고 생각하지 않았으며, 또 납득할 수도 없었다.

# 장갑열차 안에서

우리가 테이블만에 닻을 내렸을 때는 칠흑같이 어두운 밤이었다. 해변에서는 무수한 불빛이 반짝였고, 곧 대형 상륙용 보트에서 노 젓는 소리를 떠들썩하게 내며 우리 배가 있는 곳으로 몰려들었다. 고위 공무원과 해군 장교들이 보고서를 들고 속속 모여들었다. 사령부의 참모들은 밤을 지새우며 보고서를 읽었다. 나도 마찬가지로 신문 한 다발을 들고 열심히

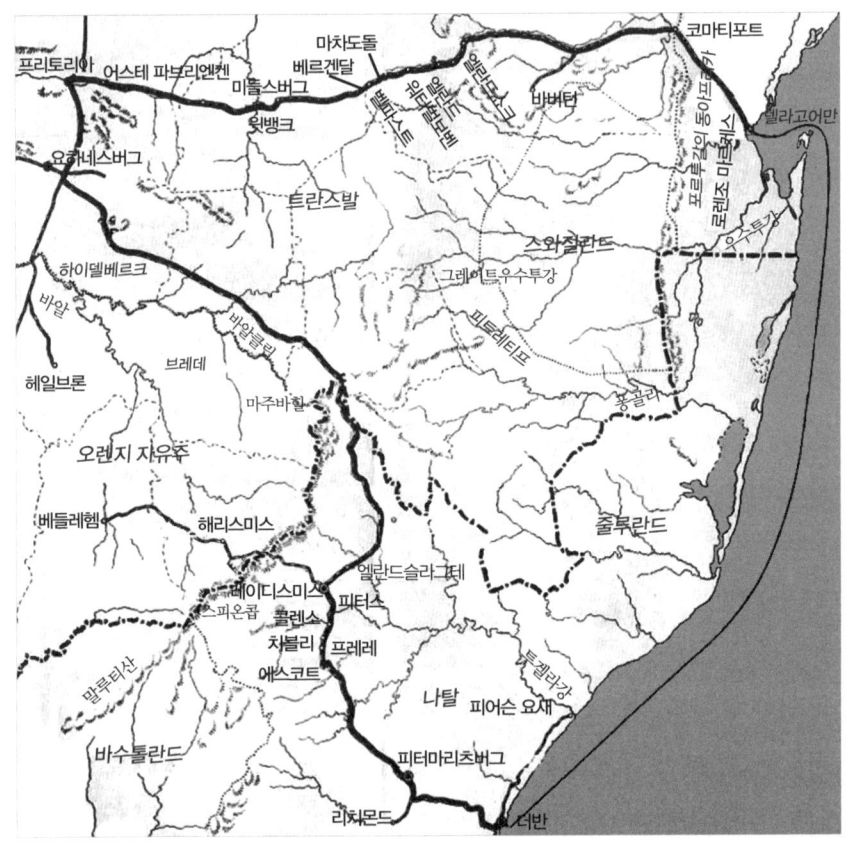

처칠의 여정

연구했다.

보어군은 나탈을 침공하여 던디에 있던 아군의 전진 부대를 공격해 왔다. 아군이 탈라나힐(Talana Hill) 전투에서 적을 격퇴하긴 했지만 펜 사이먼스 장군이 전사했고, 장군 휘하의 3~4천 명의 병력들은 포위를 무릅쓰고 천신만고 끝에 간신히 레이디스미스로 퇴각했다. 레이디스미스에서는 12,000~13,000명의 병력과 4~50문의 대포, 그리고 1개 기병여단을 거느리고 지휘하는 조지 화이트 경이 적군의 진격을 저지하고 있었다.

당시에는 잘 몰랐지만, 영국 정부의 원래 의도는 화이트 경의 부대가 투겔라강(Tugela River)을 건너 남쪽으로 후퇴하면서 영국과 인도에서 바다를 가로질러 오고 있는 대규모의 원군이 도착할 때까지 보어군을 저지한다는 계획이었다. 이를 위해 무엇보다 중요한 것은 화이트 경의 영국군이 차단당하거나 포위되지 않아야 했다. 따라서 영국군의 작전 계획은 돌출된 삼각형 지형이라 방어가 어려운 나탈 북부 지역을 잠시 포기하고 케이프 식민지에서 오렌지 자유주(Orange Free State)를 거쳐 프리토리아로 진격할 불러 장군 휘하의 주력 부대와 합류하는 계획이었다. 하지만 이 모든 계획은 수포로 돌아갔다.

그로부터 몇 년 후 어느 날 밤, 만찬회장에서 나는 조지 화이트 경이 밸푸어 씨에게 너무 가혹한 대접을 받았다고 불평했던 적이 있다. 그러자 미소를 머금고 있던 온화한 얼굴이 갑자기 정색하더니 나를 빤히 쳐다보면서 이렇게 말했다.

"우리가 레이디스미스에서 수렁에 빠진 것은 바로 그 사람 때문이오."

10월 31일, 우리가 도착한 그날에 레이디스미스 주변에서는 중대한 사건이 일어났다. 엘란드슬라그테(Elandslaagte)에서 부분적으로나마 승리를 거둔 화이트 장군은 교묘하게 접근하는 보어군 민병대를 포위하기 위해 야심찬 공격 기동을 시도했으나 거기에서 참사가 벌어지고 말았다. 약

1,200명의 영국군 보병대가 니컬슨넥(Nek; 산골짜기)에서 포위되어 항복하고 말았다. 이로 인해 주변에 분산되어 있던 나머지 부대들도 격퇴되어 다시 레이디스미스로 후퇴할 수밖에 없었다. 아군은 서둘러 넓은 지역에 참호를 구축하고 방어 태세로 전환했으며, 보어군이 이들을 사방에서 포위하고 철도마저 차단해 버렸다. 그러자 아군은 포위망에 갇혀 구출을 기다리는 처지가 되었다.

보어군은 레이디스미스 포위가 완성되자 포위망을 지키기 위해 병력의 3분의 2를 남긴 후 나머지 병력을 이끌고 투겔라강 건너 남부 나탈 시방까지 밀고 들어가려고 했다. 한편 서쪽 보어군도 마찬가지로 마페킹과 킴벌리(Kimberley)를 단단히 포위하고 모든 보급로를 차단해서 영국군을 고사시키려고 했다. 게다가 케이프 식민지의 네덜란드인 거주 지역에서도 반란을 일으키려고 하는 불온한 움직임이 감지되었다. 광활한 아프리카 대륙 전역에 있는 모든 사람들이 영국에게 등을 돌리기 시작했고, 영국 정부는 당분간 해군의 포격 말고는 달리 손쓸 방법이 없었다.

비록 우리의 작전 계획과 적의 상황을 알 수 없는 데다 나탈에서의 참패 소식도 여전히 비밀에 붙여져 있었지만, 아군이 상륙하자마자 첫 전투가 나탈에서 벌어질 것 같은 강한 확신이 들었다. 불러의 군단이 케이프타운에서 포트엘리자베스(Port Elizabeth)로 집결하는 데에는 대략 한 달에서 6주가 걸릴 것이다. 따라서 나탈에서 벌어지는 작전을 지켜보고 나서 다시 돌아와 케이프 식민지로 진격하는 주력 부대에 다시 합류할 수 있으리라 생각했다. 레드버스 불러 경도 마찬가지 생각이었을 것이다. 하지만 이 결정은 며칠 뒤에 매우 유감스러운 일이 되고 말았다.

오렌지 자유주를 통과하는 모든 교통이 두절되었다. 나탈에 가기 위해서는 데아르(De Aar) 철도 교차점에서 기차를 타고 스톰베르크(Stormberg)를 지나 포트엘리자베스까지 1,000킬로를 이동해야 한다. 그리고 거기에서 더반으로 가는 작은 우편선이나 예인선을 타야 하는데, 모두 나흘간의 힘든 여정이었다. 데아르에서 스톰베르크로 가는 철도는 대치중인 국경선에 나란히 놓여 있었다. 이곳은 완전히 무방비 상태라 언제 차단될지 알 수 없었다. 그럼에도 철도 당국은 통과할 수 있는 가능성이 높다고 판단했고, 나와 앳킨스(J. B. Atkins)는 함께 서둘러 출발했다. 매력적인 그 청년은 「맨체스터 가디언」의 특파원인데, 나중에 「스펙테이터」의 편집장이 되었다. 이 기차는 스톰베르크로 가는 사실상 마지막 기차였고, 스톰베르크에 도착해 보니 역무원들은 철수 준비에 한창이었다.

우리는 이스트런던(East London)에서 약 150톤짜리 기선을 타고 무시무시한 남극의 폭풍을 뚫고 더반을 향해 출항했다. 커다란 파도가 작은 배를 집어삼킬 듯 휘몰아쳤고, 좌현 약 1.5킬로 정도에서 시커먼 이빨을 드러낸 암초 위로 내던져 버릴 것만 같았다. 하지만 이 무시무시한 공포도 살아남은 게 다행이다 싶을 정도로 전율적인 뱃멀미로 인해 금방 잊혀졌다. 나는 손가락 하나 까딱할 수 없는 처지였다. 선미 갑판 아래에서 예닐곱 명의 선원들이 먹고 자는 선실 안 2층 침대에 몸을 누인 채 극심한 고통 속에 떨어야 했다. 작은 배는 좌우로 미친 듯이 흔들리다가 위로 솟아오르더니 갑자기 아래로 내동댕이치는 걸 반복했고, 나는 선실에서 끝없이 긴 오후와 그보다 더 길었던 저녁, 그리고 영원히 끝나지 않을 것 같던 끔찍한 밤을 보내야 했다. 나는 가톨릭의 음모 사건(Titus Gates)\*을 벌인 타이터스 오츠(Titus Oates)가 엄청난 채찍질을 당한 후에도 오랫동안 건강하게 살았다는 점을 상기했다. 그러면서 여전히 희망을 가지고 모

---

\* 타이터스 오츠가 영국 내 가톨릭 세력의 확장에 불만을 품고 가톨릭교도들이 영국 왕 찰스 2세를 암살하려 한다는 '교황의 음모(Popish Plot)'라는 헛소문을 퍼트려 혼란을 일으켰던 사건이다.

든 일에 최선을 다한다면 반드시 이루어진다는 하느님의 말씀에 대한 굳건한 믿음이 생겨났으며, 이 믿음은 오늘날까지도 변하지 않았다.

모든 일에는 끝이 있고, 다행히 육체적인 고통만큼 빨리 사라지는 기억도 없다. 그러나 더반으로 가는 여정은 아직도 나에게는 『밥 발라드(Bab Ballads)』의 흥얼거리는 한 구절을 생각나게 한다.

어제가 페이지에서 아련히 사라져도
내 마음속 석판 위에
사진같이 선명하게 새겨
노년의 묘지로 짊어지고 갈 것이다.

\*\*\*

더반에 상륙한 뒤 하룻밤을 더 가서 피터마리츠버그(Pietermaritzburg)에 도착했다. 그곳 병원에는 이미 부상자들로 가득 차 있었다. 여기에는 친구 레지 반스가 허벅지 관통상을 입고 입원해 있었다. 내 친구이자 이제는 장군이 된 이언 해밀턴이 지휘한 작은 전투가 엘란드슬라그테역에서 벌어졌는데, 눈부신 승리를 거두긴 했지만 반스는 근거리 총격을 당하고 말았다. 그는 내게 전투에 대한 이야기와 보어인들이 승마술과 사격에 얼마나 능숙한지 자세하게 설명해 주었다. 또 부상당한 자신의 다리도 보여 주었는데, 뼈가 부러진 건 아니지만 엉덩이부터 발끝까지 석탄처럼 검게 탄 멍 자국이 있었다. 나중에 군의관은 단지 타박상일 뿐이며 걱정하는 것처럼 치명적인 부상은 아니라고 안심시켜 주었다. 그날 밤 수백 명의 주민들이 살고 있는 작은 주석 산지인 에스트코트(Estcourt)를 향해 출발했다. 다만 기차는 에스트코트 너머로 더 이상 운행하지 않았다.

목적지는 레이디스미스였다. 그곳에 도착하면 이언 해밀턴 휘하로 들어가서 여러 가지 재미있는 광경을 볼 수 있을 것 같았다. 그러나 너무 늦게 도착하고 말았다. 이미 포위망이 닫혀서 길이 끊어졌고, 보어군은 투겔라강의 콜렌소역(Colenso Station)과 철교를 점령하고 있었다. 프렌치(John French) 장군과 그의 참모진들―헤이그와 허버트 로렌스(Herbert Lawrence)가 포함된―은 포화 속을 뚫고 기차로 간신히 레이디스미스에서 탈출했으며, 케이프 식민지에서 주력 기병대를 집결시키기 위해 동분서주하고 있었다. 보어군의 공격이 임박하자 나탈 남부를 방어하기 위한 병력이 급히 집결하는 중이었기 때문에 아군은 에스트코트에서 한 줌 정도밖에 안 되는 병력으로 보어군을 상대할 수밖에 없었다. 더블린보병연대 중 1개 대대와 두세 문의 대포, 나탈기마보병 몇 개 대대, 더반경보병대 2개 중대와 장갑열차가 나탈의 대영제국 식민지를 방어하기 위해 남아 있는 부대의 전부였다. 나머지 부대는 모두 레이디스미스에 갇혀 버렸다. 대영제국 각지에서 지원 병력들이 이곳을 향해 속속 달려오고 있었다. 하지만 에스트코트에 있는 일주일 동안 우리도 조만간 포위될 것이라고 예상할 정도로 병력과 장비는 취약했다. 단지 현 위치를 굳건히 지키면서 자신만만한 것처럼 행동할 수밖에 없었다.

에스트코트에서 10년 전 내가 해로우의 수영장에 빠트렸던 반장이자 나중에 오랫동안 의회와 정부에서 동료로 일하게 된 레오 에이머리를 만났다. 그는 「타임즈」의 종군기자로 이곳에 와 있었다. 우리는 처음으로 서로 동기가 된 것처럼 대화를 나눌 수 있었다. 「맨체스터 가디언」의 친구와 함께 철도역 근처의 한 텐트에서 지내기로 했다.

그날 저녁 이 마을에서 하나뿐인 거리를 산책하고 있을 때였다. 티라 원정에서 윌리엄 록하트 경의 참모와 약속을 주선하여 내가 임명되도록 도와 준 홀데인 대위를 만났다. 그 역시 엘란드슬라그테에서 부상을 입고 치료를 받은 후 현재 레이디스미스에 있고 자신이 지휘하던 고든하이랜더연대의 산하 부대로 복귀하려던 참이었다. 하지만 레이디스미스가 포위되자 나와 마찬가지로 발이 묶였고, 현재 임시로 더블린보병연대 내 한 중대를 지휘하고 있다고 했다.

하루하루가 천천히 불안감 속에 지나갔다. 소규모 부대였던 우리는 가장 위태로운 곳에 위치하고 있었다. 만약 만 명 또는 만 이천 명의 보어군 기마대가 우리를 휩쓸어 버리거나 언제 퇴로가 끊길지 모르는 상황이었다. 어쨌든 주력 부대가 도착할 때까지 이곳 에스트코트에서 가능한 오랫동안 그리고 확실하게 방어하면서 적군을 붙들어 둘 필요가 있었다. 매일 아침 기병 수색대가 15~25킬로씩 정찰하면서 적의 공격 예상 지점을 수시로 보고해 주었다. 헌데 에스트코트방어부대 사령관의 머릿속에는 이렇게 수고하는 기병대를 위해 아직 온전한 철도를 따라 장갑열차로 25킬로 정도를 정찰해 보자는 불행한 생각이 떠올랐다.

장갑열차가 비록 인상적이고 가공할 만한 무기이긴 하지만 그만큼 취약하고 무기력한 무기도 없을 것이다. 적이 다리나 터널을 폭파시킨다면 이 괴물은 기지에서 멀리 떨어진 곳에 멈춰서 옴짝달싹 못하게 될 수도 있다. 우리 사령관은 이러한 상황에 대해 미처 생각해 보지 못한 듯했다. 그는 더블린보병대 1개 중대와 더반경보병대 1개 중대를 6량의 장갑열차에 태웠다. 또한 'HMS 테리블함'에서 상륙한 수병들이 운용하는 6파운드 함포 1문과 만일의 사태에 대비해 빠른 철수를 하기 위한 철도 응급 수리반을 포함한 상당한 병력을 편성하여 콜렌소 방향으로 정찰을 내보냈다.

이 작전의 지휘관에는 홀데인 대위가 임명되었다. 홀데인은 11월 14일 밤에 이 임무를 하달 받고 다음날 새벽에 출동한다고 내게 일러 주었다. 그 또한 이 작전이 성급하고 경솔하다며 불안감을 드러내긴 했지만,

한편으로는 전쟁 초기에 모든 사람들이 그러는 것처럼 적과 한바탕 붙어보고 싶은 모험심에 사로잡혀 있었다.

'내가 같이 갈까?'

같이 가겠다고 하면 그가 좋아하겠지! 전우애와 「모닝포스트」를 위해 가능한 최신 정보를 얻는 것이 의무라고 생각하기 때문이었다. 또 사서 고생을 할지라도 자원하고 싶었기에 거절하지 않고 초대에 응했다.

그 뒤 벌어진 군사적 사건들은 이미 잘 알려져 있으며, 자주 회자되곤 했다. 장갑열차는 적의 점령지에서 약 20킬로 정도를 전진했고, 나탈의 광활하고 기복 있는 지역을 지나면서 적의 동태나 어떠한 흔적을 발견하지 못한 채 치블리역(Chieveley Station)에 들어섰다. 치블리역에 잠시 정차해 장군에게 무사히 도착했다는 전보를 보내려는 순간, 역에서 약 600미터 떨어진 언덕에 다수의 사람들이 이리저리 움직이며 다가오는 오는 모습이 보였다. 보어군이 분명했다. 분명한 것은 그들이 우리 후방에서 철로를 어떻게 할지도 모른다는 사실이었다. 금방이라도 차단당할 것 같았다.

우리는 서둘러 철수를 시작했다. 열차가 언덕을 향해 다가가는 동안 장갑열차의 후미 칸에 있는 상자 위에 올라서서 장갑판에 머리와 어깨를 드러낸 채 적을 관찰하고 있었다. 언덕 정상에는 모여 있는 보어군들이 보였다. 순간 적들 사이로 바퀴 세 개 달린 것이 나타나더니 번쩍이는 섬광이 열 번에서 열두 번 정도 보이고는 이내 사라져 버렸다. 그리고 내 머리 몇 미터 위에서 하얗고 커다란 연기 덩어리가 솟아오르며 원뿔 모양으로 폭발했다. 유산탄이었다. 전쟁에서 유산탄을 본 것은 그때가 처음이자 마지막이었다.

지붕이 없는 무개화차에서는 파편이 요란하게 장갑판을 때리는 소리가 들렸다. 동시에 열차 앞쪽에서 큰 굉음이 들리면서 잇따라 날카로운 폭발이 일어났다. 철길은 언덕 밑 부분을 휘감으면서 가파른 내리막길에 놓여 있었는데, 내리막길인 데다 적의 사격으로 인해 엄청난 속도로 달리기 시작했다. 따라서 우리가 모퉁이를 돌아 사격권을 벗어나기까지 보어군 포병대(대포 2문과 폼폼포 1문)로서는 한 발 정도밖에 발사할 수 없었다. 그 순간 문득 앞에 어떤 함정이 도사리고 있다는 생각이 스쳤다. 홀데인에게 고개를 돌려 기관사가 속도를 늦출 수 있도록 연락하라고 말하려는 순간 엄청난 충격으로 인해 홀데인과 나 그리고 화차에 타고 있던 병사들은 바닥으로 내팽개쳐졌다. 시속 60킬로 넘게 달리던 장갑열차가 어떤 장애물이나 선로 손상에 의해 탈선된 것이다.

우리 화차에서 크게 다친 사람은 없었다. 몇 초 만에 허둥지둥 일어나 장갑 차량의 윗부분에 올라가 밖을 훑어보았다. 기차는 적들이 있는 언덕에서 기지 방향으로 1,200미터 거리의 계곡에 드러누워 있었다. 언덕 꼭대기에서 수십 명의 사람들이 달려와 앞쪽 풀숲으로 몸을 던지자마자 정확하고 맹렬하게 소총을 발사했다. 총알은 머리 위를 스쳐 지나갔고, 우박처럼 장갑판을 때렸다. 나는 서둘러 내려와 홀데인과 대책을 의논했다. 홀데인은 뒤쪽 화차에서 해군 함포와 더블린보병대로 적을 공격하는 동안 나는 앞쪽으로 가서 무슨 일이 일어났고 선로에 피해가 있는지, 또 수리를 하거나 잔해를 치울 가능성이 있는지 조사하기로 했다.

나는 화차에서 빠져나와 선로를 따라 앞쪽으로 달려갔다. 다행히 기관차는 여전히 레일 위에 있었다. 맨 앞에 있던 첫 번째 화차는 일반 평판 차량으로 완전히 전복되어 안에 타고 있던 보선공 일부가 죽거나 심하게 다쳤으나 선로에서 완전히 탈선해 운행에 지장을 주진 않았다. 다음의 장갑 무개화차 두 량에는 더반경보병대가 타고 있었는데, 한 대는 바로 서 있었지만 다른 한 대는 옆으로 쓰러져 있었다. 그 화차들이 서로 뒤엉켜 열차의 운행을 막고 있었다. 뒤집힌 객차 뒤에는 부상을 입은 병사들과 치명상을 입은 사람들이 피신하고 있었다. 적의 사격은 계속되었다. 소총 사격과 함께 적의 대포 소리가 울리더니 가까운 곳에서 폭발했다. 결국 우리는 함정에 빠진 것이다!

기관차 옆을 지나갈 때 머리 위에서 또 다른 유산탄이 터졌고, 공기를 가르는 날카로운 소리를 내면서 파편이 사방으로 날아갔다. 기관사는 즉시 기관실에서 뛰쳐나와 전복된 화차로 대피하기 위해 달려갔다. 파편에 얼굴이 찢겨서 피가 줄줄 흐르던 기관사는 계속 화를 내며 불평을 늘어놓았다.

"나는 그냥 민간인이야! 도대체 내가 얼마나 받는다고 이 난리야? 포탄에 얻어맞다니! 정말 끔찍하군! 더 이상 여기에 있지 않겠어."

기관사는 몹시 흥분한 데다 머리에 파편을 맞은 충격으로 제정신이 아니었기 때문에 기차를 더 이상 제대로 조종하지 못할 것 같았다. 그러나 이 사람이 유일한 기관사이므로 만약 도망가 버린다면 실낱같은 탈출의 희망이 사라질 것이다. 나는 기관사에게 하루에 두 번 맞는 사람은 없을 뿐더러, 부상당했음에도 불굴의 용기로 자신이 맡은 임무를 끝까지 수행한 사람에게 분명 보상이 있을 것이라고 격려했다. 무엇보다 다시는 이런 좋은 기회를 얻지 못할 것이라고 설득했다. 그제야 정신을 가다듬은 기관사는 얼굴의 피를 닦으며 기관실로 돌아가서 내 명령에 따랐다.

기관차를 지렛대처럼 사용해 두 량의 부서진 화차를 밀어낸다면 모두 무사히 탈출할 수 있을 것 같았다. 다행히 선로는 큰 손상을 입지 않은 듯했다. 선로를 따라 홀데인 대위가 있는 화차로 돌아온 나는 총안구(銃眼口)를 통해 현재의 상황과 내 계획을 이야기를 했다. 그는 내 말에 전적으로 동의하고, 선로를 여는 동안 적군에게 맹렬하게 엄호사격을 가하겠다고 약속했다. 다행히 열차 이곳저곳을 오르내리며 탁 트인 곳에서 기관사에게 지시를 내리는 와중에도 총알에 맞지 않았다.

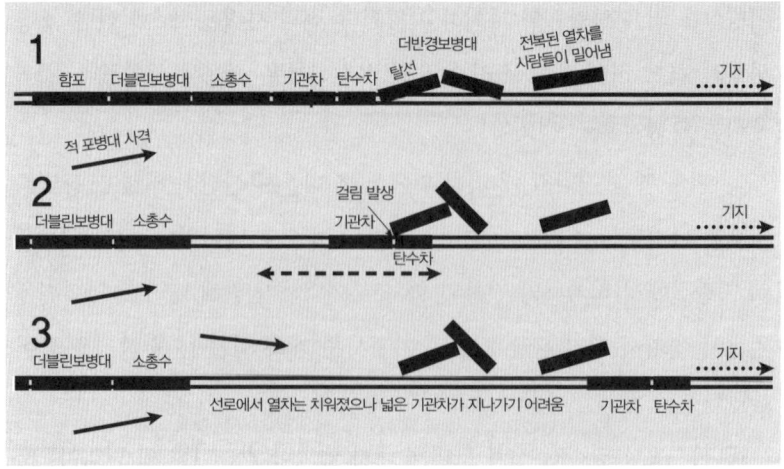

1899년 11월 15일 장갑열차 사건에 대한 처칠의 묘사

　먼저 할 일은 레일에서 반쯤 분리된 화차를 선로에서 완전히 분리시키는 작업이었다. 이를 위해서는 기관차를 움직여 부분 탈선된 화차를 선로에서 완전히 밀어내야만 했다. 침목에 반쯤 걸쳐진 강철제 화차의 중량이 엄청나게 무거웠기 때문에 기관차는 몇 번이나 헛바퀴를 돌리며 화차를 밀어야 했다. 마침내 탈선된 화차가 어느 정도 밀려나자 기관차가 뒤에서 미는 동안 화차를 옆으로 뒤집기 위한 지원자를 모집했다. 이 일은 강력한 포화 속에 자신을 노출시켜야하기 때문에 매우 위험했다. 필요한 인원은 스무 명 정도였는데, 실제 자원한 사람은 더반경보병대 소속 소령과 더블린보병대 네댓 명 등 총 아홉이 나섰다. 그럼에도 불구하고 시도는 성공적이었다. 모두가 함께 화차를 밀자 살짝 옆으로 기울기 시작했고, 바로 그 순간 기관차가 뒤에서 힘껏 밀면서 화차를 레일 옆으로 밀어냈다. 선로에는 이상이 없어 보였다. 드디어 성공이 보인다고 생각하는 그 순간 생애 가장 실망스러운 광경이 눈앞을 스쳐지나갔다.

　증기 기관차의 발판은 탄수차(炭水車)보다 폭이 15센티 정도 넓어서

출발 당시의 장갑열차

방금 전복시킨 화차의 모서리에 걸렸다. 화차를 무리하게 밀어붙인다면 기관차마저 탈선될 수 있기 때문에 위험해 보였다. 그래서 기관차 뒤에 달린 화차들을 분리하고 1~2미터씩 서서히 움직이면서 장애물을 밀어내야 했다. 그때마다 장애물은 조금씩 움직였지만 더 골치 아픈 문제가 발생했다. 뒤에 탈선시킨 화차가 먼저 탈선한 화차와 T자로 걸리게 되어 기관차가 밀면 밀수록 선로를 막아 버렸다.

화차를 앞으로 밀수록 다른 화차와 엉킨다면 뒤로 당겨 떨어뜨리면 될 것 아닌가 하는 생각이 들었다. 그러나 또 다른 난관에 봉착했다. 기관차의 연결용 사슬이 13~15센티 정도 모자라서 전복된 화차와 연결시킬 수 없었다. 즉시 예비용 사슬을 찾아보았다. 한 줄기 희미한 희망의 빛이 비쳤고, 다행히 하나를 찾아냈다. 기관차가 부서진 화차를 당기자 쇠사슬이 끊어지기 직전 선로에서 1미터 정도 뒤로 끌어당겨졌다. 마침내 길이 열렸다.

그런데 다시 기관차 발판의 한쪽 모서리가 화차 끝에 박혔고, 기관차는 삐걱대면서 급하게 멈춰 섰다. 작업에 몰두하다 보니 주변 상황에 미처 신경 쓸 겨를이 없었다. 당시 나는 마치 소총 사격장에 있는 표적지 앞에서 작업하고 있는 것 같았다. 우리는 포탄이 잇달아 폭발하고 총알이 끊임없이 귀청 떨어질 듯 장갑을 두드리는 요란한 철갑 상자 속에서 거의 70분 동안 고군분투했다. 불과 13~15센티의 철제 부품이 위험 아니면 안전, 포로 아니면 자유, 굴욕 아니면 승리를 결정하는 순간이었다.

가장 조심해야 할 점은 기관차를 탈선시키지 않는 것이었다. 차츰 적의 포격이 증가하고 반대편에서도 두 번째 대포가 사격을 개시하자 나는 위험을 무릅쓰기로 결심했다. 기관차를 최대한 후진한 뒤 장애물을 향해 전속력으로 달려 부딪혔다. 우지직거리며 찢어지는 소리와 함께 기관차가 선로 위에서 흔들거렸다. 그러자 선로를 가로막고 있던 화차 뒷부분이 위로 들리면서 기관차는 무사히 지나갔다. 그러나 아직도 기관차가 지나간 장애물에서 반대편 50미터 떨어진 곳에 세 량의 화차가 남아 있었다. 어떻게 할 것인가? 기관차를 되돌아가게 할 순 없었다. 그러면 화차를 기관차까지 사람이 직접 밀어서 끌고 갈 수 있을까? 무개화차는 기관차보다 좁기 때문에 충분히 지나갈 수 있을 것이다.

나는 다시 홀데인 대위에게 돌아갔다. 홀데인도 그 계획에 동의했다. 부하들에게 화차를 기관차 쪽으로 밀라고 명령했다. 괜찮은 계획이었지만 화차가 너무 무겁기 때문에 모두가 달라붙어야만 했다. 그러나 적의 사격이 너무 치열하고 혼란스러운 상황이라 병사들은 밖에서 노출되려고 하지 않았다. 게다가 아군의 사격이 줄어들자 다수의 적들이 언덕 위에서 모습을 드러내고 더욱 맹렬하게 사격을 퍼부었다. 그래서 어쩔 수 없이 기관차에 부상자를 싣고 천천히 달리면 나머지 병력들은 기관차 뒤로 숨어서 도보로 후퇴하기로 했다. 40명 이상의 피 흘리는 부상병들이 기관차와 탄수차에 빼곡하게 실렸고, 천천히 앞으로 나아가기 시작했다.

나는 기관실에서 기관사에게 지시했고, 그곳은 부상당한 사람들로 꽉 차 있어서 거의 움직일 수도 없었다. 포탄이 사방에서 터지자 일부는 기관차에 맞았고, 일부는 선로의 자갈에 맞아 튀면서 불운한 사람들을 덮쳤다. 속도가 점점 빨라지자 밖에서 걷던 보병들이 뒤처지기 시작했다. 어쩔 수 없이 기관사에게 기차를 멈추라고 했지만 이미 뒤처진 보병대와는 300미터나 떨어져 있었다. 가까운 곳에 블루크란츠강(Blue Krantz River)*을 가로지르는 상당히 긴 다리가 있는데, 나는 기관사에게 다리 건너에서 기다리라고 말하고 부상병들로 가득 찬 기관실에서 간신히 내린 후에 홀데인 대위와 그의 부대를 데려오기 위해 선로를 따라 돌아갔다.

그러나 그 사이에 갑자기 상황이 급변했다. 내가 200미터나 되돌아갔는데, 홀데인의 부대 대신에 평상복 차림의 두 사람이 선로에 나타났다.

'보선공인가?'

내가 혼잣말을 하다가 갑자기 깨달았다.

'보어군이다!'

보어군은 어둡고 헐렁한 옷에 챙이 넓은 모자를 깊게 눌러쓰고 있었는데 키가 크고 드세 보였다. 100미터도 안 되는 곳에서 내게 소총을 겨누던 그 사내들의 모습은 아직도 기억에 생생하다. 몸을 돌려 기관차 쪽으로 달리자 보어군들은 선로 중간을 달리는 나를 향해 총을 쏴댔다. 총알이 왼쪽과 오른쪽에서 불과 몇 인치 차이로 빗나갔다. 선로 양쪽에 2미터 정도의 자그마한 둑이 있어 급히 몸을 던졌으나 엄폐하기 어려웠다. 다시 두 사람 쪽을 쳐다보았다. 한 사람은 조준 사격을 하기 위해 무릎쏴 자세를 취하려고 했다.

---

* 크란츠(Krantz)는 골짜기를 둘러싼 절벽을 의미한다.

도망칠 수 있는 마지막 기회인 것 같았다. 다시 앞으로 달려가자 공기를 가르는 두 개의 부드러운 소리가 스쳐 지나갔다. 그러나 나를 맞히지 못했다. 하지만 참을 수 없었다. 이 빌어먹을 선로에서 어서 빨리 벗어나야만 했다. 왼쪽으로 지그재그로 달려가서 둑을 기어 올라갔다. 옆에서는 흙이 튀어 올랐지만 무사히 철조망을 넘었다. 기찻길 밖에는 움푹 파인 곳이 있었는데, 그 속에 웅크리고 앉아 겨우 숨을 돌렸다.

50미터 떨어진 곳에는 보선공을 위해 돌로 만든 작은 쉼터가 있었는데 거기에 숨을 수 있을 것 같았다. 게다가 200미터쯤 떨어진 블루크란츠강의 바위 협곡은 은신처로 적당해 보였다. 강 쪽으로 가기로 하고 일어섰다. 갑자기 선로 반대편의 철조망 너머에서 키가 크고 검은 옷을 입은 사람이 말을 타고 오른손에는 소총을 든 채 빠르게 달려오는 게 보였다. 급하게 말을 세우더니 나를 향해 총을 흔들며 큰 소리로 소리쳤다. 대략 40미터 정도 떨어져 있었다. 비록 특파원 신분이었지만 이날 아침에는 마우저 권총을 허리에 차고 나갔다. 이 사람을 사살할 수 있을 것 같았다. 게다가 한참 고생한 뒤였기에 꼭 그러고 싶었다.

그러나 허리띠에 손을 갖다 댔지만 권총이 없었다. 아까 선로를 치우거나 기관차에 오르내릴 때 어디엔가 풀어 놓았던 것이다. 그 당시의 권총은 나중에 내게로 돌아 왔고, 지금도 가지고 있다! 하지만 그 순간에는 완전히 비무장 상태였다. 이 와중에도 보어 기병은 말 위에 앉아 소총으로 나를 겨누고 있었다. 말은 가만히 서 있었고 그도 미동 없이 조준하고 있었으며, 나 또한 얼어붙어 있었다. 그 순간 강 쪽과 보선공의 쉼터를 번갈아 바라보았다. 보어 기병은 여전히 나를 노리고 있었다. 총을 쏜다면 내가 맞을 것이 분명해 보였다. 이제는 틀렸다고 생각했다. 결국 두 손을 들어 항복했고, 이로서 나는 전쟁 포로가 되었다.

"항복은 홀로 있으며 무장을 하지 않았을 때만 사면될 수 있다."

위대한 나폴레옹이 했던 이 말이 가슴 아프게 마음속으로 스며들어 왔다. 기병과 나 사이에는 두 개의 철조망이 가로막고 있었고, 어쩌면 나를 못 맞혔을지도 모른다. 게다가 블루크란츠의 계곡은 꽤 가까웠다. 그러나 이제는 돌이킬 수 없다. 그 사내는 총을 내리고 이쪽으로 오라고 손짓했다. 그가 시키는 대로 했다. 철조망을 지나 철길을 건너 그의 옆에 섰다. 보어 기병은 말에서 뛰어내려 후퇴하는 기관차와 몇몇 낙오한 영국군이 도망치고 있는 다리 쪽을 향해 총을 쏘아댔다. 마지막 병사가 사라지자 다시 말에 올랐고, 나는 그의 옆에서 홀데인의 부대가 있던 곳으로 터벅터벅 걸어갔다.

그곳에는 한 명도 없었다. 사실 이미 포로가 되어 있었기 때문이다. 이윽고 비가 세차게 내리기 시작했다. 그 사내 옆에서 무성하게 자란 풀밭을 터덜터덜 걷다가 문득 문제가 될 만한 물건을 가지고 있다는 게 떠올랐다. 내 군복 양쪽 가슴주머니에는 마우저 권총의 10발들이 탄창이 하나씩 들어 있었다. 총알은 옴두르만에서 사용했던 것과 같은 것으로 마우저 권총 전용 탄환인데, 이른바 '소프트노즈탄*'이라고 불린다. 이게 있었는지 생각도 못했지만 나를 위험에 빠트릴 수 있겠다는 생각이 들었다. 곧 오른쪽 주머니에서 탄창을 꺼내 보이지 않는 곳에 떨어뜨렸다. 왼쪽 주머니의 것도 마저 버리려고 하는데 보어군 기병이 날카롭게 내려다보면서 영어로 물었다.

"그게 뭐야?"

나는 손바닥을 펴 보이면서 말했다.

---

* 소프트노즈탄(Soft Nose Bullet)은 탄두 끝에 홈을 파거나 약한 재질로 만들어 탄알이 관통하지 않고 인체 내에서 터져 근육과 장기에 심각한 손상을 입히는 탄환으로, 영국군은 보어 전쟁에서 대대적으로 사용했다.

"주운 것입니다."

사내는 탄창을 받아서 살펴보더니 던져 버렸다. 우리는 다른 포로들이 모여 있는 곳까지 한참을 걸어갔다. 말을 탄 수백 명의 보어인들이 두세 열의 종대로 늘어서 있는 모습이 눈에 들어왔고, 그중 많은 사람들은 쏟아지는 빗속에서 우산을 들고 있었다.

*＊＊＊*

이상은 1899년 11월 15일에 벌어진 장갑열차 사건과 내가 어떻게 포로가 되었는지에 관한 이야기다. 그로부터 3년 뒤 보어군 장군들은 황폐해진 자신들의 나라에 필요한 차관과 원조를 요청하기 위해 영국에 방문했다. 어떤 만찬장에서 보어군 지도자인 루이 보타* 장군을 소개받을 수 있었다. 전쟁에 대한 이야기를 나누면서 내가 포로가 되었을 때의 이야기를 간단히 했다. 잠자코 듣고 있던 보타가 내게 말했다.

"나를 모르시겠습니까? 그 남자가 바로 나였습니다. 당신을 포로로 잡은 사람은 바로 나입니다."

그의 밝은 눈이 기쁨으로 반짝거렸다. 하얀 셔츠와 프록코트를 입은 보타의 모습은 지독한 날씨 속 나탈에서 만난 군복 차림을 한 야생의 사내와는 어두운 안색과 큰 덩치를 제외하고 모든 것이 달라 보였다. 하지만 이런 특별한 만남에 대해 의심할 여지는 없었다. 그는 나탈 침공에서

---

* 루이 보타(Louis Botha)는 남아프리카공화국의 정치인이자 군인으로 2차 보어 전쟁 당시 트란스발 보어군의 지휘관으로 추대되어 영국군에게 여러 전투에서 승리를 거두었다. 전세가 영국 쪽으로 기울자 게릴라전으로 전환 영국군을 괴롭혔다. 패전 후 평화 협상을 주도하고 남아프리카 연방의 초대 총리를 역임했다.

시민으로 참전했으나 전쟁에 반대했기 때문에 고위 지휘관에서 제외되었다. 이것은 그의 첫 번째 참전이었다. 하지만 보타는 일개 사병으로 복무하고 있었음에도 전투에서는 항상 선두에 앞장서서 활약했다. 그래서 우리가 만나게 된 것이다.

이제까지 만난 사람들 중에서 루이 보타만큼 흥미로운 사람은 없었다. 낯선 장소에서 믿기 힘들 정도의 우연으로 알게 되었고 친분이 쌓이자 소중한 우정으로 발전했다. 나는 보타의 거대하고 강인한 모습에서 조국의 아버지, 현명하고 사려 깊은 정치가, 농부이자 용맹한 전사, 야생의 뛰어난 사냥꾼 그리고 깊고 고독한 남자를 보았다.

1906년 보타가 트란스발의 초대 총리로 선출되어 제국회의에 참석하기 위해 런던에 왔을 때 웨스트민스터 홀에서 영연방 자치령 총리들을 위한 공식 만찬이 성대하게 열렸다. 당시 나는 식민성 차관이었다. 최근까지 우리의 적이었지만 지금은 보어인의 지도자가 된 그가 홀을 지나 자기 자리로 돌아가면서 내 옆에 앉은 어머니 앞에서 잠시 걸음을 멈추었다.

"이 사람과 저는 온갖 풍상을 다 겪었습니다."

그 말은 사실이었다. 오랜 세월에 걸쳐 이 위대한 인물과 교류하면서 수행한 수많은 공무에 대해서는 여기에 다 기록할 수 없을 정도다. 보타가 가장 투명하고 여느 다이아몬드보다 20배나 큰 컬리넌 다이아몬드(Cullinan Diamond)를 국왕에게 바치겠다는 로맨틱한 자신의 계획을 처음으로 털어놓은 사람이 바로 나였다. 또한 트란스발과 오렌지 자유주에 자치권을 부여하도록 하원에서 헌법 수정안을 제출한 것도 내 몫이었다. 나중에 상무성(Board of Trade)과 해군성에서 보타와 그의 동료인 스머츠(Smuts) 장군을 자주 만났는데, 그들은 1906년부터 1차 세계 대전이 끝날 때까지 15년 동안 탁월한 수완으로 자신들의 조국을 통치했다. 보타는 항상 나의 주의를 환기시켜 주었다. 그가 유럽을 방문할 때마다 종종 의회, 만찬장, 집, 관청에서 만났는데, 거대한 전쟁이 임박했음을 경고하기도 했다. 1913년 독일 온천에서 요양을 마치고 귀국하면서 나에게 독일 국내에 만연해 있는 위험한 분위기에 대해 심각하게 경고하기도 했다. 마음의 준비를 하라고 말했다.

"독일을 믿지 마시오. 내가 보기에 그들은 매우 위험합니다. 지금 음모를 꾸미고 있답니다. 나는 당신이 듣지 못하는 것을 들을 수 있습니다. 위험한 기운이 감도는 걸 느낄 수 있어요. 가장 중요한 점은…."

보타는 힘주어 말했다.

"그날이 오면 우리도 준비하고 있을 겁니다. 그들이 영국을 공격하면 우리는 남서아프리카에 있는 독일 식민지를 공격해 그들을 완전히 뿌리째 뽑아 버려야죠. 때가 되면 우리는 의무를 다할 생각입니다. 그러니 당신의 해군도 기습당하지 않도록 조심하시오."

여전히 우리 운명에 우연과 모험담이 기이한 방법으로 엮여 있었다.

1914년 7월 28일 또는 29일쯤 세계 대전 발발 한 주 전이었다. 나는 의회에서 질의 시간을 마치고 하원을 나서고 있었다. 그때 남아프리카 장관 중 한 명인 드 그라프(de Graaf) 씨를 의회 안 팰리스야드(Palace Yard) 광장에서 만났다. 그는 매우 유능한 네덜란드인으로 오래전부터 알고 지낸 사이였다.

"도대체 어떻게 되고 있습니까? 무슨 일이 일어날까요?"

그가 이렇게 물었다.

"전쟁이 일어날 것 같군요. 영국도 참전할 겁니다. 보타 총리도 얼마나 위태로운 순간인지 알고 있겠지요?"

드 그라프는 매우 심각한 표정으로 돌아갔고, 나도 그 일을 잊어 버렸다. 헌데 그것이 예상치 못한 결과를 낳았다.

그날 밤 드 그라프는 보타에게 전보를 보냈다.

"처칠은 전쟁이 확실하며, 영국도 개입할 것이라고 생각함."

당시 보타는 잠시 자리를 비우고 북부 트란스발에 있었는데, 스머츠 장군이 프리토리아에서 그를 대신해 직무 대행을 맡고 있었다. 스머츠는 전보를 받자마자 한 번 쓱 보고는 한쪽으로 제쳐두고 산더미 같은 서류철을 뒤적거렸다. 업무를 다 마친 후 다시 그 전보를 보면서 생각했다.

'무슨 일이 일어난 게 틀림없다. 그렇지 않다면 드 그라프가 이런 전보를 보낼 이유가 없지!'

스머츠는 즉시 그 전문을 트란스발에 있던 총리에게 전달했다. 한참 시간이 지난 후에 보타 총리에게 전문이 도착했지만, 그래도 제때 도착할 수 있었다. 바로 그날 밤 보타는 델라고어만으로 가는 기차로 출발해서 다음날 아침 독일 선박으로 갈아탄 후 케이프타운으로 돌아올 예정이었다. 보타가 나중에 내게 말하기를, 때마침 그 전보가 없었다면 전쟁이 선포될 때 독일 선박을 타고 바다 한가운데 있었을 것이라고 말했다.

남아프리카연방의 광대한 지역에서 반란의 기운에 동요하던 그 순간 남아프리카에서 가장 강력한 국가 원수인 총리가 적의 수중에 떨어지는 끔찍한 일이 벌어질 뻔했다. 만약 그런 재난이 일어난다면 남아프리카에 닥칠 혼란은 실로 측정할 수 없었을 것이다. 보타 총리는 그 메시지를 받자마자 모든 일정을 취소하고 프리토리아행 특별 열차를 타고 돌아왔으며, 열차는 전쟁 발발 직전에 때맞춰 도착했다.

전쟁 중 보타 장군이 보여 준 엄청난 노력, 위험을 돌파해 내는 과감함, 한결같이 보여 준 확고한 용기, 국민들에게 보여 준 위대한 지도력, 독일령 남서아프리카를 공략하면서 보여 준 뛰어난 수완, 1917년 영연방 전시 내각회의에서 보여 준 단호하지만 생동감 있는 조언, 또 1919년 승전 후 파리 평화회담에서 보여 준 정치력과 고귀한 태도 등 이 모든 것들이 역사에 남을 만한 것이었다. 보타가 마지막으로 영국을 방문했을 때 나는 육군성 장관이었다. 작별 인사를 하러 육군성(War Office)으로 나를 찾아왔을 때 우리는 인생의 거친 굴곡과 무사히 지나온 엄청나고 끔찍한 사건들에 대해 오랫동안 이야기했다. 승전 당시 수많은 국가의 고위 인사들이 육군성에 있는 나를 만나기 위해 방문했지만, 내가 직접 긴 계단을 내려가면서 대기하고 있는 차까지 손수 안내해 준 사람은 오직 보타 장군 단 한 명이었다. 이후로 다시는 그를 보지 못했다. 보타는 자신의 조국으로 돌아간 지 얼마 되지 않아 세상을 떠났다. 평화와 전쟁, 비탄과 환희, 반란과 화해 속에서 그는 진정한 구세주였다.

*＊＊＊*

이야기가 꽤 많이 곁길로 샌 것에 대해 독자 여러분의 너그러운 양해를 바란다. 서둘러 본 줄거리로 다시 돌아가 보자.

나는 다른 포로들과 몇몇 부상자들과 함께 흠뻑 젖은 채 비참한 기분으로 땅바닥에 주저앉아서 내 불운과 결정에 대해 저주했다. 어쩌면 무사히 기관차로 돌아갈 수 있었을 것이다. 솔직히 생존자들이 그 사건에 대해 상부에 보고한다면 꽤 좋은 대접을 받을 수 있을지도 모른다. 쓸데없이 고생만 하더니 이제는 내 자신을 비참하고 절망적인 재난에 빠뜨려 버렸다. 낙오된 본대로 돌아간들 누구를 도와줄 수 있단 말인가? 모험과 출세라는 무한한 가능성을 지닌 이 신나는 전쟁에서 내 스스로 그 싹을 잘라내고 말았다. 미덕의 쓸쓸한 대가에 대해 나는 뒤통수를 맞은 듯 멍한 기분이었다.

그럼에도 이 불행은 나의 미래를 내다볼 수 있게 해 주었고, 남은 인생의 토대를 다지는 계기가 되었다. 나는 그 전쟁에서 잊히지 않았고, 마냥 포로로 갇혀 있지도 않았다. 결국 나는 탈출에 성공했고, 그로 인해 대중들에게 명성과 악명을 동시에 얻게 되었다. 또 국민들 사이에서 유명해지자 많은 선거구에서 나를 후보로 추대하기에 이르렀다. 이로 말미암아 많은 돈을 벌고 경제적 독립과 함께 의회에 들어갈 수 있는 계기가 마련되었다. 만약 내가 기관차로 무사히 도망쳤다면 아마도 칭찬과 관심을 받았을 것이다. 하지만 한 달 후 콜렌소(Colenso)에서 레드버스 불러 장군의 참모 중 몇몇 동료들이 그랬던 것처럼 머리에 총을 맞고 쓰러졌을지도 모른다.

하지만 당시로서는 앞으로 벌어질 일에 대해 알 수 없었기 때문에 보어군 사령부의 급조된 천막 앞에서 다른 포로들과 함께 줄지어 서 있는 것에 대해 몹시 화가 났다. 다른 장교 포로들과 분리되어 나만 따로 서 있으라는 명령을 받았을 때에는 더더욱 우울했다. 군법에 대해 나름 충분한 지식을 갖고 있었기 때문에 비록 내가 직접 총을 쏘지 않았더라도 전투에서 적극적이고 두드러진 역할을 한 제복 입은 민간인이라면 약식 군법회의에 회부되어 즉시 총살형에 처할 수 있다는 것도 잘 알고 있었다. 제1차 세계 대전 당시라면 어떤 군대도 이러한 결정을 내리는 데 단 십 분도 허비하지 않았을 것이다.

이런 생각 때문에 내가 더욱 홀로 서서 차가운 비를 맞으며 불안함에 갉아 먹히는 희생자 신세인 것 같았다. 조만간 내게 여러 가지 짧고 날카로운 심문을 할 텐데 어떻게 대답할지, 또 사형 선고를 받았을 때 어떤 모습을 취해야 할지 깊이 생각했다. 15분쯤 후에 텐트 안에서 벌어진 심판 결과를 통보 받았다. 다른 사람들과 다시 합류하라는 간단한 통보였지만 안심이 되었다. 얼마 뒤 보어군 민병대장이 텐트에서 나와 말했다.

"이 늙은 꼬마 녀석아! 우리는 너를 놔주지 않을 거야. 네가 비록 특파원이라 해도 우리가 귀족의 자식들을 매일 잡을 수 있는 게 아니거든."

결코 불안에 떨 필요는 없었다. 보어인들은 백인에 대해서 누구보다 가장 인정 많은 사람들이었다. 카피르인(Kaffirs)*에게는 다른 이야기였겠지만, 보어인에게는 아무리 전쟁이라 해도 다른 백인의 생명을 빼앗는 일은 유감스럽고 충격적인 것이었다. 내가 운명을 걸고 싸웠던 4개 대륙에서 경험한 실전에서 보어인들이 가장 마음씨 좋은 적이었다. 우리는 삼엄한 감시 속에서 엘란드슬라그테에 있는 철도역까지 100킬로를 도보로 이동한 뒤, 프리토리아의 포로수용소로 이송되었다.

---

* 남아프리카공화국 케이프주의 카프라리아에 거주하는 원주민의 총칭으로, '카피르'는 흑인을 가리키는 모욕적인 말이다.

## 20장

# 보어군의 포로가 되다

전쟁 포로! 비록 자유를 빼앗긴 죄수 가운데 불행의 정도는 덜하다 해도 우울한 상태는 마찬가지였다. 결국 적의 통제와 감시 그리고 관용 속에 우리의 생존이 걸려 있었다. 언제나 그들의 명령에 복종해야 했고 그들이 가라는 곳으로 가고 멈추라는 곳에 머물며, 그들의 비위를 맞추기 위해 노력하고 모든 일에 인내심을 발휘해야 했다. 게다가 한창 전쟁 중인 지금, 연달아 대형 사건들이 터지고 있어서 모험을 위한 좋은 기회조차 점점 사라지고 있었다.

또 하루는 왜 그렇게 긴지…, 시간은 마치 중풍 걸린 지네처럼 느릿느릿 기어갔다. 무엇을 하더라도 즐겁지 않았고, 독서는 힘들고 글쓰기는 불가능했다. 새벽부터 잠들 때까지 하나의 기나긴 권태기였다.

게다가 포로수용소라는 곳은 아무리 편하고 규율이 바로 서 있는 곳이라 해도 결국 혐오스러운 장소였다. 이런 비참한 곳에서는 동료들이 사소한 일로 곧잘 다투게 되고 서로 친목을 유지하려 들지도 않았다. 이제까지 구속된 적도 없고 포로가 된다는 것이 어떤 현실인지 몰랐는데, 좁은 공간에 갇혀서 무장한 경비병의 감시를 받고 통제와 제약 속에 지내다 보니 끊임없이 굴욕감만 들 뿐이었다.

확실히 포로수용소에 갇혀 지낸 매순간이 평생 그 어떤 시기보다 더 끔찍했다. 다행히도 그 시간은 매우 짧았다. 나탈에서 포로가 된 지 채 한 달도 못 되어 남아프리카의 드넓은 대륙에서 다시 쫓기는 몸이긴 하지만 어쨌든 자유의 몸이 되었다.

그 시절을 돌이켜 보면 항상 죄수들이나 포로들에게 깊은 연민을 느꼈다. 어떤 사람이든, 특히 교육 받은 사람이 교도소에서 몇 년 동안 갇혀 있다는 것은 하루하루를 어제와 같이 쓸모없는 재처럼 허비할 뿐이다. 남은 것이라곤 오직 오랜 세월 동안 구속된 삶뿐이다. 그런 이유로 나중에 내무장관이 되어 영국 내 모든 교도소를 담당하게 되었을 때 수감 생활의 질을 개선하기 위한 여러 가지 정책들을 도입했다. 마음의 양식을 위해 책을 제공하고 주기적으로 볼거리를 베풀어 주면서 죄수들이 마땅히 받아야 할 모든 죄과를 조금이나마 덜어 주고 긴 수감 생활을 견딜 수 있도록 하는 정책들을 시행했다. 비록 한 인간이 다른 인간에게 무거운 형벌을 가하고 심지어 사형을 집행하는 것도 혐오했지만, 그래도 사형이 종신형보다 더 자비로운 것일 수 있다며 종종 내 책임 하에 벌어지는 일들에 대해 자신을 위로했다.

포로들은 쉽게 어두운 기분에 사로잡힌다. 물론 최소한의 식단과 지하 독방에 갇힌 채 암흑 속에서 고독에 빠져 있다면 그 기분은 전적으로 혼자만의 문제다. 그러나 젊고 잘 먹어서 활기가 넘치는 데다 느슨한 감시 속에서 다른 사람들과 같이 공모할 수 있는 분위기라면 이런 기분은

포로수용소에서의 처칠

결단을 부르고, 결단은 행동을 부른다.

전선에서 행군을 하다가 다시 기차를 타고 3일 만에 프리토리아에 있는 포로수용소에 도착했다. 레이디스미스를 포위하고 있는 보어군의 전선을 돌아 아군과 적군의 대포 소리를 들으면서 엘란드슬라그테역에 도착했다. 여기서 홀데인 대위와 더블린연대의 어린 장교인 프랭클랜드(Frankland)와 나 그리고 50명의 부하들은 작은 일행이 되어 기차를 타고 적국의 수도를 향해 천천히 이동했다. 도중에 어느 정거장에서 정찰 중에 사로잡힌 제국경기병대 소속의 한 병사가 합류했다. 브로키라는 이름의 남아프리카 이주민이었다. 그는 장교인 척하고 보어군에게 잡혔지만, 네덜란드어와 카피르어를 유창하게 구사하고 이곳 지리에도 밝았기 때문에 우리도 딱히 부인하지 않았다. 오히려 그가 꼭 필요한 인물이라고 생각했다. 1899년 11월 18일 프리토리아에 도착했다. 병사들은 경마장에 있는 포로수용소로 끌려갔고, 네 명의 장교는 스테이트 시범학교(State Model Schools)*의 장교용 포로수용소에 수감되었다. 3일간의 여정 내내 우리는 기회가 있을 때마다 작은 소리로 탈출 계획을 모의했고, 자유를 되찾기 위해 최선을 다하기로 결심했다. 신기하게도 4명 중 3명은 각기 다른 시간과 다른 상황에서 스테이트 시범학교를 탈출하는 데 성공했다. 한 가지 경우를 제외하고 모두 탈출에 성공한 유일한 포로였던 것이다.

스테이트 시범학교에는 주로 전쟁 초기의 니컬슨산길 전투에서 포로로 잡힌 장교들이 있었다. 우리 같은 신참들은 모두 한 숙소에 묵게 되어 최대한 조심스럽게 숙소 주변을 살펴보았다. 우리의 머릿속에는 오직 자

---

* 남아프리카공화국의 프리토리아에서 교사 양성을 위해 1893년에 세워진 학교에서 시작된 시범학교로 스타츠 시범학교(Staats Model School)로도 불리며, 보어 전쟁이 발발한 1899년에 문을 닫았다가 1901년에 프리토리아고등학교로 다시 열었다.

유 외에는 아무것도 없었고, 아침부터 밤까지 탈출 방법을 찾기 위해 머리를 쥐어짜냈다. 오래지 않아 우리가 수용되어 있는 이곳의 보안 체계에는 많은 허점이 있다는 것을 알게 되었다. 수용 구역에서 포로들은 상당한 자유를 누릴 수 있었고, 낮이든 밤이든 대부분 감시가 느슨했기 때문에 자유롭게 계획을 꾸밀 수 있었다. 그곳에 도착한 지 겨우 일주일도 지나지 않아 탈출 계획은 더욱 야심찬 계획으로 바뀌게 되었다.

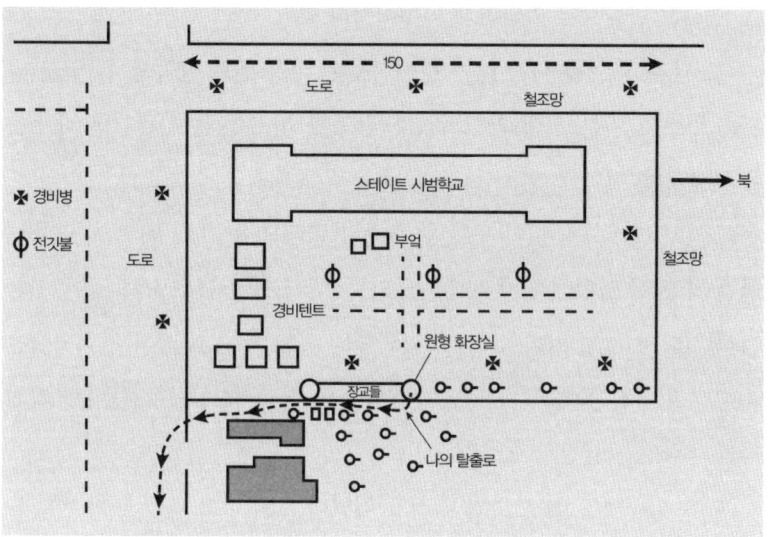

스테이트 시범학교 탈출 계획

몇 번의 깊은 논의 끝에 우리의 계획은 점차 거대하고 대담하게 발전했는데, 당시 사정에 따라 자연스럽게 바뀐 것이다. 스테이트 시범학교에는 60명의 장교 포로와 10명 남짓 시중드는 당번병이 있었다. 우리를 감시하는 병력은 대략 40명 정도의 '잡스(Zarps)'라고 불리는 남아프리카공화국 경찰들이었다. 이들 중 10명은 학교 건물을 두르고 있는 울타리 사면에서 보초를 서고, 다른 10명은 비번이어서 대부분 낮에 시내로 나갔다. 나머지 사람들은 경비 텐트에서 장비를 닦거나 담배를 피우고 카드놀이를 하면서 시간을 보냈다.

이 경비 텐트는 수용소 울타리 한쪽 구석에 있었다. 그리고 밤에는 근무하지 않는 30명의 '잡스'가 이곳에서 잠을 잤다. 따라서 이곳은 우리가 경비병들을 제압하고 무장 해제시킬 수 있는 중요한 첫 단계가 될 수 있었다. 그러기 위해서는 먼저 밤이 되면 소총과 권총을 어떻게 보관하는지, 그들 중 몇 퍼센트가 권총으로 무장한 채 자는지 알아낼 필요가 있었다. 조사는 밤낮으로 면밀하게 이루어졌다.

그 결과, 보초를 서지 않는 경비병들은 대형 텐트 양쪽에서 2열로 담요를 두르고 자는 것이 확인되었다. 근무를 서지 않는 사람들은 대부분 옷과 부츠를 벗었고, 한두 시간 뒤에 근무 교대할 사람들조차 상의와 부츠 그리고 벨트까지 벗어 두었다. 소총과 탄띠는 두 개의 텐트 기둥 둘레에 놓인 임시 거치대에 세워져 있었다. 게다가 야간 근무 교대 중에는 틈이 생긴다는 것도 알아냈다. 따라서 잠을 자고 있는 30명의 경비병들은 50미터 떨어진 곳에 있는 60명의 장교들이 결사적으로 달려든다면 자신들의 생각만큼 안전하지 않았다.

텐트 입구에는 늘 보초가 지키고 있었다. 그렇다고 과연 불가능할까? 이런 일은 끝까지 해 보지 않으면 모른다. 두세 명의 장교가 보초에게 말을 건다. 어떤 사건이 일어났다거나 급한 환자가 생겼다고 하면서 관심을 돌리는 것은 불가능하지 않다. 동시에 포로 두세 명이 경비 텐트 뒤쪽으로 몰래 들어가 거치대에서 권총이나 소총을 탈취하여 잠든 경비병 전체를 사로잡을 수 있을 것이다. 물론 입구에 있는 보초도 눈 깜짝할 사이에 제압해야 한다. 총을 쏘지 않고 경보가 울리지 않도록 보초를 제압하는 것은 대단히 어렵고 위험한 문제다. 그러한 시도에 대해 분명히 말할 수 있는 것은 범죄의 역사에 덧붙여 전쟁사에는 예기치 못한 대담한 습격이 많았다는 것이다. 만약 이 일이 성공한다고 해도 단지 첫 단계일 뿐이다.

근무 중인 열 명의 무장한 보초는 두 번째 단계다. 이 단계에서는 열 명 중 세 명이 철조망 울타리 난간에 배치되어 있기 때문에 문제가 복잡했다. 울타리로부터 불과 1미터 정도 떨어진 곳에서 낮에는 울타리에 기댄 채 잡담을 하곤 했다. 그러나 야간에는 그런 짓을 하지 않을 것이고, 게다가 쉽게 접근하기 어려운 사자 우리 밖에 있었다. 나머지는 모두 안쪽에 있었다. 이 열 명—바깥의 3명과 안쪽의 7명—이야 말로 특별한 연구가 필요했다.

그들 중 한두 명이 달아나 경보를 울린다 해도 모든 계획이 망가지는 것은 아니다. 경비병을 제압하고 그들의 소총과 권총을 빼앗아 무장한다면 우리가 수적으로 더 우세해지고—또한 훈련 정도나 정보에서 더 우위에 있기 때문에—, 보어군이 우리를 진압하기 위해 출동하기 전까지 적어도 30분 정도 시간을 벌 수 있기 때문이다. 30분이면 정말 많은 일을 할 수 있을지 모른다! 새벽 2시는 야간 당직 근무 중간쯤이라서 가장 적당한 시간이었다. 모든 영국 장교가 적절한 순간에 한 치의 실수도 없이 정확하게 행동한다면 약간의 실수를 계산에 넣는다 해도 우리가 스테이트 시범학교의 주인이 될 수 있을 것이다.

수용소 내부는 높은 전신주에 달린 전등으로 환하게 밝혀져 있다. 그런데 이 전등에 달린 전선이 학교 안에서 우리 숙소를 지나가고 있다는 사실을 발견했다. 이런 일에 정통한 장교는 언제라도 전기를 끊고 수용소 안을 캄캄하게 만들 수 있다고 했다. 그래서 어느 날 밤 실제로 시험해 보기도 했다. 만약 우리가 경비 텐트를 제압하는 순간에 전기를 끊어 버린다면 당황한 보초들을 처치하는 것이 생각만큼 어렵지 않을 것이다.

마지막으로 스테이트 시범학교의 체력 단련실에는 아령이 꽤 많았다. 어둠 속에서 아령으로 무장한 세 명의 사내가 목적을 달성하기 위해 결사적으로 덤벼든다면 무장하고 있더라도 무슨 일이 일어나고 있는지 전혀 모르는 한 명쯤은 상대 못할 일이 아니었다. 만약 우리가 경비병 대다수를 제압하고 무기를 탈취한다면 적의 수도인 프리토리아 한복판에서 소총과 권총으로 무장한 60명의 장교들은 이 위대하고 낭만적인 계획의 가장 힘든 단계를 돌파해 낼 수 있을 것이다. 그러면 다음 단계에는 무엇일까?

스테이트 시범학교에서 2.5킬로 정도 떨어진 곳에는 프리토리아 경마장이 있었다. 이 수용소에는 2천 명 이상의 영국군 포로, 즉 병사들과 하사관들이 갇혀 있었다. 우리는 이들과 계속 연락을 취했고, 그들과 같이 일을 도모할 수 있었다. 우리의 의사소통 채널은 간단했다. 스테이트 시범학교에 있는 장교들에게 수시로 배속된 열 명 정도의 당번병들이 때때로 말썽을 일으키면 다시 경마장 수용소로 보내 다른 포로들과 교대를 시켰다. 이 방법으로 우리는 영국군 병사들의 감정과 감금 상태에 대해 파악할 수 있었다.

병사들은 극도로 불만에 차 있었다. 생활은 단조롭고 배급량은 적었으며, 수용 시설은 빈약했다. 굶주림에 지쳐서 분개하는 상태였다. 한번은 입구의 경비 초소로 몰려든 적도 있었다. 비록 유혈 사태가 일어나지는 않았지만 보어군도 많은 포로들을 관리하는 데 골머리를 앓았다. 정보에 의하면 이 커다란 수용소를 지키는 병력이 고작 2정의 기관총과 120명의 '잡스'에 불과하다는 사실을 알 수 있었다. 물론 이 정도의 병력이라해도 준비가 되어 있다면 어떤 폭동이 일어나도 피로 진압이 가능하다. 하지만 포로들이 들고 일어선 그 순간에 경마장의 경비병 등 뒤에서 60명의 장교가 공격을 가한다면! 기관총이 배후에서 급습을 당한다면! 또 사전에 정해진 계획에 따라 2천 명 전원이 정면으로 공격한다면! 야심한 밤의 극심한 혼란 속에서 수적으로 우세한 포로들이 성공하지 못하리란

법은 없다. 여기까지 왔다면 2단계도 성공을 거둔 것이다. 그럼 다음은 무엇일까?

프리토리아 전체에서 무기를 소지할 수 있는 사람은 5백 명이 되지 않았다. 그들 대부분은 전선에 나가는 것이 면제된 부유한 시민이거나 군인으로 다니기 부적합한 자와 정부 관리들, 관청의 사무원들이었다. 이들은 명목상 민방위대로 조직되어 소총을 지급 받았는데, 이들 말고 다른 조직은 없었다.

따라서 첫 발을 뗄 수 있다면 두 번째 걸음은 훨씬 쉽고, 세 번째는 더 쉬울 것이다. 상상 속에서나마 적의 수도를 점령한 우리 자신들을 그려 보았다. 요새에는 경비병들만 있고 모두 전선에 나가 있었다. 요새의 대포는 전부 외곽을 향해 있어서 배후 공격에 대해서 효과적으로 방어할 수 없었다. 따라서 우리가 도시를 장악하는 데 성공한다면 요새도 손쉽게 점령할 수 있을 것이다. 가장 가까운 영국군도 500킬로 떨어진 곳에 있었다. 모든 것이 계획대로 된다면 우리는 이 마술 지팡이를 잘 휘둘러서 적어도 마페킹만큼 방어할 수 있는 충분한 병력을 비롯해 풍부한 식량과 탄약을 가지고 적의 요새화된 수도를 장악할 수 있을 것이다.

이 모든 일이 실제 발생한다면 해질녘에서 새벽 사이에 일어났을 것이다. 그렇다면 우리가 적의 공격을 받을 때까지 얼마의 시간이 걸릴까? 며칠은 걸릴 것이라고 내다봤다. 그 동안 우리는 남아프리카공화국의 중앙 철도 분기점을 장악할 필요가 있었다. 여기는 북행, 동행, 남행 철도가 모이는 곳이었다. 그러므로 아군이 각 선로를 따라 60~80킬로 이상 되도록 멀리 나가서 철교나 터널을 폭파시킨 뒤 돌아오게 하면 된다. 그러면 시간을 벌 수 있고 수도 방어도 효과적으로 할 수 있다.

보어군 입장에서 아침에 일어나 보니 자기네 수도가 적절한 수비대도 없이 부주의하게도 포로 무리들의 손아귀에 넘어갔다고 상상해 보라!

과연 얼마의 병력을 되돌릴 수 있을 것인가? 보어군의 특기는 드넓은 지형에서 벌이는 야전(野戰)이다. 하지만 전쟁 기간 내내 그들은 강력 거점에 대한 공략을 어려워했다. 킴벌리, 마페킹, 레이디스미스가 좋은 본보기였다. 보어군은 참호나 거점을 공격할 때면 움츠러들었다. 그들의 무대는 광활하게 펼쳐진 초원인데, 만약 우리가 프리토리아에서 몇 달을 버틸 수 있다면 이 얼마나 대단한 무공인가! 크루거 대통령과 그의 정부도 우리 손에 포로가 될 것이다. 그는 '비틀거리는 인간성'에 대해 말한 적이 있다. 하지만 그는 여기에서 비틀거리게 될 것이다.

이 카드를 손에 쥔다면 우리는 명예로운 평화 협상을 개시할 수 있다. 또 우호적이고 공정한 협상으로 이 전쟁을 끝내고 양측의 군대가 행군하며 싸우는 것도 막을 수 있다. 물론 커다란 꿈이기는 하나, 이 꿈이 여러 날 동안 우리의 생각을 사로잡았다. 어떤 열정적인 사람은 '그 날'을 위해 유니언 잭을 만들기까지 했다.

하지만 모든 계획은 꿈으로 남았다. 함께 있던 고위 장교 두세 명이 우리의 계획을 듣자마자 단호하게 반대하고 나섰다. 물론 그들이 틀렸다는 것은 아니다. 다만 희극 오페라의 한 장면을 떠올리게 만들었다. 악당이 감동적으로 말한다.

"만 이천 명의 무장한 노새몰이꾼들이 마을을 약탈할 준비가 되었습니다."

"왜 그것을 시행하지 않는가?"

"경찰이 허락하지 않기 때문입니다."

그렇다. 그 계획에는 큰 문제가 있었다. 깨어 있는 10명의 경비병은 이 커다란 계획에서 작은 장애물일지도 모르지만 다른 사람들의 생각처럼 결정적인 것이었다. 결국 우리는 집단 탈출 계획을 포기하고 각자 탈출할 수 있는 계획에 전념하기로 했다.

## 21장 포로수용소 탈출기 1

포로가 된 지 첫 3주 동안 온갖 반란이나 탈출 계획을 공모하는 한편, 보어 당국에게는 내가 언론사 특파원이므로 석방해 줘야 한다며 강력하게 주장했다. 나는 총을 쏘지 않았고 무장도 하지 않았다고 주장했다. 하지만 그들은 장갑열차에서 전투에 참가했다는 이유로 내가 비전투원 자격을 박탈당했다고 주장했다. 엄밀한 의미에서 이 말은 사실이었다. 보어군이 입수한 나탈 지역 신문에는 내 활약상이 화려하게 실렸고, 기사에서는 기관차와 부상병 탈출도 전적으로 내 공으로 돌렸다. 이를 토대로 주베르(Piet Joubert) 장군은 내가 총을 한 방도 쏘지 않았다 해도 기관차를 도망가게 함으로써 보어군의 작전에 큰 지장을 주었으므로 당연히 포로 취급 받아야 한다고 으름장을 놓았다.

12월 첫째 주, 이 결정을 듣자마자 나는 탈출하기로 결심했다. 다음은 당시에 쓴 글인데, 굳이 손 댈 필요가 없어서 그대로 전하겠다.

스테이트 시범학교는 직사각형 모양의 대지 한가운데 서 있다. 학교 울타리 양쪽은 철제 창살이고 다른 양쪽은 약 3미터 높이의 함석판이 쳐져 있었다. 이런 울타리는 혈기왕성한 젊은이들이 뚫고 나가는 데에는 문제가 안 되지만 그 안쪽에는 50미터 간격으로 소총과 권총으로 무장한 보초들이 지키고 있어서 쉽게 넘을 수 없는 장벽이었다. 사실 어떤 벽도 인간이라는 벽만큼 뚫기 어려운 게 없다.

한동안 고심하면서 지속적으로 관찰한 끝에 몇몇 포로들은 울타리의 허점을 알아냈다. 동쪽을 지키는 보초들이 순찰 구역을 돌 때 작은 원형 화장실 근처의 울타리 꼭대기가 보초의 시야에서 사라지는 순간이 있다는 것이다. 수용소 중앙에 있는 전깃불이 환하게 사방을 비췄지만 동쪽 벽만은 항상 그늘에 가려 있었다.

그러므로 첫 번째 할 일은 화장실 근처에 있는 두 명의 보초가 서로 등을 돌린 정확한 순간에 지나가는 것이었다. 울타리를 기어오른 뒤 옆 빌라의 정원으로 뛰어내려야 한다. 계획은 거기까지다. 이후에는 모든 것이 애매하고 불확실했다. 정원을 어떻게 빠져나가고 눈에 띄지 않고 어떻게 거리를 지나갈 것인가, 마을을 도는 순찰대는 어떻게 피하고 무엇보다 포르투갈 국경까지 450킬로를 어떻게 돌파할 수 있을 것인가가 문제였다.

12월 11일 홀데인 대위와 브로키 중위 그리고 나는 엉겁결에 탈출을 시도했지만 실패했다. 원형 화장실에 몰래 들어가는 것은 그리 어렵지 않았으나 담장을 기어오르는 것은 아주 위험천만한 모험이었다. 담장에 올라간 순간에 15미터 떨어진 곳에 있는 보초들이 이쪽으로 돌아보게 된다면 꼼짝없이 들키고 말 것이다! 보초들이 위협만 할지, 아니면 발포할지는 전적으로 그들의 기질에 달려 있었고 그것은 그때 가봐야 알 수 있는 것이다. 그럼에도 불구하고 나는 다음날 탈출하기로 결심했다.

다음날 차츰 시간이 지남에 따라 두려움은 점점 절박해지기 시작했다. 저녁 무렵 두 친구가 먼저 시도했지만 적당한 순간을 찾지 못했다. 그러나 나는 마당을 거닐다가 화장실에 숨는 데 성공했다. 화장실 틈새로 한동안 보초들을 지켜보았다. 처음에는 자기 위치에서 꼼짝 않고 서 있더니 갑자기 한 사람이 돌아서서 동료 쪽으로 걸어가 등을 돌리고 이야기를 나누기 시작했다.

바로 지금이다! 나는 담장 밑 난간에 발을 걸친 후 두 손으로 담장 위를 잡고서 몸을 끌어 올렸다. 약간 겁을 먹었던 탓인지 처음 두 번은 실패했지만 세 번째 시도 끝에 간신히 담장 위로 기어올랐다. 그때 조끼가 울타리 꼭대기의 뾰족한 장식에 걸려서 그것을 푸는 데 잠시 시간을 지체했다. 그 자세로 보초 쪽을 힐끗 보았지만 그들은 아직도 15미터 떨어진 곳에서 등을 돌린 채 이야기를 나누고 있었다. 그 중 한 사람이 담뱃불을 붙였는데, 두 손 안에서 불이 빨갛게 타고 있던 모습이 지금도 또렷하게 기억난다. 그리고 이웃집 뜰로 살며시 내려와 수풀 속에 몸을 숨겼다.

이제 나는 자유다! 첫 단계는 성공했고, 이제 돌이킬 수 없다. 동지들을 기다리는 일만 남았다. 정원의 수풀은 제법 우거져 있어서 몸을 숨기기에 알맞은 장소였다. 달빛 아래 수풀의 그림자는 더욱 어두워졌다. 거기서 약 한 시간 정도 초조하고 불안한 마음을 누르며 숨어 있었다. 사람들은 정원 이곳저곳을 다녔고, 한번은 한 사내가 몇 미터 떨어진 곳까지 와서 내가 숨은 곳을 바라보기도 했다. 두 사람은 어떻게 되었을까? 어째서 시도하지 않는 것일까?

갑자기 수용소 마당 쪽에서 큰소리로 말하는 것이 들렸다.
"끝장이다."
나는 담장 쪽으로 기어갔다. 두 명의 장교가 산책하면서 라틴어로 떠들고 웃으면서 온갖 잡담을 나누고 있었는데, 대화중에 내 이름을 말하는 것이 들렸다. 나는 위험을 무릅쓰고 기침을 했다. 그러자 한 명이 빠른 어조로 무슨 말을 하기 시작했고, 다른 사람이 천천히 나지막한 목소리로 말했다.
"나갈 수가 없어. 보초가 수상하게 여기고 있어서 다 틀렸어. 다시 돌아올 수 있어?"

그러자 내게서 모든 두려움이 눈 녹듯 사라졌다. 어차피 다시 돌아가는 것은 불가능했다. 눈에 띄지 않고 담장을 넘을 순 없었다. 그리고 담장 바깥쪽에는 발을 걸칠 만한 난간도 없었다. 이제 운명은 앞을 향해 가리키고 있다. 어차피 다시 잡히겠지만, 적어도 도망치려고 시도하는 편이 더 낫다고 생각했다.

나는 장교들에게 말했다.

"혼자라도 가겠다."

이제 혼자 도망치기로 마음먹었다. 실패는 거의 확실하고, 성공 가능성은 매우 희박해 보였다. 그러나 어떠한 위험도 헤쳐 나가기로 결심했다.

바깥 큰길로 나가면 불과 몇 미터 떨어진 곳에 수용소 정문을 지키는 보초가 있었다. '항상 대담하라'고 스스로에게 되뇌며 모자를 쓰고 정원 한가운데를 지나 그 집 창가를 가로질렀다. 그리고 큰길로 유유히 빠져나와 왼쪽으로 꺾었는데, 보초가 서 있는 곳에서 5미터도 안 되는 곳을 지나쳤다. 보초들 대부분은 나를 안다. 하지만 내가 고개를 돌리지 않았기 때문에 그 보초가 나를 봤는지 못 봤는지 모르겠다. 나는 뛰고 싶은 충동을 꾹 눌렀다. 그리고 백 미터 정도 걸을 때까지 아무도 제지하지 않자 두 번째 난관도 무사히 돌파했다는 것이 확실해졌다. 이제 나는 프리토리아에서 자유의 몸이 되었다.

길 한복판에서 콧노래를 흥얼거리며 유유히 밤길을 걸었다. 거리에는 행인들로 가득했지만 아무도 나에게 관심을 보이지 않았다. 이윽고 교외에 다다르자 작은 다리에 앉아 이후 계획에 대해 생각해 보았다. 나는 적국 한복판에 있으며 도와줄 사람은 아무도 없다. 델라고어만까지는 거의 480킬로를 가야 했다. 내가 탈출했다는 사실은 새벽녘이면 발각될 게 뻔하고, 그러면 곧 추격이 시작될 것이다. 그리고 모든 탈출구가 봉쇄되고 마을마다 검문소가 설치되면서 지방에는 순찰이 강화될 것이다. 따라서 모든 열차를 수색할 것이고 철도 노선도 경비가 강화될 것이다.

나는 민간인처럼 갈색 플란넬 양복을 입고 있었으며, 수중에는 75파운드와 초콜릿 네 덩이가 전부였다. 길을 알려줄 지도와 나침반 그리고 나를 지탱시켜 줄 각성제와 고깃덩어리는 스테이트 사범학교 친구들이 가지고 있었다. 게다가 가장 큰 문제는 내가 네덜란드어나 카피르어를 한마디도 못한다는 것이다. 어떻게 음식을 얻거나 길을 물을 수 있을까?

희망이 사라지자 두려움도 사라졌다. 우선 델라고어만으로 가는 철도를 찾기로 계획을 세웠다. 지도나 나침반이 없어도, 감시 초소가 있어도 상관없었다. 고개를 들어 별을 바라보니 오리온자리가 밝게 빛나고 있었다. 약 일 년 전 사막에서 길을 잃었을 때 나를 나일강으로 안내해 준 것도 오리온자리였다. 이제는 나를 자유의 길로 안내해 줄 것이다. 어떤 일이 있어도 나는 견뎌 낼 수 있을 것이다.

    남쪽으로 1킬로 정도 걸어가자 드디어 철도를 발견했다. 델라고어만으로 가는 노선일까? 아니면 피터즈버그(Pietersburg)로 가는 걸까? 델라고어만행이라면 동쪽을 향하고 있어야 하는데, 내가 보기에 이 선로는 북쪽을 향하고 있었다. 어쩌면 언덕 때문에 우회하고 있는지도 모르기에 선로를 따라 걷기로 했다.

    시원한 바람이 얼굴을 스치자 불현듯 들뜬 기분에 사로잡혔다. 어쨌든 한 시간이라도 자유의 몸이 된 것이 중요했고, 이 모험 또한 점점 짜릿해졌다. 별들이 제 위치에서 도와주지 않는다면 도망칠 수도 없을 것이고, 굳이 조심할 필요도 없을 것이다. 나는 선로를 따라 힘차게 걸어갔다. 여기저기서 감시 초소의 불빛이 반짝거렸다. 모든 다리에는 감시인이 지키고 있었다. 하지만 위험한 지역을 잠깐 우회한 것 말고는 어떠한 검문검색도 받지 않고 무사히 통과했다. 이것이 내가 탈출에 성공한 이유였다.

걸으면서 탈출 계획을 구체적으로 세웠다. 국경까지 480킬로를 도저히 걸어갈 수 없을 것 같았다. 달리는 기차에 올라타서 좌석 밑이나 지붕 또는 연결기 등 어딘가에 숨어서 가야 할 것이다. 소설 『거꾸로(*Vice Versa*)』에서 폴 밸티튜드가 학교에서 도망치던 장면이 생각났다. 나는 좌석 밑에서 불쑥 튀어 나와 뚱뚱한 일등석 승객에게 뇌물을 주고 도와달라고 부탁하는 장면을 상상했다. 자, 이제 어떤 열차를 탈 것인가? 물론 첫 번째로 오는 열차다.

두 시간 정도 걷다 보니 역 신호등이 보였다. 선로에서 벗어나 신호등 주위를 빙 돌아본 다음 승강장에서 200미터 떨어진 선로 옆 도랑에 숨었다. 열차가 역에 정차한 후 내가 숨은 곳을 지나갈 때쯤이면 속도가 그다지 빠르지 않을 것이다.

열차를 기다린 지 한 시간쯤 흘렀다. 갑자기 기적 소리와 덜컹거리는 소리가 들리더니 기관차의 크고 노란 헤드라이트가 시야에 들어왔다. 기차는 역에서 5분간 멈췄다가 기적 소리와 함께 증기를 내뿜으며 출발했다. 나는 선로 옆에 바짝 엎드렸다. 마음속으로는 내가 취해야 할 다음 행동을 그려 보았다. 우선 기관차가 지나갈 때까지 기다려야 한다. 서둘러 움직인다면 눈에 띄고 말 것이다. 그러고 나면 객차를 향해 뛰어가서 매달려야 한다.

기차는 천천히 출발했지만 예상보다 빨리 속도를 올렸다. 환한 불빛이 빠르게 다가오더니 덜컹대는 소리가 이제 굉음으로 바뀌었다. 검고 커다란 형체가 한순간 내 위를 덮쳤다. 기관차의 검은 형체 속 보일러 불빛에 비친 기관사의 실루엣이 증기 구름 속으로 빠르게 스쳐지나갔다. 그 순간 화차로 몸을 날려 어딘가를 잡았다가 놓치고 다시 움켜쥐었다가 또 놓치고 말았다. 다시 한 번 뛰자 이번에는 어떤 손잡이를 잡았다. 다리가 공중에 휙 뜨고 발끝이 선로에 스치는 것을 느꼈다. 간신히 열차의 다섯 번째 연결기에 올라탈 수 있었다. 석탄 가루로 뒤덮인 부대 자루가 가득한 화물 열차였다. 탄광으로 돌아가는 텅 빈 석탄 부대 자루를 잔뜩 싣고 있었다. 나는 그 위로 기어올라 가서 자루 더미 속으로 파고들었다. 5분 만에 완전히 몸을 숨길 수 있었다. 자루 더미 속은 따뜻하고 안락했다.

어쩌면 기관사는 내가 열차에 뛰어오르는 것을 보고 다음 역에 경보를 보냈을지도 모른다. 물론 아닐 수도 있다. 하지만 도대체 이 열차는 어디로 가는 중일까? 짐은 어디서 내릴까? 여기도 수색할까? 델라고어만으로 가는 게 맞나? 날이 밝으면 어떻게 하지? 아니다. 더 이상 신경 쓰지 말자. 오늘밤은 운이 좋았다. 새로운 상황에 생기면 새로운 계획을 세우면 된다.

잠시 눈을 붙이기로 했다. 적의 수도 한복판에서 도망치는 포로에게 시속 30킬로로 달리는 기차의 덜컹거리는 소리처럼 기분 좋은 자장가가 어디 있을까!

얼마나 잤는지 알 순 없지만 눈을 뜨자 동시에 들뜬 기분은 사라지고 무거운 중압감이 나를 짓눌렀다. 날이 새기 전 열차에서 내려야 한다. 먼저 물을 좀 마시고 아직 어두울 때 은신처를 찾아야만 했다. 하지만 열차가 멈춘 후 석탄 부대 자루와 같이 끌려 내려와서는 안 된다. 그리고 다음날 밤에 다른 열차를 타면 된다. 아늑한 자루 더미에서 기어 나와 다시 연결기 위에 앉았다. 열차는 꽤 빠른 속도로 달리고 있었지만 이제는 떠날 때가 되었다. 나는 화차 뒤쪽 철제 손잡이를 왼손으로 세게 잡아당기며 뛰어내렸다. 발이 크게 두 걸음을 내딛더니 다음 순간 바닥으로 뒹굴었다. 큰 충격을 받았지만 다행히 다치지는 않았다. 밤 동안 나의 충실한 협력자였던 기차는 저 멀리 사라지고 있었다.

아직 밤이었다. 내가 내린 곳은 낮은 언덕으로 둘러싸인 넓은 골짜기 한가운데 이슬에 흠뻑 젖은 긴 풀로 덮인 들판 한가운데였다. 먼저 제일 가까운 골짜기로 가서 물을 찾았다. 곧 맑은 웅덩이를 발견했고 몹시 목이 말랐기 때문에 오랫동안 충분히 마셨다. 갈증이 가셨어도 하루치 물을 미리 마신다는 생각이었다.

날이 새기 시작했다. 동쪽 하늘이 노랗고 빨갛게 되면서 짙고 검은 구름이 선명하게 드러났다. 선로가 해 뜨는 방향으로 뻗어 있는 것을 보고 그제야 안심했다. 결국 나는 옳은 길로 온 것이다.

물로 배를 가득 채운 다음, 은신처를 찾기 위해 언덕 쪽으로 걸었다. 줄줄이 이어져 있는 언덕 어딘가에 몸을 숨길 만한 곳이 있을 것 같았다. 날이 환해지자 깊은 골짜기 한쪽에 있는 자그마한 숲 속으로 들어갔다. 거기서 해가 지기를 기다리기로 했다.

한 가지 위안이 되는 것은 이 세상 누구도 내가 있는 곳을 모른다는 것이다. 물론 나도 내가 어디에 있는지 몰랐다. 시간은 새벽 4시였고, 밤이 되기까지 아직 14시간이나 남아 있었다. 체력이 있을 때 서둘러 가야 한다는 조급함 때문에 시간은 두 배로 더디게 흘러갔다. 처음에는 지독하게 추웠지만, 점차 태양이 힘을 더하더니 10시쯤에는 참을 수 없는 더위가 밀려왔다. 유일한 동반자라면 머리 위를 날면서 내 상태에 관심을 보이는 거대한 독수리였는데, 이따금 흉측하고 불길한 울음소리를 냈다.

이곳에서는 들판 전체를 내려다볼 수 있었다. 서쪽 5킬로 정도에 양철 지붕으로 된 작은 마을이 있었고, 나무 덤불이 우거진 농장도 군데군데 흩어져 있어서 이 땅의 단조로움을 덜어 주고 있었다. 언덕 기슭에는 흑인들의 크랄(Kraal) — 울타리가 쳐진 아프리카의 전통 마을 — 이 있었고, 밭에 흩어져 있는 마을 사람들과 주위를 에워싼 목초지에는 염소 떼와

소 떼가 눈에 들어왔다.

낮 동안 초콜릿 한 조각을 먹었는데, 그 때문인지 더위와 함께 심한 갈증이 났다. 웅덩이는 500미터도 채 떨어지지 않았지만 가끔 백인들이 말을 타거나 걸어서 계곡을 가로질러 가는 모습이 보였다. 한 번은 보어인이 내가 숨어 있는 곳 근처에서 새를 향해 총을 두 발 쏘았기 때문에 감히 이 작은 피난처에서 떠날 수 없었다. 그러나 아무도 나를 발견하지 못했다.

전날 밤의 의기양양함과 흥분은 모두 사라지고, 이제는 오싹한 기분만 들었다. 탈출하기 전에 아무것도 먹지 못했기 때문에 배가 무척 고팠다. 초콜릿을 한 조각 먹기는 했지만 공복감을 채우기에는 역부족이었다. 게다가 앞으로 닥칠 일에 대한 걱정과 불안 때문에 가슴이 뛰고 안절부절못할 정도여서 잠을 잘 수도 없었다. 내 앞에 놓인 온갖 불리한 경우를 상상해 보았다. 다시 붙잡혀 프리토리아로 끌려간다는 것은 정말 참을 수 없이 두려운 장면이었다.

사람들이 편안하고 건강하며 안전할 때 자랑하던 그 어떤 철학적 사상에서도 위안을 얻을 수 없었다. 이것들은 일단 좋을 때만 친구인 것 같았다. 나는 자신의 빈약한 지식과 능력만으로는 적들의 손아귀에서 벗어날 수 없으며, 평소에 생각하는 것보다 인과율에 간섭하는 더 많은 하느님의 권능이 없다면 도저히 탈출할 수 없음을 절실히 깨달았다. 오랫동안 하느님의 은총과 인도를 간곡하게 빌었다. 신기하게도 이 기도는 빠르게 응답받을 수 있었다.

이 기록은 아직 모험의 여운이 가시지 않았을 때 쓴 것으로, 당시에는 그 이상 쓸 수 없었다. 만약 더 썼더라면 나를 구해 준 사람들의 자유와 어쩌면 생명까지 위태롭게 만들었을 것이다. 세월이 지나서 이제야 비로소 그 절망적인 상황들이 어떻게 유리하게 바뀌게 되었는지, 그리고 그 이후에 일어난 사건들을 밝힐 수 있게 되었다.

낮 동안 철로를 지나는 열차들을 주의 깊게 지켜보았다. 두세 대의 열차가 지나가는 것을 보았는데, 밤에도 비슷한 수의 열차가 지나간다면 그중 하나에 타기로 결심했다. 전날 밤보다 능숙하게 열차에 오를 수 있을 것 같았다. 긴 화물 열차가 급경사를 오를 땐 천천히 가고 때때로 걷는 속도와 다름없을 정도로 운행한다는 것을 발견했다. 따라서 선로가 오르막인 데다 커브가 있는 구간을 택한다면 손쉽게 올라탈 수 있을 것 같았다. 기관차가 바깥쪽으로 구부러져 보이지 않게 되었을 때 화차로 달려들면 기관사나 경비원은 나를 볼 수 없을 것이다. 이 계획은 모든 면에서 완벽해 보였다.

나는 밤중에 100~110킬로 정도 이동하고 동이 트기 전 열차에서 뛰어내리기로 했다. 거기까지 가면 아마도 국경까지는 240킬로밖에 안 될 것이고, 이 방법을 되풀이한다면 어떨까? 문제가 발생할 수 있는 부분을 곰곰이 생각해 보았지만 발견할 수 없었다. 세 번 연속으로 3일만 하면 포르투갈령에 갈 수 있을 것이다. 게다가 나는 두세 개의 초콜릿 덩이와 으스러진 비스킷을 한 주머니 가지고 있다. 이 정도면 다시 붙잡힐 위험을 무릅쓰지 않아도 심신을 지키는 데 충분한 양이었다. 이런 기분으로 어서 빨리 어두워지기만을 기다렸다.

긴 하루가 지나고 마침내 저물었다. 서쪽의 구름은 붉게 타오르고 언덕의 그림자는 골짜기를 가로질러 길게 뻗어가고 있었다. 커다란 보어인의 짐마차가 긴 행렬을 이루며 마을 쪽으로 천천히 가고 있었고, 흑인들도 가축들을 몰고 크랄로 돌아갔다. 곧 주위가 캄캄해지자 일어나서 철로를 향해 걷기 시작했다. 넓은 바위와 긴 풀을 헤치고 냇물에서 목을 축인 뒤 서둘러 선로로 올라갔다. 그리고는 낮에 봐둔 열차가 천천히 오르는 오르막 구간으로 향했다. 곧 내가 계획했던 조건에 맞는 선로의 커브가 시작되는 지점을 발견했다.

기대에 찬 나는 뒤에 있는 작은 덤불에 숨어서 열차를 기다렸다. 한 시간이 지나고, 두 시간이 지나고, 세 시간이 지났지만 열차는 오지 않았다. 주의 깊게 기억한 바로는 마지막 기차가 지난 지 여섯 시간이 흘렀지만 아직 오지 않았다. 그리고 다시 한 시간이 흘렀는데 여전히 열차는 소식이 없었다! 내 계획은 무너지기 시작했고, 희망은 점점 사라져갔다. 결국 야간에는 이 구간에서 열차가 다니지 않을 가능성이 컸다.

이것은 사실이었고, 계속 기다렸다면 낮이 될 때까지 시간을 헛되이 보냈을지 모른다. 그러나 12시에서 1시 사이에 나는 더 이상 참지 못하고 철로를 따라 걷기 시작했다. 늦어진 시간만큼 거리를 벌충하기 위해 어떻게든 15~25킬로 정도 가보기로 했다. 그러나 그렇게 많이 가지는 못했다. 모든 다리는 무장한 사람들이 지키고 있었고 몇 킬로마다 초소가 있는 데다 군데군데에는 양철 지붕이 있는 마을로 둘러싸인 역이 있었다.

초원에는 보름달이 밝게 비치고 있어서 이처럼 위험한 지역을 지나려면 크게 우회하거나 기어가야만 했다. 철길을 벗어나 습지와 늪에 빠지기도 했고, 이슬에 젖은 긴 수풀을 헤치고 허리까지 차오르는 철교 밑 개울을 가로질러 건너야 했다. 한 달 동안 거의 운동을 하지 못한 데다 제대로 먹거나 자지 못했기 때문에 이내 녹초가 되고 말았다.

이윽고 한 역에 이르렀다. 초원 한가운데 승강장과 두세 채의 건물, 그리고 헛간이 있는 조그만 역이었다. 그런데 선로 옆줄에 세 대의 긴 화물 열차가 밤을 보내기 위해 서 있는 것이 보였다. 분명 이곳의 철도 운행은 정기적이지 않은 듯했다. 세 대의 열차가 달빛 아래 꼼짝하지 않것을 보고 이 구간에서는 열차가 밤에 운행하지 않는다는 것을 확인시켜 주었다. 그렇다면 오후에 세웠던 멋지고 확실한 계획은 어떻게 해야 한단 말인가?

그때 문득 좋은 생각이 떠올랐다. 열차 중 하나에 올라타서 화물 속에 숨어 있다가 기차가 출발하기를 기다리는 것이다. 만약 운이 좋다면 다음 날 밤까지 온종일 탈 수 있을 것이다. 반면에 이 열차는 어디로 가는 것일까? 어디서 멈추고 어디에서 짐을 내릴까? 한 번 화차에 오르면 그것으로 내 운명이 결정된다. 어쩌면 짐을 내리는 동안 윗뱅크(Witbank)나 미델버그(Middelburg) 또는 국경에서 360킬로 떨어진 어떤 역에서 다시 붙잡히는 수모를 당할지도 모른다. 그러므로 무슨 수를 써서라도 이 열차의 목적지가 어딘지 알아내야만 했다.

나는 몰래 역으로 숨어 들어가 화차나 상품에 붙어 있는 라벨을 조사하여 어디로 가는지 알아내기로 했다. 조심스럽게 플랫폼으로 다가가 선로에 나란히 서 있는 열차 사이로 들어갔다. 화차에 적힌 목적지를 확인하던 중 열차 바깥쪽에서 빠르게 다가오는 커다란 목소리가 들려오자 공포에 사로잡혔다. 몇 명의 흑인들이 독특한 어조로 웃고 외치고 있었다. 그 속에는 그들과 언쟁을 벌이거나 명령하는 것 같은 유럽인의 목소리도 들렸다. 어쨌든 그것으로 충분했고, 두 열차 사이의 맨 끝으로 물러나 조용하면서도 재빨리 풀숲으로 숨었다.

이제는 계속 걸어가는 것 말고 다른 방법은 없었다. 하지만 점점 목적도 희망도 사그라졌다. 주위를 둘러보니 여기저기 가정집의 불빛들이 보이면서 그 안에 있는 따뜻함과 편안함이 그리워졌다. 다른 한편으로는 그것이 내게는 오히려 위협이 될 수 있다는 걸 알았을 땐 자신이 더더욱 비참해졌다.

저 멀리 달빛이 비치는 지평선 위로 윗뱅크나 미델버그역으로 보이는 6~8개의 불빛들이 열을 지어 반짝거렸다. 왼쪽의 칠흑 같은 어둠 속에서도 두세 개의 불빛이 반짝거렸다. 가정집 불빛은 아닌 것 같았지만 얼마나 멀리 떨어져 있는지, 또 정확히 무엇인지 알 순 없었다. 그저 그 불빛들이 흑인들의 부락일 것이라고만 추측했다. 이제 남아 있는 체력을 유용하게 쓰기 위해 불빛으로 가는 게 어떨까 하는 생각이 들었다. 흑인들은 보어인을 싫어하고 반면에 영국인에게 우호적이라는 말을 얼핏 들은 적이 있다. 최소한 그들은 나를 붙잡지 않을 것이고, 어쩌면 먹을 것과 잠잘 수 있는 곳을 마련해 줄지도 모른다. 물론 내가 그들의 말을 한마디도 이해할 순 없지만 영국 화폐의 가치는 이해할 것이다. 어쩌면 나의 탈출을 도와줄 수도 있지 않을까? 안내인과 말, 무엇보다 안락한 휴식과 음식 같은 것들이 내 마음을 강하게 지배했다. 발걸음은 이미 불빛을 향해 걸어가고 있었다.

　1킬로쯤 걸었을 때 내가 얼마나 나약하고 경솔한 결정을 했는지 깨달았다. 다시 돌아서 철로를 향해 발걸음을 옮겼다. 반쯤 돌아왔을 때 멈춰 서서 생각해 보니 무엇을 해야 할지, 어디로 가야 할지 모든 게 아득했다. 아무런 생각도 나질 않고 그 자리에 주저앉았다. 잠시 후 별안간 모든 의심은 사라졌다. 분명한 것은 합리적인 과정이 아니었다. 그저 흑인 크랄로 가야 할 것 같은 기분이 들었다. 어릴 적에 다른 사람이 내 손목이나 손을 잡고 있는 동안 저절로 글이 써지는 플랑셰트(Planchette)* 심령술 놀이처럼 무의식이나 잠재의식에 따라 행동했다.

　이윽고 불빛 쪽으로 빠르게 걸어갔다. 처음엔 철로에서 3~5킬로밖에

---

＊ 2개의 작은 고리와 연필이 하나 달린 심장 모양의 판으로, 손가락을 얹어 생긴 모양이나 글자로 잠재의식·심령 현상 등을 읽어 내는 데 쓰인다.

안 떨어진 곳이라고 생각했지만 실제로는 그보다 훨씬 멀었다. 약 한 시간이나 한 시간 반 정도를 걸었지만 여전히 멀리 있는 것 같았다. 그럼에도 포기하지 않고 계속 걸었고, 새벽 두세 시쯤 되자 그 불빛이 크랄이 아니었음을 깨달았다.

불빛이 비친 곳에는 네모난 건물의 윤곽이 드러났고, 곧이어 탄광 입구에 세워진 가옥으로 다가가고 있었음을 깨달았다. 인양기를 움직이는 바퀴가 보였고, 지금까지 나를 인도한 불빛은 실은 보일러 엔진에서 나오는 빛이었다. 바로 옆에는 한두 채의 허름한 건물로 둘러싸인 작지만 단단한 2층 석조 가옥이 있었다.

황량한 들판에 서서 이 광경을 지켜보면서 내가 취해야 할 행동을 곰곰이 생각해 보았다. 뒤로 돌아서는 것은 아직 늦지 않았다. 그러나 되돌아가더라도 그곳에는 굶주림과 열병, 결국 발각과 항복으로 이어지는 무의미한 방랑 외에는 아무것도 없었다. 반면에 앞에는 아직 기회가 있다. 내가 탈출하기 전 윗뱅크와 미델버그의 탄광 지역에서 탄광 작업이 허용된 일부 영국인이 있다는 소식을 들었기 때문이다.

혹시 이곳은 그런 영국인들의 집이 아닐까? 어둡고 속을 알 수 없는 이곳에는 과연 누가 있을까? 영국인일까, 아니면 보어인일까? 친구일까, 적일까? 가능성은 아직 남아 있을지도 모른다. 내 주머니에는 75파운드가 있었고 내 신분을 밝히면서 적어도 1,000파운드 정도 보증해 주면 괜찮겠다고 생각했다. 혹시 천성이 착한 중립적인 사람이거나 큰돈을 노리고 내 절박한 처지를 도와줄 만한 사람을 만날지도 모른다.

어쨌든 당장 거래를 해 보자. 내 처지를 호소해 보고 일이 잘 안 풀리면 아직 도망칠 만한 체력은 충분하다. 그럼에도 여전히 승산은 희박해 보였다. 초원의 어둠속을 빠져나와 고요하게 불빛만 반짝이는 집을 향해 무거운 발걸음을 옮겼다. 현관으로 다가가 주먹으로 문을 두드렸다.

한동안 아무 소리도 없었다. 다시 노크를 했다. 그러자 거의 동시에 머리 위에 불빛이 새어 나오면서 창문이 열렸다.

"누구냐?(Wer ist da?)"

독일어로 말하는 남자의 목소리가 들렸다. 나는 실망과 낙담으로 충격을 받았다.

"도와주십시오. 사고를 당했습니다."

내가 대답했다.

몇 마디 중얼거리는 소리가 들리더니 계단을 내려오는 발소리와 빗장이 열리고 자물쇠 돌아가는 소리가 들렸다. 덜컥 문이 열리고 복도의 짙은 어둠 속에서 창백한 얼굴에 짙은 콧수염을 기른 키 큰 남자가 나타났다.

"무슨 일이오?"

이번에는 영어로 물었다.

이제 다음 할 말을 생각해야 한다. 무엇보다 이 사내가 다른 사람을 불러들이는 일은 피하고 조용히 처리해 주기만을 바랐다.

"나는 일반 시민입니다. 코마티푸트(Komati Poort)*에서 민병대에 합류할 예정이었는데, 도중에 기차에서 떨어졌습니다. 몇 시간동안 의식을 잃었습니다. 아무래도 어깨가 빠진 것 같습니다."

어떻게 이런 말이 튀어나왔는지 내 입으로 말하고도 신기하고 놀라웠다. 하지만 그 다음에는 무슨 말을 하고 어떻게 행동할지 전혀 생각하지 않았다. 그 사람은 나를 뚫어지게 응시하다가 잠시 머뭇거리더니 이렇게 말했다.

---

* 푸트(poort)는 산길을 의미한다.

"좋소! 들어오시오."

통로 어둠 속으로 잠깐 물러서더니 문을 활짝 열고 왼손으로 어두운 방을 가리켰다. 나는 그를 지나쳐 안으로 들어가면서 갇히는 게 아닐까 걱정했다. 그는 뒤따라 들어와서 성냥으로 등불을 붙이고 반대편 탁자 위에 놓았다. 그곳은 자그마한 방으로 식당과 사무실을 겸하는 곳이었다. 커다란 테이블과 뚜껑이 달린 책상과 두세 개의 의자, 그리고 두 개의 원형 유리병에 얇은 철망으로 둘러싸인 소다수 만드는 기계가 놓여 있었다. 그는 오른손에 들고 있던 권총을 탁자 끝에 올려놓았다. 그리고 한참 동안 뜸을 들이다가 말을 꺼냈다.

"당신의 철도 사고에 대해 좀 더 자세히 알고 싶군요."

"사실대로 이야기하는 편이 좋겠네요."

그는 천천히 말했다.

"그게 좋을 것 같소."

그래서 위험을 무릅쓰고 모든 것을 털어놓았다.

"나는「모닝포스트」의 종군기자인 윈스턴 처칠입니다. 어젯밤 프리토리아에서 탈출했고, 국경으로 향하고 있습니다. 돈은 많이 가지고 있습니다. 저를 도와주실 수 있습니까?"

또 한 번 긴 침묵이 흘렀다. 남자는 천천히 일어나 문을 잠갔다. 나는 이제 틀렸다고 생각했다. 그가 내게로 다가오더니 갑자기 손을 내밀었다.

"이곳으로 와서 다행이오. 이 집은 이 근방 30킬로 부근에서 당신을 당국에 넘기지 않을 유일한 집이오. 여기에는 모두 영국인들뿐이니 어떻게든 도와드리겠소."

오랜 시간이 지난 후에도 결코 잊히지 않는 그날의 안도감을 여기에 글로 묘사하기란 도저히 불가능하다. 방금 전만 해도 나는 함정에 빠졌다고 생각했으나 이제 친구, 음식, 지원, 원조 등 모든 것이 내가 원하는 대로 되었다. 마치 물에 빠져 죽게 된 사람을 구해 주자마자 더비 경마에서 이겼다고 하는 것 같았다.

이 남자는 존 하워드(John Howard)로 트란스발 탄광의 관리인이었다. 그는 전쟁이 일어나기 몇 년 전에 트란스발로 귀화한 시민이었다. 그러나 그는 영국 출신이라는 점과 현지 민병대장에게 몇 가지 도움을 준 공로로 징집에서 면제되었다. 대신 최소한의 인원들과 함께 탄광에 남아 석탄 채굴이 재개될 때까지 배수펌프를 관리하고 탄광을 보수하는 일을 맡고 있었다. 사무소에는 영국인 조수와 랭커셔 출신의 정비사 그리고 스코틀랜드 광부 두 명이 함께 있었다. 이들 4명은 모두 영국 국적으로 엄격하게 중립을 지키겠다는 선서를 한 후 잔류가 허용된 사람들이었다. 트란스발공화국의 시민인 하워드는 나를 숨겨 주는 것이 발각되면 반역죄로 총살당할 수도 있었다.

"신경 쓰지 마시오. 우리가 어떻게든 당신을 도와주겠소. 이 지역 민병대장이 오늘 오후에 와서 당신에 대해 묻고 갔소. 그들은 철도를 따라 이 지역 전체를 뒤지고 있소."

하워드의 말을 들었지만, 그렇다고 그를 위험하게 만들고 싶진 않다고 말했다. 약간의 식량, 권총, 안내인 그리고 가능하다면 말 한 필만 마련해 준다면 무슨 수를 써서라도 철도나 사람들이 사는 곳을 피해 야간에 이동하면서 해안으로 가겠다고 말했다.

하워드는 그 말을 받아들이지 않았다. 대신 자신이 어떻게든 손을 써 보겠다고 했다. 하지만 가급적 조심하도록 주의를 주었다. 스파이는 사방에 있었다. 실제로 두 명의 네덜란드인 하녀들이 이 집에서 자고 있으며, 광산 내부와 배수펌프에도 많은 흑인들이 일하고 있었다. 그는 신중하게 조심해야 할 것에 대해 생각했다. 그러고 나서 "그런데 지금 배고프시오?" 하고 물었다.

나는 사양하지 않았다. 하워드는 위스키 한 병을 건네면서 소다수는 기계에서 직접 뽑아 마시라고 한 뒤 부엌으로 갔다. 잠시 후 먹음직스러운 냉동 양고기 다리와 여러 가지 맛있는 음식을 가지고 돌아왔다. 음식을 허겁지겁 먹고 있는 사이 하워드는 뒷문을 통해 밖으로 나갔다. 그 사이 내 미래에 한 줄기 빛이 비치자 몸 상태도 한결 나아졌다. 성공할 수 있다는 자신감이 샘솟기 시작했다. 그 후 한 시간 쯤 뒤에 다시 돌아온 하워드가 말했다.

"모두 잘 됐소. 동료들은 모두 찬성이오. 채탄장에 은신처를 마련할 테니 거기서 국경 밖으로 빼낼 방법을 마련할 때까지 숨어 있어야 할 것이오. 한 가지 문제는 식량인데, 네덜란드인 하녀가 우리가 먹는 것을 빠짐없이 지켜보고 있소. 아마 양고기 다리가 사라진 것도 수상하게 여길 것이오. 하지만 그것은 차차 생각해 보기로 하고 우선 지금은 채탄장으로 내려갑시다. 불편하지 않도록 준비해 놓겠소."

날이 밝을 무렵 하워드를 따라 작은 마당을 가로질러 탄광의 도르래 휠이 서 있는 울타리 안으로 들어갔다. 여기서 올덤 출신의 듀스냅(Dewsnap)이라는 건장한 남자가 내 손이 으스러지도록 꽉 잡으면서 인사하면서 나지막이 속삭였다.

"다음번에는 다들 당신에게 투표할 거요."

승강기 문이 열리고 안으로 들어가자 지구의 내부를 향해 쏜살같이 내려갔다. 밑에는 등불과 커다란 보따리를 든 두 스코틀랜드인 광부들이 기다리고 있었다. 꾸러미 속에는 매트리스와 담요가 들어 있었다. 한동안 어둠 속 음침한 미궁 이곳저곳을 걷다가 마침내 공기가 시원하고 상쾌한 어떤 방에 도착했다. 우리를 안내하던 사람은 꾸러미를 내려놓았고, 하워드는 양초 두 개와 위스키 한 병 그리고 시가 한 상자를 건네주면서 말했다.

"이것들은 문제가 될 게 없소."

"내가 자물쇠로 잠근 다음 열쇠를 가지고 있겠소. 앞으로 당신에게 어떻게 식량을 가져다줄지를 궁리해 보겠소."

그리고 나에게 강하게 경고했다.

"여기서 한 발짝도 떠나지 마시오. 날이 새면 탄광에 흑인 광부들이 들어오겠지만 여태껏 이곳에 온 사람은 아무도 없었소. 만의 하나 누가 이쪽으로 오지 않는지 감시하겠소."

일행이 등불을 들고 자리를 뜨자 나는 다시 혼자가 되었다. 이 채탄장의 벨벳 같은 어둠에서 바라본다면 인생은 장밋빛으로 가득 찬 것만 같았다. 지금까지 거쳐 온 고난과 역경을 뒤로하고 반드시 자유를 되찾을 수 있으리라 확신했다. 다시 잡혀서 길고 지루한 포로수용소 생활로 굴욕을 당하기보다 자유를 마음껏 누리고 모험일지라도 다시 군으로 돌아가 명예를 회복하고 공을 세우고 싶었다. 일단 편안한 기분이 들자 극심한 피로가 몰려왔고, 이내 깊은 잠에 빠져들었다. 그러나 승리한 뒤에 누리는 잠이었다.

## 포로수용소 탈출기 2

시간이 얼마나 흘렀는지 알 수 없지만 눈을 떴을 때에는 다음날 꽤 늦은 오후였던 것 같다. 초를 잡으려고 손을 뻗었지만 어디에도 없었다. 이 채굴장에 어떤 함정이 도사리고 있는지 모르기 때문에 매트리스 위에서 조용히 누워 기다리는 게 낫다고 생각했다. 몇 시간이 지나자 희미한 등불 빛이 흔들리며 누군가 다가오는 것이 보였다. 닭고기를 비롯한 여러 가지 음식을 싸 가지고 온 하워드 씨였다. 책도 몇 권 가지고 왔다. 그는 왜 촛불을 켜지 않는지 물었다. 나는 찾을 수 없었다고 했다.

"매트리스 밑에 넣어 두지 않았소?"

하워드가 물었다.

"아니오."

"그럼 쥐가 가져간 게 틀림없군."

그의 이야기로는, 이 광산에 쥐떼가 많았기 때문에 쥐를 없애기 위해 흰쥐를 풀었더니 이번에는 흰쥐가 엄청 늘어나 골치라고 했다. 또한 닭고기를 얻기 위해 30킬로 떨어진 영국인 의사의 집까지 찾아갔다고 말했다. 내가 먹어치운 양고기에 대해 꼬치꼬치 캐묻는 두 명의 네덜란드 하녀들을 걱정하는 것 같았다. 만약 다음날 다시 닭고기를 얻을 수 없다면 자신의 접시에 따로 2인분을 받아 하녀가 방에서 나갈 때 몰래 싸서 가져다주겠다고 했다.

당국은 나를 찾기 위해 이 지방 일대에서 떠들썩하게 수색하고 있으며, 프리토리아 정부도 나의 탈출로 인해 시끄럽다고 했다. 특히 미델버그 탄광 지역은 영국인들이 많이 남아 있어서 내가 이쪽으로 올 가능성이 크다고 봤기 때문에 모든 영국인들이 의심을 받는다고 말했다. 다시

한 번 흑인 원주민 안내인과 조랑말 한 필만 준다면 혼자서 탈출하겠다고 말했지만 그는 딱 잘라 거절했다. 하워드는 나를 국외로 탈출시키기 위해 여러 가지 계획을 세워야 하기 때문에 꽤 오랫동안 탄광에 머물러 있어야 할지도 모른다고 했다.

"여기에 있는 한 안전할 것이오. 맥(스코틀랜드인 광부 중 한 명)이 이 탄광 안에 아무도 모르는 작업장 여러 곳을 알고 있기 때문에 만약 문제가 생긴다면 당신을 그리 데리고 갈 것이오. 천장에서 30~60센티 정도만 남기고 물에 잠긴 갱도를 지나 그 너머에 있는 작업장에 숨는다면 아무도 그런 곳까지 뒤질 생각은 못할 것이오. 흑인 광부들에게는 그곳에 유령이 나온다고 겁을 주었소. 어쨌든 우리는 그들의 움직임을 계속 주시하고 있겠소."

하워드는 내가 밥을 먹는 동안 함께 있다가 몇몇 물건과 6개 정도의 양초를 주고 떠났다. 그의 충고대로 베개와 매트리스 밑에다 물건들을 숨겼다.

나는 다시 오랫동안 잠에 빠졌다가 주변에서 무엇인가 움직이는 듯한 기척 때문에 깨어났다. 뭔가가 내 베개를 잡아당기고 있는 것 같았다. 내가 얼른 손을 휘젓자 허둥지둥 달아났다. 쥐들이 초를 훔치러 온 것이다. 즉시 초를 꺼내 불을 붙였다. 다행히 나는 쥐를 무서워하지 않았고 쥐들도 겁이 많은 것 같아 특별히 불안하지 않았다.

마찬가지로 탄광에서 보낸 3일 간의 되돌아보면 유쾌한 경험은 아니었다. 작은 발자국 소리와 사각거리며 움직이는 기척이 계속되었다. 한번은 내가 졸고 있을 때 한 마리가 내 위를 지나가 깜짝 놀라기도 했다. 불을 켜면 쥐들은 보이지 않았다.

이곳에서는 시간 감각이 사라지긴 했지만 다음날은 어김없이 찾아왔다. 12월 14일, 스테이트 시범학교를 탈출한 지 사흘째 되는 날이었다.

두 명의 스코틀랜드인 광부가 찾아와 오랫동안 대화를 나누었다. 놀랍게도 이 탄광의 깊이가 겨우 60미터밖에 되지 않는다고 했다.

맥이 말하기를, 폐기된 수직 갱도가 있는데 햇빛을 볼 수 있는 곳이 있다고 했다. 버려진 갱도를 한 바퀴 돌아보면서 햇볕을 쬐러 가지 않겠냐고 물었다. 그래서 우리는 지하 갱도를 오르락내리락하면서 한두 시간을 걸어갔고, 희미한 빛이 비치는 수직 갱도 바닥에서 약 15분 정도를 보냈다. 가는 도중에 많은 생쥐들을 볼 수 있었다. 하얗고 눈이 까만 작은 동물인데 햇빛이 비치면 밝은 핑크색이 되었다.

3년 뒤에 그 지역에서 근무하는 영국군 장교로부터 편지를 받았다. 그 장교는 내 강연회에서 햇볕을 쬐면 핑크색으로 변하는 흰쥐 이야기를 듣고 새빨간 거짓말이라고 생각했단다. 그래서 일부러 그 탄광을 찾아가 확인한 결과 그것은 사실이었고, 자신이 의심한 것에 대해 사과했다.

15일이 되자 하워드는 나에 대한 체포 소동이 누그러지고 있다고 알려 주었다. 보어 당국이 탄광 지역을 아무리 수색해 봐도 도망자의 흔적이 발견되지 않았기 때문이다. 당국은 내가 여전히 프리토리아를 벗어나지 못했고, 도시 안의 영국인 조력자가 숨겨 주고 있기 때문이라고 확신하고 있었다. 여유가 생기자 하워드는 오늘 밤 같이 초원을 산책해 보고 내일 아침도 조용하다면 탄광에서 나와 자신의 사무실 뒤에 있는 안쪽 방으로 은신처를 옮기자고 했다.

한편으로는 안심이 되지만 다른 한편으로는 새로운 모험이 시작되는 것 같아 가슴이 뛰었다. 우리는 새벽의 신선한 공기와 달빛을 맞으면서 멋진 산책을 했다. 그리고 예정을 앞당겨 사무실 안쪽 방에 있는 짐짝 뒤로 은신처를 옮겼다. 여기서 사흘을 더 머물면서 하워드나 그의 조수와 함께 매일 밤 그 끝없는 평원을 산책했다.

탈출 5일째인 16일, 하워드는 나를 국외로 탈출시킬 계획이 마련되었다고 알려 주었다. 그 광산에는 철도가 연결되어 있는데, 탄광 인근에 사는 부르게너(Burgener)라는 사람이 19일 화물열차로 양모를 델라고어만까지 수송하기로 되어 있었다. 그는 영국인에게 호의적인 사람이었다. 한편 하워드가 그에게 접근해 우리의 비밀을 알려 주자 그는 기꺼이 도와주겠다고 약속했다.

부르게너의 양모는 큰 궤짝으로 포장되는데, 2~3량의 대형 화차를 가득 채울 수 있는 양이었다. 이 화물을 탄광에 연결된 선로에서 싣기로 되어 있었다. 궤짝을 실을 때 가운데에 내가 숨을 만한 작은 공간을 남기고 화물을 다 실은 후에는 방수포를 덧씌운다고 했다. 화물에 손댄 흔적이 없다면 국경을 넘을 때 자세히 검사하는 일은 거의 없다고 했다. 이 계획은 어떻게 될까? 한 번 도박을 해 볼까?

나는 고민에 빠졌다. 이제껏 했던 모험 가운데 이렇게 고민했던 적은 없었던 것 같았다. 절호의 기회로 대단한 이익과 상을 얻어 며칠 동안 누리다가 다시 잃게 된다고 생각하니 어딘가 견디기 어려웠다. 다시 얻은 자유를 기정사실로 받아들이고 있었기 때문에 또다시 자신을 사지에 몰아넣고 국경 수비대의 변덕에 내 몸을 맡겨야 하는 처지를 심각하게 고민했다. 이런 위험한 모험을 할 바에야 작은 말 한 필과 안내인의 도움을 받아 가급적 사람 사는 곳을 피하고 초원을 가로질러 보어공화국의 방대한 영토를 빠져나가고 싶었다. 하지만 결국엔 은인의 손에 내 자신을 맡기게 되었고 탈출 준비가 갖추어졌다. 그때 만약 영국 신문에 났던 보도 중 몇 가지만 읽었더라도 내 고민은 더욱 커졌을 것이다.

12월 13일 프리토리아, 처칠 씨가 교묘히 탈출을 시도했으나 국경 넘을 가능성은 제로!

12월 14일 프리토리아, 윈스턴 처칠 씨 국경 근처의 코마티푸트역에서 체포!

12월 16일 로렌수마르케스, 처칠 씨 워터벌보벤(Waterval Boven) 근처에서 붙잡히다!

12월 16일 런던, 윈스턴 처칠의 프리토리아 탈출과 관련하여 조만간 체포되면 총살 우려!

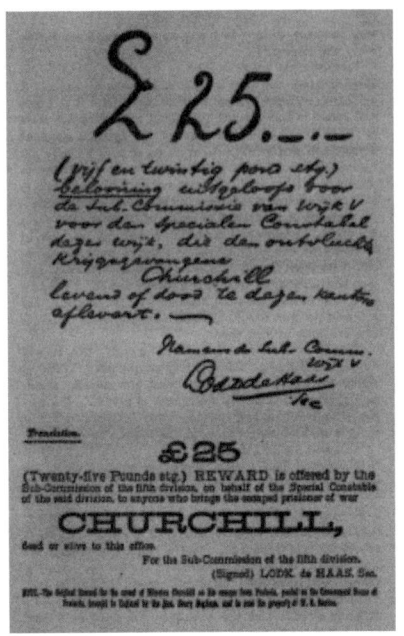

현상금포스터

그밖에 당시 나의 인상착의가 담긴 현상수배 전단이 전 철도 노선에 배포되었는데, 그것을 보았더라면 더욱 불안해졌을 것이다. 그러나 나는 아무것도 몰랐다.

18일 오후는 천천히 지나갔다. 그날의 대부분을 스티븐슨(Stevenson)의 『데이비드의 모험(Kidnapped)』을 읽으면서 보낸 것으로 기억한다. 데이비드 밸푸어(David Balfour)와 앨런 브렉(Alan Breck)이 골짜기 사이로 탈출하는 짜릿한 장면은 내게도 너무나 익숙한 감각이었다. 도망자가 되는 것, 쫓기는 사람이 되는 것, 현상수배자가 되는 것은 그 자체만으로도 전장에서 총알과 포탄의 위협에 둘러싸인 것처럼 짜릿한 경험이다. 경찰에게 잡히는 것과는 완전히 다른 문제다. 숨고 거짓말을 하는 동안 자신이 받는 양심의 가책으로 인해 사기가 떨어진다. 경찰관이나 낯선 사람이 나타나서 '누구세요?'

'어디서 오셨나요?' 같은 질문에 대해 선뜻 대답하지 못할 경우를 염려한다면 이미 스스로 무너지고 있는 것이다. 코마티푸르트에서 나를 기다리고 있는 시련을 무기력하게 견뎌내야 한다는 사실이 정말 두려웠다.

이런 기분에 잠겨 있을 때 가까운 곳에서 간헐적으로 들려온 총소리에 깜짝 놀라고 말았다. 불길한 예감이 뇌리를 스쳤다. 하워드와 일부 영국인들이 적국 한복판에서 반란을 일으킨 건 아닐까? 어떤 상황에서도 은신처를 떠나지 말라는 주의를 받았기 때문에 불안감에 떨면서 숨어 있을 수밖에 없었다. 다행히도 곧 최악의 상황이 아님을 깨달았다. 웃음소리와 일상적인 대화가 사무실에서 들려왔다. 분명 화기애애한 분위기의 대화가 계속되는 듯했다.

다시 책을 들고 앨런 브렉의 모험담으로 돌아갔다. 마침내 말소리가 잦아들더니 잠시 후 문이 열리면서 하워드는 거무튀튀한 얼굴에 미소를 잔뜩 머금은 채 나타났다. 그는 살며시 문을 닫으면서 의기양양하게 말했다.

"방금 민병대장이 여기에 왔었소. 당신을 찾으러 온 것은 아니니 안심해도 되오. 당신이 어제 워터벌보벤에서 붙잡혔다고 하더군요. 다만 그가 여기에서 빈둥거리고 있다가는 곤란해질 것 같아서 소총으로 빈병 맞추기 내기를 하자고 했는데, 내게 2파운드를 따고선 신 나서 돌아갔소."

하워드는 다음 말을 덧붙였다.

"드디어 오늘 밤이오."

"어떻게 하면 될까요?"

"아무것도 할 게 없고 그냥 나를 따라오기만 하시오."

\*\*\*

19일 새벽 2시 탈출 준비를 마치고 신호를 기다렸다. 문이 열리고 하워드가 나타나더니 한마디 말도 없이 손짓을 했다. 사무실에서 나와 나를 데리고 세 량의 대형 무개화차가 서 있는 철로로 갔다. 달빛 아래 듀스냅과 다른 광부들로 보이는 세 명 형체가 여기저기 서서 망을 보고 있었다. 맨 뒤 화차에는 한 무리의 흑인 일꾼들이 큰 궤짝을 싣느라 분주하게 움직였다.

하워드는 맨 앞의 화차 쪽으로 가더니 왼손으로 화차 끝 쪽을 가리켰다. 나는 재빨리 그가 가리키는 완충기 쪽으로 움직였고, 양모 궤짝과 화차 구석 사이에 사람 하나 겨우 기어 들어갈 정도의 구멍을 발견했다. 이곳으로 몸을 들이밀고는 양모 궤짝으로 만들어진 통로를 지나자 화차 중앙에 몸을 눕히거나 일어나 앉을 수 있는 약간의 공간이 있었다. 이곳이 나의 새로운 은신처였다.

서너 시간이 지나 새로운 은신처에는 화차 바닥의 판자 틈새로 빛이 조금씩 새어 들어오면서 환해지고 있었다. 이 무렵 멀리서 다가오는 기관차의 경적 소리가 들렸다. 잠시 후 절컹거리는 소리가 들리더니 한동안 침묵이 흐른 후 기차가 서서히 움직이기 시작했다. 마침내 미지의 세계로의 여행이 시작되었다.

하워드가 새로운 은신처에 미리 마련해 둔 식량과 군수품들을 살폈다. 먼저 권총 한 자루가 있었다. 이게 쓸모 있을지 없을지 알 수 없지만 어쨌든 의지가 되리라 생각했다. 다음으로 통닭구이 두 마리와 얇게 썬 고기 약간, 빵 한 덩어리, 멜론 1개 그리고 차가운 차가 담긴 병 3개가 있었다. 해안가까지 16시간 이상 걸리진 않겠지만, 전시라 일반 화물열차가 얼마나 연착될지 모르는 일이었다.

날이 환해지고 내가 숨어 있는 곳에도 그런대로 빛이 들어왔다. 화차 양쪽 마룻바닥과 양모 궤짝 사이로 빛이 들어왔다. 또 내가 들어온 구멍에도 약 2.5센티 정도 찢어진 틈이 있어서 바깥 세계를 볼 수 있었다. 사전에 기차가 어디 쯤 가고 있는지 알기 위해 미리 역 이름을 모두 암기해 두었다. 그때 외워둔 것을 20년이 지난 지금에도 또렷하게 기억하고 있다. 윗뱅크, 미델버그, 베르겐달(Bergendal), 벨파스트(Belfast), 달마누다(Dalmanutha), 마카도도프(Machadodorp), 워터벌보벤, 워터벌온더(Waterval Onder), 일런즈(Elands), 누이게다흐(Nooidgedacht) 그리고 코마티푸트까지다. 첫 번째 역에 도착했다. 여기서부터는 탄광에서 나온 지선이 본선에 합류한다. 두세 시간 기다린 끝에 기차가 본선에 오르자 빠른 속도로 달리기 시작했다.

열차는 하루 종일 트란스발을 가로지르며 동쪽을 향해 달렸다. 해가 저물고 어느 역에서 멈춰 섰다. 내 짐작으로는 워터벌보벤 같았다. 이제 여정의 절반 쯤 마친 셈이지만 여기에서 얼마나 기다려야 할지 걱정되기 시작했다. 며칠을 더 기다려야 할지도 모른다. 어쩌면 내일 아침에 출발할 수 있지 않을까? 참을 수 없을 만큼 지겨운 시간을 보내기 위해 화차 바닥에 누워 될 수 있는 한 긍정적인 생각을 했다. 자유를 얻게 될 때의 기쁨과 군대로 다시 돌아가는 상상, 탈출에 성공했다는 승리감 등을 떠올려보았다.

하지만 곧 닥칠 시련과 국경 검문에 대한 걱정으로 마음은 점점 무거워졌다. 게다가 또 다른 걱정거리가 있었다. 실은 잠이 몰려와 견딜 수 없었다. 언제까지 잠을 자지 않고서 버틸 수 없는 노릇이었다. 그러나 지금 잠이 든다면 분명 코를 골게 될 것이다! 열차가 조용히 서 있을 때 코고는 소리는 틀림없이 밖으로 새나갈 것이고 다른 사람들이 듣는다면 큰일이다!

자지 않기로 마음먹었지만 나도 모르게 잠이 들고 말았다. 이튿날 아침 기관차가 쾅하고 덜컹거리면서 화차와 연결되는 소리에 놀라 잠에서 깼다. 워터벌보벤에서 워터벌온더로 가는 중간 지점에는 아주 가파른 내리막길이 있어서 바퀴가 톱니로 된 기관차에 연결되어 시속 5~8킬로로 조심스럽게 내려간다. 따라서 다음 정거장은 워터벌온더라고 확신했다.

이날도 하루 종일 적의 영토를 지나 늦은 오후에 드디어 무시무시한 국경인 코마티푸트에 도착했다. 틈새로 내다보니 이곳이 상당히 큰 규모임을 알 수 있었다. 선로는 여러 갈래로 뻗어 있고 몇 대의 열차가 서 있었다. 주변을 돌아다니는 많은 사람들의 대화 소리와 외치는 소리에 더하여 기적 소리까지 매우 시끌벅적했다. 우선 여기까지 정찰하고 나서 은신처로 돌아와 자루를 뒤집어쓰고 두근거리는 가슴을 안으며 화차 바닥에 납작 엎드린 채 기다렸다.

서너 시간이 지났다. 검문검색이 있었는지는 알 수 없지만 사람들이 열차를 오르락내리락하면서 네덜란드 말을 하면서 지나쳤다. 다행히 방수포를 벗겨 화물칸을 조사하지는 않았다. 그러는 동안 다시 어둠이 찾아

코마티푸트는 남아프리카공화국과 모잠비크 국경에 위치한 작은 도시로, 프레토리아와 로렌수마르케스(현 마푸토)를 연결하는 철도가 1890년대에 건설되었고, 승객과 화물을 싣고 내릴 수 있는 역이 있다.

왔고 언제까지 계속될지 알 수 없는 아슬아슬한 불안감을 참고 견딜 수밖에 없었다. 이미 수백 킬로를 무사히 지난 뒤 국경을 넘기까지 수백 미터 남겨 놓고 오도 가도 못하는 신세처럼 애가 타는 일은 없을 것이다. 한편 코를 골면 안 된다고 생각하면서 버텼지만 또 태평하게 잠이 들고 말았다.

눈을 떴을 때에는 열차가 아직도 그대로 서 있었다. 열차 구석구석을 수색하느라 이렇게 시간이 오래 걸리는 걸까? 아니면 내가 탄 열차는 대피선으로 보내져서 며칠 또는 몇 주일이나 기다려야 할까? 밖을 내다보고 싶은 유혹이 강했지만 꾹 참았다. 11시가 되자 마침내 기관차가 연결되고 곧 움직이기 시작했다. 내가 하룻밤을 지낸 역이 예상대로 코마티푸트였다면 이미 포르투갈령에 들어와 있는 것이다. 어쩌면 틀렸을지 모른다. 아마도 국경까지는 역 하나가 더 있을지도 모른다. 게다가 추격의 손길은 여전히 나를 뒤쫓고 있을지도 모른다.

그러나 기차가 다음 역에 도착하자 그런 의구심들은 말끔히 사라져 버렸다. 틈새로 내다보니 플랫폼에 포르투갈인 관리의 모자와 '레사노가르시아(Ressano Garcia)'라고 적힌 표지판이 보였다. 터져 나오는 기쁨을 꾹 참으면서 열차가 움직일 때까지 기다렸다가 다시 덜컹거리며 움직이자 방수포에서 머리를 내밀고 목청껏 노래 부르며 환호성을 질렀다. 정말 기쁨과 환희에 제정신을 잃고 허공에다 권총 두세 발을 발사했다. 이런 어리석은 짓도 더 이상 나를 막을 수 없었다.

로렌수마르케스(Lourenço Marques)에 도착한 것은 늦은 오후였다. 열차가 화물 하차장으로 들어가자 흑인 일꾼들이 몰려들어 화물을 내리기 시작했다. 드디어 불안에 떨면서 3일을 지낸 불편한 은신처에서 나올 때라고 생각했다. 남은 음식들을 남김없이 내버리고 내가 있었던 흔적도 모두 지웠다. 그리고 화차 끝 연결기 사이로 빠져나와 눈에 띄지 않게 흑인 일꾼들과 부랑자들 사이로 ―내 후줄근한 모습이 그들과 잘 어울렸다―
섞여 들어갔다. 나는 천천히 출구로 나가 로렌수마르케스의 거리 한복판
으로 나섰다.

부르게너가 출구 밖에서 나를 기다리고 있었다. 우리는 서로 눈짓을 주고받았다. 그는 돌아서서 마을을 향해 걷기 시작했고, 나는 20미터 정도 떨어져서 그를 따라갔다. 우리는 몇몇 거리를 지나 모퉁이를 여러 번 돌았다. 그러더니 부르게너는 잠시 걸음을 멈추고 반대편 지붕을 올려다보았다. 그곳에는 유니언 잭이 힘차게 펄럭이고 있었다. 영국 영사관이었다.

영사관으로 갔더니 문틈으로 고개만 내민 비서는 내가 찾아오리라고는 꿈에도 생각하지 못했던 모양이다.

"돌아가시오. 영사님은 오늘 아무도 만나지 않을 것입니다. 볼일이 있거든 내일 아침 아홉 시에 사무실로 오시오."

1900년경 모잠비크의 로렌수마르케스에 위치한 영국 영사관의 전경.

이 말을 듣고 화가 치밀었다. 다시 큰소리로 지금 당장 영사를 만나야 겠다고 소리치자 비서는 현관으로 내려와 내 이름을 물었다. 이름을 말하는 순간 내가 기대했던 모든 환대와 환영이 이루어졌다. 뜨거운 욕조, 깨끗한 옷, 훌륭한 저녁식사, 연락 수단 등 이 모든 것이 내가 원하던 그대로였다.

나는 내 앞에 놓인 신문 뭉치들을 들고 게걸스럽게 읽었다. 내가 스테이트 시범학교의 담을 넘은 후 연달아 커다란 사건이 일어났다. 영국군에게 이른바 보어 전쟁의 암흑 주간인 '블랙위크(Black Week)'*가 벌어진 것이다. 스톰베르크에서는 게터크레(Gatacre) 장군이, 매거스폰테인(Magersfontein)에서는 머슈언(Methuen) 경이, 콜렌소에서는 레드버스 불러 경이 굴욕적인 참패를 거듭했다. 피해 규모도 막대하여 일찍이 영국이 크림 전쟁 이후 겪어 보지 못했던 수많은 사상자들이 발생했다. 이 때문에 나는 다시 군대에 돌아가기로 마음먹었다. 영사 또한 보어인과 보어 동조자들이 많은 로렌수마르케스에서 나를 빨리 빼내려고 조바심을 냈다. 다행히도 매주 출발하는 더반행 정기선이 그날 저녁에 출항할 예정이었다. 사실 이 기선(汽船)은 내가 타

더반에서 환영식

---

* 1899년 12월 10 - 17일까지 제2차 보어 전쟁 동안 영국군이 스톰버그, 마거스폰테인, 콜렌소 전투에서 보어군에 의해 세 번의 대패를 당했으며, 총 2,776명이 사망한 사건을 이른다.

고 온 기차와 연계된 것이었다. 결국 나는 이 배를 타고 무사히 탈출해 떠나게 된 것이다.

시내에는 이미 내가 도착했다는 소문이 들불처럼 퍼져나갔다. 저녁식사를 하는 동안에도 정원에 낯선 사람들이 모이는 것을 보고 영사는 소스라치게 놀랐다. 하지만 이들은 나를 지켜 주기 위해 영사관으로 달려온 영국인들이었다. 나는 이 애국자들의 호위를 받으며 무사히 거리를 지나 부두로 갈 수 있었다. 그리고 저녁 10시쯤 증기선 인듀나(Induna) 호를 타고 로렌수마르케스를 떠나 바다로 나아갔다.

더반에 도착하자 어느새 나는 영웅이 되어 있었다. 항구는 깃발로 장식되어 있었고, 밴드와 수많은 군중들이 부두를 가득 메우고 있었다. 제독과 장군 그리고 시장이 나와 악수하기 위해 배에 올랐다. 마치 개선장군의 행진 같았다. 나는 군중들의 열렬한 환영으로 인해 갈기갈기 찢길 뻔했다. 군중들은 나를 어깨 위에 태우고 시청 계단에 내려놓은 후 연설을 요구했다. 내키지 않았지만 어쩔 수 없이 그들 앞에서 연설을 했다. 또 그날 밤에는 세계 각지에서 축하 전보가 날아들었다. 나는 승리의 기쁨을 만끽하면서 나탈의 전선을 향해 출발했다.

거기서도 나는 가장 성대한 축하와 환대를 받았다. 한 달 전 포로로 붙잡힌 곳에서 100미터 쯤 떨어진 곳에 있는 선로공 오두막에 내 숙소를 마련했다. 그리고 나탈 전선에 있던 많은 친구들을 초대해 나의 행운과 크리스마스이브를 축하하는 소박한 파티를 열었다.

# 23장

## 다시 군대로 돌아가다

포로로 잡혀 있던 몇 주 동안 내 이름은 영국 전역에 널리 알려졌다. 나의 활약상이 기관차로 무사히 귀환한 승무원이나 부상자들에 의해 상당히 과장된 채로 전해졌다. 에스트코트에서 이 이야기를 들은 종군기자들은 좀 더 내용을 부풀려서 영국으로 타전했다. 이로 인해 신문에는 나의 행동에 대해 찬양 일색의 허황된 이야기들로 가득했다. 탈출 소식으로 헤드라인을 장식했다가 다시 행방불명되었다는 보도가 나간 이후 9일간 감감무소식이었다가 다시 체포되었다는 소문이 퍼져 있었기 때문에 탈출에 성공했다는 소식은 다시 한 번 대중을 열광시켰다.

젊음은 모험을 찾고 저널리즘은 선전을 찾는다. 나는 이 양면을 명확하게 볼 수 있었고, 결국 유명인사가 되었다. 영국 국민들은 계속된 패전 소식으로 인해 좌절하고 있었고, 사기를 진작시킬 반전이 필요했다. 마침내가 보어인들에게 한 방 먹였다는 소식이 국민들에게 과도한 위안으로 받아들여졌다. 동시에 이에 대한 반작용이 일어나는 것도 당연한 반응이었다. 찬사로 점철된 보도에서 부당한 비난의 목소리가 나오기 시작했다. 몇 가지 보도의 예를 들어보자.

열차가 전복되자 처칠 씨는 "사내답게, 사내답게 행동해라!"라고 외치면서 병사들을 집결시켰다고 한다. 그렇다면 이 부대를 지휘하는 장교들은 대체 뭣하고 있었을까? 또 병사들은 어떻게 사내답지 못한 태도를 보였다는 말인가? 대체 전장을 지휘하는 장교들은 일개 종군기자가 병사들을 '집결'시키는 것을 어떻게 용납할 것인가?

「트루(Truth)」 11월 23일자

윈스터 처칠이 장갑열차에서 부상병의 생명을 구했다는 소식은 있을 수 있는 일이다. 게다가 보어군을 향해 사격을 했을 수도 있다. 하지만 문제는 그가 왜 장갑열차에 타고 있었느냐 하는 것이다. 처칠은 거기에 탈 권리가 없다. 그가 제4경기병연대 장교였다 하더라도 이제는 더 이상 군인이 아니며, 게다가 「모닝포스트」의 기자도 아니라고 들었다. 그렇다면 이는 불운하게도 처칠이 기차를 타도록 허락해 준 장갑열차 지휘관의 월권 행위이며, 만약 무단으로 탑승했다면 그렇지 않아도 책임이 막중한 지휘관에게 부담을 더욱 가중시킨 꼴이다. …

「피닉스(Phoenix; 현재 폐간)」 11월 23일자

「피닉스」 지는 내가 여전히 포로 상태로 적의 수중에 있으면서 처분이 결정되지 않았을 때에 같은 동포임에도 지극히 냉혹한 어조로 기사를 이어갔다.

… 나는 처칠이 총살되지 않기를 진심으로 바란다. 동시에 보어군 장군이 총살을 명령하더라도 그것을 비난할 순 없다. 비전투원은 무기를 소지할 권리가 없다. 보불 전쟁에서는 비전투원이라 해도 무기를 소지한 모든 사람은 체포되는 즉시 처형되었다. 게다가 우리는 보어인들이 고도로 문명화된 프랑스인과 독일인들보다 더 인도적인 사람들일 것이라고 기대해서는 안 된다.

「피닉스(Phoenix; 현재 폐간)」 11월 23일자

처칠의 탈출에 대해 군 당국에서는 빛나는 업적이나 명예로운 행위로 인정하지 않는다. 그는 전투원으로서 포로가 되었고, 장교로서도 이미 포로 선서를 마친 상태였다. 그러나 처칠은 명예로운 계약을 무시했으며, 프리

토리아 당국이 그의 탈출을 막기 위해 더 엄중한 조취를 취한다 해도 그리 놀랄 만한 일은 아니다.

「데일리 네이션(Daily Nation: 역시 폐간)」 12월 16일자

윈스턴 처칠 씨는 다시 자유의 몸이 되었다. 능숙하게 재치를 발휘하여 프리토리아에서 탈출할 수 있었다. 프리토리아 정부는 현재 어떻게 해서 그가 탈출할 수 있었는지 면밀하게 조사 중이다. 여기까지는 좋다. 물론 탈출하는 것은 그의 자유다. 하지만 일부 소식통에 의하면 처칠이 주베르 장군에게 자신은 신문기자이며 '전투에 참여하지 않았다'는 이유로 석방을 요구했다는 사실은 납득하기 어렵다. 이 기사를 보고 내 눈을 의심했다. 장갑열차 사건에서 처칠의 영웅적 행동에 관해 (꽤 신뢰할 만한) 기사를 읽은 후가 아니었던가? 아마 주베르 장군도 자신의 눈을 의심했을 것이다. 장군이 일면식도 없던 처칠을 구금시킨 이유는 나탈 지역 신문들이 일제히 그의 용기와 노력 때문에 장갑열차의 탈출이 가능했다고 보도했기 때문이다. 그럼에도 장군은 자신의 결정이 실수라고 판단하고 비전투원이라는 처칠 기자의 주장을 받아들여서 석방 명령을 내렸다. 하지만 이 명령은 처칠이 탈출한 지 반나절 만에 도착했다. 처칠이 비전투원이라는 건 참으로 미스터리한 주장이지만, 분명한 건 그가 양쪽에서 자신에게 유리한 것만 취할 수 없다는 것이다. 많은 기자들은 처칠이 빅토리아 십자무공훈장을 받게 될 것이라고 하지만 그가 주베르 장군에게 보낸 서한만으로도 이를 무효로 만들 것이다.

「웨스트민스터 가제트(Westminster Gazette)」 12월 26일자

이런 사설들을 보면서 참으로 옹졸한 사람들이라 생각했다. 장갑열차의 승무원이나 부상자들이 무슨 말을 하건, 또 그 이야기가 영국에 어떻

게 전달되든지 내게는 아무런 책임이 없었다. 게다가 그 이야기가 왜곡되고 과장되어 세상에 퍼진 것도 내 책임은 아니었다. 당시 포로였던 나는 아무 말도 할 수 없었다. 이 책을 읽는 독자들은 내가 왜 홀든 대위와 함께 불운하게도 그 정찰 임무에 동참했는지, 그 전투에서 내가 어떤 행동을 취했는지 이해할 수 있을 것이다. 따라서 비전투원이라는 나의 주장이 왜 정당한지도 판단할 수 있을 것이다.

주베르 장군이 나를 전쟁 포로로 붙잡아 두겠다는 결정을 뒤집었는지 어쨌는지는 잘 모르겠다. 하지만 내가 스테이트 시범학교를 탈출한 뒤에 이 명령이 알려졌다는 것이 우연치고는 참으로 이상하다. 또 내가 포로 선서나 명예로운 계약을 깨뜨리고 탈출했다는 주장도 사실이 아니다. 어떤 포로도 선서를 한 적이 없으며, 앞서 말한 대로 우리는 모두 무장한 보초의 엄중한 감시 아래 되어 있었다. 그러나 한 번 쏟아진 거짓말은 정치적 논란에서 헤어 나오지 못했고, 결국 나는 손해배상과 공식적인 사과를 요구하는 명예훼손 소송을 네 번이나 진행할 수밖에 없었다. 그때 나는 친보어파가 얼마나 악질적인지 알 수 있었다.

더반에서 「모닝포스트」로 보낸 기사로 인해 군부와 사교계에서도 비난이 들끓었다. "모든 상황을 재검토하라"는 제목의 기사에서 나는 이렇게 썼다.

우리가 가공할 만큼 무서운 적들과 싸우고 있다는 사실을 망각한다면 그것은 어리석은 짓이다. 보어군의 뛰어난 전투 능력은 갈수록 그 정교함을 높이고 있다. 비록 그들의 정부는 극악무도하고 부패했지만 군사 작전만큼은 전력을 기울이고 있다.

우리는 이런 사실을 직시해야만 한다. 말을 타면서 지리에 익숙한 보어군 한 명은 우리 병사 3~5명에 필적한다. 현대 화기의 엄청난 위력 때문에 정면 공격은 격퇴당할 뿐이다. 적은 늘 뛰어난 기동성으로 자신의 측면을 보호한다. 유일한 해결책이라면 소총수의 자질과 능력을 높여서 그들과 대등한 수준의 병사로 훈련시키거나 개개인의 자질이 안 된다면 압도적인 대규모 병력을 보내는 방법밖에 없다. 8만 명의 병력이 줄지어 늘어선 150문의 대포로 지원을 받는다면 능히 보어군의 방어력을 압도할 수 있겠지만 단지 종대로 늘어선 만 오천 명의 보병으로는 손실만 더욱 가중시킬 뿐이다. 증원군을 찔끔찔끔 보내서 병력을 낭비하는 것은 참으로 위험한 정책이다.

보어공화국은 미국 남부연맹과 마찬가지로 소모전을 펼쳐서 약화시켜야 한다. 서두르는 모습을 보이기보다 압도적인 병력을 집결시킬 필요가 있다. 필요 이상의 병력을 보내는 것이 희생을 최대한 줄이는 방법이다. 이 작전에는 약 25만 명의 병력이 필요할 것이다. 하지만 남아프리카는 피와 돈을 들일 만한 가치가 충분한 곳이다. 의용병도 더 많이 필요하다. 영국의 신사들은 왜 모두 여우 사냥이나 하고 있는가? 왜 영국 경기병대(Light Horse)를 동원하지 않는가? 제국의 자존심과 충실한 식민지인들, 그리고 전사자들을 위해 우리는 끝까지 싸워야 한다.

이 불편한 진실은 당연히 큰 반발을 불러일으켰다. "말을 타면서 지리에 익숙한 보어군 한 명은 우리 병사 3~5명에 필적한다"는 주장이 군 당국에 대한 모욕으로 받아들여졌다. 또한 25만 명이 필요하다는 주장에 대해서도 터무니없다는 비난이 쏟아졌다. 「모닝 리더(Morning Leader)」지는 이렇게 보도했다.

우리는 육군성 장관인 랜즈다운 경이 임명한 로버츠 경이 현지에 부임할 때까지 윈스턴 처칠을 남아프리카군 총사령관으로, 그리고 빅토리아 훈장을 받은 레드버스 불러 장군을 그의 참모장으로 임명했다는 정보를 아직 입수하지 못했다.

이것은 한낱 비아냥거림에 불과했다. 퇴역 군인들이 모인 사교 클럽의 늙은 대령들과 장군들도 분개했다. 그들 중 몇몇은 나에게 "이곳에 있는 자네 친구들은 자네가 더 이상 바보 같은 짓을 하지 않기를 바란다네"라고 전보를 보내왔다. 그러나 나의 '바보 같은' 견해는 빠르게 입증되었다. 제국의 의용기병대 1만 명과 다양한 종류의 자원병들이 정규군을 지원하기 위해 파견되었다. 우리가 승전하기까지 보어군의 5배인 약 25만 명의 영국군이 남아프리카 땅에 섰다. 과정을 지켜본 나는 성경에 구절로 자신을 위로하고자 한다.

> 가난하여도 지혜로운 젊은이가 늙고 둔하여 경고를 더 받을 줄 모르는 왕보다 나으니(전도서 4:31)

한편 '블랙위크'의 재난은 영국 국민들을 분노를 촉발시켰고, 정부도 이러한 분위기에 즉각 대응했다. 정적들로부터 너무 여자 같다는 둥 호사가들로부터 궤변론자라는 둥 소리를 듣던 벨푸어 씨가 이 위기의 순간에 대영제국의 구원자로 나섰다. 레드버스 불러 경은 12월 15일의 패배로 인해 1,100명의 사상자가 발생했는데—우리가 이 사실을 안 것은 한참 후다—, 당시로서는 엄청난 손실이었다. 크게 당황한 불러는 공황 상태로 육군성에 전보를 보냈고, 레디스미스에 있는 조지 화이트 경에게는 될 수 있는 한 탄약을 처리하고 좋은 조건에 항복하라는 겁먹은 듯한 명령을 내렸다.

12월 15일 레드버스 불러 장군이 육군성으로 보낸 전문에는 자신은 이제 레디스미스를 구원할 만큼 충분한 병력이 없다고 썼다. 이 전문이 주말에 도착했고, 각료 중 당시 런던에 있던 사람은 밸푸어 씨밖에 없었다. 그는 "레이디스미스를 구원할 수 없다면 프랜시스 클레리(Francis Clery) 경에게 지휘권을 넘겨주고 귀국하시오"라며 퉁명스럽게 회신을 보냈다. 화이트 경도 항복할 의사가 없다는 차가운 답변을 보냈다.

한편 며칠 전 독일 황제는 이상하리만치 우호적인 태도로 베를린 주재 영국대사관의 무관을 통해 빅토리아 여왕에게 보내는 친서를 보내왔다.

독일 국민들은 개입을 요구하고 있습니다. 내가 언제까지나 이들의 요구를 막을 순 없을 것입니다. 영국은 반드시 승리해야 합니다. 로버츠 경이나 키치너 경을 보내는 것은 어떻겠습니까?

그 제안 때문이었는지 몰라도 12월 16일, 로버츠 경이 남아프리카 원정군 총사령관으로, 그리고 키치너 경이 참모장으로 임명되었다. 영국 본토와 세계 각지의 식민지에서 모인 의용군과 전 인도 주둔 영국군으로 구성된 증원군이 남아프리카로 모여들기 시작했다. 한편 전력이 보강된 불러는 레디스미스에 포위된 아군을 구원하라는 명령과 함께 나탈 지역에 대한 모든 지휘권이 부여받았다. 당초 예상보다 훨씬 큰 규모로 편성된 주력 부대는 케이프 식민지로부터 북상하여 킴벌리를 구원하고 블룸폰테인(Bloemfontein)을 점령할 계획이었다.

불러는 그 임무가 내키지 않았다. 그는 투겔라 너머 고지에 있는 적군의 방어선이 매우 강력하다는 것을 알고 있었으며, 콜렌소에서 당한 충격적인 참패 이후 보어군의 능력을 과대평가하기 시작했다. 투겔라강을 도하하려는 몇 번의 시도가 실패한 후 하루는 나를 불러 자기 속내를 토로 했다.

"내 운명은 여기 나탈에 달려 있네. 하지만 내 이성은 우리가 가장 피해야 할 장소라고 속삭인단 말이야. 분명한 것은, 아군은 가장 불리한 곳들을 따라 차례로 싸우면서 진군해야 한다는 사실이라네."

불러는 달갑지 않은 이 운명을 묵묵히 받아들였다. 내가 보기에 그는 더 이상 군사적 · 정신적 · 육체적 활기를 잃어버린 늙은이였다. 그럼에도 불구하고 불러는 여전히 부하들의 신망을 얻고 있었으며, 영국 국민들의 우상이었다.

젊은 장교 시절 한때의 용맹함으로 빅토리아 십자무공훈장을 받은 사람이라고 해서 20~30년 후에도 군대를 지휘하고 있는 게 과연 바람직한지 의문이 들었다. 사실 그러한 가정에서 비롯된 수많은 불행한 사건들을 종종 보았다. 나이, 안락한 생활, 신체의 비만, 평시에 수년 동안 거듭된 승진은 격렬한 전투에 꼭 필요한 힘과 용기를 모두 소진시켜 버린다. 내 생각에 평화가 오랫동안 지속되는 국가는 항상 40세 이하의 육해군 장교들을 영관급으로 준비시켜야 한다. 이 장교들에게 특수 훈련과 테스트를 받게 한 뒤 여러 가지 지휘 임무를 맡겨서 중요한 결정을 내릴 수 있는 기회를 주어야 한다. 또한 국방위원회에 참석시켜서 그들이 내는 의견을 면밀하게 검토해야 한다. 그리고 그들이 나이 들면 다시 다른 젊은 장교로 교체하면 된다. 명백한 것은 '늙고 눈먼 댄덜로스(Dandolos)'*는 매우 드물다는 사실이다. 하지만 로버츠 경은 예외였다.

---

* 베네치아의 출신의 정치가로 1193년 베네치아 공화국의 도제로 선출되었다. 이때 그는 63세의 나이와 시력을 잃었음에도 베네치아의 이익을 위해 정력적으로 일했다. 1202년 제4차 십자군 전쟁이 일어나자 댄덜로스는 십자군이 비잔티움 제국의 콘스탄티노플을 정복하도록 설득했으며, 늙고 눈이 멀었음에도 선두에 서서 전투를 이끌었다. 결국 콘스탄티노플을 함락시키고 막대한 문화유산을 약탈하였으며 비잔티움 제국의 영토 일부를 할양받았다.

***

레드버스 불러 경은 나에게 트란스발의 현 상황에 대해 자세히 물었다. 화차 틈새로 간신히 내다 본 빈약한 정보들을 아는 대로 말하자, 그가 말했다.

"매우 잘했네! 내가 도와줄 수 있는 일은 없는가?"

그래서 각지에서 편성되고 있는 의용군 장교로 즉시 임관하고 싶다고 했다. 남아프리카로 오는 긴 항해 후 오랜만에 본 장군의 얼굴은 이제까지 군 복무 4년 동안 내가 알고 지냈던 모습과 다르게 꽤 당황해 하는 것 같았다. 잠시 생각하더니 다시 물었다.

"그 불쌍한 보스윅 영감한테는 괜찮겠나?"

「모닝포스트」의 사주이자 나중에 글렌스크 경이 된 앨저넌 보스윅(Algernon Borthwick) 경을 말하는 것이었다. 사실 종군기자 활동에 대해 그와는 중대한 계약으로 묶여 있기 때문에 포기할 수 없었다. 이것은 상당히 까다로운 문제였다. 지난 몇 년 동안 크고 작은 전쟁에서 휴가 중인 장교가 종군기자로 활동하는 것이 관례였으며, 심지어 참전하는 장교가 겸임하는 경우도 있었다. 하지만 당시 군 내부에서도 이것을 큰 폐해로 여겼고, 나중에 비난의 소지가 될 수도 있었다. 게다가 인도 국경과 나일강 원정에서 겸직하는 바람에 나만큼 심하게 비난 받은 사람도 없었다.

나일강 전쟁 이후 육군성은 어떤 군인도 종군기자가 될 수 없으며, 어떤 종군기자도 군인이 될 수 없다고 빠르게 못 박았고, 신성불가침한 규정이 되어 버렸다. 그러던 차에 이 사건의 장본인인 나로 인해 다시 예외를 만드는 것은 매우 어려운 상황이었다. 오랫동안 육군성에서 참모장을 지낸 불러 장군은 세상 물정을 잘 알기도 하고 또 엄격한 군인의 표상이었던 만큼 이는 상당히 골치 아픈 문제였다. 장군은 방안을 서너 번 빙빙

돌다가 나를 보면서 장난스러운 표정으로 말했다.

"좋아! 자네를 붕고(Bungo; 빙 대령의 별명) 연대에 넣도록 하지. 양쪽 일을 모두 열심히 해 보게. 하지만 급여는 나가지 않을 걸세."

이러한 변칙 제안을 기꺼이 받아들였다.

* * *

드디어 남아프리카 경기병연대의 중위로 임명되어 다시 군으로 돌아왔다. 이 연대는 6개 대대로 구성되어 700명 이상의 기병과 콜트 기관총을 보유한 기마소대가 배속되어 있었다. 이 부대는 제10경기병연대의 지휘관을 역임했고 뛰어난 능력의 소유자인 줄리언 빙(Julian Byng) 대령이 케이프 식민지에서 긴급 편성한 부대였다. 대령은 나를 보조 부관으로 임명했고, 연대가 전투중이 아닌 한 어디에 가더라도 상관하지 않았다. 내게 이처럼 고마운 일은 없었다. 나는 중위 계급장을 카키색 군복에 달고 긴꼬리과부새* 꽁지 깃털을 모자에 꽂은 채 하루하루 더할 나위 없이 행복하게 지냈다.

남아프리카 경기병연대는 던도널드(Dundonald) 경이 지휘하는 기병여단 휘하에 편성되었는데, 제1차 세계 대전 당시 거의 모든 유럽 전선에서 활약하게 될 소수의 장교들로 구성되어 있었다. 그 가운데 빙, 버드우드(Birdwood), 허버트 고프(Hubert Gough)는 후에 모두 군사령관을 역임했다.

---

* 긴꼬리과부새(long-tailed widowbird, Sakabula)는 아프리카 남부 일대에서 서식하는 새, 수컷의 긴 꽁지깃으로 모자를 장식하는 데 자주 쓰였다.

친구들인 반스, 솔리 플러드(Solly Flood), 톰 브리지스(Tom Bridges)와 그 밖의 몇몇 친구들은 나중에 사단장이 되었다. 나탈 전쟁에서 우리는 모닥불에 모여 같이 식사하고 같은 마차에 자면서 더욱 돈독한 사이가 되었다. 병사들의 출신은 모두 제각각이었으나 하나같이 최고의 투사들이었다. 남아프리카 경기병연대는 대부분 남아프리카 출신들로 구성되어 있었다. 또 미국 남북 전쟁의 남군 출신을 비롯하여 전 세계에서 모험을 찾아 전쟁에 뛰어든 자들도 있었다. 반스가 지휘하는 제국 경기병대대는 랜드 광산 지역에서 온 아웃랜더 출신이었고, 나탈 용기병대와 소니크로프트(Thorneycroft) 기마보병대 2개 대대는 보어군이 점령한 지역 출신으로 영국계 거주민들과 부농들로 구성되어 있었다. 영국계 거주민, 특히 아웃랜더와 나탈 출신들은 적군을 두고 정규군이 아니라 오합지졸 민병대라고 깔볼 만큼 그들에 대한 적의에 가득 차 있었다. 어쨌든 우리는 모두 한 마음 한 뜻이 되어 서로 협력했다.

# 24장

## 스피온콥 전투에서의 패배

레이디스미스 구원 작전에 대한 이야기를 상세하게 늘어놓을 필요는 없지만 간단한 설명이 필요할 것 같다. 레드버스 불러 장군은 콜렌소에서 투겔라강을 돌파한 뒤 철로를 따라 전진한다는 계획을 단념했다. 장군의 부대는 보병 19,000명, 기병 3,000명 대포 60문으로 증강되었는데, 보어군의 우측을 크게 우회하여 콜렌소에서 40킬로 떨어진 투겔라강 상류 지점에서 도하를 시도했다. 1월 11일 던도널드 기병여단이 빠르게 진격하면서 도하 지점인 포티에터(Potgieter)와 트리차트(Trichardt)의 얕은 여울목이 내려다보이는 고지를 점령했다.

다음날, 모든 보병부대들이 텐트를 그대로 둔 채 야간에 기병부대의 엄호 하에 강을 따라 트리차트 여울목에 도착했다. 그리고 17일 새벽에는 기병대들도 큰 저항 없이 이 여울목을 건넌 다음, 지역을 수비하던 200여 명의 보어군을 물리치고 좌측으로 진격하여 밤이 되기 전에 액튼홈스(Acton Homes) 인근에 이르렀다. 한편 보병여단의 주력 부대는 수심이 깊은 여울을 건너느라 다소 지체되었다. 결국 도하에 성공해 강 반대편 스피온콥(Spion Kop)* 산기슭에 진을 쳤고, 공병대가 두 개의 부교를 가설하는 동안 엄호를 담당했다. 다리는 아침에 완성되었고, 찰스 워런(Charles Warren) 경 휘하의 제2사단과 지원여단 그리고 포병대 대부분이 무사히 도하에 성공했다.

18일 아침이 되자 16,000명의 병력 대부분이 투겔라강을 건넜다. 기병대는 액튼홈스 너머 넓은 평지가 보이는 지점까지 도착했는데, 평지에는 레이디스미스로 가는 두 개의 지름길이 놓여 있었다. 경험 많은 식민지인을 포함한 일선 전투부대원들의 일반적인 생각은, 기병대가 왼쪽으로 우회하여 전진하면 스피온콥의 서쪽 고지에 있는 적군의 방어선 배후를 공격할 수 있다고 보았다. 그래서 작전이 순조롭게 진행된다면 레이디스미스의 구원 작전이 성공하리라 확신했다.

한편 불러 장군과 참모들은 연락선이 두절될까 두려워했다. 아군은 뛰어난 기동성을 갖춘 적군의 측면을 공격하기 위해 우회하려면 먼 거리를 이동해야 했다. 영국군 1개 여단이 콜렌소 부근의 교차로를 점령했고, 다른 부대인 리틀튼(Lyttelton) 여단은 포티에터 여울목 반대편을 장악하고 있었다. 아군의 주력 부대는 기병대가 좌측으로 멀리 진출하는 동안 스피온콥 산기슭 오른편에 자리를 잡았다. 그러나 50킬로에 걸친 전선은 완벽하게 연결되어 있지 않았다. 언제든지 2~3천 명의 보어군이 여단 사이의 허술한 방어망을 돌파할 수 있었고, 강을 건너 남하한다면 보급선이나 통신선을 차단할 수도 있었다.

사령관을 괴롭히는 악몽은 철도가 차단되어 적군의 포위 공격에 대비할 수 있는 참호나 보급품 없이 레이디스미스의 조지 화이트 경의 부대처럼 포위당하는 것이었다. 이러한 위험은 신속한 결정이 필요한 시점에서 불러의 움직임을 더욱 굼뜨게 만들었다. 기병대는 긴 우회 기동으로 적을 밀어붙이자고 주장했지만 불러는 경로를 단축시키기 위해 스피

---

\* 스피온콥 전투(Battle of Spion Kop)는 1900년 1월 스피온콥 정상에서 벌어진 고지전으로 지휘관 찰스 워런 장군의 무책임한 지휘로 영국군이 큰 피해를 입은 것으로 유명하다. 영국군은 레이디스미스의 포위망 돌파를 위해 전략적 요충지인 스피온콥을 점령하려고 야간 기습 작전을 실시했는데 짙은 안개와 정찰 미비로 공격 부대들이 엉뚱한 곳을 스피온콥 정상이라고 착각한 것이었다. 날이 밝자 스피온콥 정상에 있던 보어군은 대포와 저격으로 영국군을 공격했으며, 은폐할 곳이 없던 영국군은 시간이 지날수록 피해가 늘어났다. 전투 결과는 참혹했다. 영국군은 전사 243명, 부상자 1,250명 피해를 입은 데 비해 보어군 사상자는 겨우 약 260명 정도였다. 종군기자인 처칠은 이 전투를 신랄하게 비난하는 기사를 썼으며, 그로 인해 찰스 워런 장군은 자리에서 물러나게 된다. 이 전투에서는 리버풀 출신의 병사들이 특히 많이 사망했는데, 오늘날 프리미어리그에서 리버풀FC의 팬을 지칭하는 이름인 '더 콥(The Kop)'은 이 스피온콥에서 사망한 병사들을 기리기 위한 것이다. 콥은 돌로 된 작은 언덕이나 낮은 산을 의미한다.

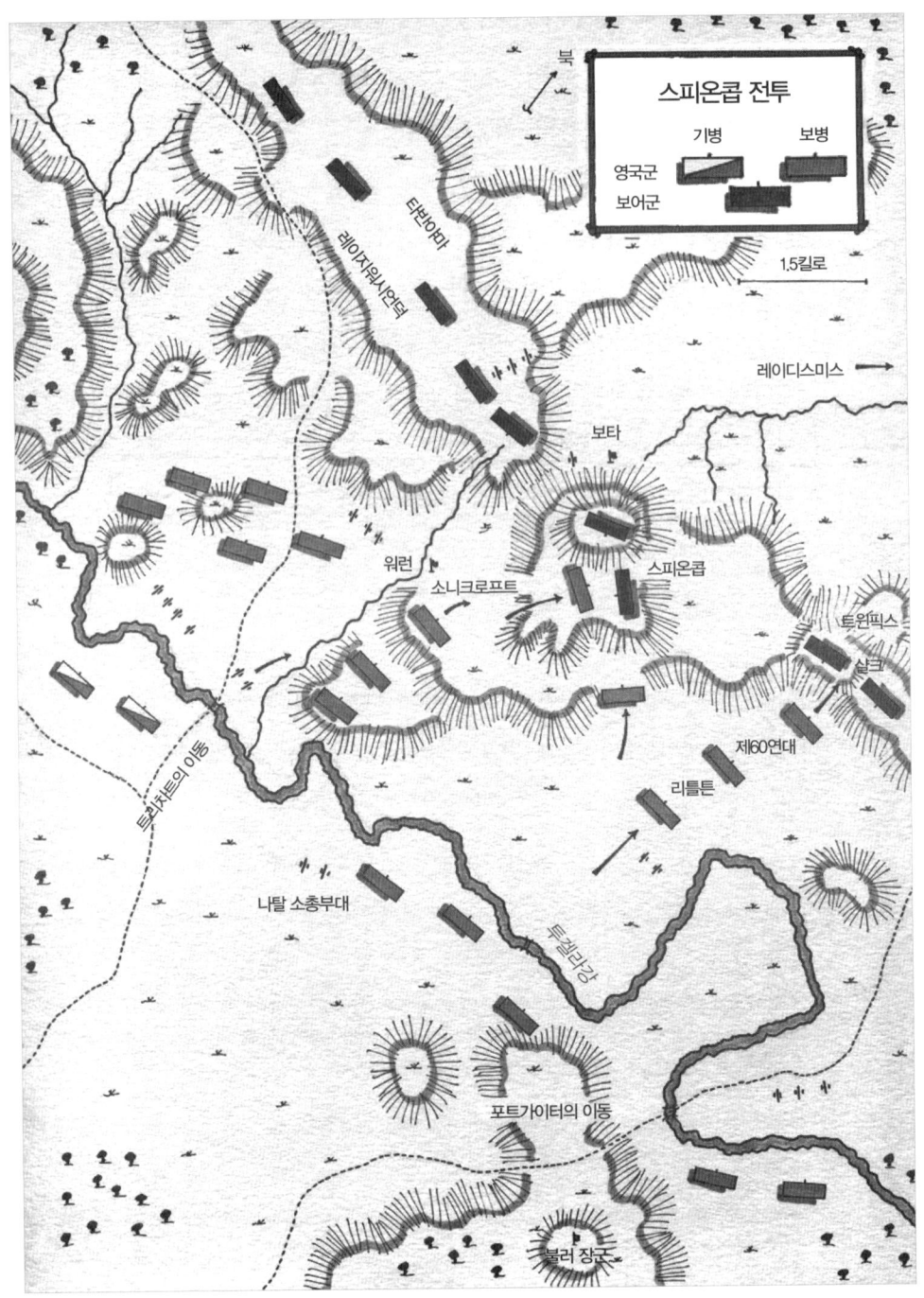

온콥을 기점으로 선회하는 것이 낫다고 생각했다. 그래서 23일부터 24일 밤에 걸쳐 보병 1개 여단과 소니크로프트 용기병연대가 도보로 스피온콥 일대를 공격했다. 공격은 성공적이었다. 산을 지키고 있던 소수의 보어군은 도망쳤고 새벽에 우드게이트(Woodgate) 장군이 지휘하는 여단이 정상에 진을 치고 나머지 부대는 정상 서쪽으로 진출하여 산 능선과 고지를 점령했다.

한편 보어군은 6일간에 걸친 믿을 수 없을 정도로 느리고 굼뜬 영국군의 움직임을 지켜보고 있었다. 마치 불러는 어슬렁거리기만 하고, 워런은 기어가는 듯했다. 적군은 아군에 맞서기 위해 부대를 재배치하고 참호를 건설할 시간이 충분했다. 적군은 레이디스미스를 포위하고 있는 부대에서 약 7,000여 명의 기병과 십여 문의 대포 그리고 폼폼포를 빼내왔다. 그러나 아군 기병대가 액튼홈즈를 위협하고 있다는 사실이 알려지자 그들은 공황 상태에 빠졌다. 다수의 보어 시민군들은 부대에서 이탈해 무리를 지어 북쪽으로 도망가기 시작했다. 스피온콥이 영국군에게 점령당한 상황에 놀랐다기보다 당황하게 만든 것이다. 샬크버거(Schalk-Burger) 장군이 혼자 힘으로 이 사태를 수습했고, 주로 에르멜로와 프리토리아 출신으로 구성된 약 1,500여 명의 병사들을 모아 반격을 개시했다. 아침 안개가 걷히기 시작한 지 약 한 시간 만에 스피온콥에 맹렬한 사격을 퍼붓는 동시에 비록 소수지만 여러 방향으로 정확하고 광범위한 포격을 가했다.

스피온콥은 낮은 바위투성이 언덕이라기보다 산이라 할 수 있었고, 해발 420미터에 정상은 트라팔가 광장만큼 넓고 평평했다. 이 좁은 지역에 2,000명의 영국군이 모여 있었다. 엄폐물은 거의 없었고, 공격이 시작되었을 때에는 매우 얕은 참호밖에 파지 못한 상태였다. 보어군은 교전에서 빠르게 우위를 점령했다. 반원형으로 밀집된 아군의 머리 위로 포탄 파편이 휘몰아쳤다. 아군이 정상을 점령하고 있는 것보다 빨리 전진하는 편이 더 쉬웠을 것이다. 만약 정상에 있던 부대가 빠르게 돌격하면서 모든 부대가 스피온콥 비탈길로 내려가 적군 진지를 정면으로 공격했다면 쉽게 승리했을 것이다.

그러나 스피온콥 정상에 있던 여단은 남아프리카의 뜨거운 여름 하루 내내 형벌을 감내하고 있었다. 장군은 전투가 시작되기 직전에 전사했고, 여단이 입은 피해는 그 규모에 비해 참혹했다. 여단은 이런 난관 속에서도 해질 무렵까지 정상을 지켜내긴 했지만, 협소한 공간에서 적의 포화에 노출된 약 1,000여 명의 장병들은 부상을 입거나 전사했다.

리틀튼은 상황을 타개하기 위해 필사적인 노력으로 포지어터여울을 건너 2개 대대를 보냈다. 제60소총대대와 캐머런(Cameronian) 소총대대로 구성된 이 뛰어난 부대는 측면으로 언덕을 올라가 트윈픽스(Twin Peaks)라 불리는 두 개의 산 정상을 점령했다. 총사령관이 이곳을 단호하게 고수한다면 승패를 가르는 결정적인 지점이 될 것이었다. 그러나 다른 부대들은 그저 방관하고 있었다. 밤이 깊어지면서 영국군의 피해는 막대했으나, 아직도 중요한 거점들을 차지하고 있었다.

나는 11일에 기병대를 따라 투겔라강으로 진격했다. 적의 공격이 예상되는 빈약한 전초 기지에서 불안감 속에서 1주일을 보냈다. 17일 아침 일찍 트리차드 여울을 건너 그날 저녁 액튼홈즈에서 벌어진 소규모 전투에 참가했다. 이 전투는 실로 고무적인 사건이었다. 보어군은 매복했다가 우리 여단의 측면을 기습하기 위해 이동 중이었고, 아군의 2개 대대도 적의 기습에 대비해 강가의 낮은 둔덕에 숨어 매복 중이었다. 방심한 적군은 스푼 모양의 움푹 꺼진 지대에 2열종대로 들어왔고 아군은 즉시 세 방향에서 사격을 퍼부어 적군의 반 이상을 사살하고 30명을 포로로 잡았다. 아군의 피해는 불과 4~5명에 지나지 않았다. 이렇게 되면 기병 여단은 적의 진영으로 들어가 자유롭게 교전하면서 적 보병들을 방어선에서 끌어낼 수 있었다.

그런데 모든 기병대는 되돌아와서 아군 보병대의 좌익과 밀착하라는 명령이 내려졌다. 이곳에서 사흘을 보낸 후 20일이 되자 벤터(Venter) 하천 너머의 고지를 공격했다. 우리는 포병의 엄호 아래 하천까지 돌격한 다음, 강둑의 우묵하게 파인 곳에 말을 두고 가파른 경사면을 따라 도보로 전진하면서 보어군을 전초기지에서 몰아냈다. 일반적인 전술에 따라 우리는 전과확대(戰果擴大)를 위해 차일드콥(Child's Kopje)를 공격했고, 불과 몇 명의 사상자만 내고 정상을 점령했다.

그런데 언덕의 정상은 테이블처럼 넓은 평지로 되어 있었다. 전술 교범보다 전쟁 본능이 뛰어난 보어군은 평지 가장자리에서 약 300미터 떨어진 곳에 참호와 총안구를 늘어뜨려 놓고 있었다. 그들은 보이는 모든 사람들의 머리에 빗발치는 총탄을 퍼부었고, 이 황량한 경사면을 가로지르는 것은 거의 불가능해 보였다. 할 수 없이 우리는 정상 가장자리에 달라붙었고, 날이 어두워지자 보병이 지원하러 와 주기만을 기다렸다.

다음날 정비를 위한 휴식이 주어졌다. 하지만 24일 아침, 잠에서 깬 우리의 시선은 오른편에 우뚝 솟은 스피온콥 정상을 향하고 있었다. 이 산은 지난밤에 아군이 점령했다고 들었으나 정상 주변에 끊임없이 포탄이 터지는 것으로 보아 보어군이 반격하고 있는 게 분명했다. 점심식사 후 무슨 일이 벌어지고 있는지 알아보기 위해 동료들과 함께 스리트리힐(Three Tree Hill)로 갔다. 이곳에는 6개의 야전포대와 1개의 곡사포병대가 있었다. 분명 이 전투에서 엄청난 힘을 발휘할 것이 분명했지만 어디로 포를 쏴야 할지 몰라 우물쭈물하고 있었다. 아군은 흩어져서 스피온콥을 포격하고 있는 보어군의 대포를 찾을 수 없었고 다른 목표물도 발견하지 못했다. 결국 우리는 산을 오르기로 결정했다. 산기슭에 말을 두고 라이트 농장 근처에서 시작되어 산등성이까지 이어지는 커다란 바위 틈새로 기어 올라갔다.

치열한 전투가 벌어지고 있었다. 부상자들의 행렬이 이어졌고, 일부는 부축을 받으면서, 또 일부는 네댓 명의 병사들에 의해 들것에 실려 언덕 아래로 옮겨지고 있었다. 언덕 기슭에는 천막과 짐마차로 만든 야전병원이 있었다. 그리고 정상 끝부분에는 아무런 피해도 입지 않은 예비대대와 마땅히 할 일이 없어 보이는 여단장이 있었다. 이곳에서는 우드게이트 장군이 전사한 후 소니크로프트 대령이 정상에 있는 전 부대를 지휘하면서 필사적으로 싸우고 있음을 알게 되었다. 여단장은 그를 간섭하지 말라는 명령을 받았다.

이미 백기가 한 번 올라가고 보어군은 여러 부대의 항복을 받기 위해 다가왔지만, 이에 격분한 소니크로프트가 깃발을 쓰러뜨렸다. 이에 양측은 가까운 거리에서 집중 사격이 다시 시작되었다. 오른쪽 트윈픽스 정상에는 사람의 작은 형체가 이따금 왔다갔다하는 것을 볼 수 있었다. 아마도 적군임이 분명해 보였다. 만약 그렇다면 적은 이미 유리한 지형을 점령한 것이고, 곧 아군의 퇴로도 위험하게 될 것이다. 사실 그들은 아군이었고, 포지어터여울을 넘어온 카메론대대였다. 우리는 고지를 향해 조금씩 기어갔지만 적군의 포격을 지켜볼 수 없을 정도로 치열했다. 결국 본부로 되돌아와서 상황을 보고하기로 했다.

2사단 본부에 도착했을 때는 해질 무렵이었다. 찰스 워런 경은 59세로 나이에 비해 늙어 보였다. 그는 16년 전 베추아날란드(Bechuanaland) 파견군의 지휘관을 역임했고, 한때 군을 떠나 런던 경찰국장을 맡기도 했다. 그는 이제 가장 활동적이며 책임 있는 자리로 돌아온 것이다. 워런 경은 많이 걱정하는 듯한 표정이었다. 수 시간째 정상에서 어떠한 연락도 받지 못했기 때문이다. 물론 우리의 보고마저 그를 기쁘게 해 주진 못했다. 장군의 참모가 말했다.

"우리도 하루 종일 걱정하고 있었다. 이제 최악의 상황은 지났다고 생각한다. 곧 지원 병력을 파견해 야간에 참호를 더 깊게 판다면 지금보다 훨씬 적은 병력으로도 그 지역을 사수할 수 있을 것이다. 지금 가서 소니크로프트 대령에게 이렇게 전달하게."

나는 참모장교에게 이 내용을 문서로 써달라고 요청해서 받았다. 그리고 다시 칠흑 같은 어둠을 뚫고 산을 오르게 되었다. 여전히 아무런 피해를 입지 않은 예비대대를 지나 고지 정상에 이르렀다. 사격은 잦아들었고 간간히 총탄이 허공을 가르며 지나갔다. 땅바닥에는 전사자와 부상자가 여기저기 빽빽하게 흩어져 있었고, 한동안 헤맨 후에 소니크로프트 대령을 발견했다. 나는 경례를 하고 준장이 된 것을 축하한 후 문서를 건넸다.

"내일이면 준장이고 뭐고 아무런 의미가 없네. 이미 한 시간 전에 부대에 철수를 명령했어."

대령은 쪽지를 읽으며 초조한 듯 말했다.

"여기에 확실한 거라고는 아무것도 없지 않나? 지원 병력! 여기에도 이미 너무 많은 병사들이 있어. 도대체 전체적인 계획이 뭐야?"

"퇴각하기 전에 찰스 워런 경에게 전달하고 올까요? 내 생각에 장군은 이곳을 계속 지키기를 원하실 것 같습니다."

"아니! 결정은 바뀌지 않는다. 철수는 이미 진행 중이고, 많은 거점을 벌써 포기했어. 언제 퇴로가 차단될지 모른다고! 오늘 밤 6개 대대가 무사히 언덕을 내려가는 게 내일 아침 유혈이 낭자한 채로 전멸당하는 것보다 낫겠지."

대령에게는 부관이나 참모도 없었고 이때까지 시련으로 몸과 마음이 지칠대로 지쳐 있었다. 때문에 한 시간 정도 대령의 곁에서 어둠 속에 언덕 밑으로 내려가는 병사들의 대열을 지켜보았다. 이내 사방은 조용해졌고, 마지막으로 우리들만 남은 듯했다. 키가 작은 몇 그루의 나무를 지날 때 시커먼 사람 그림자가 눈앞에 나타났다.

"보어인이다."

소니크로프트 대령이 작은 소리로 말했다.

"놈들이 우리를 차단하려고 한다."

우리는 권총을 뽑았다. 하지만 아군이었다. 그곳에서 100미터 떨어진 고지 끝에 이르자 우리는 아직 피해를 입지 않고 생생한 예비대대를 만났다. 소니크로프트 대령은 결심이 흔들리는 듯 병사 무리를 1~2분 동안 바라봤다. 하지만 이미 고지에서 후퇴는 끝났고 지금 쯤 적이 다시 점령했을 것이다. 대령은 고개를 저으며 내려가기 시작했다. 30분 정도 지나서 거의 산 밑에 다다랐을 때 삽과 곡괭이를 든 긴 대열과 마주쳤다. 공병대 선두에서는 헝겊으로 싼 랜턴을 든 장교가 있었다.

"소니크로프트 대령님께 전할 메시지가 있습니다."

그 장교가 말했다.

"읽어 보게."

소니크로프트의 말에 나는 봉투를 뜯었다. 명령은 간단했다.

400여 명의 공병과 새로운 1개 대대를 파견했으니 아침까지 견고한 참호를 구축하라.

그러나 소니크로프트 대령은 지팡이를 휘둘러 구원 부대에게 뒤로 돌아가라고 명령했고, 모두 같이 내려왔다. 밤은 매우 어두웠고 울퉁불퉁한 길을 가로질러 워런의 사단 본부로 가는 길을 찾는 데 한 시간이나 걸렸다. 장군은 잠들어 있었고, 나는 장군의 어깨에 흔들어 깨웠다.

"소니크로프트 대령이 왔습니다."

워런 장군은 이 모든 상황을 아주 침착하게 받아들였다. 그는 매력적인 노신사였다. 나는 진심으로 장군이 안됐다고 생각했고, 육군에게도 유감이라고 생각했다.

소니크로프트 대령은 숱한 희생을 감내하면서도 사수하려고 했던 고지에서 장군의 명령을 무시한 채 철수한 것은 물론 큰 잘못이다. 그날 대령이 보여준 불굴의 용기와 여러 번이나 항복을 거부한 굳은 의지는 군사 재판에 회부될 만한 범죄를 덮고도 남을 만했다. 확실한 명령이나 연락도 없이 내버려뒀던 사람들이 그에게 패전의 죄를 뒤집어씌우는 것은 분명 잘못이다. 만약 젊은 현역 사단장이 지원 계획을 세웠다면 아마도 해가 떨어지기 전에 직접 정상에 올라 모든 문제를 해결했을 것이다. 그렇다면 이 잔인한 불행도 어떻게든 피할 수 있었을 것이다.

보어군도 이 전투로 인해 심각한 손실을 입고 언덕을 점령하지 못하자 사기가 많이 떨어져 있었다. 두 달 전에는 일개 병사였다가 지금은 사령관이 된 루이 보타가 레이디스미스에서 이곳에 도착했을 때 보어군은 실제로 퇴각하고 있었다. 보타는 퇴각하는 부대를 돌려 산 정상에 있는 고지에 올랐다. 그들의 눈앞에 벌어진 대학살의 참상은 소름 끼쳤다. 얕은 참호에는 전사자와 부상자로 가득 차 있었다. 그곳에서만 거의 백여 명의 장교가 전사했다.

보타는 고지를 재점령하자 휴전 깃발을 걸고 나서 부상자를 치료하고 전사자를 매장하도록 했다. 따라서 25일은 고요한 침묵 가운데 지나갔다. 25일과 26일 사이 아군의 짐마차가 긴 대열을 이루며 다리를 건너 귀환했다. 26일 밤에는 모든 전투부대가 다시 강을 건너 퇴각했다. 나는 보어군이 왜 이 다리를 포격하지 않았는지 아직까지 이해할 수 없다. 우리는 어떠한 저항도 받지 않은 채 통과 할 수 있었고, 레드버스 불러 장군은 '한 사람의 병사나 1파운드의 보급품 손실도 없는' 성공적인 퇴각이었다고 자찬했다. 그것이 16일 동안 1,800여 명의 사상자를 낸 작전의 결말이었다.

불러는 다음 계획으로 스피온콥 동쪽에서부터 둠클루프(Doom Kloof – 클루프는 깊은 협곡을 의미함)의 깎아지른 절벽까지 이어진 능선에 주목했다. 이번에는 정예 병력과 증원 부대를 동원했다. 대포는 해군의 50파운드 장거리 함포를 포함해 거의 100문 가까이 증강시켰다. 계획은 다소 복잡했지만 다음과 같이 요약할 수 있다.

우선 포티에터 여울목을 가로지르는 다리를 놓는다. 모든 포병대의 화력 지원 아래 보병여단이 보어군의 중앙을 위협한다. 적의 시야가 그곳에 집중하는 사이, 다른 세 개 여단은 하류 3킬로 지점으로 이동하여 빠르게 두 번째 다리를 건설한다. 그리고 1개 여단이 좌측에 있는 바알크란츠 능선을 공격하고, 다른 1개 여단이 둠클루프 진지를 공격한다. 정규군과 자체적으로 기마 포병대를 보유한 2개 기병여단이 외곽으로 우회해 공격하고 틈새가 생기면 클립푸트를 향해 벌떼처럼 달려든다.

우리는 전날 극비로 붙였던 작전 계획을 듣자마자 몇 가지 우려를 감출 수 없었다. 사실 스피어맨즈힐(Spearman's Hill)에서 망원경으로 바라보면 우리가 말을 타고 달려야 하는 지역은 울퉁불퉁하고 작은 시내와 둔덕이 늘어서 있는 데다 관목과 바위가 곳곳에 나뒹굴고 있어서 기동이 여간 곤란한 곳이 아니었다. 하지만 문제는 우리 의견을 제시할 수 있는 상황이 아니었다. 작전은 즈와트콥 위에 배치된 아군 중포의 엄청난 포격으로 시작되었다. 아군 기병대가 스피어맨즈힐에서부터 천천히 강을 따라 내려오면서 그 광경을 목격할 수 있었다. 바알크란츠 산등성이에 있는 적의 진지는 작렬하는 포탄으로 인해 화산처럼 연기를 내뿜고 있었다.

마침 당시 19살이었던 동생을 위해 남아프리카 경기병연대에서 장교로 복무할 수 있도록 주선해 놓았다. 동생은 겨우 이틀 전에 도착했고, 우리는 함께 언덕에서 말을 타고 내려왔다. 리틀튼 여단이 두 번째 다리를 건너자 좌측에 배치되었고, 바알크란츠에 있는 적 진지의 동쪽 끝을 공격했다. 더 이상 진격할 수 없게 되자 리틀튼 여단은 그 자리에 참호를 파고 몸을 숨겼다. 이제 2여단의 차례가 되었다. 하지만 두 번째 다리 너머 험지로 말을 몰고 가는 것은 쉬운 일이 아니었다. 얼마 안 가서 1개 대대가 치열한 접전에 휘말리자 나머지 여단의 기동도 중단되었다. 이로 인해 오후 4시가 되자 우리는 다음날까지 대기하라는 명령을 받았다.

우리는 고지 기슭에서 야영을 했는데 이따금씩 떨어지는 적의 포탄으로 인해 방해를 받는 정도였다. 비록 수송대가 8킬로 후방에 있긴 했지만 적군의 틈이 벌어지면 빠르게 돌파하기 위하여 최소한의 장비만 가져왔기 때문에 당장 필요한 것 외에는 아무것도 없었다. 밤은 쌀쌀했다. 빙 대령과 나는 담요 한 장을 같이 덮고 잤다. 대령이 돌아 누우면 내가 추워서 잠에서 깼고, 내가 돌아 누우면 그에게 주의를 들을 수밖에 없었다. 어쨌든 그는 대령이고, 좋은 룸메이트는 아니었다. 아침이 왔을 때 비로소 안도와 기쁨이 몰려왔다.

한편 리틀튼 장군과 1군 병사들은 능선에 참호를 깊게 파고 틀어박혔다. 날이 밝으면 적의 맹렬한 포격을 예상했는데 과연 그대로였다. 그러나 그들의 참호는 견고해서 하루 내내 벌어진 포격을 견디고, 적군의 소총 공격까지 물리치고 200명 미만의 사상자만 낼 수 있었다. 우리는 하루 종일 숙영지에서 그 광경을 목격했고, 곧 우리 차례가 올 것이라 생각했다. 하지만 우리 차례는 오지 않았다. 그날 밤 리틀튼 여단은 다시 강을 건너 퇴각했기 때문이다.

부교도 치워지고 약 500명의 병력을 잃은 모든 부대는 레이디스미스를 구원하기 위해 불과 한 달 전에 출발했던 치블리와 프레레(Frere)에 있는 캠프로 느긋하게 돌아왔다. 한편 레이디스미스에 포위되어 있는 수비대는 이미 한 달 전에 식량 공급이 끊겼고, 굶주림에 시달리다 못해 말과 노새를 빠르게 먹어치우고 있었다. 조지 화이트 경은 아직도 6주는 버틸 수 있다고 공언했다. 하지만 그의 부대는 더 이상 아군과 공동 작전을 펼칠 만한 기동력이 없었다. 그저 가만히 앉아서 가능한 한 천천히 굶을 수밖에 없었다. 전망은 점점 암울해져 갔다.

## 레이디스미스 구출 작전

전쟁이 점점 골치 아프게 전개되는 상황이긴 했지만 레이디스미스 구원을 위한 2개월에 걸친 전투가 내게는 가장 행복한 추억 중 하나였다. 비록 내가 속했던 비정규 기병여단은 닷새 중 사흘의 비율로 적과 교전을 벌였지만 스피온콥에서 소니크로프트 연대의 패전을 제외하고 아군의 손실은 그리 크지 않았다. 잇달아 벌어진 근접전에서도 사상자는 6명에서 많으면 20여 명 정도였다.

나는 가능한 한 많은 것을 보기 위해 노력했다. 매일 이른 아침마다 말을 타고 나가서 전선의 이쪽저쪽을 돌아다니며 보어군과 한바탕 즐겼다. 말을 타고 질주하거나, 바위 언덕을 기어오르면 저 멀리 쏜살같이 돌진하거나 퇴각하는 기병의 모습을 발견하기도 하고, 몇 발의 총성이 울리면 신중하게 조준해서 여러 발을 발사하기도 했다. 그러다 저녁이 되면 쾌활하고 지적인 동료들이 기다리는 부대로 무사히 돌아왔다.

한편 「모닝포스트」에 편지와 전보를 통해 계속해서 기사를 보냈고, 내가 쓴 기사는 넓은 독자층으로부터 큰 반향을 얻고 있다고 들었다. 나는 모든 장군들과 유명 인사들을 알고 있어서 어디든지 자유롭게 방문할 수 있었으며, 또 어디에서나 환영받았다. 야외 생활은 매우 쾌적했는데, 밤은 시원하고 낮에는 따뜻한 햇살을 받으며 지냈다. 물론 고기, 닭, 맥주도 풍족했다. 나탈 지역의 신문들은 종종 정오 무렵 전선에 도착해서 저녁 때 돌아오는 우리를 기다리곤 했다. 우리는 항상 신나는 일이 벌어지는 현재를 살고 있다. 근심 걱정도 없고, 과거에 대한 미련도 없으며, 미래에 대한 두려움도 없고, 돈도 들지 않고 빚쟁이도 없으며, 말썽거리도 없이 내 월급은 그저 고국에 안전하게 쌓여가고 있다!

포로가 되었을 때 「모닝포스트」에 계약을 파기하자는 내용을 담은 편지를 보낸 적이 있었다. 내가 더 이상 종군기자로서 가치가 없을 것 같아서 당연히 그렇게 해야 한다고 생각했다. 헌데 「모닝포스트」는 나의 요청을 받아들이지 않았다. 게다가 이 사실을 알기 전에 이미 나는 탈출하여 자유의 몸이 되어 있었다. 이로 말미암아 우리의 관계는 한층 두터워졌고, 이보다 더 훌륭한 고용주는 어디에도 없었다.

동생 잭과 함께 지내게 된 것도 또 하나의 즐거움이었다. 나는 동생을 데리고 돌아다니면서 전쟁의 영광을 보여 주기를 고대했다. 하지만 이러한 기쁨도 곧 사라지고 말았다. 2월 12일, 우리는 철도 노선 동쪽 10킬로 부근을 정찰하면서 몇 시간에 걸쳐 후사르힐(Hussar Hill)이라고 부르는 커다란 숲이 우거진 지역을 점령했다. 불러 장군과 참모들은 이 지역을 샅샅이 조사하길 원했다. 그래서 전 여단을 동원해 보어군 소초와 순찰대를 몰아낸 후 전초선을 세우고 장군이 직접 살펴볼 수 있도록 만들었다. 그런데 아침이 지나자 적의 사격이 점점 격렬해지더니 기지로 복귀할 시간이 되자 보어군은 아군의 후미를 쫓아오기 시작했다. 그들을 다시 몰아내느라 약간의 피해를 입기도 했다.

후사르힐에서 내려와 말을 타고 질주하면서 추격해 오는 적과의 거리를 약 1킬로 정도로 벌려 놓았다. 그 후 우리 대대는 구보로 전환하여 길고 완만한 경사의 풀밭을 천천히 내려오면서 기지로 복귀했다. 당시 나는 나름 꽤 숙련된 고참 장교였기 때문에 뺨이나 목덜미에서 가벼운 바람을 느끼는 것처럼 사방의 어느 모퉁이에 어떤 위험이 도사리고 있는지 눈치 챌 수 있었다. 예를 들어, 소총 사정거리에 있는 낯선 언덕이나 작은 시내 근처를 말을 타고 지나가다 일순간 오싹해지는 느낌을 받곤 했다. 이때도 그런 느낌이 들어 힐끔거리며 후사르힐을 뒤돌아보았다. 후위 대대가 큰 갈색 무리로 뭉쳐서 울퉁불퉁한 초원을 태평스럽게 지나가는 것을 보자 내가 동료에게 말했다.

"아직 놈들이 가까이에 있다."

말이 나오기 무섭게 한 발의 총성이 울리더니 이어서 약 2~3백 정의 마우저 소총이 불을 뿜기 시작했다. 빗발치는 총알 사이로 몇 명이 안장에서 떨어지고 말 몇 마리도 쓰러졌다. 부대는 본능적으로 흩어져 대략 200미터 정도 떨어진 낮은 둔덕 뒤로 맹렬히 달려갔다. 우리도 말에서 뛰어내려 풀밭에 엎드린 채 적에게 반격을 가했다.

만약 보어군이 좀 더 신속하게 다가와 400미터 정도 후방에서 아군을 공격했더라면 굼뜬 행동에 대한 큰 대가를 치렀을 것이다. 다행히 거리는 2,000미터가 넘었고, 우리도 적처럼 거의 모습을 드러내지 않아서 큰 피해가 없었다. 동생 잭은 내 옆에 엎드려 있었는데, 갑자기 몸이 튀어 오르더니 뒹굴면서 1~2미터 뒤로 물러났다. 운 좋게도 총알이 머리를 스치고 지나간 것이었다. 이미 잭은 첫 번째 교전에서 종아리에 총을 맞은

메인호(RFA Maine)는 영국 왕립 보조 함대의 병원선으로 2차 보어 전쟁부터 제1차 세계 대전까지 활약했다. 1887년 여객선으로 진수되었으나, 1899년 10월 보어 전쟁 때 병원선으로 개조되었다.

상태였다.

나는 잭을 급히 사선에서 빼내어 구급차로 데리고 갔다. 교전은 금방 그쳤지만, 동생이 제대로 치료받고 있는지 보기 위해 야전 병원으로 달려갔다. 당시는 육군 군의관의 계급 체계에 대해 한창 시끄러울 때였다. 따라서 외과의사에게 경례를 붙이고 "소령님" 하고 부르면서 당시 교전 상황에 관해 몇 마디 나눈 후 동생의 부상에 대해 물었다. 그러자 한결 기분이 좋아진 그 멋진 군의관은 클로로포름과 적당한 진통제, 그리고 제대로 된 치료를 약속했으며, 정말로 그 약속을 지켰다.

그런데 기막힌 우연이 일어났다. 어머니는 내가 남아프리카에서 바쁘게 지내는 동안 집에서 한가하게 보내지 않으셨다. 기부금을 모으고 미국의 백만장자를 설득해 배를 빌려서 적절한 치료 시설과 간호사들까지 갖춘 병원선으로 꾸며 놓았다. 폭풍우를 헤치고 고된 항해 끝에 더반에 도착해서 부상병이 오기만을 기다리고 있었던 것이다. 이 병원선 메인호에서 치료받은 첫 번째 환자가 바로 동생이었다! 나는 며칠간 휴가를 받아 어머니를 만나고 그 배에서 요트처럼 편하게 지냈다. 우리 가족은 온갖 풍상을 겪은 끝에 6개월 만에 재회한 것이다.

더반에서 제일 높은 사람은 장갑순양함 테리블 호(HMS Terrible)의 퍼시 스콧(Percy Scott) 함장이었다. 그는 우리를 잘 대접해 주었고, 배 구석구석을 구경시켜 주었다. 함장은 철도 화차에 실은 4.7인치짜리 대포에 어머니의 이름을 붙였고, 심지어 어머니가 전방에서 그 대포를 발사하는 광경을 볼 수 있도록 주선해 주었다. 전반적으로 볼 때 당시 전장은 15년 후 서부 전선에서 볼 수 없었던 우아하고 안락한 분위기가 감돌았다.

불러는 레이디스미스를 구원하기 위한 4번째 시도를 감행했다. 포위된 수비대는 이제 완전히 궁지에 몰려 한계에 다다랐고, 구원 부대나 수비대 모두에게 사느냐 죽느냐 하는 문제가 되었다. 적의 주력은 투겔라강을 따라 절벽과 고지에 있었다. 투겔라강은 콜렌소의 끊어진 철교를 지나 레이디스미스 쪽으로 길게 굽이치며 흘러갔다. 강으로 둘러싸인 돌출부 옆에는 지난 12월 15일 남아프리카 경기병대가 공격했던 올랑와네힐(Hlangwane Hill)이 있었고, 중앙에는 긴 풀로 덮인 고지대인 그린힐(Green Hill)이 있었다. 오른쪽에는 각각 싱골로(Cingolo)와 몬테크리스토(Monte Cristo)라고 부르는 빽빽하게 나무들로 덮인 산봉우리가 있었다. 즉 보어군의 우익에게는 앞에 강이 있고, 좌익과 중앙에게는 뒤에 강이 있는 셈이었다.

그래서 기병대가 대우회기동(大迂廻機動)\*을 하여 적군의 실제 좌익이 있는 감제고지(瞰制高地)\*\*를 기습 탈취하기로 계획했다. 만약 이 기습이 성공한다면 모든 포병대의 지원을 받는 2개 보병사단이 중앙 고원으로 진격하고, 그 다음 오른쪽을 공격하여 올랑와네힐을 점령할 수 있을 것이다. 이 언덕만 점령한다면 콜렌소 주변의 보어군들은 진지를 지원할 수 없게 되고 투겔라강의 교두보가 열릴 수 있게 된다. 이 작전은 매우 타당하고 일목요연한 계획이었으며, 왜 처음부터 이런 계획을 세우지 못했는지 의심이 들 정도였다. 어째서인지 모르겠지만 불러는 이런 계획을 처음부터 생각해 내지 못한 것 같다. 콜렌소에서도 올랑와네가 자신과 가까운 쪽 강가에 있다고 확신했지만 그는 믿지 않았다. 불러는 이제야 그 사실을 받아들였다. 그게 전부다.

15일, 전 부대는 진지를 출발해 철도를 따라 후사르힐까지 진격한 다음, 공격을 준비했다. 모든 작전의 성패는 싱골로와 몬테크리스토를 점령해 내느냐에 달려 있었다. 이 임무는 빙 대령이 지휘하는 우리 연대에 부

---

\* 적의 퇴로를 막기 위하여 적의 측면이나 배후로 크게 돌아 나아가는 작전 행동.
\*\* 적의 활동을 살피기에 적합하도록 주변이 두루 내려다보이는 고지.

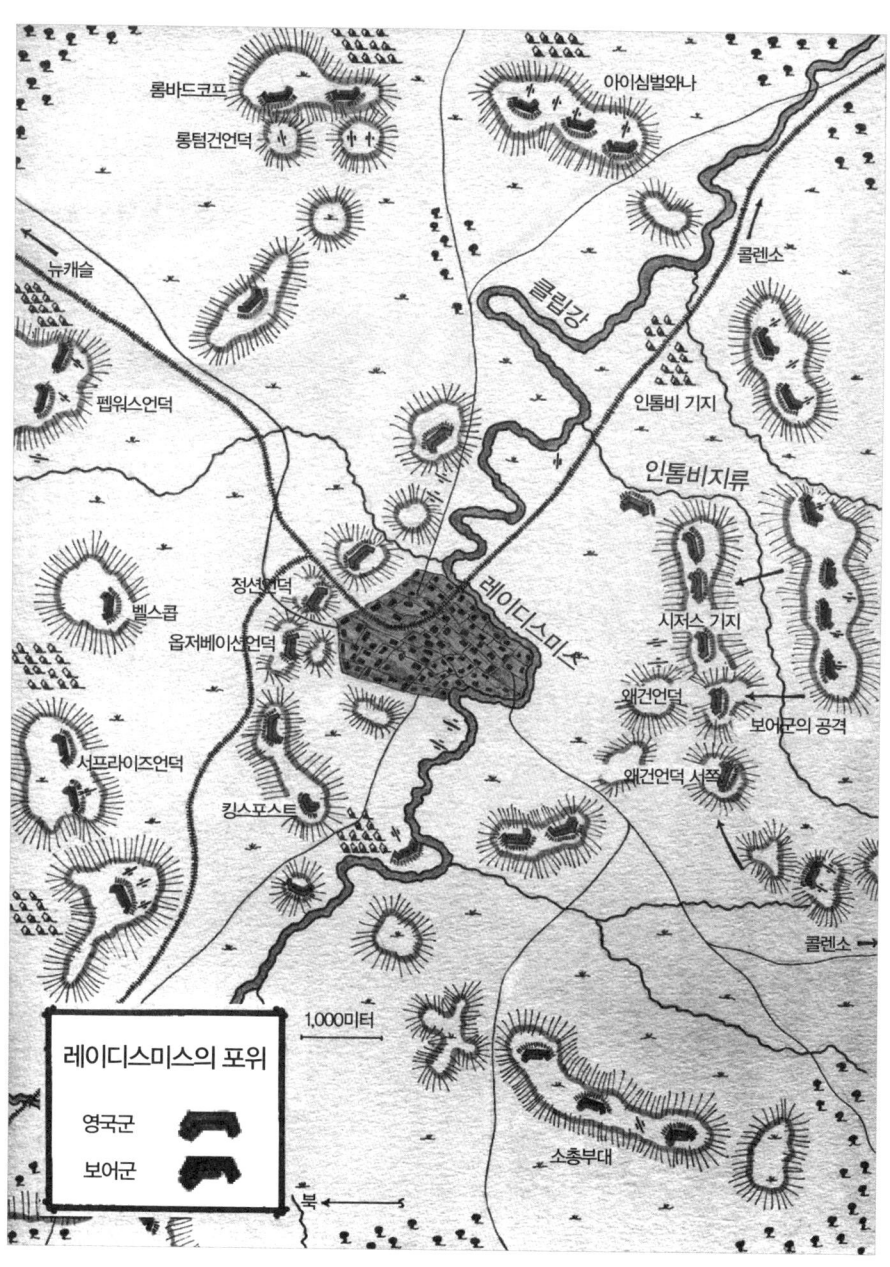

여되었으며, 보병여단이 우리를 지원해 주기로 했다. 이 임무는 의외로 쉬웠다. 우리는 밤새 길을 우회하여 18일 새벽에 싱골로로 올라가는 비탈길에 도착했다. 그리고 이 중요한 지역을 지키고 있는 소수의 보어군을 기습해서 물리쳤다. 또 이틀에 걸쳐 보병과의 협동 작전으로 보어군을 싱골로에서 몰아냈고 두 봉우리 사이의 골짜기를 가로질러 몬테크리스토까지 점령했다. 이 고지에서는 투겔라강 너머 모든 보어군의 위치를 파악할 수 있었다. 또 겨우 10킬로 떨어진 곳의 레이디스미스까지 내려다 보였다.

한편 보병 주력부대와 포병대가 적군의 그린힐 진지에 가한 공격도 대단히 성공적이었다. 적군은 우리의 적절한 포위망과 강력한 공격, 그리고 뒤에 강이 있다는 불안감으로 인해 제대로 대응하지도 못했다. 20일 밤이 되자 투겔라 남쪽의 보어군 진지는 올랑와네의 험준한 언덕을 포함하여 모두 영국군 손아귀에 들어왔다. 보어군은 콜렌소를 비롯한 모든 진지에서 철수하여 강을 건너 주방어선까지 후퇴했다. 여기까지는 그런대로 괜찮았다.

이제부터는 대우회기동을 실시하면 된다. 몬테크리스토에서는 강 건너 바톤스힐(Barton's Hill)에 있는 보어군 참호가 잘 내려다보였는데, 만약 그곳을 점령하면 그 옆의 고지가 계속해서 노출될 것이기 때문이었다. 그러나 불러는 많은 군대를 희생시키면서 배워왔음에도 불구하고 용서할 수 없는 큰 실책을 또 저질렀다. 물론 워런이 재촉했기 때문이라고 둘러댔다. 콜렌소 근처에 부교를 가설하고 우익에서 병력을 빼내어 유리한 감제고지를 포기한 채 철로를 따라 좌측으로 전진하기 시작한 것이다. 불러는 다음 이틀 동안 자신의 군대를 콜렌소 너머 언덕과 능선 사이의 미로 속으로 밀어 넣은 것이다. 이처럼 불리한 조건 속에서도 아무런 선회기동도 하지 않은 채 피터스(Pieters) 외곽에 단단한 방어막을 구축하고 있는 보어군 진지를 공격했다. 이 기동은 많은 사람들이 알고 있듯 우둔하고 멍청한 짓이라는 사실이 밝혀졌다.

22일 밤에 나는 나중에 레핑턴(Repington) 대령으로 알려진 사령부 고위 장교와 이야기를 나눈 적이 있었다. 그는 퉁명스럽게 말했다.

"상황이 맘에 안 들어. 우리는 이미 고지대에서 내려왔고, 중포들도 언덕에서 모두 철수시켰네. 게다가 우리는 투겔라 계곡의 작은 언덕들 사이에 껴 있는 형국이지. 마치 콜로세움 가운데 서 있으면 모든 좌석에서 우리에게 총을 쏘는 것과 마찬가지야!"

대령의 말은 사실로 증명되었다. 보어군은 아군의 우회기동을 예상하고 절망하면서 많은 사람들이 이미 북쪽으로 철수하고 있었다. 그런데 다시 한 번 영국군이 자신들이 준비한 함정에 무모하게 머리를 들이미는 것을 보자마자 대거 돌아왔다.

22일에서 23일 밤에 걸쳐 투겔라강 근처 언덕 곳곳에서 수많은 사상자가 발생한 일대 혼전이 벌어졌다. 피터스 진지에 대한 공격은 다음날이 되어서야 시작되었다. 기병대는 아무런 역할도 할 수 없었기 때문에 나는 말을 타고 강을 건너 어느 바위 언덕 근처로 다가갔다. 그곳에서는 리틀튼 장군이 바위틈에 숨어서 전투를 지켜보고 있었다. 장군은 혼자 있었는데, 나를 보자 기뻐하는 것 같았다.

하트(Hart) 장군의 아일랜드 여단을 선두로 하여 보병대는 철로를 따라 진격했다. 비록 노출된 지점에서 수많은 사상자가 발생하기는 했지만 결국 적군의 좌익을 공격하기 위한 배치를 완료했다. 피터스 진지는 세 개의 둥근 봉우리로 되어 있어서 우측에서 좌익을 공격한다면 용이한 반면, 좌측에서 우익으로의 공격은 난공불락의 요새를 때리는 것과 같았다.

아일랜드 여단이 에니스킬렌힐(Inniskilling Hill)이라고 부르는 가파른 고지를 힘겹게 올라가기 시작한 것은 오후 4시쯤이었다. 에니스킬렌에

북아일랜드 에니스킬렌 성에 위치한 에니스킬렌 보어 전쟁기념관에는 용기병연대의 전사자 명단이 적힌 기념비가 있다.

대한 더블린 보병연대의 총공격이 시작되기도 전에 해는 이미 지고 있었다. 망원경을 통해 보는 광경은 매우 비극적이었다. 저녁 하늘을 배경으로 포탄이 작렬하면서 연기가 뿌옇게 피어오르는 와중에도 보어군의 머리와 구겨진 모자의 작은 실루엣들이 길게 늘어선 것을 볼 수 있었다. 풀이 듬성듬성 나 있는 경사를 천천히 올라가는 아일랜드 부대원들의 갈색 그림자와 번쩍이는 총검이 보였고 맹렬한 소총 사격 소리가 귓가에 울렸다. 점점 올라가는 사람들이 줄어들면서 이내 움직임은 멈추었다. 그 모습은 서서히 어두워지는 산비탈 속으로 사라졌다. 공격에 참가한 1,200여 명의 병사 중 2명의 대령과 3명의 소령 그리고 20여 명의 장교와 600명의 병사들이 죽거나 부상을 당했다. 완벽한 패배였다.

상황이 심각해지자 레드버스 불러 장군은 그제야 비로소 우회기동을 재개하고 널리 확대된 전선에 부대를 재배치하기로 결심했다. 불러가 쓸데없이 위험에 빠뜨린 부대를 구출하는 데에만 사흘이나 걸렸다. 에니스킬렌에 누워 있던 수백 명의 부상자들은 가혹한 시련을 겪어야만 했다. 양쪽 전선 사이에 꼼짝없이 갇혀서 구호물자나 물도 없었고, 그저 조용히 자그마한 흰 천을 흔들면서 도움을 청하는 광경은 매우 참혹했다. 26일 불러는 휴전을 제의했다. 보어군은 공식적으로는 그 제안을 거부했지만 군의관이 들어가 들것으로 부상병을 옮기거나 전사자를 매장하는 것은 허용했다. 해질녘 즈음 이 작업이 끝나자 전투는 재개되었다.

2월 27일은 마주바 전투 기념일*이었고, 이날 나탈 방면군은 마지막 공격을 감행했다. 중포가 다시 언덕 위에 자리 잡았고, 파괴되지 않은 보어군의 다리를 건너온 여단들은 보어군 진지 오른쪽에서 공격을 감행했다. 먼저 바톤스힐을 함락한 후 이어서 레일웨이힐(Railway Hill)도 점령했다. 마지막으로 이미 반 정도 점령하고 있던 에니스킬렌힐의 험지를 돌파했다. 이상으로 아군과 레이디스미스를 가로막고 있던 적의 주요 거점들은 모두 아군 손아귀에 들어왔다. 우리는 서둘러 말에 올라 퇴각하는 적을 추격하려고 했다. 하지만 다리에서 만난 총사령관은 우리에게 되돌아가라고 명령했다.

"빌어먹을 추격(Damn pursuit)!"

장군이 내뱉은 이 한마디는 역사적인 한마디가 되었다. 실제로 이렇게 말하고 싶은 것 같았다.

"희생에 대한 빌어먹을 보상! 빚에 대한 빌어먹을 상환! 앞으로 있을 전투를 덜어주는 빌어먹을 포상!"

다음날 아침 우리는 유유히 전진하면서 강을 건넜다. 그리고 아직도 전투의 참상이 가득한 고지를 가로질러 탁 트인 평원으로 나섰다. 평원이 10킬로 정도 이어진 곳에는 레이디스미스가 있었다. 보어군은 전원 철수하고 있었다. 불와나힐(Bulwana Hill)에 있는 중포는 해체 중이었고, 북쪽으로 도망가는 짐마차의 먼지가 지평선 여기저기에서 피어올랐다. 여전

---

\* 제1차 보어 전쟁 당시 1881년 2월 27일에 벌어진 마주바 언덕 전투에서 영국군이 대패하게 되고, 이로 인해 프리토리아 협정을 맺고 영국은 트란스발공화국의 독립을 재인정하게 되면서 이날의 승리를 기념하게 되었다.

히 '빌어먹을 추격' 명령은 유효했다. "도주하는 적은 쫓지 말라"는 총사령관의 말이 이제는 이렇게 해석되고 있었다. 안달이 난 우리는 하루 종일 씩씩거렸다. 마침내 저녁때가 되어서야 겨우 남아프리카 경기병대의 2개 대대가 후퇴하는 적 후미를 지나 레이디스미스로 들어갈 수 있었다.

나는 그들과 함께 수풀이 드문드문 나 있는 평원을 달렸다. 보어군의 공격은 2발의 포격 외에 없었다. 그때 갑자기 수풀 저편에서 일어나 손을 흔들며 환영하는 수척한 모습의 아군 병사들이 보였다. 우리는 계속 말을 몰아 나아갔다. 양철 지붕으로 된 집들이 모여 있는 지저분한 거리 앞에서 품위 있는 깔끔한 복장의 조지 화이트 경을 만났다. 화이트 경과 함께 오랜 포위로 인해 거의 아사 직전에 놓였던 레이디스미스로 들어갔다. 짜릿한 순간이었다.

그날 밤 사령부 사람들과 함께 저녁 만찬을 했다. 이언 해밀턴, 롤린슨(Rawlinson), 헤드워스 램튼(Hedworth Lambton)이 우리를 따뜻하게 맞아주었다. 소중하게 남겨둔 샴페인을 터뜨렸다. 말고기가 없는지 유심히 살펴보았지만 마지막으로 남아 짐수레를 끌던 황소가 이날을 기념하기 위해 식탁에 올라왔다. 하나같이 창백하고 수척해진 만찬 주최자들은 기쁨을 억누르고 있는 듯했다. 하지만 나는 이처럼 험난한 길을 돌고 돌아서 마침내 레이디스미스에 도착하게 되어 기뻤다.

## 26장

## 오렌지 자유주에서 구사일생

로버츠 경은 아버지의 절친한 친구 사이였다. 1885년 아버지 랜돌프 처칠 경이 인도 장관으로 재직할 당시 로버츠 경을 인도군 총사령관에 앉히기 위해 강력하게 밀어붙였고, 울즐리 경의 요구마저 거절할 정도였다. 두 사람은 아버지가 돌아가실 때까지 10년 동안 우정을 나누었다. 나는 어려서부터 장군을 자주 만났고, 그에게 여러 가지 재미있는 이야기를 들은 것에 대해 자부심을 가지기도 했다. 로버츠 경은 늘 젊은이들에게 친절했고 버릇없이 굴거나 무모한 짓에 대해서도 너그러웠다. 그는 사람들이 자신을 따르게 만드는 다양한 기술에 능숙했고, 단연 탁월한 재능이 있었다. 또한 로버츠 경은 군 수뇌부에서 높은 지위를 가진 거물급 인사였는데, 일개 젊은 장교인 내가 그와 친분이 있다는 사실이 매우 다행스러웠다.

나탈에서는 참패를 거듭한 끝에 이번 작전의 성공으로 신이 나 있을 때 로버츠 장군이 이끄는 부대는 케이프 식민지에서 오렌지 자유주로 북상 중이었다. 그가 킴벌리를 구출하고 파드버그(Paardeberg)에서 크로니예(Cronje) 휘하의 보어군을 포위한 뒤 장군을 사로잡았다는 소식이 전해졌다. 이는 마치 요술 지팡이를 한 번 흔들자 전황이 급변하여 1899년 12월에는 블랙위크였지만 1900년 2월이 되자 아군이 우세한 국면으로 바뀐 것처럼 보였다. 전황이 극적으로 바뀐 것에 대해 대중은 로버츠 경의 공으로 생각했다. 갑자기 작고 멋진 남자가 나타나자 마법을 부린 것처럼 구름이 걷히고 태양이 거대한 아프리카 대륙 도처에 있는 영국군을 밝게 비췄다.

전쟁에서 패배한 보어군은 결국 나탈 식민지에 대한 침공을 포기했고, 드라켄즈버그(Drakensbergs)를 지나 자신들의 영토로 되돌아갔다. 불과 2주 만에 중포와 모든 보급품을 가지고 자취를 감추었다. 나탈 식민지의 모든 지역은 이제 다시 대영제국 군대의 손에 들어왔다. 아군은 다시 공세로 전환하여 파괴된 철도를 복구하고 엄청난 양의 물자를 수송하기 위해 레이디스미스에서 트란스발 국경에 이르는 240킬로를 가야 한다. 그런데 불러가 지휘할 때보다는 덜 굼뜨기는 하지만 여전히 느린 아군은 오랜 시간이 걸릴 게 분명했다.

나는 이 전쟁에서 가장 결정적이고 중요한 무대로 들어가고 싶었다. 나탈군 당국도 내게 프리토리아에서 탈출한 이후 이동의 자유를 무제한으로 허가해 주면서 호의를 베풀었다. 남아프리카 경기병연대로부터 무기한 휴가를 얻어서 당시 블룸폰테인을 공략하고 있던 로버츠 경 휘하의 부대에 종군 기자로 가는 것도 어렵지 않을 것 같았다.

나는 즉시 짐을 꾸리고 나탈 철도를 이용해 더반으로 갔다. 거기서 다시 배를 타고 포트엘리자베스까지 항해한 후 철도로 케이프 식민지를 횡단하여 케이프타운의 마운트 넬슨 호텔에 도착했다. 한편 「모닝포스트」는 로버츠 경 휘하의 부대에서 내가 종군할 수 있도록 모든 절차를 취하고 있었다. 이 수속이 며칠 더 걸리리라 예상한 나는 남아프리카 수도에 있는 남아프리카공화국과 네델란드계 정치 지도자들을 만나 신나게 인터뷰를 했다.

이제까지 나는 전쟁에 혈안이 된 강경한 주전론자(主戰論者)로 여겨졌고, 그로 인해 친보어파들에게 큰 비난을 받았었다. 그런데 이번에는 보수당원들과 갈등이 생기게 되었다. 보어군이 나탈에서 물러나자 그들을 돕거나 동조했던 사람들은 모두 보복을 당할 처지에 놓이게 되었고, 분노의 물결이 전 식민지를 휩쓸었다. 반면에 영국 정부는 일단 승리를 거두었으므로 지나간 일은 잊어버리자고 했다. 정부의 의지는 울버튼

(Wolverton) 차관의 연설에서 볼 수 있었다. 나는 물론 이러한 관대함에 찬사를 보냈다. 3월 24일에 나는 레이디스미스에서 다음과 같은 기사를 송고했다.

대영제국을 위해 그간 용맹하게 싸워 준 충직한 식민지인들의 마음을 모르는 바 아니지만 이 관대하고 자비로운 정책이 지켜지기를 간절히 바라고 촉구한다. 만약 군사 작전이 사정없이 맹렬하게 지속된다면 투항하는 반란군들에게 '교훈'을 줄 필요도 없을 뿐더러 기소할 이유도 없어질 것이다. 가장 현명하고 올바른 방법은 마지막까지 저항하는 모든 사람들을 타도하되, 항복하기 원하는 사람에게는 자비와 용서를 베푸는 것이다. 적에게 합류한 네덜란드 농민은 법률적 의미에서 반역자일 뿐이다. 이들에게 명분은 없었지만 자신들의 동족에 합류하려는 자연스러운 혈연관계에 의해 가담했다는 점은 변명의 여지가 없다. 허나 공화국의 시민이 되어 자신들의 고국의 군대와 더욱 격렬하게 싸우고 있는 영국계 주민에 비하면 그들의 행위가 도덕적으로 그리 비난 받을 만한 것이 아니다.

그러나 이 영국계 주민조차도 법적으로 시민권에 의해 보호받지 못하고 있다면 어느 정도 관용을 베풀 수 있지 않을까? 네덜란드 반역자가 영국계 변절자보다 덜하기는 하지만, 이 두 경우 모두 우리가 아프리카에서 저지른 실수와 죄악의 결과물이기 때문이다. 실제적인 면에서 순수하게 항복을 원하는 반란군과 싸우다 잡힌 반란군을 구별하는 게 가장 중요하다. 우리는 적을 약화시키고 굴복하게 만드는 데 모든 노력을 기울여야 한다. 그와 동시에 적이 저항할 수 없을 정도로 강력한 군대로 진격한 후 가공할 만한 무기로 모든 저항을 뿌리 뽑는 한편, 아내와 아이들이 머무르는 조용한 농장은 강력하고 자비로운 정부의 보호 아래 안전하게 있도록 해야 한다. 바로 이러한 모습이 공화국 병사들이 보기에는 '단호한' 조치이며, '명예로운 강화'로 가는 지름길이 될 것이다.

영국에서 이 기사에 대한 평은 좋지 않았다. 쓸데없이 과민하게 반응하는 응징 여론이 영국을 지배하고 있었기 때문이다. 정부는 여론에 부응했고 차관의 의견은 금지되었으며, 나는 분노한 보수당의 표적이 되었다. 심지어 「모닝포스트」조차 내 기사가 신문에 실리는 동안 나의 견해에 동의하지 않았다. 나탈의 신문들도 소리 높여 비난했다. 이에 대해 나는 승리한 검투사에게 관중석에서 엄지손가락을 거꾸로 세우는 것은 놀랄 만한 일은 아니라고 했다.

그나마 의견이 통했던 앨프리드 밀너(Alfred Milner) 경은 친절함과 이해심을 가지고 나를 대했다. 그의 부관이던 웨스트민스터 공작은 자신의 상관의 기분 전환과 운동을 위해 사냥 대회를 주관하곤 했다. 우리는 테이블산 기슭에서 자칼을 사냥하면서 신나게 뛰어다닌 후 수풀에 앉아 점심을 먹었다. 그때 고등판무관이 말했다.

"내가 자네의 기사를 읽었을 때 당연히 모든 사람들이 화를 낼 것이고, 특히 나탈 사람들은 더 크게 분노하게 될 거라고 생각했지. 물론 우리 모두 함께 살기 위해서는 용서하고 잊어야 하나가 될 수 있다는 사실에 동의하네. 그러나 지금은 서로의 감정이 너무 격한 상태야. 서로 용서하자는 자네의 생각은 이해하지만, 친구나 친척이 죽고 집이 부서진 사람들의 감정이 가라앉을 때까지는 아직 이르다고 생각된다네."

세상에서 가장 완고하고 타협을 모르는 정복욕 덩어리라고 알려진 사람의 입에서 차분하고 초연하며 인정미 넘치는 말을 듣게 되자 감탄했다. 결국 강경론을 앞세우긴 했지만 영국 정부는 반란군이나 배신자들에게 극도로 관대한 처우를 베풀었다.

여기서 고백하자면, 내 평생 동안 역사적으로 영국 정당 중 어느 곳과도 항상 의견이 일치한 적은 없었다. 물론 압도적인 승리를 거둘 때까지 늘 전력을 다해 상대방과 논쟁하며 싸웠지만 패배한 사람들에게 우정의 손길을 내미는 것도 주저하지 않았다. 따라서 싸움이 시작되면 항상 평화주의자들과는 반대로 했고 막판에는 강경론자들을 반대했다. 남아프리카 전쟁이 끝난 지 한참 뒤에 버컨헤드(Birkenhead) 경은 내 생각을 잘 표현한 라틴어 문구를 언급한 적이 있다.

"*Parcere subjectis et debellare superbos.*"

번역하자면 '굴복하는 자들은 용서하고 오만한 자들은 징벌한다'는 뜻이다. 나는 정식 교육을 받지 않고도 이런 생각을 스스로 터득한 것이다. 다만 내가 생각해 낸 좋은 사상 대다수를 로마인들이 이미 선점하고 있어서 그들에게 독점권을 양보해야만 했지만 말이다. 실제로 이 격언이 남아프리카보다 적절한 곳은 없었다. 우리가 이 격언을 벗어나면 고통을 겪어야 했고, 따라가면 승리를 얻을 수 있었다.

이 말이 비단 남아프리카에만 국한된 게 아니었다. 아일랜드를 정복한 후에도 그들에게 자치권을 줬어야 했다고 생각한다. 또 독일인들을 굶주림으로 내몰고 난 후에 식량을 공급했어야 했다. 총파업을 진압하고 난 뒤에라도 광부들의 불평불만에 귀를 기울였어야 했다. 하지만 이런 노선을 택하는 사람이 거의 없기 때문에 나는 항상 문제를 일으키는 사람이 되고 말았다. 언젠가 프랑스에 세워지는 기념비에 새길 문구를 만들어 달라는 부탁을 받은 적이 있다. 그래서 이렇게 썼다.

'전쟁 시에는 결단, 패전 시에는 불굴, 승리 시에는 아량, 평화 시에는 선의.'

그러나 이 문구는 채택되지 않았다. 유감스럽게도 인간의 뇌가 좌뇌와 우뇌로 구분되어 있어서 오른손잡이든 왼손잡이든 어느 한쪽에만 능숙하기 때문이다. 반면에 우리가 올바르게 만들어졌다면 상황에 따라 오른손이든 왼손이든 능수능란하게 사용할 수 있어야 한다. 만약 지금과 같다면 전쟁을 이길 수 있는 사람은 강화(講和)를 맺을 수 없고, 평화를 가져오는 사람은 결코 전쟁에서 승리하지 못할 것이기 때문이다. 하지만 내가 이 두 가지를 모두 잘할 수 있다고 떠드는 것은 스스로 으스대는 꼴에 지나지 않는다.

\*\*\*

케이프타운에서 즐겁게 지내는 동안 블룸폰테인행 통행증이 나오지 않아서 궁금해졌다. 정식으로 수속 신청을 했지만, 아무런 소식 없이 일주일이 지나자 문제가 생겼음을 직감했다. 하지만 이 장애물이 무엇인지 짐작이 되지 않았다. 내가 나탈에서 쓴 기사들은 본국을 안심시키고 아군이 나탈 작전에서 보여주었던 수많은 실책과 '유감스러운 사건들'을 가능한 적당한 모양새로 포장하기 위해 노력했다고 생각했다. 당시 이러한 소규모 전쟁에서 종군특파원은 유명 인사였으며, 그중에서도 나는 가장 영향력 있는 신문사의 기자였다. 내가 직면한 장애물에 대해 원인을 찾기 위해 머리를 싸매고 곰곰이 양심에 물어 보았다.

다행히 로버츠 경의 사령부에는 두 명의 강력한 지지자가 있었다. 친구인 이언 해밀턴이 레이디스미스에서 해방되자마자 부관으로 임명되어 이곳으로 불려왔다. 또 한 명은 티라 원정에서 '악마(Old Nick)'로 불리던 록하트 장군의 참모로, 사령부에서 높은 자리에 있던 니컬슨 장군이다. 전시나 평시에 오랜 세월에 걸쳐 이 두 명과 로버트 경과의 관계는 나중에 포슈(Foch) 원수가 묘사했던 것처럼 '오랜 군인 가족들'과 비슷한 사이였다. 이 두 사람 모두 큰 총애를 받았으며, 언제나 최고사령관에게 자유롭게 접근할 수 있었다.

비록 내 나이와 계급이 그들과 다르긴 하지만 자유롭고 동등하게 교류하고 믿고 의지할 수 있는 사이였다. 그들이 알려 준 바에 의하면 장애물은 다름 아닌 총사령관이었다. 키치너 경은 나의 책 『강의 전쟁(The River War)』 일부 대목에 대해 불쾌감을 느꼈다고 한다. 그래서 로버츠 경은 만약 내가 사령부에서 종군기자로 있으면 행여나 참모장의 노여움을 사지 않을까 염려하고 있다는 것이었다. 하지만 로버츠 경의 마음에 가장 심각한 영향을 끼친 원인은 다른 데 있었다. 나탈에서 「모닝포스트」로 보낸 기사 가운데 전투 전날에 있었던 영국성공회 소속 군목의 설교 내용이 부적절하다고 신랄하게 비판한 내용이 있었다. 총사령관이 보기에는 자신의 직무를 충실하게 행하고 있는 군목에게 부당한 비판을 가했다고 여긴 것이다. 친구들에 의하면, 총사령관이 매우 강경하긴 하지만 기분을 풀어 주기 위해 노력하고 있으므로 며칠 안에 잘될 거라고 했다. 그때까지 기다리는 수밖에 없었다.

아직도 군목의 설교 내용과 당시 내가 썼던 기사에 대해 또렷하게 기억하고 있다. 이날은 스피온콥 전투와 바알크란츠 전투 사이 일요일이었다. 다음 날이나 그 다음 날이면 격전이 벌어질 것으로 예상되는 투겔라 강 근처 수풀이 우거진 작은 골짜기에서 1개 여단의 병사 전체가 집결해 있었다. 평소 종교에 대해 무관심한 자들조차도 종교적 위안을 얻기 쉬웠을 것이다. 만약 설교가 훌륭했다면 이것을 통해 역사적인 결과로 이어졌을지도 모르는 순간, 우리는 이스라엘인들이 여리고 성벽을 어떻게 무너뜨렸는지에 대한 터무니없는 설교를 들었다. 이에 대한 나의 논평에서 비꼬는 부분이 있었을지도 모르지만 확실히 부당한 것은 아니었다.

나는 이 어리석은 설교를 들으면서 옴두르만 전투 당시 브린들(Robert Brindle) 신부*의 용감하고 존경스러운 모습이 떠올랐다. 또한 캔터베리가 내팽개친 기회를 로마가 다시 잡는 게 아닌가** 하고 궁금했다.

이 기사가 규율이 엄격했던 교단에 상당한 논란을 일으킨 것으로 보였다. 당연히 큰 분노가 표출되었고, 그 뒤를 이어 진정한 십자군 원정이 일어났다. 일부 설교를 잘하는 목사들이 단상을 비우고 전선으로 자원했으며, 육군 종군 목사단에 지원하기 위해 남아프리카로 신속하게 이동하고 있었다. 물론 결과만 놓고 봤을 때에는 나의 기사가 효과적이었으나 원인은 여전히 노여움의 대상이 되고 있다. 신앙심이 깊은 로버츠 경은 평생 군에 몸을 바쳐온 사람으로서 내가 군종장교에 대한 부당한 모략을 했다고 느꼈다. 게다가 이 사건으로 인해 외부에서 군목에 대한 원조 제의가 왔다는 사실이 더욱 분노하게 만들었다. 따라서 내 미래는 갈수록 암울해졌으며, 마운트 넬슨 호텔에서 카푸아인***처럼 흥청거리는 와중에도 씁쓸한 생각에 잠긴 채 지내야 했다.

하지만 결국 친구들이 이겼다. 나에게 통행증이 발급되었고 블룸폰테인에서 자유롭게 다닐 수 있도록 허가가 떨어졌다. 하지만 종군기자로서 임무를 수행하기 전에 경솔하고 가혹한 비판을 한 데 대해 사령관의 부관으로부터 경고와 주의를 받아야 한다는 단서가 붙었다. 내게는 이것만

---

\* 1898년 옴두르만 전투에서 군종신부로 봉사한 브린들 신부는 원정대 모두에게 사랑과 존경을 받았으며, 특별히 부상자들을 위해 많은 봉사를 했다.
\*\* 16세기 헨리 8세의 「수장령」으로 인해 로마 교회와 분리된 영국성공회의 최고 수장이 캔터베리 대주교다.
\*\*\* 로마 시대 이탈리아에서 로마 다음으로 강력하고 번성한 도시 카푸아는 한니발의 승리 후 로마와의 동맹에서 이탈하자 로마는 카푸아를 포위하여 함락시켜 버렸다.

으로도 충분했고, 그날 밤 긴 기차 여행에 올랐다. 권위와 영향력으로 주위의 모든 반대를 잠재운 두 명의 훌륭한 친구들은 나를 정중하게 환영해 주었다. 체념한 듯 얌전하게 부관의 일장 연설을 들은 후에야 내가 원하는 곳으로 갈 수 있었다. 또 가벼운 검열을 거치고 나면 내가 원하는 무엇이든 쓸 수 있게 되었다.

그러나 로버츠 경은 나에게 계속해서 차가운 태도를 유지했다. 비록 자신과 가장 가까운 사람들이 나와 친하게 지내는 것도 알고, 식사 자리에서도 내 활동에 대한 이야기가 화젯거리가 된다는 것도 알고 있었지만 끝까지 나를 인정하지 않았다. 어느 날 아침, 블룸폰테인의 시장에서 한 무리의 장교들에게 둘러싸인 장군을 몇 미터 앞에서 마주친 적이 있었다. 하지만 나의 경례를 마치 낯선 사람의 경례를 받고 있는 것 같은 태도를 취했다. 사실 나는 그곳에서 하루하루 너무나 재미있고 즐겁게 보내고 있었기 때문에 뛰어난 인격과 명망 높은 인사의 미움을 받는 것 따위를 걱정할 시간이 없었다.

「모닝포스트」는 내게 좋은 말이나 다른 어떤 교통수단이든 필요한 만

블룸폰테인은 남아프리카공화국의 3개의 수도 중 사법 수도로 1846년 네덜란드계 이민에 의해 건설된 후 오렌지 자유주의 수도가 되어 발전하다가 1900년 영국군에게 점령되었다.

큼 자유롭게 이용하라고 했기 때문에 전투 징후가 보이는 곳이라면 이쪽 부대든 저쪽 부대든 자유롭게 돌아다녔다. 때때로 꽤 멀리 떨어진 낯선 지방을 홀로 말을 타고 달리면서 간신히 후위 부대의 꽁무니를 쫓아간 적도 있었다. 실제로 어느 틈엔가 대평원의 적군 한가운데로 들어간 적도 있었다. 장군의 기분이 좋다면 3~4일 동안 그들을 쫓아다니다가 위험한 침묵으로 가득 찬 풍경을 가로질러 기지로 돌아와서 신문사에 송고하는 생활이 이어졌다.

레이디스미스가 구원되고 자유주에서 패배하자 많은 보어인들은 전쟁이 끝났다고 생각해서 서둘러 자신들의 농장으로 돌아갔다. 공화국은 영국이 '위신을 회복'했다는 다소 별난 이유로 평화 협상을 요청해 왔다. 물론 아무도 이것을 받아들일 것이라고 생각하지 않았다. 대영제국 정부는 보어인들의 침략에 대한 손해 보상과 남아프리카의 향후 정착 문제에 대한 협상 조건을 그들의 수도인 프리토리아에서 알려 주겠다고 단호하게 대답했다.

한편 자유주에 있던 수천 명의 보어인들은 각자 그들의 집으로 돌아가 중립을 서약했다. 만약 이때 로버츠 경이 프리토리아로 지체 없이 진군했더라면 어찌됐든 바알강 이남의 모든 저항은 종지부를 찍었을 것이다. 그러나 군대는 무엇보다도 식량과 군수품의 지원이 절실하다. 주요 철도는 이미 파괴되었고 임시로 가설된 철로는 수송 능력이 받쳐 주지 못해서 매일 필요한 수량의 1/4 정도만 보급할 수 있었다. 따라서 진격이 재개되기까지는 몇 주의 시간이 필요했다.

한편 보어군 지도자들은 결연한 자세로 힘을 모아 두 번째 저항을 시도했다. 비록 적은 병력이긴 했지만 이전의 전투보다 훨씬 더 길고 큰 대가를 지불해야만 했다. 바야흐로 게릴라전의 시대가 온 것이다. 이를 위한 첫 단계로 보어군은 서둘러 평화 협상을 주장했던 시민들을 다시 민병대로 불러 모으기 시작했다. 협박과 위협으로 인해 중립 서약을 했던 수천 명의 사람들은 다시 무기를 들어야 했다. 영국군은 이런 배신행위를 맹비난했다. 비록 이 서약을 어긴 것으로 인해 처형된 사람은 없었지만, 새로운 부정적 요소가 이 투쟁에 섞여 들어간 게 분명했다.

이 전쟁이 브라바존 장군에게는 그리 쉽지 않다는 것을 알았다. 그는 정규 기병여단을 이끌고 왔으나 콜스버그(Colesberg) 앞에서 작전을 준비하는 와중에 프렌치 장군과 사이가 틀어져 버렸다. 프렌치 장군은 보다 젊고 강한 성격이었다. 하지만 늙은 '브랍(Brab)'은 전쟁의 새로운 양상이 익숙하지 않았다. 그가 할 수 있는 것이라곤 "1878년 아프가니스탄에서 어떻게 했다. 1884년 수아킴(Suakim)에서 어떻게 했다" 따위였다. 물론 그 당시 프렌치 장군은 하급 장교에 불과했다.

그러나 이제는 프렌치 장군이 그의 상관이고, 1878년이나 1884년의 교훈은 쓸모없고 빛바랜 기억이 되어 있었다. 이런 갈등은 브라바존의 제멋대인 데다 거친 말들로 인해 화를 자초했다. 프렌치 장군의 전술뿐만 아니라 젊은 혈기에 대해서도 마구 혹평을 쏟아냈다. 프렌치 장군도 곧바로 보복했다. 이 이야기가 곧바로 사령부로 전해졌고, 브라바존은 자신의 정규 여단을 잃고 남아프리카에서 이제 막 창설된 약 1만 명의 대영제국 기마의용사단의 지휘관이 되었다.

언뜻 보기에는 승진처럼 보였고 브라바존에게도 그렇게 설명되었다. 하지만 이것은 소위 아일랜드식 승진(Irishman's rise)이라고 불리는 빛 좋은 개살구임을 증명한 것이었다. 만여 명의 의용군은 이미 도착해서 전장 곳곳에 흩어져 있었고, 괄시 받던 아마추어 병력 가운데 1개 여단만이 불쌍한 브라바존이 직접 지휘할 수 있는 전부였다. 장군은 이들을 데리고 블룸폰테인 남동부에서 작전을 펼치고 있었다. 나는 그를 따라다니기로 결정했다.

나는 말과 마차를 화차에 싣고 이덴부르크(Edenburg) 남쪽으로 갔다. 4월 16일 아침에는 거기서부터 쏟아지는 빗줄기를 뚫고 위험 지대를 통과했다. 여행은 순조로웠고 19일 밤이 되자 드웨츠도르프(Dewetsdorp)에서 영국군을 따라잡을 수 있었다. 이 부대는 제8사단인데, 대영제국 각지에서 긁어모은 정규군으로 편성된 마지막 부대였다. 레슬리 런들(Leslie Rundle) 경이 지휘하고 있었는데, 그는 나중에 '한가한 트런들(Leisurely Trundle) 경'이라는 별명을 얻기도 했다. 나와는 나일강에서부터 알고 지내는 사이였다.

브라바존의 여단은 그 앞에서 정찰을 하고 있었다. 런들 경은 따뜻하고 상냥하게 나를 맞이해 주었다. 다음날 아침 일찍 브라바존을 만나기 위해 다시 말에 올랐다. 브라바존 장군은 나를 보자마자 기뻐하면서 전쟁과 세상사 그리고 프렌치 장군에 대한 험담으로 나를 즐겁게 해 주었다. 우리는 며칠간 함께 지냈다.

우리는 곧 드웨츠도르프 주변의 언덕에 접근했다. 멀리서 소총 소리가 정적을 깨뜨렸고 아군 정찰대가 황급히 돌아왔다. 여기서 내가 경험한

드웨츠도르프는 남아프리카공화국의 자유주에서 블룸폰테인 남동쪽 68Km에 위치한 작은 마을로, 2차 보어 전쟁 당시 격렬한 전투가 벌어진 곳이다.

가장 웃기는 작전이 시작되었는데, 브라바존의 의용병 부대가 곧장 가장 가까운 언덕을 점령한 뒤 이어서 보어군과 활발한 교전이 시작되었다. 보어군은 분명 마을 앞 수풀이 우거진 능선에 상당한 병력이 있는 것 같았다. 서너 문의 적의 대포가 발사되기 시작했다. 런들 장군에서 전갈을 보내자 저녁 즈음에 2개 여단을 데리고 도착했다. 작전 회의에는 나도 참여할 수 있었다. 브라바존은 강력하게 전투를 주장했다.

다음날 아침 공격할 수 있도록 만반의 준비를 마쳤다. 그러나 이른 아침 선임 여단장인 허버트 첨사이드 경은 이 작전의 중대성에 대해 총사령관에게 건의를 했다. 첨사이드 경은 1878년, 무려 22년 전에 벌어진 러시아-튀르크 전쟁을 경험한 사람이었다. 따라서 그의 발언권은 큰 권위를 가지고 있었다. 그가 주장하기를, 보어군의 위치는 플레브나(Plevna)처럼* 난공불락의 거점을 차지하고 있으므로 수천 명의 목숨을 앗아갈지도 모르는 돌격을 감행하는 것은 무모한 짓이며, 더 많은 병력과 대포를 집결시켜야 한다고 했다.

그래서 바캠벨(Barr-Campbell) 장군이 지휘하는 제3여단이 도착할 때까지 기다리기로 했다. 이 여단은 2개의 근위대대도 포함하고 있고 철도를 따라 행군 중이어서 저녁 무렵에는 도착할 예정이었다. 우리는 그날 보어군과 소규모 접전을 벌이면서 하루를 보냈고, 밤이 되자 보병대의 긴 행렬이 도착했다.

이제 아군의 규모는 11,000명에다 18문의 대포까지 보유하게 되었으며, 다음날 전투를 위한 준비를 마쳤다. 그런데 그날 저녁 버크셔 연대의 40명이 깨끗한 샘물을 길어오기 위해 나갔다가 어둠 속에서 길을 잃고

---

* 현재 불가리아의 플레벤(Pleven) 지역으로 1877년 플레브나전투에서 오스만제국이 143일 동안 러시아군의 공격을 막아낸 거점.

보어군 전선으로 잘못 들어가 버렸다. 이 사건은 사령관에게 불길한 인상을 주었으며, 명령을 받기 위해 로버츠 경에게 전보를 보냈다. 당시 장군들은 희생을 최소화하라는 엄명을 받고 있었다. 정면 공격은 사실상 금지되었고, 모든 기동은 마치 훈련처럼 안전하게 하라는 지시가 내려왔던 것이다. 이론적으로는 참으로 그럴싸해 보이지만 실전에서는 아무 쓸모가 없었다!

새벽녘에 전 병력이 공격 태세를 갖추고 의용기병대는 적의 좌측을 우회하기 위해 신호를 기다리고 있었다. 그때 갑자기 참모 한 명이 와서는 전투가 하루 연기되었다는 소식을 전했다. 브라바존에게는 도저히 참을 수 없는 노릇이었다. 그는 고개를 저으며 말을 타고 나에게 오더니 갑자기 큰 목소리로 모든 사람들이 들을 수 있도록 '밥 에이커스(Bob Acres)'*라고 외쳤다. 참모장교가 이를 보고했는지 어쨌는지 알 순 없다. 브라바존의 기분을 달래기 위해서인지 아니면 다른 목적인지 모르겠지만 기병대가 소위 '플레브나'라는 곳의 좌측을 위력 정찰(威力偵察)**할 수 있도록 허락되었다. 여기서 나는 가장 흥미진진한 모험을 하게 되었다.

당시의 상황을 내 마음대로 재단하지 않기 위해 그날 저녁에 쓴 내용을 여기에 그대로 옮기도록 하겠다.

> 우리는 기마 보병대를 포함한 약 1,000여 명의 병력으로 전초선 남쪽으로 빠르게 남하하여 적의 좌익을 향해 크게 우회했다. 지형은 평평한 분지를 향해 상당히 경사져 있었는데, 그 분지 중앙에 도드라지고 특이하게

---

\* 아일랜드 극작가 리처드 셰리든의 희곡 『연적』에 나오는 겁쟁이로 비유되는 인물.
\*\* 일부러 적을 위협하여 적으로 하여금 출동하거나 사격하게 함으로써 적의 역량이나 배치 상태를 알아내는 일.

보이는 작은 언덕이 솟아 있었다. 이 뒷부분에는 보이지 않던 드웨츠도르프가 있었다. 그 둘레에는 약 2백 명 정도의 보어군 기병과 보병이 몰려 있었다.

우리가 빠르게 적진 한가운데로 뛰어들자 보어군은 몹시 당황한 듯했다. 그들은 이것이 위력 정찰인지 실제 공격인지 분간하지 못한 것 같았다. 보어군은 측면을 공격하는 아군 기병대의 측면을 우회해서 그 의도를 파악하려고 했다. 그리고 아군의 장사정포가 그들을 언덕 배후로 몰아넣은 순간 약 200여 명의 새로운 병력이 전면에서 말을 타고 나타났다. 그리고 아군의 전방 약 2,000미터 옆을 가로질러 오른쪽에 있는 하얀 바위 언덕을 향해 달리기 시작했다.

자신의 상관이 전사한 후 몽트몰렌시 정찰대를 지휘하고 있던 앵거스 맥닐(Angus McNeill)이 장군에게 달려와 이렇게 말했다.

"저들을 쫓아내 버릴까요? 우리가 해치우겠습니다."

정찰대는 귀를 쫑긋 세웠다. 장군이 대답했다.

"좋아, 자네들이 해 보게."

"승마! 승마! 정찰대 승마!"

성미 급한 장교는 안장 위로 뛰어오르며 소리쳤다. 그리고는 내게 이렇게 말했다.

"같이 가시죠? 지금 쇼를 보여 줄게요. 1등석으로."

불과 며칠 전 아무 생각 없이 하루 종일 정찰대와 함께 다니기로 약속한 적이 있었다.

나는 보어군 쪽을 보았다. 보어군은 우리보다 하얀 바위 언덕에서 가까웠는데, 그들은 언덕을 올라가야만 했고 말 상태도 그리 좋아 보이지 않았다. 어쩌면 잘 될지도 모른다. 만약 그렇다면 액튼 홈즈에서의 사건을 생각해 볼 때 개활지에서 적들에게 큰 피해를 입힐 수 있을 것이다. 40~50여 명의 정찰대와 맥닐 그리고 나는 가능한 빨리 박차를 가하면서 말을 몰았다.

이것은 처음부터 경주와 비슷했고, 양측 모두 그렇게 인식했다. 우리가 가까이 다가서자 동지들보다 더 뛰어난 말을 탄 보어군 선두의 5명이 유리한 지점을 확보하려고 다른 사람들을 앞지르며 필사적으로 뛰쳐나가는 것을 보았다.

"틀렸다!"

내가 이렇게 외쳤지만, 어느 누구도 패배를 인정하지 않고 포기하지 않았다. 그렇다면 나머지는 간단했다. 우리가 언덕에서 약 100미터, 정확히는 120미터 떨어진 철조망에 도착하자 말에서 내려 이를 끊고 앞으로 나아가려고 했다. 그 순간 험상궂은 얼굴에 수염이 무성한 10여 명의 보어인 얼굴 ― 프레레의 끊어진 철도에서 봤던 모습과 같은 ― 과 어깨가 나타났다. 그 뒤에는 얼마나 더 많은 사람들이 있겠는가?

기묘하게 거의 설명하기 어려운 정적이 흘렀다. 어쩌면 전혀 멈추지 않았을지도 모른다. 하지만 많은 일이 일어난 것은 기억하고 있다. 먼저 길고 축 늘어진 검은 수염을 기른 보어인과 다른 한 명은 목에 빨간 스카프를 두른 채 초콜릿색 코트를 입고 있었다. 두 명의 아군 정찰병은 여전히 무심하게 철조망을 자르고 있었다. 보어인 한 명이 말을 타고 이쪽을 겨누고 있었다. 그러자 맥닐의 목소리가 또렷하게 들렸다.

"너무 늦었다. 언덕에서 후퇴! 달려!"

그러자 사격이 시작되었고, 총알이 스치는 소리가 허공을 가득 채웠다. 나는 등자에 발을 올렸으나 말이 사격에 놀라 크게 뛰었다. 안장에 타려고 했으나 안장이 돌아 말의 배 밑으로 돌아가 버렸다. 말은 미친 듯이 질주해 달아나 버렸다. 대부분의 정찰병들은 이미 200미터 떨어진 곳에 있었다. 나는 혼자였고 말도 없으며 근방 1킬로 내에는 숨을 만한 곳이 아무 데도 없었다.

한 가지 위안이 될 만한 것은 권총이었다. 이것만 있다면 지난번처럼 무장하지 않은 채 쫓기는 일은 없을 것이다. 하지만 아무리 사정이 좋다 해도 심각한 부상을 입을 것 같았다. 나는 몸을 돌려 보어인 저격수로부터 필사적으로 도망쳤다. 마음속으로 '여기가 끝인가'라고 생각할 때 쯤 왼쪽에서 내 앞을 가로질러 정찰병이 다가오는 게 보였다. 큰 키에 해골 모양의 배지를 달고 하얀 말을 타고 있었다. 마치 죽음의 계시 같았다. 그러나 나에게는 생명의 계시였다! 나는 지나가는 그에게 부르짖었다.

"나를 태워 주시오."

놀랍게도 그는 말을 멈췄다.

"자 타시오."

나는 그에게 달려가 그의 등 뒤로 뛰어올랐다. 우리는 계속 달렸다. 나는 팔을 뻗어 갈기를 잡았는데, 손이 피로 흠뻑 젖었다. 비록 말은 심하게 맞았지만 있는 힘을 다해 달리고 있었다. 탄환이 머리 위에서 휘파람을 불며 날아다녔다. 사거리가 점점 멀어지고 있었기 때문이다.

"겁먹지 마시오."

나를 도와준 사람이 말했다.

"여기서는 맞히지 못할 거요."

나는 아무 말도 할 수 없었다.

"아, 불쌍한 말! 오, 가엾은 말… 파열탄에 맞았구나! 젠장, 꼭 복수하고 말겠어. 아, 불쌍한 말! 내 말!"

"너무 상심해하지 마시오. 당신은 내 목숨을 구해 주었소."

"아, 그러나 내가 생각하는 것은 말 뿐이오."

이것이 우리가 나눈 대화의 전부였다. 들리는 총성으로 미뤄볼 때 질주하는 말은 어려운 표적인 데다 보어군도 흥분해서 숨을 헐떡거리다 보니 500미터가 넘으면 총에 맞을 염려가 없었다. 또 하나의 언덕 모퉁이를 돌고 나서 다시 한 번 행운을 붙잡았다는 사실에 안도감이 밀려왔다.

캠프로 돌아오자 로버츠 장군은 랜들이 '유리한 위치에 있는 적군에게 저지되었다'고 판단하여 블룸폰테인에서 또 다른 보병 1개 사단을 출동시켰다. 그리고 북서쪽 드웨츠도르프에서 프렌치의 3개 기병여단을 내보내 소탕전을 벌이기 시작했다. 이 공동 작전은 이틀 만에 준비가 완료되었다. 거의 10일에 걸쳐 그들의 10배에 달하는 영국군을 괴롭히는 데 성공한 2,500여 명의 보어군은 포로를 이끌고 조용히 북쪽으로 물러갔다. 이것은 게릴라전이 된 국면에서 문제가 될 게 분명했다.

2차 보어 전쟁 당시 기마소총부대의 모습.

나는 이제 프렌치 장군의 기병사단을 따라 북쪽으로 올라갔다. 하지만 여기에서는 그다지 우호적이지 않은 분위기를 감지했다. 당시 수많은 다른 장군들처럼 프렌치도 나를 못마땅하게 여기는 것 같았다. 하급 장교인 내가 종군 특파원으로서 여기저기 헤집고 다니는 이중 신분을 가지고 있는 것에 대해 불쾌하게 여기는 것도 무리가 아니었다. 게다가 이런 편견에 더해 개인적인 문제까지 있었다. 내가 늙은 대령과 가까운 친구이자 한패라고 알려졌던 것이다. 이런 적대적인 관계 속에 휩쓸려버렸다. 부상에서 회복되어 빅토리아 훈장을 수여받고 새롭게 프렌치 장군의 부관이 잭 밀뱅크조차도 이러한 반감을 누그러뜨리지 못했다.

종종 프렌치 장군의 부대와 행군하거나 소규모 접전을 함께했지만 장군은 내게 어떠한 호의나 관심도 없는 듯 나의 존재를 완전히 무시했다. 이 일이 몹시 유감스러웠다. 나는 프렌치 장군이 콜스버그 전선을 완벽히 방어하고 보어군 전선을 용감하게 돌파하여 킴벌리를 구원한 것에 대해 크게 존경하고 있었다. 그래서 이 무렵 차츰 명성을 높여 가고 있던 그야말로 군인다운 늠름한 표상이라며 감탄해 왔기 때문이다. 결국 남아프리카 전쟁에서는 한마디도 나누지 못했다. 하지만 나중에는 가장 친한 친구가 되어 전시에나 평시에 함께 중대한 문제를 논하는 사이가 되었다.

## 프리토리아 점령과 종전

5월 초가 되자 로버츠 경은 요하네스버그와 프리토리아에 대한 진격 준비를 마쳤다. 한편 전쟁의 양상은 갈수록 악화되어 조속한 해결의 기미가 보이지 않았다. 총사령부는 이미 2개월 동안 블룸폰테인에 주둔해 있다 보니 출발 전에 큰 소란이 벌어지기도 했다. 당시 로버츠 장군 휘하에는 노포크 공작, 웨스트민스터 공작, 말버러 공작 등이 이런저런 자격으로 종군하고 있었다. 이에 대해 어느 급진주의 신문이 비꼬자 여론에 민감한 총사령관은 살림을 줄이기로 결정했다.

말버러 공작이 인원 삭감의 대상이 되었다. 사촌형인 9대 말버러 공작은 혼자만 뒤에 남겨지게 될까 몹시 괴로워했다. 다행스럽게도 이언 해밀턴이 장군이 되어 16,000명을 단독으로 지휘하게 되었고, 적어도 4,000여 명의 별동대가 본대의 동쪽 측면 65~80킬로 떨어진 곳에서 같이 진격할 것이라는 이야기를 들었다. 그 부대 같으면 환영받고 마음이 편할 것 같아서 그들과 동행할 적정이었다.

해밀턴에게 전보를 보내 말버러 경을 그의 참모로 넣어 주도록 부탁했다. 장군은 승낙했고 누구에게나 공평한 로버츠 경도 이를 기분 좋게 지지해 주었다. 나는 네 마리의 말이 끄는 마차를 타고 우회하는 부대를 따라잡기 위해 65킬로를 달렸다. 보어군이 들끓는 시골길은 무방비였지만 무사히 통과한 다음 윈버그(Winburg) 외곽에서 부대를 따라잡았다. 여기까지는 매우 순조로웠다.

이후로 유쾌한 행군이 시작되었다. 중간의 휴식을 포함해서 대략 6주일 동안 6~8백 킬로를 행군했다. 남아프리카의 상쾌한 공기와 기후 그리고 웅장한 풍경, 지속되는 행군에서 연달아 터지는 사건들 등 당시의 야전생활은 25년이 지난 지금도 내 마음속에 생생하게 남아 있다. 우리는 날마다 새로운 지역을 지켜봤고, 매일 저녁에는 텐트가 없었기 때문에 시냇가에서 야영을 했다. 우리가 몰고 온 양 떼와 버려진 농장의 담장 근처를 돌아다니는 닭들을 잡아먹었다. 내 마차 바닥에는 런던에서 공수한 최고급 통조림과 알코올이 약 60센티 높이로 가득 쌓여 있었다.

우리는 모든 안락함을 갖추고 하루 종일 기병 정찰대를 따라다녔다. 젊음의 혈기로 새로운 모험과 경험 그리고 이와 비슷한 것들을 찾아 헤맸다. 거의 매일 먼동이 틀 무렵 우리는 넓게 산개한 기병과 보병 사이를 돌아다니면 전방과 측면 또는 후위 부대의 후방에서 총알이 날아올 때마다 실전이 주는 생생한 스릴을 경험하기도 했다. 때로는 샌드강(Sand River)의 교두보를 지날 때처럼 신출귀몰한 보어군 기병이 매복해 있는 언덕이나 산등성이를 향해 대규모 병력이 진격하는 정규전을 벌일 때도 있었다. 며칠마다 적의 매복이나 함정에 걸려 대략 20여 명 정도의 병사들이 희생되었다. 소총으로 무장한 기병들이 황야에서는 얼마나 뛰어난 전투원인지 새삼 실감하게 되었다. 그들은 예리한 감각과 불굴의 끈기로 진격하는 영국군의 뒤를 집요하게 쫓아오고 있었다.

로버츠 장군은 정보장교의 충고에도 불구하고 적군이 트란스발 동부가 아닌 서부로 후퇴할 것이라고 생각했다. 그래서 트란스발 국경에 접근하자마자 이언 해밀턴의 부대를 본대의 우익에서 좌익으로 배치했다. 우리는 센트럴라인이 있는 아메리카 측선을 가로질러 바알강 교두보까지 행군했다. 이렇게 배치한 이유는 우리가 요하네스버그 지방의 서쪽 외곽으로 우회함으로써 아군의 주력 부대가 많은 희생을 감내해야 하는 정면 공격을 하지 않고도 적의 퇴각을 압박하려는 의도였다. 사실 보어군은 이 작전의 의도를 이미 간파했다. 그래서 요하네스버그에서 철수를 준비하는 와중에도 요하네스버그와 포체프스트롬(Potchefstroom) 사이 도로에 있는 플로리다라고 불리는 거점에 해밀턴 부대를 저지하게 위해 강력한 부대를 파견했다.

1900년 6월 1일, 4년 전 제임슨 공격대가 항복했던 바로 그 곳에서 당시 가장 격렬했던 전투가 벌어졌다. 보어군은 들쭉날쭉한 바위틈 사이에 숨어서 아군의 포격에 굴하지 않고 저항했기에 총검으로 이들을 몰아내야만 했다. 고든하이랜더연대는 약 100여 명의 사상자를 내면서 이 고된 임무를 수행했다. 동시에 프렌치 장군의 기병대가 적의 우측과 후방을 포위하기 위해 다소 맥 빠진 우회 기동을 시도해야만 했다.

이 전투에서도 나는 운 좋게 죽음의 위협으로부터 벗어날 수 있었다. 하이랜더부대가 정상을 점령한 후 이언 해밀턴 장군 휘하의 여단장인 스미스 도리엔(Smith-Dorrien) 장군이 아군이 점령한 곳에 포대를 배치하고 싶어 했다. 장군은 시간이 없어서 자신이 직접 위치를 선정하기로 결심했고, 나에게 따라오라고 지시한 다음 홀로 가파른 비탈길로 달려 나갔다. 보어군은 평소대로 마른 풀에 불을 붙여 연막을 피웠기 때문에 그 일대는 시야가 상당히 제한되어 있었다. 연막에 가로막힌 우리는 능선에 있는 고든하이랜더연대의 좌측 부대를 놓치고 말았다. 불길이 타오르는 가장자리에서 연막을 막 벗어나자마자 불과 몇 십 미터 떨어진 곳에 모여 있는 적들을 발견했다. 보어군의 총구에서는 즉각 불이 뿜어져 나왔다. 하는 수 없이 다시 말을 돌려 연막 속으로 뛰어들었다. 말 한 마리가 총탄에 스치긴 했지만 모두 무사했다.

그 전투가 있던 날 아침에 이언 해밀턴 경의 부대는 요하네스버그 서쪽의 주요 도로들을 차단했다. 아마도 도시 남쪽 32킬로 지점에는 로버츠 경의 사령부가 이미 도착했을 것이다. 그런데 이 두 부대 사이에는 아무런 연락 수단이 없었다. 요하네스버그는 여전히 적의 수중에 있었고, 우리가 왔던 길을 통해 남쪽으로 돌아간다면 대략 130킬로나 되는 험준한 산맥을 우회해야 하는 경로였다. 이미 그 우회로에는 기병이 파견되었고, 이 시점에서 총사령관과의 신속한 의사소통이 매우 중요했다.

시내를 빠져나온 시민들이 전해 준 소식은 모두 제각각이었다. 보어군은 철수하고 있지만 아직도 시내에 많은 보어군이 남아 있다는 것이다. 이곳 상황에 정통한 듯 보이는 젊은 프랑스인은 사복 차림을 하면 시내를 자전거로 지나가는 게 가능하다고 장담했다. 그는 내게 자전거를 빌려주면서 직접 안내하겠다고 말했다. 이언 해밀턴 경은 내게 긴급 전문을 맡겼고, 나 역시「모닝포스트」로 송고할 기사를 가지고 갔다.

오후에 출발한 우리는 자전거를 타고 큰길을 내려갔다. 아군의 최전방 전초선을 지날 때에는 짜릿해지는 느낌이었다. 이내 요하네스버그 시내로 들어왔고, 그곳에는 이미 어둠이 내리고 있었다. 시내에는 많은 사람들이 모여 있었는데 무장한 채 말을 탄 보어군도 목격했다. 그들은 여전히 도시를 장악하고 있었고, 우리는 그들의 수중에 들어간 것이다. 만에 하나 잡히기라도 한다면 내 처지는 그리 달갑지 않을 것이다. 남아프리카 경기병연대의 장교가 사복을 입고 민간인으로 위장해 적진에 은밀하게 침투한다면 유럽의 어느 군법 회의에서도 온전히 살아남기 힘들다는 것을 잘 알고 있었다.

긴 오르막길에 이르자 우리는 자전거에서 내려 끌고 올라가야 했다. 갑자기 뒤에서 천천히 달려오는 기병의 말발굽 소리가 들렸다. 갑자기 페이스를 바꾸는 일은 치명적이다. 우리는 사전에 약속한 대로 프랑스어로 이야기하면서 걸어갔다. 잠시 후 우리는 기병과 나란히 가게 되었다. 그는 말을 천천히 걷게 한 뒤 우리를 빤히 쳐다보았다. 나도 그를 올라다 보았고, 서로 눈이 마주쳤다. 그 기병은 등에는 소총을 메고 허리에는 권총을 차고 있었으며, 세 개의 탄띠를 두르고 있었다. 말에는 자신의 소지품을 가득 싣고 있었다.

세 사람은 이런 꼴로 한참을 걸었는데, 그 시간이 무척 길게 느껴졌다. 얼마 후 달갑지 않은 동료는 말에 박차를 가한 후 우리를 남겨둔 채 가 버렸다. 기뻐하기에는 아직 일렀다. 로버츠 경의 군대를 막기 위한 보어군이 지키는 전선에 언제 다다를지 모른다. 따라서 우리의 계획은 겁먹지 말고 당당하게 자전거를 타고 달리는 것이었다. 하지만 유감스럽게도 보어군과 영국군 어느 쪽의 전선도 보지 못했다.

요하네스버그 시내에서 벗어나 시골로 들어설 무렵 로버츠 경 휘하의 영국군 병사들을 만났다. 그들은 무장도 하지 않은 채 음식과 술을 찾기 위해 시내로 들어가는 중이었다. 나는 그들에게 부대가 어디 쯤 있냐고 물었더니 멀지 않은 근처에 있다고 했다. 우리는 병사들에게 마을 근처로 가면 포로가 되거나 총에 맞을 수 있다고 충고했다.

"선생님, 왜 그러시나요?"

한 병사가 의심스러운 듯 관심을 갖고 물었다. 그래서 불과 1킬로 앞에서 무장한 보어군이 지나갔다는 말을 전하자 병사들은 약탈하러 시내로 들어가는 것을 그만두고 근처에 있는 작은 집을 뒤지러 발길을 돌렸다. 젊은 프랑스인과 나는 큰길을 따라 내려가서 로버츠 경 휘하의 사단 본부를 찾아냈다. 본부에서는 다시 16킬로 남쪽에 총사령부가 있다고 알려 주었다. 마침내 총사령부에 도착했을 때에는 꽤 어두워졌다. 다행히 내가 아는 부관이 문 앞에서 맞이해 주었다.

"아니, 자네는 어디에서 솟아났나?"

"이언 해밀턴 장군에게서 왔습니다. 총사령관께 보내는 전문을 가지고 왔습니다."

"아주 좋아! 우리도 소식을 기다리고 있던 참인데."

그가 잠시 자리를 비웠다. 이제 내 용건은 언론 검열관을 만나서 최근에 얻은 독점 정보들이 가득한 기사 뭉치를 건네는 것이었다. 그런데 장교 대신 부관이 다시 나타났다.

"로버츠 경이 즉시 들어오라고 하시네."

총사령관은 사령부 소속 참모들 12명과 저녁 식사를 하고 있었다. 내가 들어서자 의자에서 벌떡 일어나 친근한 모습으로 내게 손을 내밀었다.

"어떻게 여기까지 왔나?"

"큰길을 통해 시내를 지나서 왔습니다."

"요하네스버그를 지나서? 아직 적이 점령하고 있다고 들었는데…."

"소수가 남아 있지만, 대부분 퇴각 중입니다."

"자네가 직접 보았나?"

"네. 몇 명 목격했습니다."

그의 눈이 반짝거렸다. 로버츠 경은 빛으로 반짝거리는 매우 특별한 눈동자를 소유하고 있었다. 그 순간 나는 그의 눈동자에 다소 놀라워했던 것으로 기억한다.

"어제 해밀턴의 작전도 보았는가?"

"네."

"어서 이야기해 주게."

나는 가장 따뜻한 환대를 받으면서 아버지의 옛 친구이자 이제는 내 친구가 된 로버츠 경에게 해밀턴 장군의 전투에 대해 상세히 보고했다.

＊＊＊

프리토리아는 4일 후에 항복했다. 요새를 공략하기 위해 수십 마리의 소가 2문의 9.5인치 대포를 끌고 수백 킬로를 달려왔지만 결국 사용하지도 못했다. 그럼에도 불구하고 보어의 수도로 다시 들어가는 것에 다들 신이 났다. 5일 아침 일찍 말버러와 나는 말을 타고 달려서 이미 시 외곽까지 진출한 보병대의 선두까지 이르렀다. 어떠한 군사적 경계 조치도 하지 않은 한 무리의 장교들이 철도 건널목의 차단기 앞에 모여 있었다. 그러자 바로 눈앞에서 두 대의 기관차가 이끄는 긴 열차가 천천히 지나갔다. 열차에는 무장한 보어군이 빼곡하게 타고 있었고, 창문에는 소총이 무수히 튀어나와 있었다. 불과 3미터의 거리를 두고 우리는 어안이 벙벙한 채로 서로를 응시할 뿐이었다. 단 한 발이라도 총성이 울렸다면 양측 모두 끔찍한 대학살이 일어났을 것이다. 열차가 그대로 탈출한 것은 유감스럽지만 마지막 칸이 천천히 코앞을 스쳐지나가는 것을 본 후에야 우리는 안도의 한숨을 내쉬었다.

그 후 말버러와 나는 시내로 들어갔다. 장교 포로수용소가 스테이트 시범학교에서 다른 곳으로 이전되었다는 소식을 듣고 그곳에 여전히 갇혀 있기를 바라면서 새 포로수용소로 가는 길을 물었다. 포로들이 혹시 이미 끌려갔거나 아까 지나간 기차에 타고 있지 않았을까 걱정이 되었다. 그런데 모퉁이를 돌자 빽빽한 철조망에 둘러싸인 긴 양철 지붕 건물이 나타났다. 나는 모자를 흔들며 환호했다. 이내 안에서도 나의 외침에 화답하는 환호성이 들려왔다. 그 뒤에는 아델피 극장*에서 보았던 멜로드라마의 마지막 한 장면 같았다.

우리는 두 사람뿐이었고, 우리 앞에는 무장한 보어 경비대가 세워총 자세로 서 있었다. 참모의 붉은 표식을 단 말버러는 경비대장에게 즉시 항복할 것을 요구했고, 총기 수령증까지 써주겠다는 내용을 재치 있게 덧붙였다. 포로들은 건물에서 운동장으로 쏟아져 나왔다. 일부는 제복을 입었고 일부는 얇은 플란넬을 입고 있었는데, 모자가 없거나 코트도 없는

---

* 1806년 런던에서 개장한 코미디와 뮤지컬을 전문으로 공연하는 대표적인 극장.

포로들도 있었다. 그들 모두 격렬하게 흥분한 상태였으며, 보초들이 총을 버리고 달아나자 정문이 활짝 열렸다. 마지막까지 그들을 지키고 있던 경비병은 모두 52명이었다. 그들은 어떻게 해야 할지 몰라서 머뭇거리고 있는 동안 오랜 수감생활을 마친 장교들이 그들을 에워싸고 무기를 압수했다. 누군가가 유니언 잭을 가져왔다. 트란스발 국기는 철거되고 포로들의 열광적인 환호 속에 프리토리아 하늘에 처음으로 영국 국기가 게양되었다. 이때가 6월 5일 8시 47분이었다. 그 광경을 상상해 보라!

\* \* \*

나는 남아프리카에서 또 한 번의 모험을 경험했다. 그 일이 있은 지 2주일 후 보어군을 프리토리아에서 더 멀리 몰아내기 위한 다이아몬드힐 (Diamond Hill) 작전에 참가한 후 귀국하기로 결심했다. 우리의 전투는 모두 끝이 났다. 전쟁은 이제 게릴라전으로 바뀌었고, 언제 끝나게 될지 알 수 없는 상황이었다. 총선도 오랫동안 미뤄놓을 수 없는 형편이었다. 나는 당국의 허가를 얻어 민간인 신분으로 돌아갔고, 케이프타운행 기차에 올라탔다.

요하네스버그에서 남쪽으로 160킬로 떨어진 콥역을 지날 때까지는 아무 일도 없었다. 아침의 여명이 밝아오는 즈음이었다. 로버츠 경이 지시한 임무 때문에 이동 중이었던 웨스트민스터 공작과 함께 아침 식사를 하고 있는데 갑자기 기차가 멈춰 섰다. 우리가 선로에 뛰어내리자마자 동시에 작은 구경의 대포에서 포탄이 날아와 발 앞에 떨어졌다. 그것은 깜짝 놀랄 정도로 큰 소음을 내면서 터졌고 제방에서는 진흙이 튀어 올랐다. 전방 100미터 지점에는 나무로 만든 임시 교량이 불타고 있었다.

열차는 꽤 길었는데, 여러 가지 이유로 남쪽이나 고국으로 돌아가는 여러 연대의 병사들이 가득 타고 있었다. 그런데 지휘관이 없었다. 병사들이 혼비백산하여 객차에서 내리기 시작하는데, 장교의 모습은 보이지 않았다. 콥역 5킬로 뒤에는 5인치 포 두 문을 보유한 요새화된 진지가 있었다. 나는 장갑열차에 대한 기억 때문에 후방선로에 대해 극도로 예민해져 있었다. 무슨 일이 있어도 11월 15일의 경험을 되풀이하고 싶진 않았다.

나는 선로를 따라 기관차로 달려가서는 기관실에 올랐다. 기관수에게 기적을 울려 병사들을 불러들이고 당장 콥역으로 돌아가라고 명령했다. 기관사는 재빠르게 복종했다. 발판 위로 올라가 병사들이 다시 열차에 올라탔는지 확인하는 동안 불타는 교량 아래 배수로에서 어두운 형체들이 무리지어 있는 것을 보았다. 이들이 내가 마지막으로 본 보어인들이었다.

나는 목재 개머리판을 마우저 권총에 끼워 놓고 예닐곱 발을 발사했다. 보어인들은 반격하지 않고 뿔뿔이 흩어졌다. 이윽고 기관차가 다시 움직이기 시작했고, 우리는 곧 콥역으로 무사히 돌아왔다. 콥역에서 우리는 좀 더 아래쪽에 있는 호닝스푸트(Honing Spruit)에서 전투가 한창이라는 소식을 들었다.

우리 앞쪽에 있던 열차는 차단되어 보어군에게 상당한 포격을 얻어맞고 있었다. 아마도 지원군이 오는 것을 막기 위해 앞쪽 선로가 파괴되어 있었던 것이다. 하지만 호닝스푸트에 갇힌 아군은 6~70명의 병력을 잃으면서도 남쪽에서 지원군이 올 때까지 간신히 버텼고, 이튿날 아침이 되자 보어군은 퇴각했다. 선로를 복구하는 데 며칠이 걸리기 때문에 우리는 콥역에서 말을 빌려 오스트레일리아 창기병대와 함께 야간에 이동했다. 도중에는 아무런 사고도 일어나지 않았다.

이후 오랜 세월동안 나는 당시 우리 앞 제방에서 터진 2인치 크뢰조(Creusot) 포탄이 마지막으로 겪은 끔찍한 경험이 될 것이라 생각했다. 하지만 이러한 기대는 잘못이었다.

## 카키 선거전에서 승리하다

프리토리아를 점령했고, 특히 마페킹이 구원되었기 때문에 대부분 영국 국민들은 이제 전쟁은 거의 끝났다고 생각했다. 게다가 로버츠 경의 연설에 의해 더욱 고무되었다. 국민들은 환희에 취해 있었다. 물론 정부는 현 상황에 대해 잘 알고 있었지만, 승리의 물결에 휩쓸려 독단적이고 위험한 결정을 하고 말았다.

'보어공화국과는 어떠한 협상도 없을 것이다. 오직 그들에 대한 말살뿐이다. 만약 보어인들이 자의나 타의에 의해 항복을 요청한다면 공정하고 좋은 대우를 받을 것이다. 하지만 영국의 궁극적 목적은 점령 지역의 안전을 보장할 만큼 충분히 영국인들을 정착시킨 후에야 다른 식민지들처럼 자치권이 주어질 것이다. 만약 이를 거부한다면 영국은 마지막 한 사람까지 추격할 것이다.'

얼마 후 밀너 경이 이렇게 말한 적 있다.

"어떤 의미에서 이 전쟁은 결코 끝나지 않을 것이다."

전쟁은 결국 점차 사그라질 것이다. 보어군과 벌이는 게릴라전도 출동한 군대에 의해 마무리되고 산 속이나 먼 초원 지대에 숨어서 펼치던 산적 행위도 곧 무장 경찰에 의해 진압될 것이라고 여겼다. 하지만 이것은 결정적인 실수였고, 우리는 값비싼 대가를 지불해야만 했다. 아직도 보어군은 보타, 스마츠, 드웨트(De Wet), 델 라 레이(De la Rey), 헤르초크(Hertzog) 같은 뛰어난 지도자들 아래에서 수천 명의 거칠고 사납고 용맹스러운 사내들이 남아프리카의 광활한 지역에서 승리보다 명예를 위해 싸우고 있다.

빨치산의 불길은 완전히 제압된 지역에서도 군대의 배후에서 여러 번 일어났다. 심지어 케이프 식민지조차도 스마츠에 의해 2년 동안 게릴라전이 활활 타오르다가 결국 강화 조약을 맺고 간신히 진화되었다. 이로 인해 길고 지루한 투쟁 결과는 끔찍했다. 떠돌아다니는 적은 제복을 입지 않았다. 주민들 사이에 섞여 중립을 서약한 농가에 머물면서 그들의 지원을 받아 갑자기 이곳저곳에서 모습을 드러냈다. 동시에 방심하고 있던 부대나 고립된 기지에 매서운 공격을 퍼부었다.

이에 대항하기 위해 영국군은 주민이 거주하고 있는 전 지역을 소개(疏開)하고 그들을 강제 수용소로 보냈다. 그런데 철도가 계속 끊기면서 수용소에서 필요한 모든 생필품의 공급이 어려워졌다. 게다가 전염병이 발생하자 수천 명의 여성과 어린이들이 죽고 말았다. 저항하는 보어인들을 진압하는 것과 서약을 어긴 농장들을 불태우는 전략은 그들의 저항 의지만 불태우고 더욱 자포자기하도록 만들 뿐이었다.

한편 영국 입장에서도 서약을 어긴 보어인과 사로잡고 보니 영국군 군복을 입은 사람들 —입을 만한 옷이 없기도 했지만 아군으로 위장하기 위해 입기도 했다— 에 대해 분노했다. 그러나 처형된 자들은 극소수였다. 키치너 장군은 공명정대했는데, 보어군 포로를 살해한 죄로 영국군 장교 한 명과 몇 명의 식민지 병사들을 총살형에 처하기도 했다. 또 보어 민병대원을 영국군 야전병원에서 치료받도록 했다. 즉 인도주의와 문명이 사라진 것은 아니었다. 양측은 2년간 극심한 손해와 전쟁의 참화를 겪으면서도 서로에 대한 존중을 잊지 않았다. 다만 이것은 한참 후에 일이다.

*** 

귀국하자마자 열렬한 환영을 받았다. 올덤에서는 정당을 가리지 않고 나의 개선을 축하해 주었다. 열 대의 사륜마차들이 늘어선 대열에 올라타고 시내로 들어가 노동자들의 환호가 가득한 거리를 행진했다. 그리고 인파로 가득 매운 로열코트극장(Royal Court Theatre)에서 나의 탈출기에 대해 이야기했다.

아군이 윗뱅크의 탄광 지역을 점령하고 있었고, 나를 도와준 사람들은 이제 영국군의 보호 아래 무사했기 때문에 처음으로 이 모든 이야기를 자유롭게 털어놓을 수 있었다. 나를 탄광 바닥 은신처에 숨겨 준 올덤 출신의 기술자 듀스냅의 이름을 언급했을 때 청중들은 "그의 아내가 이곳에 있다"고 외쳤다. 그리고 일제히 환호성을 질렀다.

이런 들뜬 분위기는 이내 식을 수밖에 없었다. 보수당 지도자들은 환영의 열정이 식기도 전에 국민들에게 뜻을 묻기로 했다. 그들은 이미 5년 동안 정권을 잡고 있었는데, 총선이 아직 18개월이나 남았음에도 이 기회를 놓치고 싶지 않았던 모양이다. 게다가 보어공화국을 병합하고

로열코트극장은 1870년 영국 런던에 창립된 극장.

무력을 앞세워 반란자들을 억압하는 정책을 펴기 위해서는 새 의회에서 다수 의석을 차지하는 것 외에 방법이 없었다. 결국 9월 초에 의회가 해산되었다.

이때의 선거는 1918년 12월 제1차 세계 대전 직후에 치른 격렬한 선거와 유사했다. 자유당에서는 전쟁을 지지하고 자식을 잃은 사람조차도 '친보어파'라고 비난에 휩싸였다. 체임벌린이 "정부에 반대하는 한 표는 모두 보어인을 위한 자리가 될 것이다"라는 슬로건을 내걸자 보수당은 대부분 그대로 따랐다. 반면에 자유당과 급진 정당들은 전투가 끝나고 전쟁도 소강상태가 되었다고 믿었기 때문에 자신들의 정당 정책에 따라 일사불란하게 움직였다. 선거는 전국적으로 이루어졌으며, 당시 보수당은 영국 선거인단 다수의 확실한 지지를 확보하고 있었다. 여론 또한 유리했기 때문에 솔즈베리 경과 그의 동료들은 아일랜드 국민당을 포함한 80석의 야당에 비해 134석의 엄청난 차이로 승리를 거두었다. 당시 영국 본토에서 그 정도 차이는 매우 압도적이었다.

나는 이 승리의 선봉에 섰다. 매우 신중하고 진지했던 당시의 선거법 하에서는 거의 6주에 걸쳐서 선거를 치를 수 있었다. 모든 선거인들이 한 날 한 곳에 모여 그냥 투표하고 다음 날 아침 일찍 결과를 알려 주는 것이 아니라 국가적인 문제들을 가지고 치열하고 진지한 토론이 이루어졌다. 이 토론에서는 양 당의 지도자들도 한몫을 했다. 선거인단이 그리 많은 것도 아니어서 후보자가 마음먹는다면 자신의 지지자 모두에게 연설할 수도 있었다. 따라서 유명인의 연설은 종종 한 선거구나 심지어 도시의 선거 결과 전체를 뒤집어 놓기도 했다. 유명하고 경험 많은 정치인의 연설은 모든 신문에 상세하게 보도되었고, 정치 전반에서 상세히 연구되었다. 결론적으로 이처럼 격렬한 토론의 과정을 거친 후에 신중하게 국민의 결정이 이루어졌다.

이처럼 '망치와 모루 전술'을 구사하던 정치 시절에는 첫 선거구의 결과에 비상한 관심을 가지는 게 당연했다. 올덤은 거의 첫 선거를 치르는 선거구였다. 나는 연단에서 이번 전쟁이 정의롭고 꼭 필요한 것이었으며, 자유당이 전쟁에 반대하고 방해한 것은 잘못이라고 꼬집었다. 또 싸움은 논쟁의 여지가 없도록 끝까지 싸워야 하며, 그 후에 관대한 해결책이 있어야 한다고 주장했다.

크리스프(C. B. Crisp) 씨는 런던 시티의 상인으로 나의 새 동료였다. 이제 모들리 씨는 함께할 수 없었다. 매우 비만했던 그는 도자기로 만든 욕조에서 목욕을 하다가 욕조가 무게를 견디지 못하고 깨지는 바람에 큰 부상을 입었고, 결국 사망하고 말았다. 나의 경쟁 상대는 에모트와 런시먼 씨였는데, 두 사람 모두 대체로 전쟁에 대해 로즈버리 경의 견해를 지지했다. 즉 전쟁은 지지하지만 보수당의 전쟁 수행 능력은 심각하게 무능하다고 주장했다. 내가 보기에 자유당도 다를 바 없는 게 분명했다. 그들은 교묘한 외교를 통해 전쟁을 회피할 수 있고 피를 흘리지 않고도 크루거 대통령을 굴복시키는 것과 같은 소기의 목적을 달성할 수 있다고 주장했다. 물론 단지 주장에 불과했다.

이에 대해 내가 반박했다. 그 협상이 어떻게 진행되었든 간에 보어인들이 영국 영토를 침범한 이상 결렬될 것이고, 전쟁이 아무리 심각하다 해도 이제 우리는 그들을 물리치고 수도까지 점령했다는 사실을 피력했다. 보수당은 이번 선거가 전쟁의 정당성이라는 국가적 문제를 결정하기 위한 특별선거이며, 완전한 승리를 거두기 위해서는 반드시 필요하며, 계급, 종파, 당파의 차이는 애국자라면 마땅히 집어던져야 한다고 주장했다. 이것은 나의 진정한 신념이기도 했다.

체임벌린이 지원 연설을 하기 위해 왔다. 당시 그의 뜨거운 인기는 제1차 세계 대전 후에 로이드 조지와 더글러스 헤이그(Douglas Haig) 경을 합친 것보다 더 컸는데, 그만큼 반대도 심했다. 하지만 반대파조차 속으로는 그에 대한 감탄을 금할 수 없었다. 우리는 함께 지붕이 없는 무개마차를 타고 대회장에 들어섰다. 지지자들은 극장을 가득 메웠고 반대파도 극장 주위에 몰려들었다. 극장 입구에서 우리는 엄청난 수의 적대적인 군중들에 막혀 한동안 꼼짝없이 갇혀 있었는데, 이 유명한 명사를 향해 야유하고 조롱하는 게 자신들의 권리이자 의무인 듯했다. 나는 귀중한 손님을 가만히 지켜보았다. 체임벌린은 오히려 군중들의 함성을 사랑했다. 아버지가 늘 말하던 것처럼 "나는 영국의 민주주의를 두려워한 적이 없다"고 말했다. 내 눈과 마주쳤을 때 그의 뺨에는 홍조를 띠었고 눈은 기쁨으로 가득 차 반짝거렸다.

그 당시 민주주의는 지금처럼 신문이라는 언론에 의해 이리저리 휘둘리고 혼란스러워하는 대중에 의한 것이 아니라 경험 많고 존경받는 정치 지도자가 이끄는 진정한 정치적 민주주의라고 감히 말할 수 있다. 정치인과 유권자 그리고 언론이 모두 각자의 역할을 다하는 구조였다.

대회장 안에서 우리는 체임벌린의 자제력에 놀라고 말았다. 부드럽고 온화한 목소리와 주의 깊게 작성한 논리 정연하고 이치에 맞는 그의 문장은 주목할 만한 인상을 남겼다. 약 한 시간 넘게 연설을 했는데, 그 가운데 청중을 제일 기쁘게 한 것은 야당에게 불리한 사실이나 수치를 잘못 인용하더라도 공정성을 위해 바로잡으려 했다는 점이다. 이 모든 것이 영국 정치 체계가 망가지기 전의 일이었다.

개표에 들어가자 올덤에서는 거의 3만 표차로 자유당과 노동당이 강세라는 사실이 분명해졌다. 에모트가 1위로 당선되었다. 하지만 그에게 표를 준 약 200명의 자유당원들이 개인적인 호의와 전시 상황을 반영해 내게 투표한 것으로 보인다. 결국 나는 런시먼을 끌어내리고 230표라는 근소한 차이로 2등이 되었고, 마침내 하원의원에 당선되었다. 나는 친구

19세기 후반 올덤은 영국 면직물 산업의 중심지였다.

들과 함께 떠들썩하게 즐거워하면서 보수당 클럽으로 걸어 들어갔다. 그곳에는 솔즈베리 경의 열렬한 축하가 기다리고 있었다. 늙은 총리는 개표 결과를 전화나 아주 가까운 지인을 통해 들은 게 분명했다.

그리고 전국 각지에서 축하와 응원의 메시지가 줄을 이었다. 나아가 이번 선거전에서 나는 일약 '스타'가 되었고, 전국 각지에서 지원을 부탁했다. 다음날 밤 런던에 지원 연설을 하고 그 다음날에는 버밍엄 지방에서 지원 연설을 하라는 체임벌린 씨의 요구가 있었다. 이 약속을 지키기 위해 기차를 타고 가는 도중 밸푸어 씨에게 전갈이 왔다. 런던의 약속을 취소하고 즉시 맨체스터로 돌아와 오후에 그와 함께 연설을 하고, 밤에는 스톡포트의 선거전을 결판을 내달라는 부탁을 받았다. 나도 거기에 적극적으로 응해 주었다.

도착했을 즈음 밸푸어 씨는 상당히 많은 청중을 향해 연설하고 있었는데, 내가 입장하자마자 모두 일어서서 환호했다. 하원 의장이 거창하게 나를 소개했다. 그 이후로 나는 큰 대회장에서만 연설을 했다. 5~6천 명의 열성적인 유권자들이 거대한 홀을 가득 메우고 있었으며, 단상에는 당의 원로와 다선 의원들이 지원 연사로 죽 늘어앉아 있었다. 이것은 근 한 세대에 걸쳐 내가 경험한 선거전의 모습이었다.

나는 체임벌린 씨와 하이버리(Highbury)에서 이틀을 함께 지냈다. 그가 하루 종일 침대에서 휴식을 취하며 보내는 사이, 나는 미들랜드(Midland) 지방에 있는 세 곳의 유세장을 거쳐 특별열차 편으로 돌아왔다.

체임벌린 씨는 대단히 기뻐하면서 1834년산 포트와인 한 병을 따서 함께 만찬을 벌였다.

3주 동안 나는 마치 개선장군처럼 전국 곳곳을 돌아다녔다. 당 간부는 위태로운 선거구로 나를 보내어 지원 유세를 하도록 했고, 내가 가는 곳마다 승리가 뒤따랐다. 나는 겨우 26살이었다. 내가 오를 만한 위치까지 왔다고 생각하는 것도 무리는 아니었을까? 하지만 다행히도 인생은 그리 쉽지 않았다. 만약 그랬다면 우리는 너무 빨리 종말을 맞이하게 될 것이다.

아직 내게는 두 가지 중요한 단계가 남아 있었다. 첫째는 정치에 전념하기 위해 충분한 자금을 모으는 것이었다. 『강의 전쟁』과 남아프리카에서 종군한 내용을 담은 두 권의 책, 그리고 「모닝포스트」로부터 받은 10개월분의 급료 2,500파운드를 합쳐 약 4,000파운드가 내 수중으로 들어왔다. 이제는 여유 자금을 늘릴 수 있는 기회가 찾아왔다.

나는 가을부터 겨울까지 영국과 미국에서 순회강연회 계획을 세웠다. 선거가 끝나자마자 국내에서 강연회를 시작했는데, 매일 밤 5주에 걸친 순회강연회를 마치고 대서양을 건너는 한 주를 제외하고는 2개월 반에 걸친 고된 강행군이었다. 영국에서 강연회는 성공적이었다. 처음에는 울즐리 경이 사회를 맡았다. 이 도시 저 도시를 다니며 강연하는 동안 영국 양당의 위대한 지도자들이 사회를 맡아 주었다. 도시의 가장 큰 홀에는 내게 열광하는 청중들로 가득 차 있었다. 나는 청중들에게 환등기로 사진을 보여주면서 전쟁의 배경을 설명하고 모험과 탈출기를 이야기했다. 하룻밤 수입은 100파운드가 넘었고, 종종 그보다 훨씬 더 많이 벌기도 했다. 리버풀의 필하모닉 홀(Philharmonic Hall)에서는 300파운드가 넘는 돈을 모았다. 11월이 되었을 때 영국 순회강연회로 총 4,500파운드를 벌었고, 전액 안전한 은행에 저축했다.

하원의원이 된 처칠

의회는 12월에 개회식을 할 예정이었고, 나 또한 꼭 참석하고 싶었다. 그러나 약속을 지키기 위해서는 대서양을 건너야 했다. 그런데 미국에서는 다소 다른 분위기였다. 본질적으로 같은 언어를 쓰면서 우리와 생김새마저 매우 비슷해 보이는 이 상냥하고 친절한 미국인들은 대부분 남아프리카 전쟁에 대해 관심이 없다는 것을 알고 적잖이 놀랐다. 게다가 그들 대부분은 보어인들이 옳다고 생각하고 있었으며, 도처에 널린 아일랜드계 미국인들은 어디에서나 적극적으로 적대감을 드러냈다.

청중들의 반응은 다양했는데, 볼티모어에서는 5천 명이 모이는 홀에 불과 몇 백 명 정도만 모였다. 반면 보스턴에서는 엄청난 친영국 시위가 벌어져 프리몬트 홀(Fremont Hall) 입구로 가는 것조차 힘들 정도로 인산인해였다. 이곳 연단에는 붉은 제복을 입은 300여 명의 영미협회원이 죽 늘어앉아 장관을 이루었다. 시카고에서는 강한 반대에 부딪쳤다. 그래서 자신에 대한 몇 마디 농담을 던진 후 보어인들의 용기와 인간성에 대해 경의를 표하자 이내 잠잠해졌다. 대체로 미국 청중들과 친구가 되는 것이 훨씬 쉽다는 것을 깨달았다. 그들은 냉정하고 비판적이었지만 동시에 세련되고 선량한 사람들이었다.

여행 내내 저명한 미국인들로부터 많은 도움을 받았다. 버크 코크런(Bourke Cockran), 촌시 드퓨(Chauncey Depew) 등 많은 유력 인사들이 사회를 보았고, 뉴욕에서 열린 첫 번째 강연의 주최자는 바로 그 유명한 '마크 트웨인'이었다. 어린 시절의 유명한 동반자를 직접 만나게 되니 전율이 느껴졌다. 그는 이제 노인이 되어 머리가 눈처럼 하얗게 되었지만 고상한 기품을 내보이며 좋은 대화를 나누었다. 물론 우리는 전쟁에 대해 많은 이야기했다. 한참 논쟁을 벌이다가 결국 "내 조국이 옳던 그르던…"이라는 말로 최후의 피난처로 물러날 수밖에 없었다. 그러자 노신사가 말했다.

"가난한 나라가 목숨을 지키기 위해 싸우고 있다면 나는 찬성합니다. 그러나 이번에는 사정이 다릅니다."

그럼에도 내가 트웨인을 실망시키지 않았다고 생각한다. 그는 나를 위해 자신의 작품 30권 모두에다 일일이 사인해 주었다. 그리고 첫 책에는 다음과 같은 격언을 적어 주었는데, 아마도 나를 위한 완곡한 훈계인 것 같았다.

"선행을 행하는 것은 고귀하고, 남에게 선행을 가르치는 것은 더 고귀하며 수고스럽지도 않다."

조용한 관용도 캐나다 국경을 넘자 다시 변했다. 거기서는 영국 국내에서 익숙했던 열정적인 청중들이 다시 만났다. 다만 유감스럽게도 이 감격적인 장면을 불과 열흘밖에 즐기지 못했다. 1월 중순 다시 고국으로 돌아와 도시를 순회해야 했기 때문이다.

모든 도시를 방문했는데, 특히 얼스터 홀에서 강연할 때 더퍼린 경이 나를 소개했다. 더퍼린 경만큼 칭찬을 잘하는 사람은 없었다. 그가 옛날 방식 발음으로 나를 소개했던 말을 지금도 기억하고 있다.

"그리고 이 청년은 동년배의 많은 젊은이들이 학업에 매진하고 있을 때 많은 전쟁에 참가했는데, 유럽의 장군들은 그 절반도 경험하지 못했을 만큼 많은 실전에 참가했습니다."

나도 전에는 이런 생각을 해본 적이 없었다. 꽤 괜찮은 말이었다.

2월 중순이 되어 투어가 끝났을 때에는 나는 기진맥진한 상태였다. 거의 5개월 동안 일요일을 빼고 매일 밤 1시간 이상씩 강연을 했고 어떤 때는 하루에 두 번을 하기도 했다. 쉴 새 없이 이동했고, 밤에는 같은 침대를 써본 적이 거의 없었다. 근 1년 동안 행군과 전투를 겪으면서 지붕 밑이나 침대에서 생활해 본 적 없었던 때를 보내고 난 직후였다.

하지만 그 결과는 상당했다. 나는 거의 10,000파운드를 벌었다. 이제는 완전히 독립해서 장래에 대해 아무런 걱정 없이 오직 정치에만 전념할 수 있게 되었다. 나는 아버지의 오랜 친구인 어니스트 카셀 경에게 1만 파운드를 보내며 '내 양을 키워 달라'고 부탁했다. 그는 아주 신중하게 양을 키워줬는데, 빨리 크지는 않았지만 꾸준히 살찌면서 어느 한 마리도 죽이지 않았다. 해마다 조금씩 새끼 양을 낳긴 했지만 이것으로는 부족했기 때문에 매년 한두 마리씩 잡아먹어야 했다. 따라서 양떼가 점점 줄어들더니 몇 년이 지나자 몽땅 먹어 치우고야 말았다. 그럼에도 나는 별로 신경 쓰지 않았다.

# 29장

## 하원에서의 첫 연설

의회는 2월 말에 재개되었는데, 곧장 격렬한 논쟁에 들어갔다. 당시 하원의 의사 진행 발언은 크든 작든 간에 신문에 자세하게 보도되었고 국민들도 적극적인 관심을 보였다. 중대한 문제에 관해서는 3일에 걸쳐 격렬한 토론이 벌어졌다. 주요 참고인들도 토론에 참여하면서 막바지에 이르러서는 각 당의 의결로 힘을 겨루게 된다. 하원은 자정이 될 때까지 열렸고 보통 9시 30분 이후에는 언제나 만원이었다. 거의 모든 중요한 토론은 하원의장인 밸푸어 씨의 발언으로 끝내는 게 당시 관행이었다. 10시부터 11시까지 야당 대표가 자신들의 요구사항을 개괄적으로 설명하면 11시부터 12시까지는 그에 대한 포괄적인 답변을 들을 수 있었다. 각 당대표의 연설 뒤에 발언을 하려는 자가 있으면 언제나 떠들썩한 야유에 침묵할 수밖에 없었다.

수세기 동안 대영제국을 영광의 길로 이끈 이 위대한 의회의 일원이 된 것은 큰 영광이었다. 비록 수개월 동안 청중들에게 연설한 것 빼곤 한 게 없지만 막상 눈앞에 닥치자 경외심과 열정으로 스스로를 다독이게 되었다. 짧은 겨울 회기에는 참석하지 않았기 때문에 출석 4일 만에 의회 연단에 서게 되었다. 첫 연설을 준비하느라 들인 노력과 수고 및 고생들은 일일이 열거하지 않아도 독자들이 알 것이다. 안건은 전쟁에 대한 이슈였으며, 나 또한 이 문제에 대해 발언할 만한 자격이 충분하다고 생각했다. 연설 전에 동료들로부터 우정 어린 충고들을 들었다.

"서두를 필요는 없다네. 자네가 의회의 사정을 파악할 때까지 몇 달 동안은 그냥 지켜보게."

다른 사람들은 이렇게 말했다.

"이 문제는 자네가 전문이네. 이 기회를 놓치지 말게."

의회는 내게 호의적인 분위기인데 굳이 논란의 소지를 만들 필요가 없다고 경고하기도 했다. 또 무색무취의 진부한 발언을 피하라는 경고도 들었다. 내가 받은 충고 가운데 가장 좋았던 것은 헨리 채플린(Henry Chaplin) 씨가 우렁찬 목소리로 해준 충고였다.

"서두르지 말고 자네가 하고 싶은 이야기를 하게. 의회는 반드시 들어 줄 것이네."

그런데 로이드 조지라는 평의원의 연설이 9시에 있다는 것을 알게 되었다. 그는 떠오르는 젊은 웨일즈인이자 친보어파의 일원으로 자유당 지도자들에게는 항상 문제를 일으켰을 뿐만 아니라 우리 당에게도 가장 큰 골칫덩어리였다. 미리 받아본 원고에 적힌 내용은 온건한 수정안이었지만 실제 그대로 발표할지는 확실하지 않았다. 내가 원한다면 그의 연설 다음에 발언할 수 있는 기회가 있을 것이라고 생각했다.

그 당시에도 그렇지만 그 이후에도 미리 연설 내용을 암기해서 — 짧은 답변은 제외하고 — 발표했다. 사실 대학생 토론회처럼 즉흥적으로 말하는 연습을 해 본 적이 없었다. 그래서 미리 상황을 짐작하고 여러 가지 예상 답변을 준비했다. 나는 여러 가지 무기들을 잔뜩 들고 나왔는데, 이 중 일부가 목표물에 명중하기를 기대했다. 다만 로이드 조지가 어떻게 나올지 불확실했기 때문에 더욱 걱정이 많았다. 그저 내가 준비한 문구가 그가 연설한 내용과 일치하기만을 바랐다.

드디어 때가 왔다. 내 자리는 장관들이 앉은 뒤쪽의 간부의원석 구석 자리였다. 이곳은 아버지가 사직 연설을 하고 나자 피고트(Piggott)가 끔찍한 공격을 퍼부었던 곳이다. 왼쪽에는 나와 막역한 사이이자 조언자이며 오랫동안 의원을 역임했던 토머스 깁슨 볼스(Thomas Gibson Bowles)가 앉아 있었다. 9시가 되자 회의장은 만원이 되었다. 로이드 조지는 통로 반대편 평의원석 세 번째 자리에 앉아 웨일즈인과 급진파 의원 몇 명에게 둘러싸인 채 아일랜드 국민당의 갈채를 받으며 연설을 시작했다.

로이드 조지는 단상에 오르자마자 자신의 수정안 대신 주요 문제에 대해 연설할 것이라고 발표했다. '켈트의 후손들(웨일즈인)'의 환호에 한껏 고무된 그의 연설은 점차 활기를 띠고 심지어 난폭하기까지 했다. 나는 그가 자리에 앉은 후 반박할 만한 문구 하나하나를 작성했다. 그러나 유감스럽게도 마땅한 것을 찾아내지 못했다. 불안과 절망감이 차례로 스치고 지나갔다. 떨리는 마음을 간신히 짓누르고 있을 그때에 보울즈가 내게 속삭였다.

"이렇게 말하시오. 로이드 조지는 온건한 수정안 제출을 거부하고 대신 폭력적인 연설을 했지만, 그냥 온건한 수정안을 내놓는 편이 더 좋았을 것이라고 하시오."

황야에서 만나를 찾은 기분이었다! 이 만나가 아주 적절한 타이밍에 내게 떨어졌다.

"여기 계신 의원 여러분들은 새 의원의 연설을 듣고 싶어 하므로 제 연설은 여기까지 하겠습니다."

로이드 조지는 이렇게 말한 후 우아한 몸짓으로 자기 자리로 돌아갔다. 나는 어느새 자리에서 일어나 토미 보울스가 일러 준대로 연설을 시작했다. 일제히 환호가 터져 나왔다. 용기가 솟아났다. 나는 무사히 연설을 끝마쳤다. 예전부터 혐오의 대상으로만 배웠던 아일랜드인들은 훌륭한 청중이었다. 그들은 나에게 도움이 될 만한 반대 의견을 표했을 뿐 연설을 방해하진 않았다. 그들은 내가 조롱하는 농담을 했을 때에도 불쾌한 기색을 보이지 않았다.

그러다가 "전쟁터에서 싸우고 있는 보어인은, 그리고 내가 만약 보어인이라도 당연히 전쟁터에서 싸워야 한다고 생각했을 것입니다"라고 말하자 바로 아래 재무부 벤치에서 웅성대는 소리가 들렸다. 체임벌린이 옆자리 의원에게 무엇인가 속삭이는 것도 보였다. 나중에 뒷자리에 앉아 있던 조지 윈덤 씨는 "저렇게 말을 하면 의석을 잃게 되지"라고 말했다고 한다. 그러나 나는 곧 강 반대편이 보였고, 강기슭에 닿기 위해 있는 힘을 다해 숨을 간신히 헐떡이면서 헤엄쳐 올라갔다. 모두들 내게 우호적이었다. 평소처럼 원기 회복제를 받아먹은 다음 기분 좋은 몽롱한 상태로 기력을 회복하고 집으로 돌아왔다. 반응은 대체로 나쁘지 않았다. 사람들은 모든 것을 암기해서 연설했다고 추측하면서도 내가 수고했다고 생각해서인지 너그럽게 봐주었다. 하원이 비록 크게 변했다 해도 여전히 위엄 있는 집단적 성격을 가지고 있다. 그래서 자신이 하원의 일원으로 일하는 것을 자랑스럽게 여기는 사람에게는 관대한 편이다.

이 토론 후 처음으로 로이드 조지를 알게 되었다. 하원에 있는 바에서 처음으로 소개를 받았다. 몇 마디 인사치레를 건넨 후 그가 말했다.

"당신의 감정으로 판단해 볼 때 빛으로부터 등지고 있군요."

나도 그에게 응수해 주었다.

"당신은 대영제국에 대해 보기 드문 견해를 갖고 있지요."

이리하여 수많은 우여곡절을 거친 유대 관계가 시작되었다.

이번 의회에서 나는 보수당 의원으로서 초창기에 두 번 연설을 했는데, 모두 성공적이었다. 육군성은 지브롤터에 주둔하는 여단장으로 콜빌(Colville)이라는 장군을 임명했다. 그런데 1년 전에 콜빌 장군이 남아프리카 전쟁에서 취했던 행동이 문제가 있음을 알게 되었다. 그로 인해 정부가 그를 보직에서 해임하자 야당은 장군을 옹호하면서 때늦은 처벌을 비난했다. 이 문제 때문에 대정부 질의시간에 말다툼이 벌어졌고 그 다음 주에 토론회를 열기로 결정했다.

이 문제는 내가 잘 아는 분야이고 최상의 방어 논리를 준비할 시간적 여유도 충분했다. 토론은 정부에게 불리하게 진행되었고 사방에서 비판이 쏟아졌다. 그 시절에는 아무리 다수당이라 해도 토론에서 밀린다는 것은 정부 입장에서 심각한 타격이었다. 당에도 해를 끼치는 것은 물론이다. 이에 장관들은 자유당의 하코트, 애스퀴스, 몰리, 그레이(Grey)에게 어떤 식으로든 공격을 당했다는 사실에 화가 나 있었다. 나는 토론회치고는 생각보다 괜찮게 임했다. 그러나 이것은 토론회가 진행되면서 약간의 행운이 따라줬기 때문이었다. 사실 나는 정부를 옹호했지만 야당에 감정적으로 호소하기로 했다. 보수당은 기뻐했고 자유당도 나에게 찬사를 늘어놓았다. 지금은 아일랜드 총독이자 차츰 친해지게 된 조지 윈덤은 내각 고위층에서 나를 칭찬하고 있다고 알려 주었다. 정말 의회에서 나의 입지를 다지고 있는 것 같았다.

한편으로는 내가 주류 보수당의 견해에서 멀어지고 있는 듯했다. 이제는 산발적으로 진행되는 전쟁에서 결정적인 승리를 얻을 때까지 싸우자는 데 나도 찬성하게 되었다. 이를 위해 대규모의 병력을 동원하고 현재의 군대보다 더 우수한 군대를 조직하자고 주장했다. 또 인도군을 동원하자는 의견도 제시했다. 동시에 보어인들이 가진 불굴의 항전 의지에 감탄하면서 그들에게 가해지는 학대에 분노했고, 이 용감한 사람들과 그들의 지도자를 우리와 함께 묶어 줄 명예로운 강화 협상을 희망했다. 동시에 농장을 태우는 일은 혐오스러운 어리석은 짓이라고 생각했다. 나아가 보어군 지휘관인 쉬퍼스(Scheepers)의 사형에 항의했으며, 또 다른 지휘관인 크루이징거(Kruitzinger)의 사형을 막는 데 일정 역할을 하기도 했다.

나와 당의 갈등은 점점 커져만 갔다. 육군성 장관이 "우리가 군사 국가가 된 것은 우연한 일이다. 그러나 우리는 이를 위해 하나가 되도록 노력해야 한다"고 주장했을 때 나는 분노했다. 우리가 압도적인 무력과 관대함으로 전쟁을 종결시키고 평화와 긴축 그리고 개혁의 길로 서둘러 돌아가야 한다고 생각했다. 비록 보수당 지도자들을 연회나 즐거운 장소에서 만날 수 있는 특권을 누렸고 밸푸어 씨는 언제나 나를 친절하고 따뜻하게 대해 주었으며, 체임벌린 씨도 종종 만나면 자유롭게 현 정세에 대한 이야기를 들을 수 있었다. 하지만 나는 점점 왼쪽으로 흘러갔다. 로즈버리나 애스퀴스, 그레이를 비롯해 누구보다 존 몰리가 우리 당의 지도자들보다 내 의견을 더 잘 이해하는 것 같았다. 나는 그들의 지적 능력과 공공 문제에 대한 광범위한 견해―비록 야당의 입장에서 책임감이 덜한 처지였지만―에 매료되었다.

독자들은 내가 대학에 가지 않았기 때문에 다른 젊은이들처럼 자유로운 관점에서 토론하고 그 과정을 통해 자신만의 의견을 제시하거나 또는 바꾸는 데 익숙하지 않다는 것을 기억해야 한다. 나는 이미 꽤 알려진 유명 인사였다. 적어도 내가 보기에도 말한 모든 것이 주목을 받았고, 종종 활자화되어 널리 퍼졌다. 나는 보수당이 자유당의 노선을 따르게 만들고 싶었다. 또 '맹목적 애국주의'에 대한 반감을 가지고 있었으며, 보어인에 대해서는 일종에 감상적 견해를 가지고 있었다. 무엇보다 여러 면에서 양당이 서로 다르다는 것을 알게 되었고, 내가 해야 할 일은 무엇이 옳은지 판단하고 이를 두려움 없이 표현하는 것이라고 생각했다. 다만 나는 당의 규율과 단결의 중요성과 대의명분을 위해서 정당한 의견조차도 희생하지 않으면 안 된다는 것을 이해하지 못했다.

나의 세 번째 연설은 대단히 중요한 문제에 관한 것이었다. 브로드릭(Brodrick) 육군성 장관은 군대 조직을 더 큰 규모로 재편하기 위한 계획을 발표했다. 현재의 정규군, 국민군, 의용병을 6개 군단으로 편성하자고 제안했는데, 그 계획이 탁상공론에 지나지 않는 것처럼 보였다. 그래서 예산안이 상정되면 반대하기로 결심했다. 이 연설을 준비하는 데 6주가 걸렸고 철저히 준비했기 때문에 어디서 어떻게 시작하든 상관없었다.

이 문제에 대한 토론회로 이틀이 배당되었는데, 다행스럽게도 의장의 배려로 첫째 날 11시에 연설하기로 되어 있었다. 12시가 지나면 다른 의제에 관한 표결이 진행될 예정이었다. 따라서 하원은 입추의 여지가 없을 정도로 만원이었다. 모두 내 연설에 귀를 기울였다. 나는 정부의 정책뿐만 아니라 평화와 긴축, 군비 축소를 촉구하는 보수당의 전반적인 경향에 대해 공격을 퍼부었다. 보수당원들은 깜짝 놀랐지만 너그럽게 봐주는 분위기였고, 야당은 당연히 갈채를 보냈다. 연설은 아주 성공적이었지만 나를 둘러싼 거의 모든 이들에게 담장을 둘러친 꼴이었다.

연설 내용을 미리 「모닝포스트」에 보내 놓았는데, 이미 인쇄되고 있었다. 만약 나의 발언이 허락되지 않거나 연설을 다 마칠 수 없었다면 어찌 되었을지 상상만 해도 끔찍할 정도였다. 이처럼 사전에 연설 내용을 내보내는 건 불안과 근심의 씨앗이다. 연설이 끝났을 때 나는 크게 안도할 수 있었다. 다만 모든 하원이 내 연설에 경청해 주었다는 것은 대단한 사건이었으며, 노력과 결과라는 두 가지 보상도 받을 수 있었다.

그러는 동안 나는 소수 동료 의원들과 '훌리건스'라는 모임을 만들었다. 퍼시 경, 휴 세실 경, 이언 말콤, 아서 스탠리 그리고 나로 구성되어 있었다. 목요일 저녁마다 하원에서 식사를 하는데, 매주 한 명의 저명한 인사를 그 자리에 초대했다. 양당의 지도자들이 와 주었고 때로는 브라이언(W. J. Bryan)과 같은 저명한 외국인도 초대했다. 심지어 솔즈베리 경도 초대했다. 그는 알링턴가(Arlington Street)로 와서 함께 식사하자고 제안하기도 했다. 총리는 유머가 넘쳤고, 어떤 문제에 대해서나 당당하게 답변했다. 총리와 헤어진 뒤 거리로 나서면서 퍼시가 내게 말했다.

"20년 동안 총리를 지냈는데, 이제 곧 죽음을 맞이한다면 어떤 기분일까?"

솔즈베리 경이 떠나면 그와 함께 많은 것들이 사라져 버릴 운명이었다. 그의 은퇴와 죽음은 한 시대의 종말을 의미하는 것이었다. 새로운 세기의 폭풍과 변화는 이미 대영제국을 쥔 채 맹렬히 흔들고 있었다.

솔즈베리 경이 지배했던 세계, 이 책에서 다룬 시대와 장면, 보수당의 구조와 성격, 영국 지배 계급의 기초 등 모든 것들이 일찍이 열린 적이 없었던 깊은 구덩이와 심연으로 아주 짧은 시간에 사라져 버렸다. 우리는 장차 이 세상을 휩쓸게 될 조류가 얼마나 강력할지 예견할 수 없었다. 게다가 세상을 뒤흔들고 19세기의 구조를 산산조각 낸 무시무시한 대변동의 서막을 예견하기란 더더욱 어려웠다. 비록 퍼시 자신은 볼 수 없었지만 그런 사태에 대한 어떤 예감을 가지고 있었음이 분명했다.

어느 가을날 그와 던로빈(Dunrobin)을 걷고 있을 때 내게 어빙파의 교리에 대해 설명해 주었다. 인류에게 경고하기 위해 12명의 사도가 왔지만 그들의 경고는 무시되었고 최후의 사도가 빅토리아 여왕과 같은 날 죽었기 때문에 우리는 더 이상 위험을 피할 수 있는 기회를 잃어버리게 되었다는 것이다. 그는 이상하리만큼 확신을 가지고 무시무시한 전쟁과 헤아릴 수 없는 공포의 시대를 예언했다. 퍼시는 아마겟돈이라는 단어를 사용했는데, 얼마 전에 성경에 있다고 들은 것 같았다. 때마침 독일의 왕세자가 던로빈에 머물고 있었다. 친구들과 당구를 치거나 베개 싸움을 즐기던 상냥한 청년이 퍼시의 음울한 예언을 실현하는 데 어떤 역할을 할지 자못 궁금해졌다.

1902년 4월 카트라이트(Cartwright)라는 사람에 대한 문제로 하원이 한층 소란스러워졌다. 이 사람은 전쟁 기간 중 선동적인 기사를 쓴 죄로 남아프리카에서 일 년간 수감되어 있었다. 형기를 마친 그가 영국으로 돌아오려고 했으나 남아프리카 군 당국이 그의 출국을 거부했는데, 의회에서 이 문제가 다뤄지게 되었다. 육군성 차관은 "국내에서 반영국적 선전을 퍼뜨린 사람의 수를 늘리는 것은 바람직하지 않다"고 대답했다. 이것은 권력 남용을 옹호하는 최악의 이유였다. 반영국적 선전이 지금의 영국만큼 덜 해로운 곳이 어디 있단 말인가? 존 몰리는 휴회를 제의했다. 당시 그 문제에 대한 동의안은 즉각 논의되었다. 모든 야당 지도자들은 분개해하며 말했고, 보수당 의석에서는 그들을 지지했다. 이것이 사소한 일 같지만 감정을 크게 자극했다.

그날 밤 우리의 저녁 만찬에 체임벌린 씨가 초대되어 있었다.

"나는 아무래도 매우 안 좋은 모임에서 식사를 하고 있는 것 같군."

우리를 둘러보며 도전적인 태도로 말했다. 우리도 정부의 행동이 얼마나 부적절하며 오만한지 설명했다. 우리가 어떻게 그것을 지지할 것이라고 생각할 수 있을까?

"정부가 옳을 때만 지지한다면 무슨 소용이 있단 말인가? 이번처럼 정부가 난처해졌을 때 도와주는 것이 옳은 일이 아닌가?"

하지만 이내 기분이 풀리자 체임벌린 씨는 다시 명랑하고 매력적인 사람이 되었다. 나는 그처럼 말을 멋있게 하는 사람을 본 적이 없다. 그가 일어서서 나가려다가 잠시 멈칫하더니 돌아서서 말했다.

"젊은 신사분들에게 신세를 졌으니 답례로 중요한 비밀을 알려드리겠소. 관세! 여기에 가까운 미래의 정치가 있소. 자네들이 직접 연구하여 자신의 것으로 만드시오. 그러면 여러분은 내게 베풀어준 호의가 결코 손해가 아니었다고 생각하게 될 것이오."

그의 말은 정말 옳았다. 곧 재정 부분에서 문제가 터지자 이는 1908년 9월까지 나를 새로운 투쟁으로 이끌었고, 이 문제에 매진하게 되었다. 그 후 나는 결혼해서 행복하게 살고 있다.

끝.

**윈스턴 처칠, 나의 청춘**

**초판 1쇄 인쇄** 2020년 6월 15일
**초판 2쇄 발행** 2023년 12월 7일

**지은이** 윈스턴 처칠
**옮긴이** 임종원

**펴낸이** 임태순
**펴낸곳** 도서출판 행복
**출판등록** 2018년 5월 17일 제 2018-000087호
**주소** 경기도 고양시 덕양구 탄현로 136
**전자우편** hang-book@naver.com
**전화** 031-979-2826   **팩스** 0303-3442-2826

ⓒ 윈스턴 처칠, 2020

ISBN 979-11-964346-3-2   03990

**값** 21,000원

· 이 책의 판권은 행복에 있습니다.
· 잘못된 책은 바꿔드립니다.
· 이 책 전부 또는 일부를 재사용하려면 사전에 저작권자와 행복의 동의를 받아야 합니다.